21世纪经济管理类创新教材

创业投资

原理与实务

田增瑞　常焙筌◎编著

Venture Capital:
Principles and Practice

清华大学出版社
北京

内 容 简 介

本书以创业投资为主线组织相关部分的内容，形成概念、原理、实务相联系的，相对完备的内在体系，主要包括导论，契约理论，组合投资理论，期权理论，创业资本的来源与募集，创业资本运作的组织形式，创业投资管理人的激励与约束，创业投资项目的定性评估，创业项目的定量评估与权益分配，风险控制、投资工具与投后管理，创业投资的退出，多层次资本市场，母基金与政府引导基金，大企业的战略性创业投资，创业投资相关条款。

本书结构完整、内容丰富，立足国内外创业投资发展实践，放眼国际前沿理论，并结合近年我国资本市场实践案例，具有较高的实用价值。

本书既可以作为普通高等院校管理学、投资学、金融学等本科生与研究生的教材，亦可以为有志于投身创业投资行业或勇于创业的高校学生与从业人士提供参考。

图书在版编目（CIP）数据

创业投资 ：原理与实务 / 田增瑞，常焙筌编著.

北京 ：清华大学出版社, 2025. 1.

（21 世纪经济管理类创新教材）.

ISBN 978-7-302-67971-4

Ⅰ . F830.59

中国国家版本馆 CIP 数据核字第 2025ER8338 号

责任编辑：杜春杰
封面设计：刘　超
版式设计：楠竹文化
责任校对：范文芳
责任印制：丛怀宇

出版发行：清华大学出版社
　　网　　　址：https://www.tup.com.cn, https://www.wqxuetang.com
　　地　　　址：北京清华大学学研大厦 A 座　　　邮　　编：100084
　　社 总 机：010-83470000　　　　　　　　　邮　　购：010-62786544
　　投稿与读者服务：010-62776969, c-service@tup.tsinghua.edu.cn
　　质量反馈：010-62772015, zhiliang@tup.tsinghua.edu.cn
印 装 者：河北鹏润印刷有限公司
经　　销：全国新华书店
开　　本：185 mm×260 mm　　印　张：18　　字　数：432 千字
版　　次：2025 年 3 月第 1 版　　　　　印　次：2025 年 3 月第 1 次印刷
定　　价：69.80 元

产品编号：099908-01

前　言

问渠那得清如许？为有源头活水来。

——宋·朱熹

党的二十大报告提出："健全资本市场功能，提高直接融资比重。"资本市场是现代金融体系的重要组成部分，是关键的要素和资源市场。"健全资本市场功能"最重要的是进一步发挥资本市场要素资源配置功能，坚持金融服务实体经济的宗旨，完善适应不同类型、不同发展阶段企业差异化融资需求的多层次资本市场体系，拓宽服务的覆盖面，提高配置效率和服务质量。创业投资是整合技术、资本、人才、管理等创新资源的关键资本力量，是财政资金市场化使用、社会资本规模化运作的重要金融工具，是技术洞察和鼓励创新、容忍失败的有效发展机制。

同时，党的二十大报告明确指出，必须坚持科技是第一生产力、创新是第一动力，加快实施创新驱动发展战略，不断塑造发展新动能新优势，实现高水平科技自立自强。创业投资是促进科技创新成果转化的助推器，是落实新发展理念、实施创新驱动发展战略、推进供给侧结构性改革、培育发展新动能和稳增长、扩就业的重要举措。创业投资已然成为推动我国科技创新与落实创新驱动发展战略的重要支撑，是培植新质生产力与高质量发展动能、推动资金链与创新链有效对接的关键途径。

自 1985 年 3 月《中共中央关于科学技术体制改革的决定》（中发〔1985〕6 号）明确提出允许以创业投资的方式支持具有较高风险的高新技术企业发展拉开了我国创业投资发展的序幕以来，我国创业投资整体经历了法律建设与运行机制规范化的萌芽期（1985—2004 年）、法律法规初步成型与多层次资本市场监督架构逐渐明确的起步期（2005—2014 年），以及如今的高速高质发展期（2015 年至今）。

党中央、国务院高度重视创业投资的高质量发展，致力于促进创业投资行业良性循环。我国创业投资行业作为技术创新的催化剂、产业升级的推动力、就业机会的创造者、可持续发展实践者的角色在创新驱动中是任重而道远的。要发挥优化资源配置、促进产业升级和增强国际竞争力的关键作用，就要从科技创新的驱动力、产业结构的优化、绿色经济的培育、共享经济的兴起、人才培养与就业联动等方面共同发力。如何结合我国的具体国情，探索出一条具有中国特色的创业投资发展道路，是摆在我们面前的急需解决的一个重大课题。

创业投资作为一种经济活动和一个经济领域，在国民经济中是客观存在的。在我国，随着创业投资的发展，各类学术研讨会频频召开，出版的书籍和发表的论文越来越多。高等院校、科研机构及政府相关部门等也在理论和实践两方面积极展开系统、深入的探索，并取得了一系列成果。我国的创业投资事业经历了近 40 年的发展，涌现了大量成功的创业投资案例，而以往只是侧重于创业投资理论或只是反映国外创业投资实践的教材已经跟不上时代的发展，不太适宜作为新时代体现我国特点的创业投资的基础教材，因此，笔者为解决创业投资教学之急需，同时也为创业投资的从业人员和一般读者能系统了解创业投资的基础理论和我国创业投资实践的实务知识，特编写本书，希望能起到抛砖引玉的作用。

一、本书的结构和内容

在本书的编写过程中，笔者参阅了大量的有关资料，结合自己从事创业投资教学和研究过程中的心得体会，力求准确地反映创业投资的基本理论和运作实务知识，并结合我国的实际情况，对我国创业投资的有关问题进行理论与实践思考。全书共分为十四章，第一章导论部分主要从概念和原理上介绍创业投资的基本知识；第二章介绍了契约的定义与分类，同时基于信息不对称理论，阐述了创业投资中的双重委托代理问题、逆向选择与道德风险问题；第三章从创业投资公司的不确定性与风险出发，阐述了组合投资的主要策略；第四章介绍了期权的概念，以及金融期权理论和实物期权理论的特征与应用等内容；第五章从创业资本的角度，介绍了创业资本的主要来源、影响创业资本供给的因素，以及创业投资基金的募集程序与策略要点；第六章从组织形式的角度，介绍了创业投资基金组织形式的种类与特点，以及不同组织形式的比较和演变历程；第七章探讨了创业投资管理人的角色定位、技能素养和激励约束形式等；第八章从定性评估的角度，介绍了创业投资项目的评估过程和准则、项目筛选与挖掘，同时对尽职调查进行了全面分析；第九章关注的是创业投资项目的定量评估和权益分配，详细介绍了创业项目的价值评估方法，以及权益分配的具体计算过程；第十章从投资过程与投后监管的角度，主要阐述了创业投资的风险来源、投资工具与投后管理，以及增值服务与投后管理；第十一章主要介绍了创业投资退出的原理、方式和时机决策；第十二章从资本市场的角度，主要介绍了国内外多层次资本市场的特点，以及我国创业板、科创板和北交所三大重点新兴板块；第十三章主要介绍母基金的含义、分类、运作模式，同时分析了政府引导基金及其与母基金的区别与联系；第十四章阐述了大企业参与创业投资的历史沿革、特点、模式及发展情况。全书以创业投资为主线组织相关部分的内容，尽可能形成概念、原理、实务相联系的相对完备的理论体系，使读者对创业投资的基本知识、运作过程和方法有一个比较清晰且全面的认识和了解。

二、本书的编写特点

（1）结构框架完整，理论系统较为完善。本书吸取了国内外同类著作的精华，同时紧密结合我国创业投资实践的特点，构建了一个相对完善的创业投资理论体系。

（2）内容涵盖广泛，涉及的知识颇为新颖。近年来，创业投资实践迅速发展，相关理论也日益丰富和深入。本书秉持着理论联系实践的原则，整合并吸收了既具有前瞻性又具有指导性的观点、理论和实践经验。

（3）各章相互独立，便于教学。从教学的特点出发，本书的每一章除了介绍基本内容，还给出了"核心问题""学习目的""思考题"，便于学生掌握本书内容，有助于教师讲课和学生自学。

在写作过程中，笔者参阅了大量相关书籍、教学讲义与课件、学术刊物及网络上的学术资源，这些都尽量在参考文献中列出，但因时间关系和其他一些客观因素，未能与原作者一一联系，在此一并向各位作者表示深深的谢意。另外，在本书的编写过程中，有许多博士生、硕士生参与了资料收集、编写和修改，在此一并表示感谢。

由于笔者知识水平和掌握的资料有限，而且创业投资的实践性很强，又是一个不断变化发展的领域，因此，书中难免有不足之处，恳请读者批评指正。

编者

2024 年 10 月

目　　录

第一章

导论

创新型经济的发展模式为：创新+创业投资+资本市场。

创业投资的特点是支持创新成果向应用转化或孕育出一个新的企业；帮助创业者整合资源、实施创业，并在资本市场做强做大。

——上海市创业投资行业协会名誉会长　华裕达

 核心问题

1. 如何理解创业投资的定义与内涵？
2. 创业投资有哪些特征？
3. 创业投资的起源与发展经历了怎样的过程？

 学习目的

1. 了解创业投资的内涵。
2. 理解创业投资的特征。
3. 了解国内外创业投资的发展历程。

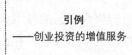
引例
——创业投资的增值服务

第一节　创业投资概述

创业投资是实现技术、资本、人才、管理等创新要素与创业企业有效结合的投融资方式，是推动大众创业、万众创新的重要资本力量，是促进科技成果转化的助推器，是落实新发展理念、实施创新驱动发展战略、推进供给侧结构性改革、培育发展新动能和稳增长、扩就业的重要举措。

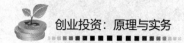
一、创业投资的定义与内涵

1．创业投资的定义

创业投资（venture capital，VC）是指创业投资者向处于创建或重建过程中的、具有巨大竞争潜力的未上市成长性创业企业（主要是科技型企业）进行股权投资，以期所投资创业企业发育成熟或相对成熟后，主要通过股权转让获取资本增值收益的投资方式。

《国务院关于促进创业投资持续健康发展的若干意见》（国发〔2016〕53号）针对创业投资的概念做出了清晰明确的界定和划分："创业投资是指向处于创建或重建过程中的未上市成长性创业企业进行股权投资，以期所投资创业企业发育成熟或相对成熟后，主要通过股权转让获取资本增值收益的投资方式。"

需要注意的是，我们常听到的天使投资，是创业投资中的一类投资。《国务院关于促进创业投资持续健康发展的若干意见》也对天使投资的定义作出了明确规定："天使投资是指除被投资企业职员及其家庭成员和直系亲属以外的个人以其自有资金直接开展的创业投资活动。"

天使投资指的是个人投资，而非机构投资。天使投资人不属于被投资企业或项目的发起人、雇员或其直系亲属和兄弟姐妹等近亲属且与被投资企业或项目不存在劳务派遣等关系。天使投资人在所投资企业中的持股比例一般不高于50%。

2．创业投资的内涵

要完整地理解创业投资的内涵，必须把握以下三方面内容。

（1）创业投资的对象是未上市的创业企业。创业投资坚持服务实体，以支持实体经济发展、助力创业企业发展为本，秉承价值投资理念，鼓励长期投资和价值投资。

创业投资主要是为了开发新技术、新产品，投资对象是那些风险大但潜在收益高的创业企业，包括处于种子期、初创期、成长期、成熟前的过渡期等创建过程中和处于重建过程中，但发展迅速、未来有望成为具有良好发展前景的中小企业。这类企业往往在市场前景、技术及产品可行性、管理运作等方面具有很大的不确定性，各方面信息匮乏，导致资金需求者对投资者有十分严重的逆向选择行为，因此投资者必须对项目进行广泛、深入、细致的调查与筛选。

这类企业以高新技术产业为代表，往往具有"高投入、高风险、高收益"的特征。一项高新技术成果从发明创新到产业化，面临着能否转化为产品的技术风险和能否满足消费者需求的市场风险，以及自身发展更新快、不确定性因素多的风险，存在较高的失败率。然而，高新技术成果一旦产业化成功，往往能够带来较高的附加价值和可观的收益回报。这与传统的投资原则相违背，却正好构成创业投资得以发展的契机。

创业投资作为一种新型投资机制，能够为那些传统信贷不感兴趣但确有发展潜力的发明创新提供资助，支持高新技术风险企业的创业和发展。它的投资目的不是控股，而是获取少部分股权，通过资金和管理等方面的援助，促进创业企业的发展，使资本增值。一旦被投资企业发展起来，创业投资企业便会考虑退出，获取高额回报。

全球正处在重大前沿技术和颠覆性技术快速突破的产业变革之中，新一轮科技革命和产业变革深入发展。人、机器、资源智能互联的第四次工业革命，带来了创新领域、创新方式和创新范式的深刻调整。新一轮产业革命带来了新的机会窗口，科技领域关键核心技术的突破已经成为我国建设"制造强国"的关键问题，着力攻克"卡脖子"关键核心技术势在必行。从早期小微到后期巨头，全链条式地培养我国本土科技企业是建成"科技强国"的必经之路。

（2）创业投资的方式是提供管理服务。创业投资对创业企业的投资并不是单纯地提供资本金支持，而是在提供资本金支持的同时提供资本经营服务，并直接参与企业创业。

创业投资企业为了获得较高的投资收益，必须承担创业中的高风险，这体现了投资收益与风险具有某种对称性。投资者考虑的是收益与风险的权衡。但是，创业投资的高收益并不是源于高风险，因为风险本身并不会带来收益。

创业投资高收益的来源是创业投资企业的管理价值。创业投资企业不仅要向创业中的企业投入资金，还要参与企业的经营管理，提供一系列资本经营服务。创业投资者不仅是金融家，也是企业家；既是投资者，又是经营者。创业投资企业与银行家和普通股东不同：银行家向企业贷款后就等着企业偿还本金和利息；普通股东的投资是为了享受企业的股息和股票的价值增值；而创业投资企业在向企业投资后，还要参加企业的经营管理，参与企业的运营。创业投资企业应当给企业带来比其投资的货币价值大得多的管理价值。也就是说，创业投资企业不仅给企业带来了资金，更重要的是带来了专业特长和管理经验。创业投资企业不仅参与企业的发展规划、企业生产目标的设定、企业营销方案的建立，还参与企业的资本运营过程，甚至参与企业重要人员的雇用、解聘等。

（3）创业投资的目的是追求资本增值。创业投资企业将资本投入创业中的企业，从表面上看，创业投资是将资金以股权形式投入某一企业，但它的目的并非获取被投资企业的所有权，分取红利，而是获取被投资企业高速发展所带来的高额资本增值。而获得较高收益的途径是投资后的成功退出，一旦被投资企业度过高速成长期，进入成熟期，创业投资企业就会从被投资企业中撤出资金，并将其转向新的具有高增长潜力的投资对象。

可以说，创业投资企业在投资之时就应考虑如何退出，因为只有退出才能收回资本并获得收益。因此，创业投资是资本投资行为，而不是一般的实业投资，投资的目的是追求资本增值，而不是长期持有所投资企业的私人股权，以求获取股息收益。

3. 狭义的创业投资与广义的创业投资

狭义的创业投资一般是指投资于早中期创业企业的传统的经典创业投资，广义的创业投资还包括并购投资。我国创业投资业界及学界一般认为，创业投资主要投资于早中期的创业企业，私募股权投资（private equity，PE）主要投资于中后期的创业企业，特别是投资于拟上市（pre-IPO）的企业。

创业投资从20世纪80年代以前主要投资于未成熟企业的狭义的创业投资转变为同时从事并购投资的广义的创业投资后，在相当长的一段时期里，并购投资均被纳入"创业投资"口径进行统计，但以下两大因素使得并购投资在21世纪从创业投资中脱离出来，自立门户。

（1）针对20世纪80年代末的创业投资领域已经远远超出传统的经典创业投资领域的倾向，美国学界普遍发出了"创业投资已经走到十字路口"的质疑，1992年哈佛大学的拜格雷夫（Bygrave）教授和蒂蒙斯（Timmons）教授甚至合作出版了《十字路口的创业投资》一书。

（2）一些具有投资银行背景的管理机构为了体现它们所管理的并购基金具有区别于经典创业投资基金的特点，也开始倾向于将并购基金与经典创业投资基金区别开来。

当20世纪90年代后期，狭义的PE的投资领域向传统的VC延伸后，PE的概念也发展到广义层面，从而包括VC。

PE是VC的发展，广义的VC=广义的PE=狭义的VC+狭义的PE（并购基金）。

虽然在20世纪末，受世界性企业重建、低利率政策、流动性过剩等因素刺激，PE爆发式发展，但经典创业投资的地位不容抹杀，创业投资基金是私募股权基金中市场失灵的部分，因此需要政府予以特别扶持。

二、创业投资的特征

1. 中长期权益投资

（1）权益性投资：创业投资投入的是权益资本，但目的不是获得企业所有权。创业投资企业并不想控股，它们要的是增长，是收益。它们虽然以权益资本的方式投资，但它们最终是要撤出的。创业投资的权益性使其没有固定的收回期限和固定的投资收益，投资方只能依法转让出资而不能直接从接受投资企业中撤资。企业进行创业投资，主要考虑被投资企业的获利能力，能否获得较高的回报，以及影响或控制被投资企业是否有利于本企业的长远利益。与借款资本不同，创业投资不以获得利息为目的，两者的核心区别在于资金提供方是否与资金接收方共同经营、共享收益、共担风险。换言之，投资是"收益共享、风险共担"；而借款是"固定回报，不担风险"。

（2）中长期投资：创业投资通常不会在短期内追求回报，所投入的资金会在被投资企业滞留相当长的一段时间，通常平均投资期为5～7年，以期被投资企业实现快速增长并达到较高的市值。创业投资的这种不流动性使得创业投资企业必须有"耐心"，创业资本也常常被称作"勇敢和耐心的资本"。尤其是投早、投小、投硬科技的创业投资，其投资期更长。

与债务性投资不同，权益性投资不需要还本付息，而是通过企业盈利和资本增值来实现回报。与一般的股票投资不同，创业投资者通常会积极参与被投资企业的管理和决策，提供资金支持和专业建议，帮助被投资企业实现快速增长，成功上市。这种参与式投资方式有助于投资者更好地了解被投资企业的经营状况和市场前景，降低投资风险。

2. 投资与募资相结合

创业投资在现实中是投资与募资相结合的一个过程，从某种意义上说，创业投资过程中最重要的，也是最困难的，不在投资方面，而在募资方面。

企业募资一般分为两个渠道：一是在金融市场发行金融工具（如股票、债券等）；二是银行贷款。创业投资的情况却与此不同，创业投资所募得的资金在很大程度上取决于创业投资企业的魅力。投资人（出资人）是基于对创业投资企业的信赖投入资金的。创业投资的投资人大都是精明强干的、经验丰富的投资家，但也可能是对投资一窍不通的门外汉，如富有的家庭或个人，即使是经验丰富的职业投资人，在选择创业投资企业时也基本上以创业投资企业的规模、声誉、业绩为依据。如果投资人（出资人）对所投资项目知之甚微或对市场状况一知半解，他们的投资决策就更取决于对创业投资企业背景的判断。他们或是耳闻目睹了创业投资企业的业绩，或者本人就是创业投资企业的利益相关者，他们的投资在很大程度上是对创业投资企业的投资，而不是对企业或项目的直接投资。他们对创业投资企业的这种信赖在无形中给创业投资企业施加了很大的压力，创业投资企业清楚手中募得的资金的分量，明了投资人对自己的重托，知道这笔钱丢不得、这个赌输不得、这个仗败不得。一旦失误，将来再从这些人手中融资的可能性就会化为零。

创业投资中的募资决策往往比投资决策更困难。创业投资的募资方和投资方都是卖方市场，而这两个卖方市场对创业投资企业却有着截然不同的意义。在募资卖方市场中，创业投资企业处于被动地位。在投资卖方市场中，创业投资企业却处于主动地位。资金的短缺是创业投资业的普遍现象。从这个意义上看，募资的确是创业投资行业中最困难的环节。

没有一定的投资目标或投资方向，很难募得资金。很多时候，投资方向的选定是能否募到资金的关键。同样，投资中又有募资。投资的过程往往伴随着第二轮或第三轮的募资。投资和募资构成了不可分割的有机整体，这是创业投资的一个重要特征。

3. 高收益性

1）独具慧眼发现创业企业的价值

创业投资企业具备相当的技术背景知识及敏锐的洞察力、丰富的经验，甚至是感觉，对创新技术的可行性、项目的市场潜力、企业领导人或技术创业者的素质，以及新技术的未来发展趋势能做出科学的、客观的评价，他们能在众多新技术中筛选出最有发展前景的、可作为创业投资对象的新技术项目。

创业投资的投资对象主要是不具备上市资格的、处于起步和发展阶段的企业，甚至是仅仅处在构思之中的企业，如高新技术企业。这些企业一般风险较大，但潜在收益较高，通常是处于初创或未成熟时期，未来有望成为具有良好发展前景的中小企业。

创业投资机构之所以愿意在进行一系列调查后，承担高风险，承担产品构思、设计、投产、商业化过程中诸多不确定性因素带来的技术风险、市场风险、管理风险和环境风险，就是因为创业投资机构看到了创业企业的发展潜力和价值。

2）通过增值服务为创业企业创造价值

创业投资企业的意义不仅仅在于发现好项目和寻找大笔资金，更重要的是在创业投资项目运作期给予创业企业经营方面的综合指导，这也是创业投资企业对于项目增值贡献最大的一项内容。

为创业企业提供增值服务，是创业投资不同于一般投资的重要特点，创业投资机构通过增值服务不仅为自己带来了高资本增值收益，也为创业企业创造了价值。

增值服务指的是创业投资机构除了向创业企业提供资金，更重要的是通过参与创业企业的管理为创业企业提供一系列旨在使企业价值增值的服务，其中包括发展战略、市场营销、企业管理、资本运作等各方面的策划、咨询、中介等服务，使被投资企业得以快速发展和壮大，从而提升其价值，为创业投资成功地增值撤出创造条件。这种投资方式与传统金融信贷只提供资金求得投资收益而不干涉企业经营管理的方式大不相同，这是由于创业投资没有任何抵押作为担保，同时创业企业管理运作也并没有实现制度化，因此，投资者必须积极介入创业企业的运作管理，对投资进行监管。

具体来说，创业投资机构增值服务主要包括以下内容。

（1）协助制定创业企业发展战略，协助整合战略资源，改进企业经营决策。

（2）协助规范创业企业公司治理，优化资产和负债结构。

（3）协助制定重要管理策略，规范和优化创业企业管理。

（4）为创业企业管理提供咨询诊断，协助创业企业建立良好形象。

（5）设计创业企业激励约束机制。

（6）协助创业企业进行管理层成员及关键人员的选配和招募。

（7）引入中介机构，如会计师事务所、评估事务所、律师事务所、证券公司、担保公司、投资银行等，形成为创业企业服务的专业网络。

（8）提供关系网络资源，如企业关系网络、政府关系网络、金融关系网络、服务咨询网络、专家网络及信息资源网络等。

（9）策划创业企业后续融资，实现创业企业的快速增值。

3）通过适时退出投资实现收益

如果创业投资的进入是为了取得收益，退出则是为了实现收益。只有退出，创业投资才能重新流动起来；只有退出，收益才能算真正实现；只有退出，创业投资企业才能将资金投向下一个项目，赚取更多利润。可以说，策划退出是创业投资企业从开始寻找项目就应着手考虑的问题。创业投资能否在预定年限内顺利退出对创业投资企业是非常重要的，它是创业投资顺利流动、循环运作的前提。

对于创业投资机构的退出，时机的选择是尤其重要的。一旦退出时机到来，创业投资者就应当机立断，如果对创业投资退出时机的选择不当，会在很大程度上降低投资的预期收益。创业投资需要灵活把握退出时间，这对其实现较高的投资收益或减少投资损失有着重要意义。退出不一定要在获得成功后进行，在很多情况下，如果被投资企业难以为继，也应立即退出，免受更大的损失。若被投资企业发展速度放缓，以后也不可能有太大作为，创业投资企业也应退出，将资金投向更有前途的项目。

4）主动控制风险

创业投资企业可凭借其卓越的风险管理能力，主动控制风险，从而实现高资本增值收益。创业投资企业具有专业化团队，包括金融专家、技术专家、财务专家、企业管理专家和法律专家等，可以适应项目评估、企业咨询和参与企业管理的需要。以减少和分散风险为宗旨，通过严格的项目筛选和执行过程管理，辅以技术支持和市场的资源整合，这些都有助于减少企业的技术风险、市场风险和经营管理风险，从而降低高新技术产业化过程的风险损失。

4. 高风险性

高风险是创业投资过程的典型特征之一。在创业投资中，一部分投资项目会取得成功，另一部分会失败，还有一部分会陷入不盈不亏的状态。创业投资企业必须清晰地认识到这种风险，并制定合理的投资策略来控制和驾驭风险，以提高投资成功的概率。因此，在创业投资时，对风险的认识、把控和管理尤为重要。具体而言，创业投资的高风险性主要体现在以下几个方面。

（1）市场环境不稳定：创业投资通常集中在初创企业的早期阶段，这些企业通常处于发展初期，产品或服务尚未完全迎合或满足市场的需求。因此，投资者需要承担较高的市场不确定性风险。早期投资还意味着更多的技术和执行风险，因为创业企业可能尚未建立起完善的业务模式和团队。

（2）高成长预期：创业投资通常寻求高成长的机会，这意味着投资者对投资项目的预期收益持较乐观的态度。然而，高成长预期也带来了高失败率的风险。只有少数投资项目能够实现高速成长并取得成功，大多数项目会面临失败或者较低的回报。

（3）资金需求大：与传统企业不同，创业企业通常需要大量资金来支持其高速成长和发展。这些资金不仅用于产品研发和市场推广，还可能用于基础设施建设、人才引进等方面。资金需求量大，但流动性较差，一旦资金链断裂，可能导致创业企业破产。因此，创业投资者需要承担资金风险，尤其是在初创企业的运营资金周转方面。

（4）行业不确定性：创业投资通常涉及新兴行业或者前沿技术，这些行业和技术存在较大的不确定性，行业颠覆、技术突破、法律法规变化等因素都可能对投资项目的发展产生重大影响。因此，投资者需要承担行业不确定性风险，尤其是在新兴行业或者尚未成熟的市场中。

（5）退出困难：创业投资的退出路径通常较为狭窄，投资者可能需要等待较长时间才能实现退出。在这个过程中，投资者可能面临资金回收困难的风险，特别是在没有成功的并购或者上市机会出现时。因此，投资者需要考虑退出困难风险，并制定相应的退出策略。

（6）政策和法律风险：政策和法律环境的变化可能对创业企业产生重大影响，包括监管政策、税收政策等方面的变化，增加了创业投资的不确定性和风险。

5. 阶段性和循环性

创业投资企业不会一次性投入创业企业所需资金，而是分阶段投入。每个阶段投资前都会重新评估创业企业的发展情况，上一阶段发展目标的实现成为下一阶段资金投入的前提。创业企业需要经历较长时间的奋斗，才能被市场认同而获得成功，因此创业投资企业会根据项目（企业）的发展情况分期投入资金，最初投资额较少，随着企业逐步走上正轨，创业资本将不断地跟进投入。在这个过程中，一旦发现问题，创业投资企业会立即终止投资，把投资风险降到最低。因此，创业投资事先并没有确定的投资总量和期限，传统投资往往是一次性支付或时间确定的分期支付。

创业投资采取的是"投入—增值—退出—再投入"的循环运作方式，一旦创业投资成功，就在企业上市或成长时以出售股权的方式退出变现，收回资本，获取高额利润。然后，将增值后的资本再投入其他风险项目，如此循环往复，实现投资资本的快速扩张。

三、不同阶段的创业投资

创业企业的发展可以划分为萌芽阶段（seed stage）、初创阶段（start-up stage）、成长阶段（development stage）和成熟阶段（mature stage）。相应地，典型的创业投资也可划分为种子期投资、初创期投资、成长期投资、成熟期投资，以及企业公开上市。

1．种子期投资：创业企业的萌芽阶段

创业者为了验证其新产品的发明和创意的可行性，起初需要投入一定的研究开发资金，为新技术或项目的实用化、商品化而进行产品、工艺、设备、流程方面的研究。但由于对新产品、新技术实现的可能性的判断缺乏较完备的信息资料，在创业一开始吸引创业投资相对困难。一般情况下，这一阶段所需要的资金是创业者自己承担的，其来源可能有个人的积蓄、家庭的财产、亲戚朋友的借款及小额的抵押贷款等。有一部分创业者可能向创业投资公司申请资助，这时创业投资公司一般要求创业者拿出一个完整的商业计划并带有样品或者样本。创业投资公司在对创业者的申请进行评审筛选后确定是否投资。这一阶段的创业资本主要分为两种：一种是种子资本，主要用于产品开发和市场研究；另一种是启动资本，用于产品的试制试销。这时，创业公司已有完整的商业计划，而且初期的市场开拓已经开始，但商业性销售尚未开始。

由于面临着较大的技术开发风险、市场风险等，创业投资公司在种子期的投资在其全部创业投资中所占的比例一般不超过 10%。

2．初创期投资：创业企业的初创阶段

从产品开发成功到转入大规模生产，需要较多的投资用于购入生产设备、产品的开发与销售，以提高生产能力、开拓市场。由于在产品商品化过程中存在许多不确定性因素，创业中的企业在这一阶段失败的概率相当高，因此在这一阶段，创业中的企业直接从银行获得贷款的可能性很小，更不可能从资本市场上直接融资。然而，这一阶段正是创业投资公司投资创业企业的主要时机。

从时间分布上看，这一阶段短则半年、长则四五年不等。由于资金的需求量较大，有时一个创业投资机构的投资难以满足需求，创业者可能寻求多个创业投资机构的投资。在这一阶段，一部分创业投资机构在种子期获利，会吸引新的创业投资机构加入；相反，当发现创业中的企业前景不妙，创业投资机构会果断退出。

上述两个阶段又被称为创业投资的早期阶段。

3．成长期投资：创业企业的成长阶段

这一阶段，企业的经营已经逐渐取得业绩，为了进一步开发产品和加强营销能力，需要更多的资金投入。创业投资机构可能会追加投资（称为成果资本或扩展资本），一些新的创业资本也会进入。创业投资机构在这一阶段会加强对企业的监管，更多地参与企业的重大决策，以确保创业投资的成功。

4．成熟期投资：创业企业的成熟阶段

这一阶段，企业的经营已经比较稳定，市场前景也比较明朗，可以从银行获得贷款，因而资金已经不是企业面临的最主要的问题。为了实现创业投资的成功，顺利获得资本利得，企业主要会考虑引进一些知名的创业投资机构或者创业投资企业作为其股东，以提高企业的知名度，为公开上市发行股票做好形象方面的准备。参与投资的创业投资公司此时会充分利用自身的优势从中斡旋。

成长期投资、成熟期投资又被称为后期投资。

5. 企业公开上市：创业资本的退出阶段

随着企业的进一步发展，新产品的市场认同度、企业的经营业绩和经营规模等都已经达到了一定的水平，具备了通过上市获得直接融资的条件。这时候，创业投资者考虑退出，通过首次公开上市发行股票（initial public offering，IPO），出售股份给第三者或管理层回购获得高额回报。

阅读资料 1-1
科创时代下的创业投资

四、创业投资的过程

1. 筹集资金，建立基金

（1）确定基金的类型和策略：在创业投资之前，首先需要确定基金的类型和策略，包括早期种子轮、天使投资、创业投资等不同阶段的投资。根据所选定的投资方式，确定基金的目标、投资策略、基金规模、投资领域或行业、地域重点、管理团队的规模和结构，以及项目文件。

（2）吸引初始投资者（锚定投资者）：一旦确定基金计划，就需要开始寻找投资者，包括个人投资者、政府资助、政府担保的银行贷款、大企业投资、银行商业贷款等。这些投资者通常是可以向基金贡献大量资金的大型投资者，他们的参与常常向其他投资者发出有关该基金的可信度和潜力的信号。

（3）营销和路演：组织潜在投资者参与的会议，介绍基金及其战略、管理团队，具体包括演示、讨论和信息共享。基金管理人需要通过营销和路演活动向潜在投资者展示基金的价值和潜力，吸引他们投资。

（4）资本承诺：一旦投资者决定投资基金，他们就会承诺提供一定数额的资金。这些资金在基金存续期内根据需要收取。

（5）基金关闭：一旦筹集到必要的资金，该基金就不再向新投资者开放。此后，基金开始投资活动，即将资金分配给选定的公司。

（6）基金和投资管理：融资后，基金管理的活跃阶段开始，包括寻找、分析和投资有前途的初创企业，以及投资的组合管理和退出。

2. 寻找投资机会

创业投资者在众多创业企业中选择最具获利潜力的项目，这需要考虑技术创新的可行性、项目的经济评估、企业领导的业务素质等因素。

3. 筛选、评估项目

创业投资者在拿到经营计划和摘要后会进行初步筛选，以决定是否值得投入更多时间展

开详细研究。接下来，创业投资者会花6～8周对投资建议展开广泛、深入和细致的调查，以检验创业企业所提交材料的准确性，并挖掘可能遗漏的重要信息；在从各个方面了解投资项目的同时，根据所掌握的各种情报对拟投资项目的管理、产品与技术、市场、财务等方面进行分析，以做出投资决定。创业投资者在评估项目时通常考虑以下内容。

（1）阅读投资建议书。评估项目是否符合创业投资者的企业特殊标准，并初步考察创业项目的管理、产品、市场与商业模型等内容。

（2）与企业家交流。重点考察创业项目的管理因素。

（3）查询有关人士与参观企业。从侧面了解创业企业的客观情况，侧重检验企业家所提供信息的准确性。

（4）技术、市场与竞争分析。主要凭借创业投资企业自身的知识与经验，对项目展开非正规的技术、市场与竞争分析。

（5）商业模型与融资分析。创业投资者根据企业家提供的和自身掌握的有关信息，对创业企业的成长模型、资金需求量及融资结构等进行分析。

（6）检查企业风险。主要考察创业企业以往的财务与法律事务。

4．评估、谈判，达成交易

创业投资企业在完成项目的选择之后，需要与拟定的被投资创业企业展开实质性讨论，共同协商投资的财务、监管、控制、退出、投资方式、知识产权、投资条件等有关权利和义务，最后形成有法律效力的合资文件。可以概括为以下几个方面的内容。

（1）尽职调查：一旦确定潜在项目，创业投资者应展开详细的尽职调查，研究创业企业的财务状况、商业模式、市场前景、竞争格局、法律事务等多个方面的内容，以评估投资的可行性和潜在风险。

（2）估值谈判：创业投资者和创业企业管理层进行估值谈判，确定投资金额与所获得股权的比例。这是一项关键的谈判，双方需要平衡企业的估值与投资者的期望回报。谈判中还会涉及创业企业的权益结构、管理层的激励机制、股权回购权等方面的协议。

（3）投资条件：确定投资的条款，如退出条件、优先权等，以及可能的附加条件，如投资者在企业董事会中的席位等。

（4）签署合同：一旦达成一致意见，双方将签署正式的投资合同，其中详细规定了投资的各个方面的内容，包括投资金额、股权结构、管理层协议等。

（5）尽职调查完善：在签署合同前后，创业投资者可能会展开最后一轮尽职调查，确保创业企业的状况没有发生显著变化。

（6）交易达成：一旦所有条件都得到满足，交易即正式达成，资金被转移到创业企业账户，投资者成为其股东。

在整个过程中，沟通和信息透明度是至关重要的。投资者和创业企业管理层需要保持开放的沟通渠道，共同解决可能出现的问题，以确保交易的顺利达成。

5．共同合作、共创价值

创业投资企业按协议将资金投入创业企业，参与被投资企业的经营管理，通过制定战略、整合资源、定期走访、资本运作、后续融资等过程发挥价值增值的作用，协助创业企业改善业绩，扩大生产、销售和开发产品，提高效率和生产率。

（1）共同制订业务计划：投资者和创业企业管理层一起制订详细的业务计划，明确发展路线和关键执行步骤，这有助于确保双方对创业企业的发展方向有清晰的认识。

（2）资源整合与支持：投资者通常提供资金，还可能提供战略指导、业务发展支持、市场准入等方面的资源。这种资源整合与支持有助于推动创业企业的发展，实现双方价值的共同创造。

（3）建立强大的团队：投资者和创业企业管理层应共同努力吸引并发展高效能的团队，这涉及招聘、培训、激励和保留优秀的人才，有助于增强创业企业的竞争力。

（4）定期召开战略性会议：定期召开战略性会议，讨论创业企业的发展、市场动态和竞争环境的变化。投资者可以提供宝贵的建议，而创业企业管理层也能分享实际执行中面临的挑战和积累的经验。

（5）共同决策并保持高透明度：在关键决策方面，投资者和创业企业管理层需要共同参与，确保双方的利益得到平衡。高透明度是双方建立良好关系的基础，双方需要共享信息，共同应对风险和挑战。

（6）共享回报、共担风险：创业投资是共担风险与共享回报的过程。投资者和创业企业管理层都需要对项目的成功负责，即共担风险，同时共享回报，这促使双方共同致力于项目的长期成功。

6. 实现退出

无论创业企业是取得成功还是面临失败，创业投资公司都会从创业企业中退出，通过转让股票收回资本并获取利润。创业投资公司退出创业企业是一个复杂的过程，通常分为以下几个阶段。

（1）制定退出策略：创业投资公司在投资初期就应该制定退出策略，内容包括明确退出时间表、达到的目标回报率及最合适的退出方式（如IPO、收购或二级市场交易）。

（2）创业企业成熟阶段：退出时机通常在创业企业成熟和价值最大化时，即投资者要等到创业企业实现了一定的增长、盈利和市场份额后才退出。

（3）IPO（首次公开募股）：这种退出方式是指在公开市场上出售企业股份。这需要创业企业达到一定的规模和财务稳健性，以引起投资者和证券交易所的关注。

（4）兼并收购：创业投资公司可以选择将其在创业企业的股权出售给其他公司。该方法通常适用于有其他公司对目标企业表示感兴趣时或者投资者认为这是实现最大回报的最佳途径时。

（5）二级市场交易：创业投资公司可以在私人交易市场上出售其在创业企业的股权，将其转让给其他投资者或基金。这种方式相对比较灵活，但资金流动性较差。

（6）分阶段退出：创业投资公司可能选择分阶段退出，逐步减持其在创业企业的股权，以最大限度地减小对市场的冲击。

（7）谈判和尽职调查：在确定退出时，创业投资公司需要进行谈判并进行尽职调查，以确保最佳的交易条件。这可能涉及与潜在买家或投资者的协商和合同谈判。

（8）退出实施：一旦达成协议，退出计划就会付诸实施。这可能包括完成相关法律手续、

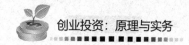
证券交易和财务结算。

在整个退出过程中，创业投资公司通常与创业企业管理层密切合作，以确保退出对双方都是有利的。双方应共同努力实现创业企业的战略目标，最大化价值，并最终成功地退出投资。

五、创业投资的意义

创业投资是 20 世纪以来全球金融领域最成功的创新成就之一，是金融工程的独特功绩。它是以一种非传统融资方式，结合资金、技术、管理与企业家精神的新的投融资方式，能够强有力地推动结构优化，促使人们不断开拓创新。

1. 促进技术创新和高新技术产业的发展

产业发展是关系经济结构调整、优化和升级的重大课题。如何有效地促进产业发展，是国家产业政策的核心，也是国民经济持续健康发展的关键。纵观发达国家产业发展的过程可以发现，创业投资在促进产业发展方面具有不可替代的作用。

1）促进技术创新

技术创新是一项高风险性活动，因为技术创新过程中存在着技术的开发、技术与经济的结合等不确定因素。另外，技术创新往往要求在短时间内投入大量资金，再加上技术创新的高风险性，传统的融资工具并不合适。技术创新的高风险性可能给风险承担者造成经济、时间及机会等方面的损失，但也会带来机会和收益，收益与风险正相关。高新技术产业具有极高的成长性和效益性，这满足了创业投资企业对投资的要求。

创业投资可以解决高新技术企业融资难的问题，并提供增值服务。创业投资是一种为技术创新分担风险的机制，其实质是通过共享技术创新企业待开发的项目所蕴含的巨大经济效益，与创新企业共担技术创新过程中的各种风险。创业投资不同于传统的投资方式，它是一种权益投资，创业投资者通过投资持有受资企业股权，并为其提供资本、技术咨询、管理经验、市场营销等增值服务，以辅助其迅速成长，促进科技成果的转化，最终通过上市、转让等手段退出所投资企业，从而获得高额的投资回报。其中，科技成果转化能否成功直接影响创业投资的收益，因此，创业投资者必须密切关注所投资企业，并提供增值服务，这在科技成果转化的过程中起着十分重要的作用，有助于促使企业成为技术创新的核心。

2）有助于产业集群的形成与发展

产业集群是指某一产业领域相互关联的企业及其支撑体系在一定区域内大量集聚、发展而形成的具有持续竞争优势的经济群落。一般而言，因存在着高度不确定性，加上研发与生产的日益分离，高新技术企业比传统产业中的企业更倾向于集聚，形成产业集群。有研究表明，在美国，IT、制药和生物技术等高新技术产业的创新活动明显多于传统产业，与此相对应，高新技术产业的企业更加倾向于以集群的形式存在。而作为技术进步和经济增长的助推器，创业投资在驱动高新技术产业集群形成和持续发展中的显著作用也为众多国家和地区发展高新技术的实践所证明。

美国的创业投资公司大约有一半在硅谷，该区域也是产业集群最为集中的区域。许多创业投资和创新企业都聚集于此是因为这样做有助于它们在阶段融资过程中获得选择成功项目所需的信息，这些信息是高度只可意会的和不宜明示的。

3）促进新兴产业发展，优化产业结构

创业投资促进产业结构升级主要体现在四个方面：一是可以促进高科技产业的发展，从而带动产业结构的战略性调整。创业投资可以为高新技术产业提供资本支持，促进高新技术产业的推广和应用，而高新技术的推广和应用又可以渗透到相关产业中，从而带动整个产业的结构调整。二是可以促进新兴产业的诞生和发展，创业投资机制可以为高新技术产业提供服务，从而延伸和拓展产业链条，促进一系列新兴产业的诞生和发展，进而提高一国产业升级换代的能力。最明显的例证就是网络产业。创业投资通过向网络企业提供资金及配套服务，促进了网络技术向现实生产力转化。三是可以加快高新技术产业的发展，从而促进高新技术产业改造传统产业。高新技术在改造传统产业中具有积极的作用。例如，将网络信息技术渗透到传统的第三产业之中，如电信、交通、贸易、金融等，可提高社会资源的广度、深度和速度，大大降低运作成本，提高效率。四是可以推动国民经济增长从粗放型向集约型转变。国民经济中的新兴产业通常是资本密集型的，产品技术含量较高，经济附加值较大，通常以科学的生产方式和较低的资源消耗赢得竞争优势，并逐渐取代传统的产业或生产方式，推动国民经济从粗放型增长向集约型增长转变。

2. 加速中小企业的成长和发展

中小企业是我国经济发展中一股极为活跃的力量，融资困难是现阶段中小企业发展所面临的普遍问题，而引入创业投资是目前解决融资困难的重要途径。引入创业投资并不仅仅增加了资金，更大的益处是为中小企业提供增值服务，降低或分散其运营风险、技术风险、市场风险等，为中小企业的健康发展起到加速的作用。

创业投资对中小企业的增值服务主要包括以下几个方面的内容。

1）资金支持

创业投资公司向中小企业提供的资金包括首次融资和再次融资。资金是企业的"血液"，创业投资公司的作用就是随时为快速成长的中小企业提供足够的资本以保障其发展，这也是创业投资公司为中小企业提供的最基本的增值服务。

2）影响力支持

成功的创业投资公司会通过以往成功的融资、管理和退出安排给所投资的中小企业罩上一个成功的光环，也会充分利用自己的影响力和在业界的良好声誉、关系网为中小企业创造各种优惠和捷径，具体表现在：得到优秀中介服务机构的支持、享受当地政府的重视、获得市场的认可及得到金融体系的帮助。

3）管理支持

创业投资与其他投资形式的一个本质区别在于，创业投资公司会深层次地介入中小企业的管理，主要表现在战略决策指导、管理团队重组、财务监控、核心竞争力保护及危机管理。

总之，有创业投资支持的中小企业犹如一只拥有航空母舰护航的小船，可在创业投资的海洋中畅通无阻地航行。

3. 优化社会资本整合

社会资本对高新技术产业的成长有着重要的影响，主要体现在四个方面：一是社会资本影响高新技术产业集群的位置；二是社会资本的存量和增量影响和决定高新技术产业集群的发展速度；三是社会资本促进了高新技术产业集群的信息交流；四是社会资本促进集群内经济主体的合作。但是，高新技术产业往往存在高风险和收益的不确定性等特征，一项高新技术成果从发明创新到产业化，面临着能否转化为产品的技术风险和能否满足消费者需求的市场风险，以及自身发展更新快、不确定性因素多的风险，存在较高的失败率。因此，高新技术企业很难通过正常融资渠道筹集资本，资本的缺乏成为制约高新技术企业发展的瓶颈，为此高新技术企业需要采用特殊的融资机制。

创业投资的出现恰好满足了高新技术产业发展的资金需求。创业投资公司采取各种各样的融资方式，把来自银行、保险公司、养老基金、大公司、共同基金、富有的个人和外国投资者的分散的资金集中起来，组成创业投资基金。然后，凭借其丰富的投资经验，将资本投向那些传统信贷缺乏兴趣而确有发展潜力的高新技术创业企业，支持高新技术产业的发展。在美国，70%以上的创业投资投入到电子、信息、生物技术等高新技术领域；在英国，50%的创业投资投入到与高新技术有关的领域。可以说，创业投资通过灵活、特殊的投资方式，在资本和高新技术之间起到桥梁作用，对吸引资金进入高新技术产业化过程具有较强的示范和导向作用，为成千上万高新技术创业企业的诞生和成长提供了资金保障。

4．促进多层次资本市场的建设

创业投资着力于促进民间投资，为资本市场培育高质量上市公司，夯实多层次资本市场体系的市场基础。

1）为多层次资本市场输送优质企业

创业投资可为创业板提供优质上市资源。创业投资通常采用金融组织化的方式进行聚合、投资，创业投资提供的不仅是资金，还有人才、市场、经验、金融支持和资源网络，有助于培育优质企业上市，前期规范培训企业，改善中小企业的管理。

创业投资可大大促进资本市场的金融创新。创业投资的良性运作需要多功能复合金融工具，如可转换优先股、可转换债券、优先股、期权，这些投资工具创新丰富了资本市场的品种，对于资本市场集合资金、避险、激励、约束具有重要的促进作用。

2）地方金融发展的"生力军"

创业投资作为鼓励自主创新和培育成长型企业、中小型企业的一种资本工具，在一定程度上突破了当前地方金融政策的匮乏和限制，是金融创新与民营经济发展相结合的产物，也是社会资本、民间资本进入金融领域的一条路径，有着不可替代的金融功能。创业投资的发展为银行资金管理业务开辟了新市场，创业投资基金成立之后，自然形成了基金存款、保值理财等业务需求，为银行提供增值服务创造了条件。特别是随着创业投资基金出资人与管理者的分离，地方金融机构可以在基金托管、账户监管等方面开拓新业务。此外，银行等金融机构也可以和有投资能力的战略伙伴合作，为开展直接投资提供更有价值的信息和资金服务，保险、证券等金融机构也可以直接进入创业投资领域开展业务。

5．以创业带动就业

我国各级政府引导创业投资支持国家创新战略的实现，投资于初创期和成长期的中小企业，着力于扩大就业，促进"以创业带动就业"战略的进一步实施。

创业投资的对象一般是中小创业企业，中小企业是国民经济中最有成长潜力和创新能力的元素，这些企业在经济发展中发挥着越来越重要的作用。据统计，目前我国企业中，中小企业约占99%，工业产值约占60%，实现利税约占40%，就业人数约占75%，新创造的就业机会占80%以上。据不同研究资料，每1人创业平均可带动3～5人就业，如能成功实现由中小企业向大型企业的转型，其倍增效应将更大。由此可见，对中小企业进行创业投资，不仅可以促进社会经济增长，也有助于增加就业岗位数量，提供更多的就业渠道。

第二节　国内外创业投资发展的背景与历程

一、美国创业投资发展的背景与历程

1. 美国创业投资发展的背景

创业投资机制是由美国首先建立的。20世纪40年代（二战后），美国刚刚渡过经济"大萧条"，新企业开工率不足，发展缺乏后劲，获取长期融资也非常困难。波士顿联邦储备银行行长拉尔夫·弗兰德斯（Ralph Flahders）与哈佛商学院教授、后被称为"创业投资基金之父"的乔治·多里奥特（George Doriot）认为，迫切需要一种有效的渠道对新企业进行"企业家式融资"，即面对当时小企业和新兴企业所面临的困境，需要建立一个专门机构来吸引投资者。他们认为，对于新企业来说，管理技术与经验和资金同等重要，新的机构不仅能给新企业带来资金，而且能带来经营管理技术上的帮助，这种机构——创业投资公司在企求高回报的投资人和需要资金的创业家之间扮演中间人的角色。

1946年，世界上第一家现代创业投资公司"美国研究与发展公司"（American Research & Development Corporation，ARD）成立，它是由拉尔夫·弗兰德斯与乔治·多里奥特教授共同建立的。拉尔夫·弗兰德斯认为，经济的发展需要不断地注入新鲜血液，即要靠新生的、具有创意的、有潜在市场的小企业的发展，因此他确立了ARD的宗旨是为那些新兴的快速发展的企业提供权益性启动资金，推动这些新兴企业的发展，以促进整个美国工业的发展。ARD启蒙了一个新兴行业——创业投资，它的诞生是世界创业投资发展的里程碑。

1957年，ARD以7万美元投资美国数据设备公司（Digital Equipment Corporation，DEC），拥有其77%的股份。到1971年，ARD所持有DEC股份的价值增加到3.55亿美元，14年内投资增长5000多倍。这次投资大获成功，永远地改变了美国创业投资行业的未来。ARD的成功为其后继者提供了经验，被斯坦福大学等机构加以借鉴和推广，造就了闻名全球的美国"硅谷"。

2. 美国创业投资发展的历程

美国是创业投资的发源地，也是当今世界上创业投资最为发达、相关法律制度最为完备的国家之一。美国的创业投资经历了从萌芽、产生、成长到相对成熟的发展历程，基本代表了世界创业投资业的主流发展情况。

美国的创业投资发展历程可以分为以下几个阶段。

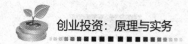

1）20世纪40—60年代：初期阶段——ARD的成立与SBIC项目的实施

美国创业投资经营活动在这一时期开始向产业化、规模化方向迈进，政府制定了一些旨在推动创业投资和新兴产业发展的政策。

尽管ARD最终取得了成功，并为其投资人创造了近15%的年收益率，但在20世纪50年代，它充其量只能被认为小有成功，模仿它的人并不多。研究资料表明，在1945—1958年，美国没有第二个采取ARD体制的创业投资组织。因此，20世纪50年代美国为小企业提供的私人权益资本融资的规模是远远不够的，而且提供这种资金的机构也不多。

1957年，苏联成功地发射了第一颗人造地球卫星，这对美国是很大的刺激，使美国人认识到，美国需要高新技术，需要更多的ARD这样的公司。在这种情况下，美国国会为了加快小企业的发展，采取了一系列措施，其中一个是通过了国内收入法规中的第1224部分，允许当个人向新企业投资25 000美元但遇到资本损失时，从收入中抵减这一损失。最重要的立法是1958年美国政府通过的《小企业投资法》（*Small Business Investment Act*，SBIA），允许建立小企业投资公司（small business investment companies，SBIC），即由美国小企业管理局（Small Business Administration，SBA）批准成立的专门向小企业投资的私人投资公司。为鼓励小企业投资公司的成立，美国政府规定，SBIC每投资1美元便可从政府得到4美元的低息贷款，并可享受特定的税收优惠。建立SBIC的目的是通过政府行为，引导和带动民间资金进入创业投资领域，促进风险企业成长。

《小企业投资法》实行的前5年，全美建立了629家小企业投资公司，管理着4.64亿美元的私人资本。其中，47家公众持股的小企业投资公司从公开上市中筹得3.5亿美元。与此相比，ARD在前13年中仅筹集了740万美元，这证明了政府扶持的巨大作用。

但是，SBIC项目失败了，1966年，全美建立了约700家SBIC，其中232家是"有问题的公司"，占总数的33%。从1977年开始，SBIC的数量逐渐下降，甚至到1989年降至全美企业总数的1%。SBIC项目失败的原因，首先是政府提供的贷款融资与股权投资的长期性不匹配，其次是难以吸引有经验的高质量的投资管理者且小企业投资公司主要吸引的是个人投资者，而不是机构投资者，而个人投资者承担风险的能力有限。

2）20世纪60—90年代：有限合伙制引领高速发展热潮

根据美国的国情，有限合伙制适应了创业投资的特点及美国的法律制度，使得美国的创业投资达到了高潮。

1969年年末，股市行情急转直下，经济的衰退和为支持越南战争而增加的税收对美国的创业投资行业造成了灾难性打击，尤其是美国国会出台政策，使长期资本利得税率从29%骤增到49%，使美国的创业投资净增规模从1969年的1.71亿美元迅速下降到1975年的0.1亿美元，严重阻碍了美国创业投资业的发展。此外，1974年，美国国会通过了旨在控制公司养老金的《雇员退休收入保障法》（*Employee Retirement Income Security Act*，ERISA），这项政策的出台导致美国创业投资供给减少；而20世纪70年代的石油危机也在一定程度上阻碍了美国创业投资业的发展。由此，美国创业投资业遭受毁灭性打击，其发展陷入了近10年的低潮。

1971年，纳斯达克（National Association of Securities Dealers Automated Quotations，NASDAQ）创业板资本市场的建立为小企业上市直接融资创造了便利条件，也为创业投资提供了一个稳妥、安全的退出路径，降低了投资风险，缩短了投资回报周期，从而提高了私人投资者从事创业投资的积极性。美国最具成长潜力的公司中有90%以上在该市场上市。1978年9月，美国劳工部将"谨慎人规则"修改为"只要不危及整个养老基金的投资组合，养老基金是可以投资于创业投资市场的"，这就为小公司股票市场和新股发行市场注入了活力。对于投资公司来说，养老基金的加入使得投资于新的创业企业变得更有吸引力。

在硅谷和其他地方的高新技术企业的强烈要求之下，美国国会终于在1978年重新调整税率，把资本利得税率从49%降到28%，这一措施使创业投资规模奇迹般地激增。这一时期所做的一系列调整，特别是在政府管制和税收上的放宽，为20世纪80年代美国创业投资业的繁荣打下了坚实的基础。

20世纪60年代SBIC的经验和教训及外部经济条件的变化，促进了有限合伙制企业的诞生。有限合伙制是由承担无限连带责任并行使管理权的普通合伙人和以出资为限承担有限责任但无权参与管理的有限合伙人组成的一种特殊合伙。事实上，早在1822年，纽约州就制定了第一部有限合伙法案，随后其他各州也相继制定了有限合伙法案。1916年美国制定了《统一有限合伙法》。尽管有限合伙制产生得较早，但美国的创业投资并未从一开始就与有限合伙制结合，而是采取公司制的组织形式，直到1958年才产生第一个有限合伙制创业投资机构。

从20世纪60年代开始到90年代，有限合伙制创业投资企业不仅数量大增，掌握在有限合伙制创业投资企业手中的资金也大大增加。从1969年到1973年，有29家有限合伙制创业投资企业成立，总融资额达3.76亿美元，平均每个有限合伙制创业投资企业管理的创业投资达到1300万美元。

其实，公司制是美国最早出现的创业投资机构组织形式，如ARD。在20世纪50—60年代美国创业投资的发展中，组织形式均主要采取公司制。但由于当年制定的《投资公司法》未考虑创业投资公司的特殊性，规定各类投资公司均不得实行业绩报酬，使得公司型创业投资机构的收益往往要等实现退出以后才能实现；同时，美国还对公司型企业实行双重征税，公司需要缴纳资本利得税与所得税。这些都促使创业投资家在20世纪70年代后期纷纷放弃公司型创业投资机构，转向可以获得业绩报酬和避免双重课税负的有限合伙制创业投资机构。

这一时期的有限合伙制致力于满足创业投资和大型有限合伙的需要，1976年和1985年对《统一有限合伙法》的修订，为两者提供了更为完善的组织机制。自20世纪80年代以来，随着美国私人股权市场，特别是创业投资规模的迅速扩大，有限合伙制企业得到了迅猛发展，1980年有限合伙制企业参与的创业投资为20亿美元，占创业投资总量的42.5%，而到了1995年，有限合伙制企业参与的创业投资为1432亿美元，所占的市场份额达到81.2%。

3）21世纪以来：创业投资在低谷中缓慢发展

美国的创业投资经历了20世纪90年代的蓬勃发展，创业投资额直线上升，到2000年达到顶峰，新增投资额已经突破1000亿美元。但2001年以后，由于新经济泡沫幻灭，美国创业投资的生长再次进入低谷，于2003年跌至谷底，但随着经济的恢复和好转，从2004年开始出现转机，投资金额和项目有了逐年小范围增长，投资规模趋于平稳，每年投资额在200亿～300亿美元。之后，创业投资在美国走上了比较稳定的轨道。2008年，从美国开始蔓延进而席卷全球的金融危机给美国的创业投资业带来了较大的影响。股市震荡不稳、合作伙伴有限带来的不良投资环境抑制了创业投资公司的投资活动，投资总额也下降到1997年以来的最低水平。2008年的金融危机使得美国当年IPO数量为1977年以来最低水平，仅为 6 个且 IPO 融资额也暴跌至谷底。而 2009 年只比 2008 年多了 7 个，仍处于历年来的低谷状态。美国创业投资扶持企业 IPO 的数量以惊人的速度下滑。由于大多数创业投资都愿意选择 IPO 作为退出方式，而美国国内的 IPO 市场不景气且下滑速度惊人，许多投资机构纷纷把目光转向海外，投资于海外市场的美国创业投资公司的占比从 2007 年的 46% 上升至 2008 的 57%。到 2009 年第四季度，美国创业投资市场出现了复苏迹象，但大多数业内人士对此并不乐观。

2010 年的创业投资总额比 2009 年有所增长，IPO 数量相比 2008—2009 年的最低水平有很大增长，在一定程度上满足了部分成熟企业的 IPO 融资需求，但创业投资仍然处于 2008 年金融危机后的缓慢恢复过程中，无论是发行基金的数量、年度募集总规模，还是管理的资金规模，都没有恢复到 2007 年的水平，更无法达到 2000 年网络泡沫破裂前的水平。2011 年全年，美国共有 52 家创业投资支持的企业上市，数量比 2010 年减少了 31%，但总市值比 2010 年高出 41%；2012 年，IPO 数量较 2011 年的水平略有下降，但收益和估值均显著增加，但募集金额的 215 亿美元中有 160 亿美元是由脸书下（Facebook）一家企业募集的。这意味着，许多公司仍然很难尝试或寻求上市。2014 年，美国的创业投资总额较 2013 年的 299.6 亿美元增长了 47%，其中 313.5 亿美元投向了成熟公司，根据 15 年前纳斯达克证券交易所设定的标准，这些公司已经被认为满足了 IPO 的条件。

二、我国创业投资发展的背景与历程

1. 我国创业投资发展的背景

我国创业投资产生于 20 世纪 80 年代中期。在 20 世纪 70 年代末期，我国确定了改革开放的经济政策，到了 80 年代初期，我国经济开始持续高速增长，但主要是依靠资源投入而实现的粗放型增长，科技含量不高。当时，我国的科技创新能力与世界工业发达国家相比有很大的差距，科研成果数量少、拥有的专利少、科研成果转化率低；高新技术产业在工业总量中占的比例非常小，主要行业的技术水平与工业发达国家相差甚远，有相当一部分产业的主体设备和技术基本依赖进口。当时，我国经济粗放型增长的局面有待扭转，逐步转变为提高资源使用效率的集约型经济增长。

创新是实现集约型经济增长的根本途径。技术创新能够调整和提升产业结构，提高技术变革对经济增长的贡献率。它需要通过科技成果的研究、开发、转化和产业化来实现。而我国当时并不具备技术创新的条件，包括科技发展的环境、科技成果的研究与开发条件、科技成果商品化和产业化的资金条件等。针对这种情况，国家出台了一系列改革的政策和措施，为科技发展创造了相对宽松的环境，同时，每年从国家财政中拨出一部分资金用于科技成果的研究与开发，并且鼓励企业加大在这方面的投入。

当时，我国刚刚恢复经济的发展，本身经济基础比较差，可利用的财政资金有限，再加上百废待兴，社会各行各业都需要大量的资金支持，国家财政可用于技术创新方面的资金是非常有限的；并且当时的企业，因为经营效率低、产权不清晰，再加上税制有缺陷，也难以投入大量的资金从事科技成果的研究与开发，更谈不上科技成果的商品化和产业化，资金供给不足成为技术创新的最大瓶颈。另外，科技成果的研发和转化具有很大的不确定性，资金的供给者将承担很大的风险，所以银行一般不会介入。对于如此巨大的资金需求，仅依靠政府和企业的供给根本无法满足，只能另辟蹊径。

同时，20 世纪 80 年代正值国外创业投资的高速增长时期，美国、英国、以色列、新加坡等多国的创业投资发展迅速，取得了较好的成果，这样的国际背景也推动了我国政府及理论界、科技界和金融界对创业投资的研究。

2. 我国创业投资的发展历程

我国创业投资的发展历程经历了三个阶段：早期萌芽阶段、成长阶段和快速发展阶段。阶段的划分以我国创业投资机制的正式建立及国家十部委 39 号令①的发布为标志。借鉴美国创业投资的经验和教训，结合我国企业的组织特点，39 号令明确了三个配套政策：税收优惠、引导基金（变贷款为股权投资、变事前许可证制度为事后备案制度）、创业板的开设。这种对我国创业投资政策和环境的完善有力地促进了创业投资的发展。

1）早期萌芽阶段（1985—1997 年）

我国创业投资起步于 20 世纪 80 年代。1985 年，中共中央在《关于科学技术体制改革的决定》中指出，对于变化迅速、风险较大的高技术开发工作，可以设立创业投资给予支持。这一决定精神，使我国高新技术创业投资的发展有了政策上的依据和保障。同年 9 月，国务院批准成立了我国第一家创业投资公司——中国新技术创业投资公司（简称"中创"），这是一家专营创业投资的全国性金融机构。它的成立标志着我国开始进行创业投资的实践探索。继"中创"之后，我国又成立了中国招商技术有限公司、广州技术创业公司、江苏省高新技术创业投资公司等一批探索性创业投资公司。但是，受特定环境的影响，这些机构并没有按设立计划运作起来。

1991 年 3 月 6 日，国务院颁发《国家高新技术产业开发区若干政策的暂行规定》，其中第 6 条规定："有关部门可在高新技术产业开发区建立风险投资基金，用于风险较大的高新技术产品开发。条件比较成熟的高新技术产业开发区，可创办风险投资公司。"这标志着创业投资在我国已受到政府的高度重视。

1992 年，沈阳市建立了科技风险开发性投资基金，对高新技术企业实施贷款担保、贴息垫息和入股分红等多种有偿投资方式，分担科技开发的风险。1996 年 5 月 15 日我国正式通过并颁布了《中华人民共和国促进科技成果转化法》，于 1996 年 10 月 1 日起实施。该法第二十一条明确规定："科技成果转化的国家财政经费，主要用于科技成果转化的引导资金、贷款贴息、补助资金和风险投资以及其他促进科技成果转化的资金用途。"该法的实施进一步推动了我国创业投资的发展。

20 世纪 90 年代以来，随着我国对外开放的进一步扩大和高新技术产业的迅速发展，国际创业投资开始进入我国市场。1992 年，全球最大的信息技术服务公司——美国国际数据集团（International Data Group，IDG）在我国成立美国太平洋创业投资基金后即着手对多家创业企业的投资。而四通利方、亚信集团、东方伟博等信息技术企业都成功地融入了美国及中美合作创业投资。国际创业投资运作比较规范，对我国创业投资业起到了一定的促进和引导作用。

---

① 2005 年 11 月 15 日国家发展改革委、科技部、财政部、商务部、人民银行、税务总局、工商总局、银监会、证监会、外汇局令第 39 号公布《创业投资企业管理暂行办法》。

2）成长阶段（1998—2005 年）

从 1998 年开始，我国的创业投资进入成长阶段。在 1998 年年初召开的全国政协九届一次会议上，中国民主建国会中央委员会提出的关于加快发展我国创业投资事业的提案被全国政协列为"一号提案"，在国内引起了很大的反响。随着社会各界对创业投资的进一步重视，全国创业投资机构的数量和资本规模开始呈现出较快的增长。1997 年和 1998 年，我国创业投资机构的增长率分别高达 65.22% 和 55.26%，年新增资本额在 20 亿～40 亿元。到 1998 年年底，创业投资资本的总量首次超过了 100 亿元。这些公司的资金来源包括各级地方财政、民间资金和外资，除了少数证券公司，金融机构基本未能进入。但是由于我国前期的创业投资机构和资本额的基数过小，截止到 1998 年年底，我国只有创业投资机构 59 家，创业投资资本额为 104 亿元。

1999 年 4 月，科技部、教育部等七部门联合发布《关于促进科技成果转化的若干规定》，指出："有条件的高新技术创业服务中心可以依据《中华人民共和国促进科技成果转化法》及其他有关法律、法规和文件规定，建立风险基金（创业基金）和贷款担保基金，为高新技术企业的创业和发展提供融资帮助。"1999 年 8 月 20 日，中共中央和国务院又颁布了《关于加强技术创新，发展高科技，实现产业化的决定》，明确指出："要培育有利于高新技术产业发展的资本市场，逐步建立风险投资机制，发展风险投资公司和风险投资基金，建立风险投资撤出机制，加大对成长中的高新技术企业的支持力度。"

为了培育有利于高新技术产业发展的资本市场，逐步建立创业投资机制，指导、规范创业投资活动，推动创业投资的健康发展，国务院又于 1999 年 12 月转发了科技部会同国家计委、国家经贸委、财政部、中国人民银行、国家税务总局和证监会制定的《关于建立风险投资机制的若干意见》，这是我国第一个关于创业投资的纲领性文件，对创业投资的发展起到了积极的引导和促进作用。另外，从 1999 年开始，各地方政府，如北京市、上海市、浙江省和深圳市等也颁布了旨在促进本地区创业投资发展的地方法规。

在这一阶段，国际环境对我国创业投资的发展也起到了强有力的推动作用。中华网公司、亚信公司、新浪、搜狐、网易等纷纷在纳斯达克上市，外资也纷纷通过直接或间接的方式向我国创业企业提供创业投资。2000 年，全国新增创业投资机构 102 家，总量增至 201 家，增长率高达 103.03%，比 1999 年翻了一番还多，年新增资本额 166.76 亿元。1999 年和 2000 年，共新增创业投资机构 142 家，这是历年创业投资机构增长数量最多、增长速度最快的一段时间，截至 2000 年年底，全国创业投资机构达到 201 家，资本总量超过了 370 亿元。

2001 年年底，我国各类创业投资机构达 246 家，控制资本总额超过 400 亿元。但在 2002 年后，受美国网络泡沫破灭、世界经济发展减缓及国际创业投资退潮的影响，加上我国经济体制改革所留下的一些问题逐步暴露出来，全国经济的整体状态比较低迷，我国创业投资业进入调整期，创业投资机构数量及其控制的资本总额都有较大幅度的下降。2004 年后，外资的创业投资逐步回暖，而内资的创业投资则逐步显现出萎缩态势。

2004 年 1 月 31 日，国务院发布了《关于推进资本市场改革开放和稳定发展的若干意见》。经过一年多的落实，使得该意见及证监会相关规定支持和鼓励入市的机构投资者的资金实现入市。以证券投资基金、社保基金、保险资金、企业年金及银行系基金为主流的合规资金源源不断地汇入资本市场，成为推动资本市场稳定的活力之源，由此使内资的创业投资资本规模止住了下滑势头，逐步回暖。

2006年，国家颁布实施《国家中长期科学和技术发展规划纲要（2006—2020年）》，对于建立和完善创业投资机制给予了高度重视，提出"建立和完善创业风险投资机制，起草和制定促进创业风险投资健康发展的法律法规及相关政策""鼓励金融机构对国家重大科技产业化项目、科技成果转化项目等给予优惠的信贷支持，建立健全鼓励中小企业技术创新的知识产权信用担保制度和其他信用担保制度，为中小企业融资创造良好条件"。

3）快速发展阶段（2005年至今）

2005年11月《创业投资企业管理暂行办法》的实施标志着我国创业投资业步入法治化轨道的新的发展阶段。一方面，国家发展改革委和各省级备案管理部门按照该暂行办法有关规定，开始对创业投资企业实施备案管理，促进创业投资企业规范运作。另一方面，有关部门遵照国务院领导的指示，积极研究制定促进创业投资企业发展的扶持政策，如税收优惠、引导基金支持和创业板上市等。这些扶持政策均从不同角度促进了创业投资业的发展。

2007年，我国创业投资市场异常活跃，投资总额比2006年增加了82.7%，达到创纪录的237.18亿元；在募资方面，信托制、有限合伙制基金纷纷试水，使年度新募基金数和新增资本量又创新高。

2008年，美国次贷危机深化并演变为全球性金融危机，全球经济开始下滑，我国创业投资市场亦受到直接影响。从整体上来看，虽然2008年我国创业投资市场仍保持逆市增长的态势，表现依然抢眼，但是整体上升趋势放缓。在募资方面，受金融危机的影响，境外出资人资金匮乏，新募外币基金的数量和金额均有所减少；在投资方面，投资案例数和投资金额的增速已然放缓，部分创业投资机构已倾向于采取更加保守和谨慎的投资策略，以应对当时复杂而严峻的市场变化。2008年3月21日，中国证监会正式发布创业板规则征求意见稿和征求意见稿起草说明，创业板在经历十年曲折之后终于如箭在弦上，蓄势待发。

2009年，中央与地方政府频出新政，创业投资环境日益改善。同年10月，证监会批准深圳证券交易所设立创业板，并于10月23日举行创业板开板仪式，宣布创业板市场正式启动。10月30日上午，首批28家创业板公司集中在深交所挂牌上市，酝酿了十年的创业板终于正式启动。与此同时，另一桩让投资界翘首以待的大事发生了——20支全新的创业投资基金集体亮相，它们由国家发展改革委、财政部与北京、上海、重庆、湖南、安徽、吉林、深圳7省市联合设立，总规模超过90亿元。其中，中央政府注资10亿元、地方政府出资12亿元、社会募集近70亿元。这是国内试点的第一批完全市场化运作的政府引导基金。与以往不同的是，政府将不再作为基金的决策方和运营主体，而仅仅作为股权投资方（limited partner，LP）之一，所有基金委托给专业的投资团队（general partner，GP）管理。

2010年，全国共有61家创业投资（集团），通过与地方政府合作或其他投资主体（如大型生产、商贸企业）联合设立子基金278支，总资产规模达到987.6亿元，形成了具有中国特色的创业投资资金网络。同时，我国多层次资本市场进一步完善，投资退出环境明显优化，投资退出渠道进一步拓宽，已初步形成主板、中小板、创业板，以及代办股份转让系统的构架。据统计，2010年，我国创业投资业上市退出（IPO）比例达到历史最高水平，占全部退出项目的29.8%，其中，44%的创业投资机构选择境内中小板上市退出；37.3%的创业投资机构通过创业板实现上市退出。

2011 年，国家对创业投资业的发展与扶持政策依然向好，但资本市场监管不断从严，对创业投资行业而言，机遇与挑战并存。2011 年，科技部发布的《关于进一步促进科技型中小企业创新发展的若干意见》、科技部和财政部联合印发的《国家科技成果转化引导基金管理暂行办法》、财政部和国家发展改革委联合印发的《新兴产业创投计划参股创业投资基金管理暂行办法》，均强调了创业投资的重要作用，通过进一步加强创业投资引导基金的实施力度，大力发展创业投资，鼓励和引导民间资本进入金融服务领域，为种子期中小微企业提供资金支持、促进科技成果转化、培育和发展战略性新兴产业。同年，国家发展改革委发布了《关于促进股权投资企业规范发展的通知》（以下简称《通知》），从企业设立、资本募集与投资领域，风险控制，基本职责，信息披露，备案管理和行业自律五个方面提出了一系列规范要求，旨在打击非法集资等不规范的募资行为。同年 11 月，证监会发布了《证券公司直接投资业务监管指引》，在为证券公司直投业务确立合法身份的同时，也加强了对直接投资业务的监管与信息披露力度；基金公平交易"新规"也指出要加强诚信监管，充分保护投资者的合法权益。

进入 2012 年，欧债危机反复恶化，发达经济体陷入低迷或衰退。在这样的经济背景下，我国创业投资市场无论是募资、投资，还是 IPO，都呈现出明显下行趋势。针对经济形势和创业投资的低迷状态，国家颁发了多项对民间资本进入多个领域的实施意见，同时针对非上市公司监管也出台了相应的管理办法。此外，各地方政府纷纷出台风投政策和管理办法，力求促进产业结构的调整与经济结构的转型。2012 年，"新 36 条"[1]实施细则相继出台，各部委共出台了 42 项民间投资实施细则，积极鼓励和引导民间资本进入电信、旅游、文化、保险等行业，进一步推动以上行业向民间资本开放。同年 9 月 17 日，国务院批准了由中国人民银行、中国银行业监督管理委员会、中国证券监督管理委员会、中国保险监督管理委员会、国家外汇管理局共同编制的《金融业发展和改革"十二五"规划》，其中强调了要规范民间金融的健康发展，这对整个低迷的 VC/PE 行业的发展起到了积极的促进作用。

2013 年 1 月，全国中小企业股份转让系统（俗称"新三板"）正式揭牌运营，成为我国场外市场建设的标志性事件；2 月，《全国中小企业股份转让系统业务规则（试行）》及配套文件正式发布实施，意味着"新三板"业务走上正轨。6 月，明确全国股份转让系统扩大至全国。

2013 年 12 月 13 日，国务院发布《关于全国中小企业股份转让系统有关问题的决定》，对"新三板"全国扩容做出部署：只要是股权结构清晰、经营合法规范、公司治理健全、业务明确并履行信息披露义务的股份公司，均可经主办券商申请挂牌。2014 年 6 月，《全国中小企业股份转让系统做市商做市业务管理规定（试行）》发布，做市制度正式出台。2015 年 3 月 18 日，"新三板"正式发布两个市场指数：三板成指[2]、三板做市[3]，从此结束无指数时代。

2017 年，我国 VC/PE 迎来 IPO 丰收年。由于 IPO 大提速，"7 天收获 3 家 IPO""12 小时收获 2 家 IPO"等各种"传奇"不断上演。这一年，倪泽望执掌的深圳市创新投资集团有限公司以 23 家 IPO 笑傲群雄，达晨紧随其后。同年，熊晓鸽带领 IDG 资本成功收购 IDG 集团投资业务，完成世界投资史上传奇的一笔。

---

[1] 《国务院关于鼓励和引导民间投资健康发展的若干意见》。
[2] 全国中小企业股份转让系统成份指数。
[3] 全国中小企业股份转让系统做市成份指数。

但自 2018 年以来，我国创业投资经历了"冰火两重天"。一方面，被称为史上最严"资管新规"落地，"募资难"开始全面爆发。"募资难"背后的现实是，VC/PE 行业正在上演一场悄然无声的生死淘汰赛，一批 VC 企业慢慢倒下。另一方面，以拼多多、小米、美团为代表的超级独角兽纷纷上市，背后投资方回报丰厚。这三家当年最受瞩目的 IPO 背后均有 IDG 资本的身影。另外，小米令早期投资人晨兴资本刘芹创造了一个回报神话；而高榕资本张震对拼多多的投资，则成为我国创业投资史上的经典案例之一。

2019 年，"募资难"持续弥漫 VC/PE 行业，我国创业投资行业出现了罕见的安静。这一年，美团、拼多多、字节跳动的市值/估值均突破 1000 亿美元，成为继 BAT 之后崛起的三大新经济巨头，而他们身后是成功实现"全垒打"的红杉中国。作为美团"最早、最重要的投资人"，红杉中国不断加持 12 年，这笔投资的回报超越红杉 40 多年来的任何项目，包括谷歌。百丽国际旗下运动业务板块滔搏国际成功 IPO，高瓴资本、鼎晖投资缔造我国 PE 史上一笔经典投资；但最为轰动的，仍属高瓴资本入主格力电器。

进入 2020 年，我国创业投资行业经历了一次巨大调整，互联网不再是唯一的"大粮仓"，半导体、医疗健康创造财富的速度惊人，不过头部效应越发凸显。成立 15 年的红杉中国在几乎所有关注的领域中都保持了超一流的回报水平，而穿越 20 多年大大小小周期的 IDG 资本在硬科技浪潮来临前已密集布局，依旧走在了最前沿。20 年，潮起潮落，人来人往，有人继续保持旺盛的生命力，有人悄悄地淡出大众视野。

2022 年以来，受中美贸易争端、俄乌冲突等多重超预期因素影响，我国创业投资市场发展态势趋缓，募资端、投资端、退出端规模均出现不同程度的下滑，叠加市场中长期存在的体制机制问题，创业投资市场无法充分发挥功能，投融资对接质量、效率不高，创新企业，特别是创新型中小企业的融资空间依然不足。总的来看，我国创业投资市场发展持续承压的原因是多方面的，既有美联储加息等外源性因素，也有创业投资市场资金属性与资金需求匹配度不高、长期资金供给不足等内源性因素，多因素交织之下，创业投资市场的本源性功能无法得到充分发挥。国资主导下创业投资市场"投早、投小"意愿不足，社会资本参与的积极性不高。目前，创业投资市场中国有属性资金占比接近 70%。规模超过 10 亿元的基金中，国有背景的基金管理机构占比超过 60%。从属性上看，国有背景资金普遍存在保值增值的硬性约束，天然具备避险属性，这就使得创业投资机构在决策过程中更多地偏向中后期、成熟期等风险较低项目，创业投资市场"投早、投小"的功能无法得到充分发挥。同时，国有背景创业投资机构在投资决策、薪酬管理与收益分配上的灵活性相对不足，部分国有背景创业投资机构因现行体制下相对冗长的投资决策流程而错失"投资良机"。此外，国资盛行间接抬高了创业投资市场的"入局者门槛"，可能形成"挤出效应"，影响社会资本参与创业投资的积极性。

在众多不甚乐观的数据中，热门赛道"硬科技"依然在各个统计数据中表现抢眼，其中最受关注及融资数量高的领域集中在 AI、新能源、新材料等领域。我国经济正在从生产要素导向、投资导向进入科技创新导向阶段，能够助力、引导、催生、触发第四次工业革命的"硬科技"已成为我国产业变革和经济发展的主线，也将成为资本市场的投资热点。从宏观来看，"硬科技"是培育经济发展动力的关键因素；从中观来看，"硬科技"是促进产业升级的根本保障；从微观来看，"硬科技"是科技企业之促发展的原动力。

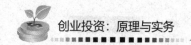

阅读资料 1-2
我国创业投资市场

三、上海创业投资发展的背景与历程

1. 上海创业投资发展的背景

1985 年 3 月，中共中央《关于科学技术体制改革的决定》提出："对于变化迅速、风险较大的高技术开发工作，可以设立创业投资给予支持。"这是我国首次提出以创业投资的方式支持高科技产业的开发，为我国创业投资业的发展提供了政策上的依据和有力的保障。1986 年，国家科委（国家科学技术委员会）在《科学技术白皮书》[1986 年经国务院批准，国家科委（后改称科学技术部）决定公开发布《中国科学技术政策指南（第 1 号）》。这是我国第一次以政府部门的名义出版的《科学技术白皮书》，公布党和国家在科学技术方面制定的政策]中首次提到了发展创业投资事业的战略方针。1987 年，以各个高新技术开发区为后盾，以促进高新技术成果的商品化、产业化和国际化为目的的高新技术企业"孵化器"——创业中心，开始在各地陆续设立，如武汉创业中心（1987 年）、成都创业中心（1989 年 11 月 25 日）、上海创业中心等，初步开创了我国科技创业投资机构成功运作的良好局面。可以说，创业中心是我国科技投资业的先行者和实践者，为创业投资业在我国的兴起和发展开辟了道路。1988 年 5 月，国务院正式批准以"中关村电子一条街"为基础建立北京市新技术产业开发试验区。我国第一个高新技术产业开发区诞生了。同年 8 月，中国国家高新技术产业化发展计划——火炬计划开始实施，创办高新技术产业开发区和高新技术创业服务中心被明确列为火炬计划的重要内容。在火炬计划的推动下，各地纷纷结合当地特点和条件，积极创办高新技术产业开发区。1991 年，国务院在《国家高新技术产业开发区若干政策的暂行规定》中指出："有关部门可在高新技术产业开发区建立风险投资基金，用于风险较大的高新技术产品开发。条件比较成熟的高新技术产业开发区，可创办风险投资公司。"这标志着创业投资在我国已受到政府的高度重视。

随着国家对创业投资的认识与逐步重视，大力发展科技产业的上海市也关注到了创业投资良好的发展前景。

2. 上海创业投资发展的历程

从 1992 年至今，上海市开展创业投资已有 30 余年的历史，从创业投资的萌芽诞生到今天的快速发展，可划分为三个阶段：起步阶段、成长阶段、快速发展阶段。

1）起步阶段（1993—1997 年）

上海创业投资发展的渊源可以追溯到 1992 年，当时，国内尚无 VC 概念，外资 VC 亦未进入我国，但为了大力发展上海的科技产业，市政府开始尝试"拨改投"，组建了由政府出资、市科委主管的国有独资创业投资公司——上海科技投资公司（以下简称"科投公司"），主要对上海信息、生物与医药、新材料、清洁能源、现代服务业等领域的高科技成果产业化进行创业投资，是上海最早开始专业从事科技产业化的创业投资企业。1993年年初，科投公司以全部1.5亿元人民币注册资金并联合六家银行和宝钢、上海石化和东方明珠三家企业共同组建了注册资金为3.05亿元人民币的上海科技投资股份有限公司（简称"上海科投"），科投公司占49%的股份，系第一大股东。

1993年6月，上海科投与美国国际数据集团（IDG）成立了合资公司——上海太平洋技术创业有限公司，双方各占50%股份，这是我国第一家合资创业投资公司，也是国际创业投资机构第一次进入我国市场。合资公司的成立是创业投资在上海的超前试验，也是个不小的挑战。上海太平洋旗下的第一支基金也在当年6月正式成立，规模达2000万美元，直至2003年到期清盘后，实现了年均36%的内部收益率，这是我国创业投资发展历程中第一个走完了从融资、投资、管理、退出直到清盘这一完整周期的创业投资基金。1995年12月27日，国家科委发文委托上海市科委负责组建中新技术公司。1996年12月9日，上海中新技术有限公司正式成立。中新技术有限公司在投资过程中，充分利用股东的有效资源、上海科投在项目资源上的优势、新加坡投资公司在运作上的丰富经验，选择有潜力在中国、新加坡或者海外其他国家上市的高科技项目，与新加坡和国际上的VC联手，培育有潜力上市的公司。

在这一阶段，由于创业投资的观念刚刚被引入上海，创业投资的市场化机制暂时难以形成，主要是靠政府的干涉和参与。此阶段创业投资机构的主体为具有政府背景的科技投资公司，资金来源主要是政府的科技经费，投资对象主要为高新技术企业。这些科技投资公司的设立不仅改变了使用政府科技经费的单一模式，而且在很大程度上探索和推动了上海创业投资事业的发展。但由于法律环境的不完善、专业投资人才的缺乏等因素，这一阶段上海创业投资的发展还较为缓慢。

2）成长阶段（1998—2005年）

1998年3月，全国政协九届一次会议上，关于加快发展我国创业投资事业的提案被列为大会的"一号提案"，掀起了我国创业投资事业发展的热潮。1998年，上海市人民政府决定分3年从财政资金中拿出6亿元，建立创业投资基金。上海创业投资有限公司于1999年8月9日成立，标志着上海市创业投资进入快速成长的新时期。该公司负责管理上海市人民政府拨付的6亿元创业投资基金和数十亿元"科教兴市"专项基金，专门从事创业投资。在这个时期，各区政府也成立了创业投资公司，资金来源主要是政府资金，如上海张江创业投资有限公司、浦东科技投资公司、徐汇科技投资公司等，同时一些大学也成立了创业投资有限公司，如上海交大信息投资有限公司（现改名为"慧盛"）、上海交大创业投资有限公司（现改名为"慧立"）、上海复旦创业投资有限公司。在这个时期，大量的创业投资公司成立，已成立公司则实施增值扩股。

这个时期的创业投资公司主要投资于初创期的项目和企业，由于创业环境不够完善，投资项目的成功率不是很高。在经过创业投资模式的思考后，上海最早提出了做"基金的基金"。上海创业投资有限公司通过与大学、高科技园区，包括海外基金合作，共同组建创业基金（公司）的模式，充分发挥创业投资"杠杆基金"的作用，引导各类资金进入创业投资行业，并逐步将"创业投资"从概念推向实际运作，从政府要求转变为市场行为，从而初步确立了上海创业投资作为"基金的基金"的定位，也初步确立了政府在创业投资中"引导、推动、吸引"的定位。

至 2000 年年底，上海已有 1.5 亿元科技创业投资基金投向 30 多个高科技产业项目，其中包括信息技术、新材料、生物医药技术等领域的项目。这些产业化高科技项目被有关方面看好，已带动社会投资 10 亿元。上海创业投资有限公司将主管的资金交给运作公司，运作公司寻找有市场前景的高科技产业项目，然后将创业投资基金以入股形式投入。这种资金运作机制可使资金运作者对资金投向高度负责，充分发挥投资效益。一个由政府提供启动资金，社会、企业多方参与，可与国际接轨的科技创业投资体系，已在上海初步形成。截至 2004 年年底，上海有各类创业投资机构 193 家。

这一时期的上海创业投资行业，规模仍然很小，但处于平缓发展之中；行业结构不尽合理，但出现自我调整趋势；本土创业投资机构经验不足，但显示出规范运作趋向；国有创业投资机构资金管理规模较小，但契合现实发展所需；高级专家相对短缺，但相比起步阶段，已经初步形成人才队伍。这些特点显示出当时的上海创业投资依然稚嫩，但是旺盛的投资需求、充裕的资金储备、良好的政策环境和规范的运作趋向决定了上海创业投资面临着良好的发展机遇、有着巨大的成长空间。

3）快速发展阶段（2005 年至今）

为规范创业投资企业的运作，确保国家特别法律保护与政策扶持目标的实现，2005 年 11 月由国家发展改革委、科技部、财政部、商务部、中国人民银行、国家税务总局、国家工商行政管理总局、中国银监会、中国证监会和国家外汇管理局十部委联合制定的《创业投资企业管理暂行办法》（国家发展改革委第 39 号令）（以下简称《办法》），经国务院批准发布实施。《办法》规定对创业投资企业实行备案管理。凡遵照《办法》规定完成备案程序，并接受备案管理部门监管和经认定投资运作符合有关条件的创业投资企业，均可享受《办法》的特别法律保护和相应的政策扶持。

为配合《办法》的实施，扶持创业投资企业的发展，国家发展改革委、财政部、商务部于 2008 年 10 月 18 日下发《关于创业投资引导基金规范设立与运作指导意见》，促进了创业投资行业的快速发展。

2006 年 10 月，全国首个由地方政府设立的政策性扶持资金——上海浦东新区创业风险投资引导基金正式成立。该引导基金不以营利为目的，定位为创业投资的母基金，将重点投资浦东新区的生物医药、集成电路、软件、新能源与新材料、科技农业等高科技产业。上海浦东新区创业风险投资引导基金的成立是上海市创业投资发展道路上的伟大尝试。

2010 年 3 月 31 日，上海市创业投资引导基金正式挂牌成立，基金规模达 30 亿元，旨在通过创新财政资金投入方式和运作机制，引导社会资金投向上海重点发展的高新技术产业化领域，主要投资于处于种子期、成长期等创业早中期的创业企业。浦东新区创业风险投资引导基金与上海市创业投资引导基金的成立，激发了创业投资企业开展投资活动的热情，掀起了新一轮投资高潮，有力地扶持了浦东新区高新技术产业的发展，促进了平台建设，推动了创业投资、创新创业人才的集聚，标志着上海市创业投资进入快速发展的阶段。

2014 年，上海科创集团由上海科技投资公司（成立于 1992 年）与上海创业投资公司（成立于 1999 年）战略重组而成。浦东科创集团于 2015 年由浦东新兴产业投资有限公司、浦东融资担保有限公司和张江火炬创业园投资开发有限公司组建而成。近 30 年来，这两家国资创业投资企业虽分处浦江两岸，但都默默坚守硬科技投资，见证了一批又一批科技企业从无到有、从小到大、从弱到强的蜕变。目前，上海科创集团的资本管理规模超过 1200 亿元人民币，累计直接投资项目超过 360 家，参股创业投资基金超过 160 家，参股基金投资项目超过 1800 家，培育科创板上市企业 52 家。

上海市人民政府于 2010 年设立了上海市创业投资引导基金（以下简称"引导基金"），并发布了《上海市创业投资引导基金管理暂行办法》（沪府发〔2010〕37 号）。"引导基金"设立以来，通过政府引导，市场环境不断优化，上海市创业投资规模不断扩大，发展势头愈加强劲。为进一步贯彻落实党中央、国务院，以及市委、市政府各项决策部署，加快具有全球影响力的科技创新中心的建设，发挥"引导基金"带动社会投资、培养市场需求、提高资源配置效率、促进创新创业企业成长等作用，在原管理办法的基础上，结合上海市创业投资行业发展新形势，2017 年上海市人民政府重新制定下发《上海市创业投资引导基金管理办法》（以下简称"管理办法"）。该管理办法设立了政府引导基金，旨在通过政府资金的引导，带动更多的社会资本进入创业投资领域。政府引导基金的设立，不仅为创业投资企业提供了资金来源的保障，更重要的是，它传递了一个明确的信号：政府高度重视创业投资在推动科技创新和产业升级中的重要作用，并愿意投入真金白银予以支持。

2019 年，为进一步促进创业投资服务创新驱动发展战略，为科技创新提供持续推动力，上海市人民政府发布《关于促进上海创业投资持续健康高质量发展的若干意见》，从统筹协调、财政投入、服务模式、市场化运作机制、多层次金融体系联动、人才引进与培养等方面，全方位支持创业投资发展：充分发挥各类政府投资基金的引导带动作用，对创业投资、天使投资在工商注册变更、银行托管等方面出台更便捷的政策措施；鼓励各类有风险承受能力的主体开展天使投资；建立完善国资创业投资企业市场化运作机制；积极探索形成财政资金、国资收益和社会资金多渠道并举的滚动投入机制。加强创业投资与科创板等市场板块的联动，丰富创业投资企业的投资和退出渠道；加强创业投资与各类金融机构的联动，积极推广投、贷、保联动等多种创新模式，充分发挥中小微企业政策性融资担保基金的功能作用；鼓励本市银行业金融机构与创业投资企业合作，积极探索投贷联动业务。大力加强高校、科研机构、产业集团与创业投资企业的联动合作；打造上海创业投资和孵化器集聚区，积极鼓励基金加基地、孵化加投资等各类创新型基金运作模式，努力提高新兴企业孵化培育效率；建立完善早期投资让利等激励机制。符合条件的创业投资人才，可以按照规定缩短居住证转办常住户口年限，或办理直接落户。通过在上海有条件的高校开设创业投资专业课程，以及与国外知名院校合作办学等多种形式，加强人才队伍的培养。

2022 年，为加强和规范私募股权和创业投资基金份额的评估管理工作，上海市国资委研究制定了《上海市国有企业私募股权和创业投资基金份额评估管理工作指引（试行）》，要求各监管企业认真贯彻执行，各委托监管单位、受托监管企业、区国资委结合实际参照执行。

2023 年，上海市人民政府办公厅印发的《关于进一步促进上海股权投资行业高质量发展的若干措施》尤为引人注目。该意见明确提出了对股权投资企业和股权投资管理企业的扶持措施，包括税收减免、人才引进和办公场地支持等。这些措施的实施，极大地减轻了企业的经济负担，吸引了众多优秀人才加盟，为企业提供了稳定且高效的发展环境。

2023 年 12 月，为贯彻落实《私募投资基金监督管理条例》（以下简称《条例》），发挥股权投资在服务实体经济、促进科技创新等方面的功能作用，推动上海国际金融中心和国际科技创

新中心联动发展，上海市人民政府办公厅印发《关于进一步促进上海股权投资行业高质量发展的若干措施》（以下简称《若干措施》），持续细化、优化"募、投、管、退"全流程、各环节服务，吸引更多投资机构落户上海、长期发展。《若干措施》着眼落实国务院《加大力度支持科技型企业融资行动方案》和市委、市政府工作部署，大力培育长期资金、耐心资本，引导投早、投小、投硬科技，推动上海国际金融中心和科技创新中心联动发展；聚焦各方反映较为集中的机构设立、资金募集、投资退出、信息共享等方面的难点问题，以及在政府引导基金、企业创业投资、长期资金引入、财税政策优化等市场较为关注的领域，提出有较强针对性的措施。

据中国证券投资基金业协会统计，截至2023年第三季度，注册在上海的私募股权、创业投资管理人有1843家、管理基金有8865支、管理规模有2.3万亿元人民币，三项数据均位居全国前列，其中，上海的创业投资基金管理规模达6150亿元人民币，位居全国之首。截至2023年年末，注册在上海的科创板上市企业达566家，IPO融资额超9000亿元人民币，总市值约6.1万亿元人民币，为推动上海国际金融中心和科技创新中心联动发展提供了强有力的支撑。

上海已在着力推动"科技—产业—金融"的良性循环，在培育和引入长期资金、耐心资本，引导投早、投小、投硬科技等方面有多项举措落地。

2023年11月，全国社保基金长三角科技创新股权投资基金在沪揭牌成立，首期规模51亿元人民币，重点围绕集成电路、生物医药、人工智能等领域开展投资，支持上海建设具有全球影响力的科技创新中心及长三角一体化高质量发展。

同时，上海正在推动在沪设立专注于促进天使投资发展的社会组织，搭建集聚天使投资人、科技成果转化项目及种子期、初创期科技型企业的投融资专业化服务平台，建立天使投资数据库，强化对早期项目的发现及投资培育。

在吸引外资方面，截至2023年年末，共计90家境内外知名投资机构参与上海合格境外有限合伙人（qualified foreign limited partner，QFLP）试点，累计试点规模约186亿美元。在支持退出方面，截至2023年年末，上海私募股权和创业投资份额转让平台共计成交69笔，成交总份数约175亿份，成交总金额约204亿元人民币；完成21单份额质押业务，质押份数21.4亿份，融资金额约33亿元人民币。

总的来说，上海市三大先导行业的投融资规模领先全国，在医疗器械、氢能领域也表现突出，商业航天和新材料领域的投融资具有较大发展空间。上海中长期私募股权、创业投资行业已经进入了以科技创新驱动为主的新常态，投资机构更加关注前沿科学、未来产业，大模型、脑机接口等成为投资热点。政府将持续出台相关措施鼓励创业投资行业投早、投小、投硬科技，如注册制改革的深化、天使引导基金的设立。

 思考题

1. 我国创业投资的发展历程分为哪几个阶段？
2. 简述创业投资的定义。
3. 简述创业投资的特征。
4. 简述创业投资的过程。
5. 创业投资的退出渠道有哪些？

第二章

契约理论

契约设计和执行理论认为，只要对初始契约以及再谈判程序进行恰当的安排，那么并不需要一体化就能实现社会最优解。

——Aghionetal，1994；Maskin&Tiorle，1998；Maskin&Moore，1999

 核心问题

1. 什么是创业投资中的隐形契约与显性契约？
2. 什么是双重委托代理问题？
3. 什么是信息不对称下的逆向选择和道德风险问题？

学习目的

1. 理解创业投资中存在着隐形契约与显性契约、完全契约与不完全契约。
2. 了解创业投资中的双重委托代理问题。
3. 掌握处理创业投资中信息不对称问题的方法。

引例
双重委托代理与中创的失败

第一节　契约的定义与分类

一、契约的定义

契约代表签约双方（或多方）当事人意见达成一致，并且签约方承诺同时受到契约约束。契约的前提是契约自由，即当事人在不受外来干涉的情况下通过谈判决定和选择签约的内容、

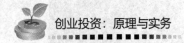

方式。缔约方可以有同样的权利，但也可能一方有大部分权利，而另一方只有选择权，这些都取决于签约前双方当事人的谈判地位。

法律意义上的契约是当事人之间设定合法义务，达成有法律效力的协议。经济与管理学中的契约不仅包括法律效力的含义，还包括基于宗法观念、习俗、关系的默认契约，现代经济学将所有交易都看作契约关系，企业被视为一系列契约的连接，是个体交易产权的一种方式。

二、契约的分类

1. 完全契约与不完全契约

1）完全契约

完全契约是指缔约双方都能完全预见契约期内可能发生的重要事件，愿意遵守双方所签订的契约条款，当缔约方对契约条款产生争议时，第三方（如法院）能够强制其执行。

完全契约是在有秩序、不混乱，没有外来干扰的情况下顺利进行并完成的，主要表现在以下方面。

（1）契约条款在事前都能被明确地写出，在事后都能被完全地执行。

（2）当事人能够准确地预见契约履行过程中所发生的重要事件，并能对这些事件做出双方均同意的处理。

（3）当事人一旦达成契约，就必须自愿遵守契约条款，如果发生纠纷，第三方能够强制执行契约条款。

（4）契约对当事人的影响只限于缔约双方，对第三方不存在外在性；每一契约当事人对其选择的条款和契约结果具有完全信息且存在足够多的交易者，不存在有人垄断签订契约的情况；契约签订和执行的成本为零。

2）不完全契约

不完全契约是指由于个人的有限理性，外在环境的复杂性、不确定性，信息的不对称性和不完全性，契约当事人或契约的仲裁者无法证实或观察一切，造成契约条款是不完全的，需要设计不同的机制以应对契约条款的不完全性，并处理由不确定性事件引发的有关契约条款的问题。

不完全契约存在的原因有以下四个。

（1）有限理性。人的理性是有限的，对外在环境的不确定性是无法完全预期的，不可能把所有可能发生的未来事件都写入契约条款，更不可能制定好处理未来事件的所有具体条款。

（2）交易成本的存在。在长期契约关系中，交易成本包括：①各方预期在保持关系的有效期内可能发生的各种不测事件所要付出的费用。②做出决定，达成有关协议，处理各类不测事件所要付出的费用。③用清晰、明确的语言签订各种契约条款，使其能够得到明确的贯彻执行所需要的费用。④贯彻实施契约条款所要付出的法定费用。

由于存在交易成本，人们签订的契约在一些重要方面肯定是不完全的。缔约各方愿意遗漏许多意外事件，认为等一等、看一看要比把许多不大可能发生的事件考虑进去好得多。另外，各方不考虑其他一些他们纯粹不指望发生的不测事件。各方宁可不签订长期契约而只签订有一定期限的契约，以准备在契约期满时，就契约重新谈判。

（3）不确定性。不确定性意味着存在大量可能的偶然因素且要预先了解和明确针对这些所有可能的反应，其费用是相当高的。

（4）度量费用的存在。履约的度量费用也是很高的。

2．显性契约与隐性契约

从委托代理角度看，契约关系是企业的本质，调整投资者和创业投资企业之间关系的创业投资基金的制度安排是通过一系列契约安排来实现的。创业资本组织模型是设立在非完全契约框架中，当代理人是有限理性时，为支持经济活动而制定的契约是内生不完全的，不可能穷尽所有情况。投资者和创业投资企业之间契约的关键特征是解决契约合伙人之间根源于信息不对称的利益冲突。

1）显性契约

投资者与创业企业签订契约以后，投资者将不能控制创业企业经理的实际行动，为诱使创业企业经理做出投资者所期望的行动，就要在契约中签订一些激励条款，即采用一种激励机制诱使代理人按照委托人的意愿行事。此类激励条款是在不完全信息静态博弈情况下产生的，在委托代理理论中，这种激励契约被称为显性激励契约。

显性激励是由契约所确定的内部激励，即企业根据标准和预先的约定给予的补偿和风险承担。

为解决创业企业与创业投资企业间的代理和信息问题，创业投资企业拟定契约，一方面有利于事先通过创业企业分配控制权及资金流权限的表现来筛选投资企业（Kaplan，Stromberg，2003；Dessi，2005）（卡普兰、斯特龙伯格，2003；戴西，2005），另一方面契约能为创业投资企业提供有效的事后监控，并有利于协调委员会会员关系、分阶段投资等事项（Sahlman，1990；Gompers，1995）（萨尔曼，1930；冈珀斯，1995）。

尽管契约结构减少了创业企业投资固有的不确定性、信息不对称及投资的代理成本，但创业投资企业与投资者间存在着同样的利益冲突。为了激励创业投资企业做好筛选、管理和监控工作，使机构投资者的资本回报最大化，投资基金的使用期都是有限的，并且创业投资企业的报酬取决于其工作绩效（Sahlman，1990；Gompers，Lerner，1999），于是这就形成了一种类似分期投资的情况，激励创业企业持续运转以确保进一步融资。创业投资企业要成功提升未来基金规模，使其不断发展壮大，就要具备不断产生实际报酬的能力且这种能力要比其竞争对手更胜一筹。X.Guo、K.Li、S.Yu 和 B.Wei（郭雪萌等，2021）发现创业投资企业的声誉越高，越能够发挥"认证效应"，减少研发投入过程中产生的信息不对称。S.Glucksman（格鲁克斯曼，2020）通过调查研究，认为企业家根据自己和他人的经验与创业投资企业建立开放和诚信的关系可以有效地降低信息不对称，更容易获得投资。

2）隐性契约

隐性契约是指没有明确的契约条款但双方都可以理解的一种自动履行机制，可以说是"君子协定"。隐性契约并不依赖法院的强制措施，而是交易双方有一个一致认可的明确界限，对于什么叫违约行为，双方都是清楚的且知道是否以及在多大程度上可施加惩罚。其"惩罚条款"包括与交易者终止交易，在交易者专用性投资不能收回的情况下，终止交易意味着一种潜在的损失；同时，终止交易也意味着交易者的声誉受损，交易者声誉受损将使其在未来交易中的成本增加。

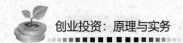

隐性契约的两个特征是：①非协议性。这种非协议性是附着在签约人明确的协议之后，签约人对契约协议的选择权包含着对隐性契约的选择权，即签约人的自由地位是隐性契约非协议性存在的前提。②博弈性。签约人如何分配利益虽然由双方的协议直接规定，但协议中的修正权取决于双方在协议中的地位。

创业投资经理往往希望与投资者保持长期的合作关系，创业投资经理违约或选择劣质项目虽然可获得一些短期收益，但要冒损失长期收益的风险，如果创业投资经理违约或业绩不佳，那么他在下次募集资金时就会遇到麻烦，如果创业投资家的短期收益小于长期收益，理性的创业投资经理将履行契约。这种情况发生的前提是投资者需要采取混合策略博弈，即双方的委托—代理关系不是一次性的，而是多次重复博弈，该过程可以看成不完全信息动态博弈过程，其中的激励契约被称为隐性激励契约。

隐性激励是通过市场的作用把具有不确定性的隐性事实还原给当事人，由当事人自己做出理性选择的激励，产生于企业外部的竞争。

创业资本市场中存在着某些自动履约机制，可对违约行为实施有效的私人惩罚。例如声誉机制，一旦违背契约，地理集中特征将使违约者名誉扫地，受到严厉惩罚。

在现实生活中，大多数契约是依赖习惯、诚信、声誉等方式完成的，付诸法律是不得已而为之的。根据这种情况，一个自动履行的契约就可以利用交易者的性质与专用关系将个人惩罚条款施加在违约者的身上。这个惩罚条款包括两方面的内容：一是双方规定自动履约的范围，使双方出于对履约成本的考虑而自动履行，如果单方面终止交易，那么另一方实施惩罚造成的违约方的损失比不履约更大。二是使交易对手的市场声誉贬值。在契约的自动履行过程中，声誉起着很重要的作用，因为契约的履行是可观测和证实的。一个贪图眼前利益而违约的人，当被人观察到时，人们会远离他而去，这个人想再签订新的合作协议会十分困难。

三、创业投资中的契约案例

今日资本对京东商城的投资就是创业投资中一个较为典型的契约案例。2014年京东上市以后，今日资本持有7.8%的股份，当初1800万美元的投资，价值已经超过26亿美元，投资回报率高达144倍，账面盈利100多亿元人民币。然而，京东在早期发展的过程中一直没有良好的盈利记录，但是每每需要钱的时候总能获得投资者的青睐，尤其是今日资本先后三次为京东融资，并且今日资本同意将18%的股份作为员工股票期权激励，该期权激励合约的执行条件是前4年，京东每年营业收入都能增长100%。这一期权激励的做法为京东招聘人才打下了基础。今日资本总裁徐新表示之所以投资京东不仅是因为看中项目，更是因为看中京东创始人刘强东的管理能力和可靠性。从中我们可以看出创业投资家在投资过程中不仅会通过显性契约激励创业企业，还会以创始人的声誉、诚信等作为隐性契约来施以约束。

阅读资料2-1
显性激励与隐性激励

第二节　创业投资中的双重委托代理问题

创业投资运作过程涉及"三方主体，两种关系"，一是资金提供者或投资者（委托人）与创业投资家或创业投资企业（代理人），二是创业投资家或创业投资企业（委托人）与创业者（代理人）。其中，创业投资家或创业投资企业一身二任，对于资金提供者，它是代理人，而对于创业者，它则是委托人，这就产生了创业投资中的双重委托代理问题。

资金提供者或投资者手中掌握一定的资金，并将资金委托创业投资家或创业投资企业代为管理和运营，以期获得利润回报，此为第一重委托代理关系。创业投资家或创业投资企业收到委托资金后，寻找具有高成长潜力的创业企业，在经过严格的分析与评估后，确定投资对象，根据创业企业规模和需要投入资金，使创业企业迅速发展，资金迅速增长，创业投资家或创业投资企业再通过某种退出机制撤回资金，获得高额利润，此为第二重委托代理关系（见图 2-1）。

图 2-1　双重委托代理关系

代理人接受委托人的委托，要求有明确的责权利，从委托人的角度来说，要确定对代理人的约束与激励，这些内容都需要通过明确的契约条款确定下来。

委托人怎样对代理人实施有效的监督？委托人与代理人之间订立契约的意义是什么？诸如此类的问题需要联系委托人与代理人之间的利益冲突与信息不对称性进行解答。

创业投资行业之所以存在、其作为金融中介产生的巨大价值都建立在契约结构的基础之上（Sahlman，1990；Black，Gilson，1998；），这解决了创业投资中道德风险和信息不对称导致的信息屏蔽问题（Leland，Pyle，1977；Chan，1983；Diamond，1984；Gompers，1995；Amitetal，1998；Kaplan，Stromberg，2003；Ueda，2004）。

阅读资料 2-2
委托代理理论

在创业投资中，创业投资企业与投资者之间的委托代理关系与其和创业者之间的委托代理关系不同，企业战略性创业投资中的委托代理关系也不同，具体如下。

一、创业投资企业与投资者之间的委托代理关系

在创业投资中，投资者和创业投资企业之间存在一种委托代理关系。这种关系基于信任和合作，双方各自扮演不同的角色。

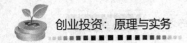

1. 投资者——委托人

投资者作为委托人，将资金委托给创业投资企业，希望通过投资获得收益。

（1）期望回报：投资者期望创业投资企业能够有效地利用资金，实现企业的增长和成功，并最终带来投资回报。

（2）监督和支持：投资者通常会在投资后对企业实施监督给予支持，提供经验、资源和网络，帮助企业发展。

2. 创业投资企业——代理人

创业投资企业作为代理人，接受投资者的委托，承担将资金用于企业发展的责任。

（1）责任和义务：创业投资企业有责任有效管理和运营企业，最大程度地实现企业的增长和成功，以实现投资者的利益最大化。

（2）信息披露：创业投资企业需要向投资者及时披露企业的运营情况、财务状况及未来规划，保持透明度和沟通。

在这种委托代理关系中，投资者和创业投资企业之间的利益是相互关联的。投资者希望通过投资获得回报，而创业投资企业则需要资金和支持来实现企业的目标。因此，双方需要建立信任、保持沟通，并一起努力实现共同的目标，以确保委托代理关系的顺利进行和最终的成功。

创业投资企业使投资者由直接投资者演变为间接投资者，从代理理论的角度看，如果投资者把资金集中交给创业投资家，由后者从事创业投资，势必要在投资者与创业者之间增加一层委托代理环节，这显然会增加代理成本。由于创业投资企业较投资者来说拥有信息优势，使得投资者无法及时而有效地对创业投资企业进行业绩考察和监督。另外，即使创业投资企业向投资者提供了充分的信息，但是由于专业知识和时间的缺乏，投资者也无法对这些信息有充分的理解和认知。

就创业投资企业与投资者之间的委托代理问题来说，可以从创业投资企业的组织形式及其协议上进行约束。目前，国内越来越多的创业投资企业选择有限合伙制，充分说明有限合伙制有其内在的合理性。有限合伙协议作为规范投资者与创业投资企业之间关系的法律性文件，包含许多控制条款，如创业基金的存续期、注资期、报酬机制、分配条款、其他条款。其中报酬机制是核心内容，创业投资企业从其管理的每一支创业基金中获取两方面的报酬：一是管理费用，一般来说相当于基金资本总额的25%；二是获得一定比例的基金期末总利润，一般为基金已实现利润的20%。这种将创业投资企业的管理费用与资本利得相分离，使其收入与经营业绩高度相关的报酬形式是解决创业投资企业与投资者之间代理冲突最有效的激励机制。除上述控制条款外，声誉在解决代理冲突时也具有重要作用，因为创业投资市场是一个规模较小的私募市场，创业投资企业的投资业绩经常受到监督与评估，如果创业投资企业参与投资组合的创业企业失败过多，则其声誉将受损，以后很难再募到资金。

二、创业投资企业与创业者之间的委托代理关系

创业投资企业与创业者之间通常存在一种委托代理关系，这种关系涉及创业投资企业将部分权利和责任委托给创业企业，以便后者能够有效地管理和支持创业项目。这种关系存在

于以下方面。

（1）资金委托：创业者通常需要资金来启动和发展他们的创业项目。创业投资企业通过向创业者提供资金，成为项目的投资者。这种资金委托关系意味着创业投资企业将部分财务责任委托给创业企业。

（2）管理委托：创业投资企业通常在创业项目中扮演一种支持和管理的角色。他们可能派遣代表加入创业企业团队，提供战略性建议，监督业务运营，以确保项目取得成功。

（3）决策委托：创业投资企业在项目中的投资通常伴随着对业务决策的一定程度的参与，这可能包括在董事会上占有席位、参与关键决策的制定。

（4）监管与报告：创业者通常需要定期向创业投资企业报告项目的进展、财务状况和其他关键信息。这是为了确保投资者能够有效地监管其投资，并及时采取必要的行动。

（5）共同利益：尽管存在委托代理关系，但创业投资企业和创业者通常有共同的利益，即确保项目成功。投资者通过项目的成功获得回报，而创业者通过获得资金和支持实现其业务目标。

创业成功是所有参与者的共同目标，但创业过程中及创业成功后的利益分享中难免存在利益冲突。投资者所要的是投资回报，关心的是投资者对企业未来收益的索取权，而融资一方所考虑的是融资成本最小化。另外，关于创业中企业的状况及创业者的行为，创业者比创业投资企业有更多的了解。在创业过程中，双方都要追求自身利益最大化，但追求自身利益最大化的行为可能使处于信息劣势的一方蒙受损失，因为当面临多种可选择的行动方案时，创业者可能利用信息不对称而选择对投资者不利的行为，这包括：①存在雇员思想，放松、不努力；②不注意节约资源，铺张浪费；③追求自己的非金钱利益；④在创业过程中，特别在关键时刻提出要离开（威胁）来要挟投资者。

创业投资者的任务是有效地避免上述问题发生。除近距离地监督之外，更重要的是要通过创业投资管理者积极参与创业企业治理，千方百计地调动创业者的积极性，通过适当措施激励创业者尽心尽力，争取创业成功。

因此，创业投资者首先应想到的，不仅是要寻求"好"项目，更要寻求"可靠"的创业者。在我国多年的创业投资发展历程中，创业投资企业一致认为创业投资项目最重要的是"对人投资"。

在创业投资中，选项目的同时也在选"人"（创业者）。"人"这一关首当其冲，认真把好关是应该的。但要解决上述问题，仍然不能有不切实际的幻想。中国人做交易的原则是"把丑话说在前头"。创业投资是一种复杂的交易，"把丑话说在前头"意味着投资者与创业者从一开始就要签订一份有法律效力的契约，明确各自的责权利。从投资者的角度说，要通过契约条款明确对创业者的约束和激励，并最终体现为对创业者的监督和现金流激励、授权激励，最大可能地调动创业者的积极性。H.Niu 和 M.Gu（2020）通过研究发现，投资者更注重评估企业家而不是评估项目。评估企业家的一项重要内容是考察和判断企业家的经验和创业能力。投资者更倾向于将资金投入到具有成功经验和出色能力的创业者身上。

总体而言，创业投资企业和创业者之间的委托代理关系是一种合作关系，旨在实现共同的商业目标，双方通过合作，共同努力推动项目的发展和成功。然而，这种关系也需要平衡，以确保双方的权益得到保护。

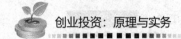

三、企业战略性创业投资中的委托代理关系

企业作为投资主体参与创业投资，首要考虑的因素是要与企业总体发展战略相适应，所选投资项目不但要有良好的行业前景，还要与企业现有核心业务产生互补性。根据信息经济学的解释，当同一个代理人从事不同的工作时，委托人对不同工作的监督能力是不同的，有些工作比另一些工作更难监督。在企业战略性投资中，投资者可以比较容易地考察创业投资家能直接带来投资回报的努力，但很难及时观测和度量创业投资项目与企业现有业务的互补性程度。当委托人根据观察到的结果来激励代理人时，对易于监督的工作给予过度激励会诱使创业投资家把过多的努力投入到追求项目的高额回报上，忽视追求投资者的战略目标。例如，创业投资家在投资组合中过多地投入能直接带来高额投资回报的项目，在关系企业长远发展但投资业绩不易被观测的项目上投入的努力较少。在极端的情况下，创业投资家只投资于能极大化个人收益的短平快项目，如挪用风险资金投资于证券和房地产市场。一些由上市公司组建的创业投资机构，有时甚至是一些独立的创业投资企业热衷于用创业投资在股市上打新股，原因就在于此。

另外，在企业开展的战略性创业投资项目的运作过程中，创业投资家同样有动机利用信息优势，采取隐蔽行为，改变契约规定的行为模式，为获取个人利益，不惜损害投资者的利益。由于利益的一致性，创业投资家还可能与创业者采取共谋行为，共同损害投资者的利益。

阅读资料 2-3 软银与阿里巴巴	

第三节　信息不对称：逆向选择

所谓信息不对称，是指在一方拥有相关信息的情况下，另一方缺乏这些相关信息的现象。这种信息在交易双方之间的不均匀分布，会导致拥有信息优势的一方对劣势者造成损害，从而引发资源配置的低效问题。根据信息不对称发生的时间划分，其可分为事前信息不对称和事后信息不对称。事前信息不对称导致逆向选择问题，而事后信息不对称则引发道德风险。

为进一步说明信息不对称会产生什么问题，我们从阿克尔洛夫的经典例子说起。阿克尔洛夫因首先从信息不对称的观点分析市场失效而获得诺贝尔经济学奖。试想，旧车市场上的交易，关于旧车的质量，旧车的车主比买车人有更多的了解，这是交易前的信息不对称。换言之，卖车人知道自己（的车）属于什么类型，而买车人不知道卖车人（的车）的类型。如果买车人只根据市场上旧车的平均质量来出价，那么质量高于平均质量的旧车因卖不到相应的价格而纷纷退出市场，结果在市场上只剩下低质量的旧车。这被称为逆向选择，即"低质量的车把高质量的车赶出市场"。

一、逆向选择的定义与表现

逆向选择发生在事前（交易前）交易双方信息不对称的情况下。

逆向选择指的是这样一种情况，市场交易的一方如果能够利用多于另一方的信息使自己受益而让对方受损，处于信息劣势的一方便难以顺利地做出买卖决策，于是价格便随之扭曲，并失去了平衡供求、促成交易的作用，进而导致市场效率的降低。

在创业投资中，逆向选择可能指的是投资者难以获得关于创业公司真实价值和前景的准确信息，导致他们选择了不太理想的投资。以下是创业投资中一些逆向选择的表现。

（1）隐藏问题：创业公司可能倾向于隐藏一些负面信息，如财务问题、法律纠纷或管理层内部冲突。投资者如果未能充分了解创业公司的真实状况，可能会在逆向选择的情况下做出投资决策。

（2）夸大前景：创业者可能会夸大公司的前景，故意传递过于积极的信息以吸引投资。在这样的情况下，投资者可能会受到表面上看起来很有吸引力的投资机会的诱惑，而忽略了潜在的风险。

（3）不了解行业：投资者如果对某个特定行业了解不足，可能会难以辨别真正有潜力的创业公司。在这种情况下，投资者可能会选择那些看起来很有吸引力但实际上风险较高的投资机会。

（4）竞争激烈：在竞争激烈的投资环境中，投资者可能被迫做出决策，而未能充分了解所有潜在投资机会，这可能导致他们选择了表面上看起来有吸引力但实际上风险较高的项目。

为了减小逆向选择的影响，投资者通常采取尽职调查、要求透明度和签署详细的投资协议等手段，以更好地了解创业公司，降低潜在风险。例如，威廉·舒尔茨（Wilhelm Schulz）公司是德国当地一家中小型家族企业，主要生产管道配件。这一领域恰好是德国企业的强项，其前景被许多投资人认可。巴菲特旗下的伯克希尔·哈撒维公司斥资 8 亿欧元收购了威廉·舒尔茨公司，但是威廉·舒尔茨居然让公司的员工先扫描客户公司的信纸，用来制作虚假的订单和收据，通过这些文件，捏造了 47 笔业务交易，使得投资者蒙受了巨大损失，出现了严重的逆向选择问题。

雅菲、罗素（Yaffi，Russell，1976）和斯蒂格利茨、韦斯（Stiglitz，Weiss，1981）关于外部融资昂贵，限制企业的投资决策的资本市场是有缺陷的这一观点，得到了融资文献的证实（Fazzarietal.，1988；Hubbard，1998）。创业企业遭受很多来自这些资本市场的不完善（Carpenter，Pettersson，2002）。事实上，让投资者在缺乏良好记录，并且正在开发创新技术的情况下，事前确定风险和创业企业的项目回报率是相当困难的，因此出现了逆向选择的问题，即投资者无法分辨质量好与质量差的创业企业。

上述逆向选择可以通过抵押品来缓解（Berger，Udell，1998）。但是，创新企业的大部分资产是无形资产或特有资产，它们几乎没有抵押的价值。因此，创业企业想获取足够的外部融资是比较困难的，所以大多数创业企业需要完全依靠个人资本，即创始人的储蓄或由家人和朋友提供的资金（Berger，Udell，1998）。反过来，这些财政拮据使其不能像那些拥有足够融资的企业那样快速增长（Carpenter，Pettersson，2002）。

在创业投资中，关于项目的信息、创业团队能力的信息等，创业者自己最清楚，而投资

者所知较少。创业者在与投资者的谈判中也会"讨价还价"，投资者如果按"平均质量"出价，也容易产生逆向选择："好项目"因投资者出价低而离开，最后只剩下"不好的项目"。所以，投资者不会按"平均质量"出价，而是坚持在众多项目中仔细筛选、审慎调查。

二、逆向选择问题的解决方法

1. 信号传递

解决逆向选择问题的方法之一是具有信息优势的一方（代理人）采取主动行为，向委托人传递自己属于哪种类型的信号，让委托人识别。比如说某人要卖的旧车质量好，就传递自己的车高质量好的信号：提供质量保证书或就质量提供一个可信的承诺，而质量差的车的车主不能传递这样的信号，这样质量好的车与质量差的车就容易被买车人区别开来。买车人为了买到质量好的车，也愿意支付较高的价格。

在创业投资中，创业者（代理人）向投资者（委托人）传递信号，意味着创业者提供关于项目专利、创业团队经验、诚信等更多的信息。毕竟创业者取得投资者的信任是最重要的。

2. 信息筛选与信息甄别

另一个解决逆向选择问题的方法是处于信息劣势一方采取主动，对创业项目与创业者实施信息筛选与信息甄别。创业投资企业信息传送的中介角色增进了对项目的筛选和甄别能力，同时加大了对创业企业的监督力度。具体做法包括以下几种。

（1）形成信息共享网络和联合投资，共享投资信息、降低投资成本、分担投资风险。信息共享网络是利用业务关系网络（机构投资者、投资银行、审计人员、其他创业投资者）获得有关项目的信息。在创业企业融资的早期阶段，有经验的创业投资者之间可能通过合作，对初期投资进行多重评估；而在融资的后期阶段，缺乏经验的创业投资者参与到有经验的创业投资者领导的联合投资中，以共同完成投资并承担有效的监督责任。

（2）设置严格的评估标准，通过初始评鉴和审慎调查，选择具有良好潜质的项目与创业者。为筛选出具有良好发展前景的项目，创业投资企业可设置较高的投资评估标准并对备选项目进行严格筛选。

（3）提供不同契约让代理人自己选择，以区分不同类型的创业者。通常，项目评估要划分为几个阶段进行，创业者的创业计划可能在审慎调查的任何一个阶段遭到拒绝。①在创业投资中，投资者常常提出要创业者共同投资的契约。投资者如果对自己的项目有充分的信心，可能愿意接受这一契约；如果信心不足，就不愿意接受这样的契约。这是投资者筛选、甄别投资对象的一个方法。②在创业投资契约中，通常采用设置固定附带条款来达到筛选的目的。例如，通过现金流的附带条款把代理人的报酬设计成公司表现的函数，这样可促使创业者努力工作，同时也使那些项目不好的创业者不敢签订这些契约。又如，通过设置反稀释条款，可惩罚带着差项目或技能不强的创业者。③投资者经常通过设置特殊的利益分配契约来选择创业者。例如，投资者给创业者提供一份优先可转换股契约和优先参与契约，在这两类契约中，假设投资者有相同的期望收益，对后者，因为可收回本金，所以要求有更低的所有权。从创业者角度看，相信自己会成功的创业者将选择优先参与契约而非优先可转换股契约。因此，通过优先参与契约可筛选出项目更好、更乐观的创业者。

第四节　信息不对称：道德风险

一、道德风险的定义与表现

道德风险发生在事后（交易后）交易双方信息不对称的情况下，所谓事后信息不对称，是指签约后关于代理人采取的行为或发生的相关事件，代理人清楚而委托人不清楚。道德风险普遍存在于创业投资过程中，是造成投资风险的主要原因之一。这是因为，作为委托人的创业资本家，其目标在于使投资回报最大化；作为代理人的创业者，其目标是追求个人货币收入和非货币收入的最大化，两者目标并非完全一致。现代委托代理理论已经证明，在信息不对称条件下，若想让代理人与委托人的行为目标完全一致是不可能的。要获得代理收益就必须以承担代理成本为前提，所以创业投资企业需要关心的是如何将道德风险降到最低。

1．事后信息不对称的两种情况

（1）隐藏行动。隐藏行动即委托人与代理人在签约时信息是对称的，签约后代理人选择行动，这种行动不可被观察，从而不可能被监督。

（2）隐藏信息或隐藏知识。隐藏信息或隐藏知识即在签约时代理人有意地隐藏信息，签约后代理人采取委托人所不能观察的行为。

一般来说，结果取决于代理人的行动与自然状态两方面的因素，而仅有观察到的结果不足以确定这些结果是代理人行动所导致还是自然状态所导致。

2．关于事后信息不对称的另一种理解

关于事后信息不对称的另一种理解是区分外生的信息不对称与内生的信息不对称。

（1）外生的信息不对称，是指事后信息不对称是由自然状态造成的，不是人为造成的。例如，信息不对称发生在签约一方清楚知道自己的信息（个人特征），而另一方不知道或所知甚少，或关于自然状态的知识一方知道而另一方不知道时。这就是隐藏信息或隐藏知识。

（2）内生的信息不对称，是指由代理人的行为所造成的，即签约后一方采取了另一方无法观测、也无法推测的行为，或者签约另一方也知道但局外人不知道（因而不能被第三方举证）。这就是隐藏行动。

例如，亚洲互动传媒公司曾获得红杉资本的融资，在这之后又吸纳了野村证券、美林证券等公司的资金，成为我国第一支在东京证券交易所创业板上市的企业，然而在短短一年以后，这家公司便因为其掌门人崔建平挪用公司资产而遭到退市，令投资者蒙受了巨大的损失。

又如，Theranos 公司希望在世界范围内普及低成本、无针抽血化验，也因此持续获得了风投的青睐——估值 90 亿美元、融资 8 亿美元。Theranos 开发的这款验血设备名为 Edison，据悉与传统的静脉穿刺抽取小瓶血液的化验不同，Edison 采用微流体技术，只需指尖几滴血就可以完成化验。但是随后该公司前员工披露 Edison 的测试结果可能不准确，并强烈怀疑 Theranos 的验证测试结果与提交给监管机构的结果不一致。另外，Theranos 进行的大量血液测试被披露其实是在传统的机器上进行而非公司自己开发的 Edison 设备上完成的。美国食品

药品监督管理局（Food and Drug Administration，FDA）也公开了对 Theranos 实验室的调查报告，揭露 Theranos 的项目存在缺陷并勒令其停止使用 Edison 设备。该公司在获取大量融资的情况下，并没有将其投入到生产研发设备当中，反而以检测造假的方式欺骗投资者和消费者。

阅读资料 2-4
西部乳业信息不对称及成因分析

二、道德风险问题的解决方法

1. 控制权配置

（1）激励对齐与监督约束。控制权配置的核心目标是解决创业投资中的道德风险问题，确保创业投资家和创业者的利益一致性。通过合理分配控制权，可以激励双方为共同的目标努力。当创业者拥有一定的控制权时，他们更可能投入必要的努力和创新，因为他们知道自己对企业的成功有直接影响。

（2）信息揭示与风险分担。控制权的分配也影响信息的流通和透明度。当创业投资家拥有监督权时，他们可以要求获取更多关于创业企业运营的信息，从而减少信息不对称。此外，通过控制权的相机性转移，如可转换债券等金融工具，风险可以根据项目的不同阶段和业绩进行分担。

（3）重大决策的否决权。投资者可能要求对创业企业的某些重大决策（如融资、并购、重大资产出售等）拥有否决权。通过这种方式，投资者可以防止创业企业管理层在未经充分评估的情况下做出重大决策，保护企业及投资者的长期利益。

（4）管理层更替权。在某些情况下，投资者可能要求在创业企业表现不佳或管理层出现严重问题时，有权更换企业的高层管理人员。这种权利确保了投资者能够在必要时采取措施，维护企业的良好运营和持续发展。

（5）阶段适应性与动态调整。创业投资项目的不同阶段可能需要不同的控制权配置。在创业初期，创业者的创新精神和灵活性至关重要，因此他们可能需要更大的控制权。随着企业的成长，创业投资家可能需要更大的控制权来引导企业的战略发展和风险管理。控制权的动态调整有助于适应企业发展的需要。

（6）退出机制与治理结构优化。合理的控制权配置为创业投资家提供了有效的退出机制，如通过 IPO、并购或其他方式，这减少了投资后期的道德风险，因为创业投资家有一个明确的退出路径。同时，控制权的合理配置有助于优化企业治理结构，提高决策效率，降低代理成本。

阅读资料 2-5
控制权配置案例——Sequoia Capital 对 Whats APP 的投资

2. 分阶段投资

由于双方信息不对称与高新技术企业的经营特征，已投入资本的去向难以被监控，创业投资资本在进入高新技术企业后，道德风险的发生成为可能且难以控制。资本投入企业的方式包括：一次性投入资本与分阶段投资。一次性投入资本难以对上述风险加以控制。分阶段投资在创业投资契约中是一种重要的激励机制与约束机制。在分阶段投资时，通常约定评价企业业绩的各种指标，根据企业当期的经营业绩进行企业估值，作为下一轮投资的依据。分阶段投资契约赋予创业投资家考察企业经营业绩，并决定继续投资或中断投资的权利。如果高新技术企业未达到契约要求的业绩，创业投资家可能停止继续投资或者要求更高的股权份额，从而稀释创业者的股份，可能导致创业者失去对企业的控制权。因此，创业者会选择与创业投资家的期待一致的行为，努力经营，从而降低道德风险发生的可能性。同时，分阶段投资也能使创业企业及时终止妨碍企业经营的创业投资，如窃取企业机密的创业投资，或利用较少的资金获取发展迅速企业中的过多股份。

分阶段投资的另一个重要作用是增加创业投资家与创业者的交流，降低信息不对称程度。作为高新技术企业，经营模式和产品技术都在飞速发展变化，信息更新速度快。在每一阶段的投资中，二者会为了下一阶段的投资细节进行商讨，对本阶段的发展进行评价及预期，如再投资定价等。在商讨中，能获取对方的私人信息，并会为了下一阶段投资的注入再次博弈。获取的对方的信息越多，道德风险发生的可能性就越低，因而在高经营风险的高新技术企业中，分阶段投资的时间间隔需要缩短。

通常创业投资家趋向于在早期提供较少的创业投资，随着投资轮次增加，单个投资项目的金额也会增加，用这种方式有效控制潜在的道德风险。成思危在 2011 年展开的一项国内调查表明，在 712 个披露了投资轮次的项目中，第一轮的投资项目数量和投资总额都是最高的，投资数量占总量的 74.86%，投资额度占总量的 64.41%；第二轮投资数量迅速减少，投资数量和投资金额分别占总量的 16.15% 和 14.72%；但第三轮投资的平均项目投资额最高，为第一轮投资的 2.3 倍；而第四轮投资数量仅占总量的 0.7%，平均投资额也远低于第三轮投资[1][2]。这项调查表明，目前创业投资中投资轮次与投资金额的分配能够控制道德风险。该调查从投资的有限轮次中观察出国内的分阶段投资虽然在广泛使用，但实际应用程度比较有限。

3. 证券设计

（1）可转换优先股的运用。创业投资家可以以可转换优先股的形式向被投资企业投资，获得被投资企业相应的控制权，参与企业某些重大事件的管理。这种形式的投资可以最大程度地减少双方之间的矛盾。当被投资企业间经营惨淡时，私募股权投资家为了将损失降到最低，可以将部分股权转换为债券，享有优先求偿权；当被投资企业发展势头良好时，私募股权投资家可能会追加资本，但随着股价的上涨，被投资企业依然可以保持相当高的控制权。可转换优先股是十分灵活的投资方式，对委托代理双方都是有利的。

（2）可转换债券的运用。可转换债券融合了债权和股权的优点，是一种复合型融资工具。

---

① 袁天荣，刘为. 基于契约理论的风险投资双边道德风险研究[J]. 财会通讯，2013，（21）：76-78。
② 成思危. 2011 中国风险投资年鉴[M]. 北京：民主与建设出版社，2011。

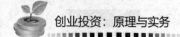

在双重道德风险下，可转换债券通过对现金流的分配实现对管理层的激励。可转换债券的特点是，当企业经营状况良好时，创业投资家可将债券或优先股转换为普通股，当企业经营惨淡时，则可强制执行清算，并获得优先偿付。这一特性使得投资双方的努力和收益相互关联。一方面，在创业企业的业绩低下时，创业投资家将采用清算策略，使得创业者一无所获；另一方面，创业投资家投资创业企业的目的在于享受行使转换权所带来的收益，在达成转换或企业并购价较高时，他们也将获得相应的收益。转换比例往往与企业的绩效挂钩，企业的绩效越好，转换价格越高；反之，转换价格越低，从而保障了创业投资家在企业经营不善时的利益。由于企业经营得越好，创业投资家能换得的股份越少，而创业者能获得的股份就越多，因此可激励创业者更好地经营企业。创业企业能否最终实现高价转换或高价出售，不仅取决于创业者的努力程度，还依赖于创业投资家促进企业增值的努力程度。因此，可转换债券这种激励与威胁并存的结构，能够同时促使投资双方做出最大的努力，共同促进创业企业的发展。创业者和创业投资家的双重道德风险是创业投资的重要特征。创业投资治理的过程也是防范双重道德风险的过程，双方形成制衡关系，有利于解决创业企业的委托代理问题。

我国的创业投资企业应借鉴发达国家的经验，采取各种用可转换债券进行创业投资的方式。普通股和债券是创业投资机构运用得较多的投资手段。对多数投资企业而言，除了普通股和债券，未采取过其他投资形式。即使大多数风险投资企业很想采用可转换优先股或可转换债券，但由于我国目前缺乏相应的法律依据，不知道如何规范，因而妨碍了其在创业投资中的应用。在现阶段，我国一方面应鼓励使用可转换债券对创业企业进行投资的实践探索；另一方面应完善相关的法律法规，使这一金融工具成为推动创业投资业发展的积极力量。

阅读资料 2-6
认证股权的激励作用

 思考题

1. 创业投资中存在着哪几种委托代理关系？
2. 如何处理创业投资中出现的逆向选择和道德风险？
3. 契约是如何影响委托代理关系的？

第三章

组合投资理论

> 既要避免把鸡蛋放在一个篮子里，也要避免因篮子太多而手足无措，更要学会虚实结合的智慧，虚拟手段、现实影响。
>
> ——基于塞万提斯《唐·吉诃德》改编

核心问题

1. 组合投资与不确定性的内涵是什么？
2. 如何计算组合投资中的风险与收益？
3. 创业投资行业中的组合投资方式有哪些？
4. 组合投资中虚实结合的智慧，虚拟手段、现实影响是什么？

学习目的

1. 了解组合投资的概念和意义。
2. 了解组合投资与不确定性的关系。
3. 掌握单个项目的风险与收益的计算方法。
4. 掌握项目组合风险与收益的计算方法。
5. 掌握在创业投资行业中的组合投资方式。
6. 学习组合投资中虚实结合的智慧。

引例
碧桂园创业投资迅速崛起的秘诀

在探索创业投资的核心时，我们发现其不单是寻求创新型企业的传统利润或股息，还着眼于企业潜在的增值机会，特别是那些具有高增长潜力的企业所带来的权益价值。创业投资的终极目标在于通过权益出售来实现资本增值，这要求投资者精心管理资金，选择合适的投

资项目，并找到恰当的退出时机，以期实现资本增长。但创新型企业的未来充满不确定性，即使精心挑选，也无法确保每项投资都会成功。实际上，成功率往往仅为30%左右。

面对这种不确定性，创业投资者必须深刻理解投资风险，寻找风险与收益之间的平衡点。在这里，组合投资的概念发挥着关键作用。通过构建多元化投资组合，投资者可以分散风险，从而在风险与收益间找到更合理的平衡点。

技术创新，尤其是区块链和人工智能的兴起，正在彻底改变创业投资领域。区块链技术提供了一种去中心化、透明的资产管理和交易平台，有助于简化交易过程、降低成本并提高效率。同时，人工智能的应用使得对大数据的分析更加精准，可帮助投资者在庞大而复杂的市场信息中寻找投资机会，做出风险评估并支持决策。这些技术的进步不仅提高了投资的成功率，也为投资者提供了全新的投资工具和策略，使他们能够更好地构建和管理投资组合，从而在这个充满挑战的领域中获得成功。

第一节　创业投资公司与不确定性

在探讨创业投资行业的核心活动——筛选、扶持及最终退出对创新型企业的投资时，投资者面临的最大挑战是高度不确定的市场环境。面对这种不确定性，创业投资公司主要采取深化专业领域的知识储备和构建多样化投资组合两种策略予以应对。

深化专业领域的知识储备使得创业投资公司能够对所投资领域的未来发展有更准确的预见，而构建多样化投资组合则有助于分散风险，增强面对市场不确定性时的韧性。这两种策略不仅在知识获取和应用上有所区别，而且在面对市场波动时也显示出各自的优势和局限。

随着区块链、人工智能等技术的发展，创业投资领域的运作模式正在发生根本性变革。例如，区块链技术的引入提高了交易的透明度和安全性，降低了中介成本，使得投资过程更加高效；而人工智能技术的应用使得对大数据的分析更加深入和精准，可帮助创业投资公司更好地识别和评估潜在的投资机会。

在党的二十大精神的指导下，创业投资行业不仅关注经济收益，而且更加重视投资所带来的社会价值和长远影响。这种思想导向要求创业投资公司在追求财务回报的同时，要考虑投资对社会环境的积极影响，促进科技创新和可持续发展。

因此，面对创业投资领域的不确定性，创业投资公司需要采取多元化策略，同时深化专业知识，利用最新技术提高投资的效率和准确性。在这个过程中，创业投资公司不仅要实现财务目标，还要积极响应国家的发展战略，贡献于社会的可持续进步。

一、专业化知识提高成功概率：行研[①]引领投资

在创业投资的世界里，面对市场的不断变化和不确定性，创业投资公司如何保持竞争力成为一个关键问题。这种不确定性要求创业投资公司具备快速应对变化的能力，而这种能力

---

① 行业研究。

往往来源于两个方面：一是深化专业知识，二是通过构建多样化投资组合来分散风险。

专业知识的深化能够让创业投资公司准确识别和评估潜在的投资机会，尤其是在特定领域内。这种深入的行业理解能够提高对未来趋势的预测的准确性，从而在一定程度上降低投资风险。然而，单一领域的深耕虽有其优势，但也可能导致视野狭窄，忽视跨行业或新兴领域的机会。在这个基础上，组合投资的概念成为创业投资公司分散风险、提升整体投资效益的重要策略。通过对不同行业、不同阶段的企业进行投资，创业投资公司能够在某一投资不尽如人意时，通过其他投资的收益来弥补损失，实现风险的有效分散。

技术的发展，特别是区块链和人工智能的应用，为创业投资领域带来了革命性变化。区块链技术提高了交易的透明度和效率，降低了欺诈风险；而人工智能则在数据分析、市场预测方面展现出强大的能力，可帮助创业投资公司更加精准地做出投资决策。

在遵循党的二十大精神的同时，创业投资行业更应注重科技创新与社会责任的结合，促进社会主义现代化建设。这不仅体现在选择投资项目时对其社会价值和可持续发展潜力的考量，也体现在推动企业实现科技创新，促进经济结构优化升级。

面对不确定性，创业投资公司需要在专业化与多元化之间找到平衡，利用现代技术提高决策的科学性和效率，同时贯彻社会主义核心价值观，以科技创新促进社会发展和进步。这种多维度的策略不仅有助于创业投资公司实现可持续发展，也为社会经济的健康发展做出了贡献。

二、多元化知识远离不确定性："广撒网"

在探索创业投资的复杂世界时，采用多样化策略，也称为"广撒网"策略，成为创业投资公司对冲不确定性的一种有效方式。这种策略旨在对广泛的行业、地区和发展阶段中的企业进行投资，以提高整体投资组合的稳健性。多样化使创业投资公司能够从各种外部变革中吸取教训，包括技术创新和市场趋势的转变，而不仅仅局限于自身的经验积累。

在这个框架内，技术的快速发展，尤其是人工智能和区块链技术，为投资决策提供了新的视角和工具。人工智能的大数据分析能力可以揭示投资的趋势和模式，而区块链技术在确保交易透明性和安全性方面发挥着重要作用，这些技术的应用显著提高了创业投资公司的操作效率和决策质量。

结合党的二十大精神，创业投资行业的发展不仅要追求经济效益，还要强调促进科技创新和履行社会责任的重要性。在投资决策中融入对环境、社会和治理（environmental, social and governance，ESG）因素的考量，不仅反映了对可持续发展的承诺，也体现了对社会主义核心价值观的遵循。

多样化不仅体现在投资选择上，也体现在解决问题和制定战略决策的能力上。广泛的知识储备和经验能够帮助创业投资公司在面对新挑战时找到创新的解决方案，促进新知识的产生和应用。这种跨界的思维模式能够增强创业投资公司对市场变化的适应性和灵活性，从而在不确定的环境中保持竞争力。

通过结合多样化投资策略、利用先进技术和坚持党的二十大精神的指导原则，创业投资公司可以更好地应对不确定性，同时促进企业和社会的可持续发展。这种综合性策略不仅增强了创业投资公司的市场适应性和创新能力，也为实现社会主义现代化建设目标贡献了力量。

第二节 创业投资的收益与风险

创业投资可以对数个项目进行投资，也就是组合投资，因此，既要考虑单个项目的收益与风险，更要关注项目组合的收益与风险。

一、单个项目的收益与风险

创业投资公司的目标是获得资本的增值，但与普通的金融机构不同，创业投资公司需要选择、管理项目，通过项目的出售实现自己的目标。在现实生活中，创业投资公司对拟投资项目要进行价值评估，项目的未来现金流或价值总是不确定的，对不确定性的量化通常是列出每种可能的未来结果及其相应的发生概率。例如，如果所投资公司某个项目的当前价值为100万元，一年后的价值视市场情况的不同有五种可能的结果，相应地，也就有五种不同的收益率，具体情况如表 3-1 所示。

表 3-1 所投资公司某个项目一年后市场价值的五种可能结果

项目的可能价值/万元	出现的概率	项目的可能收益率
150	0.1	50%
130	0.2	30%
120	0.4	20%
90	0.2	−10%
80	0.1	−20%

项目的期望收益率是各种可能收益率以其发生的概率为权重的加权平均值，如果项目的可能收益率有 n 种，可能收益率 R_i 发生的概率为 p_i，$i = 1, 2, \cdots, n$，则其期望收益率 $E[\tilde{R}]$ 为

$$E[\tilde{R}] = \sum_{i=1}^{n} R_i p_i = R_1 p_1 + R_2 p_2 + \cdots + R_n p_n$$

对上面的例子，项目的期望收益率为

$$E[\tilde{R}] = 50\% \times 0.1 + 30\% \times 0.2 + 20\% \times 0.4 - 10\% \times 0.2 - 20\% \times 0.1 = 15\%$$

项目收益率的方差、标准差是为了度量项目收益率的变动情况，衡量的是项目可能的收益率距期望收益率的偏离程度。项目收益率的方差是项目的可能收益率与期望收益率间差额的平方和以其相应概率为权重的加权平均值，项目收益率的标准差则是项目收益率方差的平方根。

项目收益率的方差 $\mathrm{var}(\tilde{R})$ 为

$$\mathrm{var}(\tilde{R}) = \sum_{i=1}^{n} (R_i - E[\tilde{R}])^2 p_i$$
$$= (R_1 - E[\tilde{R}])^2 p_1 + (R_2 - E[\tilde{R}])^2 p_2 + \cdots + (R_n - E[\tilde{R}])^2 p_n$$

项目收益率的标准差$\sigma(\tilde{R})$为

$$\sigma(\tilde{R}) = \sqrt{\text{var}[\tilde{R}]} = \sqrt{\sum_{i=1}^{n}(R_i - E[\tilde{R}])^2 p_i}$$

示例项目的收益率方差和标准差分别为

$$\text{Var}(\tilde{R}) = (50\%-15\%)^2 \times 0.1 + (30\%-15\%)^2 \times 0.2 + (20\%-15\%)^2 \times 0.4 +$$
$$(-10\%-15\%)^2 \times 0.2 + (-20\%-15\%)^2 \times 0.1$$
$$= 4.25\%$$
$$\sigma(\tilde{R}) = 20.6\%$$

项目收益率的方差或标准差越大，未来实现的收益率围绕期望收益率的偏离程度就越大，项目投资的不确定性就越大。为了使未来得到的收益具有一定的可靠性，需要实施组合投资。为此，投资者还需要掌握投资多个项目后形成的项目组合的收益与风险情况。

不过，若是对单个项目进行投资，如何确定过去投资的期望收益？这就涉及算术平均收益率和复利年平均收益率的正确使用，以下面的例子进行分析。

假定某投资公司的当前股价为 10 元，年末股价可能为 9 元，也可能是 11 元或 13 元，三种取值的可能性相同，如果公司不支付红利，则其相应的股票收益率可能为-10%、+10%或+30%，而期望收益率则为$\frac{1}{3}(-10\% + 10\% + 30\%) = 10\%$。

不难看出，公司股票的期望价格为 11 元，10%是公司股票产生的预期现金流的正确贴现率，也是与该公司同等风险的投资的资本机会成本。

如果对此公司的股票收益率进行长期跟踪，假设公司收益的可能性不变，则考察期内公司收益率始终有$\frac{1}{3}$的可能为-10%，$\frac{1}{3}$的可能为 10%，还有$\frac{1}{3}$的可能为 30%，那么，这些年的算术平均收益率仍将保持 10%，于是算术平均收益率正确描述了与该公司同等风险的投资的资本机会成本。

但是，计算公司股票的（如 12 年）复利年平均收益率，得到的结果是

$$[(1-10\%)^4 \times (1 + 10\%)^4 \times (1 + 30\%)^4]^{\frac{1}{12}} - 1 = 8.8\%$$

这一量值小于资本机会成本，投资者如果这样来度量该公司的股票收益，他们就不会对此公司施以投资，因为投资者需要得到 10%的期望收益，不会投资期望收益只有 8.8%的项目。因此，如果资本成本是从历史收益或风险溢酬中估计得出，就应该用算术平均收益率而不是复利年平均收益率。

二、项目组合的收益与风险

创业投资公司往往同时对多个创业项目进行投资，因此公司在一段时间里的收益率应当是多个项目形成的项目组合的收益率。组合投资将有效地降低收益的波动性，从而稳定公司的收益。

假设有两个项目：项目 A 和项目 B，对应于未来的三种不同状态，其收益情况如表 3-2 所示。

表 3-2　项目 A 和项目 B 的收益情况

状态	1	2	3	4
概率	0.1	0.3	0.4	0.2
项目 A 的收益率	−1%	10%	12%	15%
项目 B 的收益率	−10%	10%	23%	40%

计算得出项目 A 和项目 B 的期望收益率分别为 10.7% 和 19.2%，收益率的方差分别为 0.18% 和 2.03%，标准差分别为 4.27% 和 14.25%，因此项目 B 的期望收益高于项目 A，但其收益的偏移程度也较大。

当我们对项目组合进行投资时，应考察项目之间的联动关系，常常利用项目收益率的协方差或相关系数来描述不同项目之间的收益关系。如果未来有 n 种不同经济状况，第 i 种经济状态的发生概率为 p_i，项目 A 和 B 在此状态下的收益率分别为 RA_i 和 RB_i，$j = 1, 2, \cdots, n$，则项目 A 和项目 B 的收益率间的协方差 $\mathrm{cov}(\tilde{R}_A, \tilde{R}_B)$ 为

$$\mathrm{cov}(\tilde{R}_A, \tilde{R}_B) = \sum_{i=1}^{n}(R_{Ai} - E[\tilde{R}_A])(R_{Bi} - E[\tilde{R}_B])p_i$$

项目 A 和项目 B 的收益率间的相关系数 ρ（$\tilde{R}_A$，$\tilde{R}_B$）为

$$\rho(\tilde{R}_A, \tilde{R}_B) = \mathrm{cov}(\tilde{R}_A, \tilde{R}_B) / \sigma_A \sigma_B$$

一般来说，两个项目收益率间的协方差（相关系数）大于 0 意味着两个项目的收益相对于期望收益率同涨或同跌。相关系数总在−1 到 1 之间，相关系数越接近 1，两个项目收益同涨同跌的倾向越强；相关系数越接近−1，两个项目收益涨跌反向的倾向越强。对上面的示例，项目 A 和项目 B 的收益率间的协方差为

$$\begin{aligned}\mathrm{Cov}(\tilde{R}_A, \tilde{R}_B) =& (-1\%-10.7\%)(-10\%-19.2\%)\times 0.1+(10\%-10.7\%)\\&(10\%-19.2\%)\times 0.3+(12\%-10.7\%)(23\%-19.2\%)\times 0.4+\\&(15\%-10.7\%)(40\%-19.2\%)\times 0.2\\=&\ 0.112\%\end{aligned}$$

而其相关系数则为

$$\rho(\tilde{R}_A, \tilde{R}_B) = 0.112\%/(4.27\%\times 14.25\%) = 18.41\%$$

由于相关系数大于 0，项目 A 和项目 B 的收益基本上是或者同时高涨，或者同时低迷。现在，我们来看看对两个项目都进行投资时的收益状况。如果对资产 A 投入的资金所占比例为 w_A，对资产 B 投入的资金所占比例为 $w_B(= 1-w_A)$，则投资组合的收益率 $\tilde{R}_p$ 为

$$\tilde{R}_p = w_A\tilde{R}_A + w_B\tilde{R}_B$$

投资组合的期望收益率 $E[\tilde{R}_p]$ 为

$$E[\tilde{R}_p] = w_A E[\tilde{R}_A] + w_B E[\tilde{R}_B]$$

但对投资组合收益率的方差，情况却要复杂得多，其计算公式为

$$\sigma_p^2 = w_A^2\sigma_A^2 + w_B^2\sigma_B^2 + 2w_Aw_B\,\mathrm{cov}(\tilde{R}_A, \tilde{R}_B)$$

如果对项目 A 和项目 B 施以等额投资，即两者的投资权重均为 50%，则此组合投资的期

望收益率为

$$E[\tilde{R}_p] = 50\% \times 10.7\% + 50\% \times 19.2\% = 14.95\%$$

由于项目 A 和项目 B 收益率间的协方差为 0.112，故组合投资收益率的方差 σ_p^2 为

$$\sigma_p^2 = (50\%)^2 \times 0.18\% + (50\%)^2 \times 2.03\% + 2 \times 50\% \times 50\% \times 0.112 = 0.61\%$$

如果对项目 A 的投资权重下降为 25%，则项目 B 的投资权重为 75%，此时组合投资的期望收益率为

$$E[\tilde{R}_p] = 25\% \times 10.7\% + 75\% \times 19.2\% = 17.1\%$$

组合投资收益率的方差 σ_p^2 为

$$\sigma_p^2 = (25\%)^2 \times 0.18\% + (75\%)^2 \times 2.03\% + 2 \times 25\% \times 75\% \times 0.112 = 1.20\%$$

如果对项目 A 的投资权重上升到 97%，则项目 B 的投资权重为 3%，此时组合投资的期望收益率为

$$E[\tilde{R}_p] = 97\% \times 10.7\% + 3\% \times 19.2\% = 11.0\%$$

组合投资收益率的方差 σ_p^2 变为

$$\sigma_p^2 = (97\%)^2 \times 0.18\% + (3\%)^2 \times 2.03\% + 2 \times 97\% \times 3\% \times 0.112 = 0.18\%$$

这里有一点是值得注意的，那就是对项目 A 投资 97%、对项目 B 投资 3% 的项目组合的期望收益为 11.0%，高于项目 A，但其方差较低，只有 0.180%。事实上，两个项目不同组合的标准差和期望收益如图 3-1 所示，如果两个项目收益的相关系数较小，甚至为负值，则组合投资对风险（项目收益与期望收益的偏离程度）的降低作用更大。

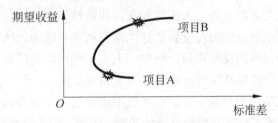

图 3-1 项目 A 和项目 B 不同组合的标准差和期望收益图

对投资者来说，构建投资组合是谋求在适当的风险水平下最大化投资的期望收益，这是厌恶风险的投资者的理性选择，这样选择的投资组合就是所谓的有效投资组合。

如果一个公司投资于更多项目，投资的期望收益率将是所有项目的期望收益率以其投资金额为权重的加权平均，但其方差的求取中将有更多的协方差项，各个项目间的协方差对组合收益方差的影响一般会远超过项目自身的收益方差。由于项目收益的全部风险并不都相关同步，单个项目的收益风险（收益率的标准差）通过组合投资就可以得到化解。换句话说，如果某个项目和其他项目相结合，那么其收益的部分偏移就可能为其他项目收益的相反变动所平衡或抵消。

事实上，对多个项目组合投资的收益标准差一般都低于项目组合中的单个项目，因为项目组合中各个项目的自身风险已经通过分散化而大量抵消。经济上能够消除的风险当然不能要求额外的收益，只有那些无法通过组合投资消除的项目收益风险，即所谓的系统性风险才能得到应有的收益补偿。

系统性风险是客观存在的，组合投资并不能完全消除所有的收益风险。随着项目组合纳入的项目个数的增加，投资组合的收益方差将逐步逼近平均协方差。假如平均协方差为零，就有可能通过投资足够多的不同项目来消除所有风险。但是，现实中的项目往往受经济大势的影响而表现出"一荣俱荣、一损俱损"，因此，投资项目绝大多数会被一个正的协方差网络捆绑在一起，从而限制了分散化收益。

系统风险不能用组合的方法消除掉，能通过投资组合而最终消除的风险是各资产本身的风险，称为非系统风险。研究表明，组合中的资产个数达到 10 个以上时，组合的收益风险可以降低到能够接受的程度；组合中资产个数达到 25 个以上时，组合的风险将不会随着投资资产数量的增加而明显减少。当然，过多地向其他风险领域投资，虽然可以减少风险，但同时也降低了获取超额回报的可能性。实践表明，分散投资的项目应在 30 个以下较好，而国外创业投资家投资的企业数一般都在 10 个以上。

第三节　创业投资中的组合策略

在创业投资的领域中，实施多样化投资策略是一种充满智慧的做法，旨在通过分布资金于多个项目和领域来降低整体风险。这种方法特别适用于创业投资，因为单个创业项目往往伴随着高度的不确定性和变数。虽然深入了解每个投资项目的具体情况是必需的，但过度集中可能会增加因某一项目失败而导致的整体损失。

现代技术，尤其是大数据分析、人工智能和区块链技术的进步，已经显著改变了投资行业的面貌。这些技术使创业投资公司能够更精准地分析项目潜力、风险和预期收益，从而在广泛的领域内做出更加明智的投资决策。例如，人工智能可以帮助识别早期创业公司中的潜在成功因素，而区块链能够提高投资流程的透明度和安全性。

在贯彻党的二十大精神的背景下，创业投资不应仅仅关注财务回报，还应注重投资对社会和环境的积极影响，推动科技创新和可持续发展。因此，创业投资公司在构建投资组合时，应该考虑到项目对社会贡献的潜力，包括促进绿色发展、创新驱动和公平共享。

一、联合投资

在现代创业投资领域，采取合作式投资通常被称为联合投资，已成为创业投资公司扩大投资覆盖范围、分散风险并提升项目管理效率的重要战略。联合投资策略不仅能使创业投资公司跨越单一领域的界限，还有助于汇集多方的专业知识和资源，共同对高潜力的创业项目进行投资。

技术的快速发展，尤其是互联网、区块链和人工智能等新兴技术的应用，极大地促进了联合投资模式的普及和高效运作。这些技术提供了更加透明、高效的沟通和合作平台，使跨地域、跨领域的创业投资公司能够轻松合作，共同管理投资项目，同时利用高级数据分析和机器学习算法深入分析项目的潜力和风险。

遵循党的二十大精神，联合投资不仅追求经济效益的最大化，还强调对社会责任和可持续发展的重视。在选择合作伙伴和投资项目时，创业投资公司应考虑其对社会的积极影响，如促进科技创新、绿色能源、社会企业等领域的发展，体现对人类未来和社会进步的贡献。

在实施联合投资时，创业投资公司通常遵循以下原则。

（1）资源整合与协同效应：通过整合各方的资金、技术、管理等资源，联合投资能够提升整体投资效能，实现资源的最优配置。

（2）战略规划与风险管理：联合投资使创业投资公司能够共享战略规划，从而更好地管理投资项目的内部和外部关系，设计完善的退出机制，并有效降低投资风险。

（3）多样化投资组合：通过跨行业、跨地域的联合投资，创业投资公司能够构建多样化投资组合，分散单一项目带来的风险，提高收益的稳定性。

（4）合作与共赢：联合投资强调合作伙伴之间的互信与共赢，通过共享信息、经验和网络资源，增强投资决策的准确性，促进所有合作方的共同繁荣。

联合投资作为一种合作式投资策略，不仅有助于创业投资公司扩大投资覆盖范围和分散风险，而且在科技的助力下，更能高效管理投资项目，同时响应党的二十大精神的号召，促进社会责任和可持续发展的实现。

二、阶段组合投资

创业投资的高风险性决定了创业投资必须采取与之相适应的投资方式，通过合理的投资组合分散和化解风险，才能降低失败率，保证整体投资的高收益。因此，创业投资公司一般并不将全额资本一次性投向某一个创业企业，而是在不同企业发展的若干个阶段分批投入资本，并保留在任何一个阶段放弃投资和进行清算的权利。对于创业投资公司来说，它需要确定在各个阶段的投资比例，以期获得风险和收益的合理搭配。其总体概念模型如图3-2所示，其中 $n \geq 3$，X1、X2、X3 为创业投资公司选择的三个公司。

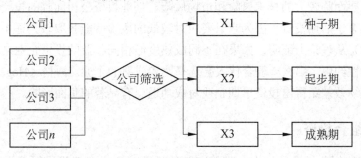

图3-2　总体概念模型

目前，对不同投资阶段创业投资公司的策略行为已经有了大量的学术研究（Gorman，Sahlman，1989；Cossin，2002；谭仁友，2016；董培林，2021）。由于投资者的投资行为通常具有长期性，所以为防范被创业企业"套牢"的风险，创业投资家还常采用阶段投资策略，以降低风险，提高创业投资整体的投资价值（刘江会，2022）。

无论是关注单一领域的专业性创业投资机构还是关注多领域的综合性创业投资机构，都会实施阶段组合投资。由于处于不同发展阶段的企业的投资预期收益率、所面临的风险、投资期限、资金需求等都不一样（见表3-3），因此，阶段组合投资可以起到分散风险、获得连续收益的效果。

表 3-3 我国创业投资项目不同阶段投资金额分布占比（2013—2020 年） 单位：%

阶段	年份							
	2013	2014	2015	2016	2017	2018	2019	2020
种子期	38.99	21.55	9.46	10.00	9.83	9.20	14.22	14.94
起步期	24.61	37.86	37.49	42.19	33.47	38.19	42.07	43.70
成长（扩张）期	29.87	34.64	43.89	37.36	45.54	36.35	38.18	38.88
成熟（过渡）期	6.30	5.44	6.94	6.87	9.50	15.81	5.20	4.65
重建期	0.23	0.51	2.22	3.58	1.66	0.45	0.33	0.33

数据来源：《中国创业投资行业发展报告 2020》。

一方面，创业投资公司通过增值服务、监督管理和信号传递等机制帮助创业企业发展，为创业企业提供针对性社会资源，如投资银行、律师事务所、会计师事务所等。另一方面，创业投资公司积累了丰富的经验和专业的知识，能够在后续投资中产生"学习曲线"效应，更擅于筛选投资项目，构建合理的交易结构，熟悉特定阶段的管理问题与行业竞争策略等，进而积累了"难以模仿"的内部资源优势。此外，还可以通过被投资企业的灵活性解决本身存在的创新阻力和创新执行效率问题，帮助自身获取持续竞争优势，甚至还可能开拓新的市场应用。此外，阶段组合投资可以使创业投资公司根据合约执行情况拒绝、推迟或减少后续投资，为企业家提供了激励机制以实现企业价值最大化和满足预期目标，甚至可以有效缓解乃至通过退出来转嫁投资风险。

因此，适当投资同一行业或相近行业中处于不同发展阶段的创业企业，既能发挥创业投资家的专业认知能力和内在资源优势，又能实现保障收益、分散风险的目的。但因为创业企业在早期阶段需要面临较大的技术风险和市场风险，创业投资公司面临的投资风险很高，所以创业投资公司热衷于后期投资，因为它只要应对较低的风险就能获取较为适中的收益。吉弗德（Gifford）（1997）从理论上证明，如果在不同成熟度但相同收益的投资企业之间选择，加上时间这样一个限定性约束，那么一般合伙人会选择比较成熟的企业。海格（Hege）等（2009）通过分析欧美投资绩效差距得出投资早期企业对成功退出有显著的负面影响。

三、行业组合投资

在创新驱动的创业投资领域中，实施有效的行业组合投资策略显得尤为重要。这种策略鼓励投资者勇于探索那些具备巨大市场潜力和发展前景的创新技术行业和新兴产业。创新项目，特别是那些能够引领行业新标准的创新技术，常因其独特性和创新性而受到投资者的高度关注。目前，如人工智能、生物医药、可持续能源、环境科技、云计算及金融科技等高科技领域成为投资热点。

在构建投资组合时，创业投资公司应以对行业的深刻理解为基础，优先选择那些自身具备深厚行业知识和管理经验的领域。对创业公司而言，创业投资不仅提供资金支持，更通过其丰富的经验和资源网络，成为企业成长的助推器，尤其是在企业早期发展阶段。

随着科技的飞速发展，技术革新已经深刻地改变了创业投资领域。大数据、区块链和人工智能等技术不仅优化了项目评估和风险控制流程，还为投资决策提供了更精准的数据支持，极大地提高了投资的效率和成功率。

在党的二十大精神的指导下，创业投资策略不仅应注重经济效益，还应充分考虑其对社会发展的积极影响。这意味着创业投资公司在构建投资组合时，应着重关注那些能够促进社会进步、环境保护和可持续发展的项目。

为了实现这一目标，创业投资公司可以采取如下策略。

（1）技术与区域双重聚焦：选择在特定技术领域内具有突破潜力的项目，同时考虑地域因素，优先投资于地理位置便利、具有区域创新优势的企业。

（2）深度行业洞察：深入了解目标行业的技术发展趋势和市场需求，利用创业投资团队的专业知识和经验，为被投资企业提供针对性指导和服务。

（3）构建人脉网络：在所投资的行业内建立广泛的联系，利用这些人脉资源为企业提供市场拓展、技术合作和战略规划等方面的支持。

（4）客观评估行业潜力：在设立专项基金时，应基于客观分析对行业的长远发展潜力进行评估，确保投资决策的科学性和前瞻性。

通过上述策略，创业投资公司能够更好地实现投资组合的多元化和优化，同时促进高科技行业的发展，为社会创新和经济进步做出贡献。

四、资金渠道组合投资

在当代创业投资的实践中，构建多元化资金渠道成为确保资本流动性和投资回报最大化的关键策略。这种多渠道的资金组合不仅关乎资本的有效管理，更是对投资风险的一种主动防范。在资金来源多样化的背景下，创业投资公司应能够更灵活地应对市场变化，优化投资组合，从而在保障资本安全的同时，实现增值目标。

技术的进步，尤其是金融科技的发展，为创业投资提供了新的资金渠道和管理工具。区块链技术的引入使得资金流动更加透明和安全，同时，人工智能和大数据分析技术的应用使得投资决策更加科学和精准。这些技术的组合应用，不仅提高了资金管理的效率，也降低了投资过程中的不确定性。

在党的二十大精神的指导下，创业投资的实践应更加注重社会责任和可持续发展目标。在资金渠道的选择上，创业投资公司应当倾向于那些支持绿色发展、技术创新和社会进步的资金来源，如绿色债券、公益基金等。通过这种方式，创业投资活动不仅可以追求经济效益，也可以促进社会价值的实现。

在构建多渠道资金组合的过程中，创业投资公司需要考虑以下几个方面的内容。

（1）资金来源的多样性：包括私人投资者、机构投资者、政府基金、国际资本等，以确保资金来源的广泛性和稳定性。

（2）资金的可持续性：优先考虑那些长期投资的资金，如养老基金、长期投资基金等，以保证投资项目的持续性和稳定性。

（3）风险与回报的平衡：在筹集资金时，充分评估不同资金渠道的风险与回报，确保资金组合的最优化。

（4）技术支持：充分利用金融科技手段优化资金管理和投资决策过程，提高资金使用效率。

通过实施资金渠道组合策略，创业投资公司不仅能够有效地管理和配置资金，还能在促进经济增长的同时，贡献社会价值，实现可持续发展的目标。这种以技术驱动、多渠道筹资和社会责任为核心的创业投资模式，是现代创业投资行业实现创新和进步的重要途径。

五、地域组合投资

在现代创业投资策略中，地域组合投资策略日益受到重视。这种策略不仅考虑投资项目的地理分布，以优化资源配置和管理效率，还体现了对技术进步和创新生态系统支持的重视。地域多样化的投资组合有助于缓解信息不对称和管理成本高昂的问题，同时促进区域经济的发展和科技创新。

技术进步，尤其是通信和信息技术的发展，已经极大地改变了地域组合投资的实践。数字化工具和平台使得远程监督和管理变得更加高效，缩短了投资者与投资项目之间的距离，加强了创业投资对高潜力企业的支持，无论这些企业位于何处。此外，大数据和人工智能技术的应用也使得风险评估、市场分析和决策过程更加科学和精确。

根据党的二十大精神的指导，创业投资应致力于支持经济的高质量发展和促进区域经济的均衡发展。在地域组合投资策略中，应重视投资对促进区域创新能力、支持当地创新企业和科技园区发展的作用。通过投资于不同地区的创新项目，创业投资不仅可以实现资本增值，还可以为推动地方经济结构优化和产业升级做出贡献。

在实施地域组合投资策略时，创业投资公司应考虑以下要素。

（1）地理接近性：虽然技术的发展缓解了地域的限制，但对于需要密切监督、管理和支持的初创企业，地理上的接近性仍然很重要。选择地理位置便利的投资项目可以加强投资后的管理和资源整合。

（2）区域经济特性：深入了解不同地区的经济发展特点、产业优势和政策环境，选择与地区经济发展战略相契合的投资项目。

（3）创新生态系统：优先考虑那些拥有成熟创新生态系统的地区，如高科技园区、创业孵化器和研发中心等，这些地区的项目往往具有更高的成长潜力和创新能力。

（4）风险分散：通过在不同地区投资，可以有效地分散地区性风险，如地方政策变化、经济波动等，从而增强投资组合的稳定性。

通过积极实施地域组合投资策略，结合技术进步和遵循党的二十大精神的指导，创业投资公司不仅能够优化投资回报，还能够促进科技创新和区域经济的协调发展，实现社会效益和经济效益的双重目标。

 思考题

1. 组合投资总是创业投资者的首选策略吗？
2. 创业投资行业中的组合投资方式有哪些，其关键点是什么？
3. 创业投资行业中组合投资方式的综合运用有哪些注意事项？

第四章

期权理论

随着创业投资以及新经济的兴起，决策者需要在高度不确定下进行决策，实务界有运用实物期权理论积极管理"不确定性"的需求。

——铭远管理咨询公司执行董事　吴军民

核心问题

1. 创业投资中期权的定义？
2. 创业投资中的实物期权和金融期权分别有哪些特征？
3. 实物期权和金融期权有何异同？
4. 实物期权和金融期权的现实案例有哪些？

学习目的

1. 了解并掌握期权的定义和风险收益的特征。
2. 了解创业投资中的期权特性。
3. 了解并掌握实物期权和金融期权的基本特征。
4. 了解创业投资中的实物期权和金融期权。

引例
关于期权的有趣故事——安迪·克雷格 做空新西兰元 

第一节　期权概述

一、期权的定义和分类

期权是一份合约，合约的一方（授权人）授予合约的另一方（受益人）在规定的时间（执行时间），以约定的价格即执行价格（striking price），按事先规定的数量，与之交易（买进卖出）某种资产（标的资产）（underlying asset）的权利，但另一方并没有进行这种交易的义务。期权的标的资产是指选择购买或出售的资产，包括股票、债券、股票指数等。

按照不同的划分方法，期权可以划分为不同的类别。

（1）按购买者的权利划分，期权可分为看涨期权与看跌期权。期权授予的权利如果是购买资产，那么这样的期权就称作看涨期权；如果是卖出资产，那么就是看跌期权。

（2）按可交割的时间划分，期权可分为欧式期权与美式期权。欧式期权（European option）规定期权所有者只能在期权到期日执行。美式期权（American option）是一种在合约终止时刻之前，期权持有者都有权执行权利的期权。市场中交易的期权如股票期权等多为美式期权。

（3）按标的资产划分，期权可分为金融期权与实物期权。金融期权包括可转换证券、股票期权等。实物期权一般包括等待期权、增长期权、放弃期权、收缩期权及清算期权等。

二、期权的权利与义务

对看涨期权，如果标的资产在执行时间的价格高于执行价格，那么期权的受益人就会以低于市场价格的执行价格从授权人处购买标的资产，从而获得价差收益；如果标的资产在执行时间的价格低于执行价格，那么期权不会给受益人带来任何麻烦。

对看跌期权，如果标的资产在执行时间的价格低于执行价格，那么期权的受益人就会以高于市场价格的执行价格向授权人卖出标的资产，从而获得价差收益；如果标的资产在执行时间的价格高于执行价格，那么期权受益人完全无须顾及手中的这份期权。

总之，期权的受益人有可能因期权的合约条款获益，但绝不会受到任何损失，而期权的授权人只有履行期权合约的义务，而没有任何权利，当期权的受益人按合约的规定行使其买进或卖出指定资产的权利时，期权的授权人必须依照约定卖出或买进该资产。

因此，期权的受益人要想获得期权赋予的权利，就需要向授权人预先支付一定的费用，期权的授权人也因此称为期权的出售方，受益人也因此称为期权的购买方。期权费用或期权价格就是期权的受益人支付给期权授权人使之出让选择权而承担义务的报酬，对期权价格的确定就涉及期权价值的评估。期权定价理论是现代金融理财理论的重大成就之一。

三、期权的风险收益特征

为了说明期权的风险收益特征，下面详细讨论买入看涨期权时的收益状况。考虑执行价格为 50 元的资产 ABC 的看涨期权，我们来看看以 3 元的期权价格购买该期权的投资者在到期日的损益情况。

期权带来的损益取决于资产 ABC 在到期日的价格，可能产生的情况如下。

（1）资产 ABC 的价格低于 50 元，期权的购买者不会执行期权。市场上投资者可以以低于 50 元的价格购买资产 ABC，期权的购买者当然不会愚蠢到定要以 50 元的高价去向期权的出售方购买手中的资产。当然，在这种情况下，期权的购买方损失了 3 元钱的全部费用。

（2）资产 ABC 的价格等于 50 元，期权的购买者一般不会执行期权。市场上投资者可以很容易地在附近的一家证券营业部以 50 元的价格购买资产 ABC，期权的购买者又何必为履约而颇费周折呢。毕竟在这种情况下，期权的购买者仍然要损失 3 元的全部期权购买费用。

（3）资产 ABC 的价格高于 50 元，但低于 53 元，此时期权的购买者当然会执行期权。希望得到资产 ABC 的期权的购买者因此可以以低于市价的价格得到资产，如果不想要资产，那么期权的购买者也将立即得到一定数量的资本利得。不过，在这种情况下，期权的购买者依然会受些损失，毕竟为谋取这份收益，他已花费了 3 元的期权购买费用。

（4）资产 ABC 的价格等于 53 元，此时期权的购买者执行期权得到的收益刚好与其 3 元的期权购买费用持平，达到了盈亏平衡。

（5）资产 ABC 的价格高于 53 元，此时期权的购买者当然要执行期权，执行期权得到的收益将超过 3 元的期权购买费用，看涨期权的购买者只有在这种情况下才能真正获得利润。

需要指出的是，上面的分析并没有考虑期权费用支出的时间价值，只有价格高于 53 元且高到一定水平，期权购买者才能真正获得利润。看涨期权的购买者通常是希望在市场看涨时获得收益，或者通过期权保证金的方式参与资产价格上涨的机会。卖方则承担看涨期权的义务，如果持有者选择行使期权，卖方必须履行买入合约。看涨期权可以在市场上提供灵活性和风险管理工具。理论上，看涨期权的购买者的利润可以没有上限，而其出售方则有无限大的损失。

根据上面的分析，如果持有执行价格 50 元、期权价格 3 元的资产 ABC 的看涨期权，根据执行时资产 ABC 的价值情况，那么就会有图 4-1 所示的利润图。

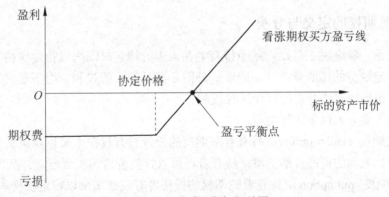

图 4-1　买进看涨期权损益图

读者可相应考虑其他三种期权——卖出看涨期权、买入看跌期权、卖出看跌期权的收益状况，就能更清晰地理解期权的收益风险。

四、创业投资的期权特性

在大多数情况下，创业投资具有不可逆性和可延迟性，这与期权概念很相似。从本质上来说，企业拥有的投资机会就是通过花费一定的投资成本（类似于期权概念里支付的期权价格）来得到的一项选择现在或将来投资的权利，从而达到价值最大化。这说明，企业创业投资的柔性化或投资机会具有相当的价值。所以，可以得知创业投资具有以下两条期权特性。

（1）创业投资的柔性化与期权的灵活选择权相对应。创业投资的投资项目多处于初创期，其在很多方面都具有不确定性，整个投资过程，投资者承担着很大的风险，所以投资者多采用分步投资的形式，走一步看一步地投资，即创业投资是柔性化的，是变动的，这与期权的特性相符合。期权的价值体现在创业投资所具备的不确定性，期权价值的高低随着创业投资不确定性的大小而改变；期权原理能够很好地体现创业投资的灵活性和风险性，投资时间越早，期权价值越大；投资时间越晚，期权价值越小。

（2）创业投资分阶段投资的期权特性。由于创业项目具有很大的不确定性，所以创业投资者往往不会一次性地将资金全部投入，而是分阶段投资，根据项目的现状和发展前景采取不同的投资策略。创业投资者所投入的没有追索权的资金可视为一份期权购买金，因此拥有权利，在将来一段时间内，能够根据市场环境选择不再投资或是一直投资。

创业投资家向创业企业投入一定的创业资本从而拥有一定的股份，但其目的不是拥有企业，而是为了在创业企业增值后出售自己所持有的股份以获得投资收益。因此，创业投资家相当于以投入的资本为期权费购买了一份期权，该期权以资本家在创业企业中占有的股份为标的资产，设其现在的市场价格为 P，创业投资家的目标是在 T 时使其价值增值为 E，故 E 可以视为期权的执行价格。

第二节　金融期权理论

一、金融期权的定义与分类

金融期权是一种金融工具，它赋予持有者在未来的特定时间内以特定价格（行使价格）买入或卖出一定数量的标的资产（如股票、外汇、商品等）的权利，而不是义务。期权的持有者可以根据市场情况选择是否行使这种权利。

金融期权主要分为以下两种类型。

（1）看涨期权（call option）：持有看涨期权的投资者有权在未来以特定价格买入标的资产。这意味着如果标的资产价格上涨，持有者可以以行使价格购买资产，并从中获利。

（2）看跌期权（put option）：持有看跌期权的投资者有权在未来以特定价格卖出标的资产。这意味着如果标的资产价格下跌，持有者可以以行使价格卖出资产，并规避亏损风险。

金融期权在投资组合管理、风险管理和对冲等方面具有重要作用，可以帮助投资者灵活应对市场波动和风险。期权的价值取决于多种因素，如标的资产价格变动、市场波动性、到期日等。

二、金融期权的特征

金融期权具有以下特征。

（1）权利而非义务：持有金融期权的投资者有权但不具有义务在未来特定时间内以特定价格买入（看涨期权）或卖出（看跌期权）标的资产。期权的卖方则有义务履行买卖标的资产的交易，但持有期权的投资者可以自主选择是否行使其权利。

（2）行使价格：金融期权协议规定了买卖标的资产的价格，即行使价格。持有期权的投资者可以根据市场情况在到期日前以行使价格购买或卖出标的资产。

（3）到期日：金融期权有一个特定的到期日，持有者必须在到期日前决定是否行使期权。如果持有者未在到期日前行使期权，则期权将失效。

（4）期权费：购买金融期权需要支付一定的费用，称为期权费。期权费的多少取决于多个因素，如标的资产的价格波动性、剩余期限、行使价格等。

（5）潜在收益和风险：金融期权为投资者提供了灵活性和杠杆效应，使其能够根据市场预期进行投资。持有期权的投资者可以在标的资产价格变动中获利，但也承担了一定的风险，包括期权费的损失和市场波动带来的风险。

（6）对冲和投机工具：金融期权可用于风险管理、投资组合对冲及投机目的。投资者可以利用期权构建多样化投资策略，应对不同市场情况。

三、创业投资中的金融期权

在创业投资中，金融期权的类型有可转换证券、股票期权等。

1. 可转换证券

可转换证券（convertible security）是指持有者可以在一定时期内按一定比例或价格将其转换成一定数量的另一种证券。传统的融资方法主要是债权融资和股权融资，很难解决创业投资中的道德风险问题。债权融资的主要优点在于，创业投资被清算的可能性大，清算时具有优先索偿权。股权融资的主要优点在于，创业投资一旦成功，收益极为丰厚，投资者可以更多地分享未来收益。可转换金融工具很好地结合了上述两者的优点，并能有效解决创业投资中的激励问题，是一种非常适合创业投资行业的融资工具。

创业投资公司对处于起步阶段的公司进行投资，由于投资对象具有高风险、高回报的特点，加上投资者与被投资者之间存在的道德风险，创业企业融资往往存在严重的激励问题，这也是导致可转换金融工具在创业投资行业中得以普遍应用的原因。在实际的创业投资中，美国的实证研究表明，创业投资公司持有可转换证券，主要是可转换优先股和可转债的融资方式得到了最为广泛的应用。从直观上来看，可转换证券清算与转换相结合的特点，能够达到对投资双方双边激励的效果。

创业资本实践中的可转换通常包括以下两种。

（1）选择性转换，即创业投资家能够按照自己的意愿进行转换。

（2）自动转换，即创业投资家仅能在特定事件发生时进行转换，主要是在 IPO 时。

对于创业投资家而言，可转换证券一方面可以使投资得到稳定的回报，并减少早期投资失误带来损失的可能性；另一方面又可将优先股或债券转换为普通股来分享风险企业的增长潜力。对于企业家而言，可转换证券在带来资本的同时，也会引起资本结构的变化，但不会影响其后续融资，以确保其对创业企业的经营管理。

2. 股票期权

一般意义上的股票期权（stock option）是指其持有者有权在某一特定时间以某一特定价格购买或出售标的资产——股票。此外，股票期权也指企业资产所有者（即委托人）对经营者（即代理人）实行的一种长期激励的报酬制度。它赋予经理人员这样一种权利，即可以在一定时间（执行日）以事先约定的价格（行使价格）购买一定数量的公司股票。当在股票期权的行使期限内，股票的市场价格超过其行使价格时，拥有该项权利的公司高层管理人员通过行使这一权利获得股票，从而赚取该股票市场价格与执行价格之间的差额；反之，如果现在行使公司股票期权不能获利，那么持有者可暂时不行使这一权利。由此可见，我们所讨论的股票期权制度实际上是一种看涨期权，持有人的股票期权是记名且不可转让的，股票期权的履约可以是一次性的，也可以是分期多次进行的。

股票期权能使经营者利益与所有者利益达到最大限度的一致。公司要生存发展下去，就必须提高自身价值和股东的价值，为此也就必须提高公司的长期竞争力和获利能力，力争以最少的资本投入获取最大的经济利益。由于公司经济效益的好坏直接关系到经营者能否行使公司股票期权，以赚取获得股票市场价格与执行价格之间的差额，因此，公司经营者会尽最大的努力提高公司的长期竞争力和获利能力，追求公司长期经济效益的最大化。换言之，股票期权能为公司经营者提供提高公司价值和股东价值的强大动力，使委托人和代理人的目标达到最大限度的一致。此外，股票期权可以有效解决所有者与经营者两者之间由于信息不对称而造成的较高的代理成本。在所有者看来，激励、监督经营者的最大困难来自于两者信息的不对称，所有者不能捕捉到所有信息，由此也根本不能设计出一个完全合约以约束经营者的行为。授予经营者期权则部分地解决了这个困难。因为按照有效市场理论的一般假设，股票价格反映了市场和公司的所有信息，观察股票价格水平和变化轨迹就可以大致了解公司的经营状况和发展趋势。因此，所有者将期权授予经营者，可以减少收集信息的种种困难，降低代理成本，通过观察股价就可以获得所需的相关信息。一国证券市场通常不是完全无效率的，因此期权的上述功能会或多或少地发挥作用。

3. 可转换证券和股票期权的激励与约束作用

（1）可转换证券在企业未来经营较好时，能够转换成股票，所以从长期上来说，证券持有者和企业的长期利益是一致的，能够激励管理层做出有利于企业长期发展的行为。

（2）与股东对于管理者的"软约束性"不同，可转换证券在转换之前要求创业企业定期支付固定利息，一旦企业无法很好地保障证券持有人的利益，就会面临破产清算的危机，所以对企业管理者呈现出刚性约束力。

（3）一般来说，创业企业在起步阶段，规模较小，需要投入大量的人力、物力，盈利能力较弱，使用股权激励的方式能够降低企业发放薪水的压力，还能激发员工工作的积极性，增强员工的归属感，把员工和企业的利益捆绑起来，从而实现企业和激励对象的双赢。

（4）健全的股票期权激励制度的价值回报通常需要较长的时间，对员工能够起到一定的约束作用，从而提高高管和核心员工的忠诚度，延长对公司的服务期限。

案例 4-1
华宇软件

第三节 实物期权理论

一、实物期权的概念

从概念上来看，实物期权又被称为股票期权，它的战略思想和最早的概念提出源于学者摩西·鲁曼，他认为需要借助金融理论视角引入决策战略，借助战略进行投资与企业决策的制定（1998）。实物期权理论在我国的起步时间较晚，应用也相对较少。以科创板企业为例进行分析，由于本身科创板企业的不确定因素较多，因此在实际的理论应用过程中也会存在较多困难。但是在原有传统投资决策分析的基础上，借助实物期权法对企业的投资决策和相关战略思想进行修正，可以为企业评估或者项目价值评估提供一种新的决策路径。而这种路径的选择，也需要我们在实际运用和估值中选择更加合适的实物期权模型，针对每个公司的不同市场环境和不同行业背景做出相应的对策调整，从而确定自己的实物期权组合，从不同的管理角度和运营角度将企业的不确定因素转变为企业的外部优势。

二、实物期权的特征

从特征角度来看，由于实物期权本身的应用项目和应用行业存在一定的隐性投资或者项目不确定因素，因此导致实物期权具有非交易性、非排他性、先占性优势及复合期权的基本特征。但是如果标的物是实际的投资项目，那么会存在可交易性和复制性降低的情况。同时，实物期权的非排他性导致实物期权的相关价值参数在一定程度上也与竞争者的策略具有关联性，这种关联性让实物期权策略也带有较大的不确定性。而实物期权的先占性优势可以确保其有竞争性优势，可在整体战略中掌握主动权与决策权，从而实现期权最大化。在此基础上，实物期权的复合期权特征取决于本身实物期权之间的关联性，这种关联性也存在于各个项目之间。从结构特征上来看，实物期权的标的资产不仅包含项目内容，也包含工厂等内容。在执行价格上主要是借助各类投资的成本元素，并直到投资机会消失时达到期限值，具体特征如表 4-1 所示。

表 4-1 实物期权结构特征

项目	结构特征
标的资产	项目或工厂等
执行价格	投资成本（或支出）
市场价格	项目的总现值
期限	直到投资机会消失
波动性	项目价格的不确定性
贴现率	无风险利率

三、实物期权的发展历程

1. 起源

1900 年巴黎高等学校的巴舍利耶（Bachelier）在博士论文中建立了世界上最早的期权定

价模型——Bachelier 模型，为现代期权定价理论奠定了基础。在其后的半个多世纪，有关期权的研究进展甚微，其研究领域也主要集中在特定的计量经济模型。突破性进展是由布莱克（*Black*）和斯科尔斯（*Scholes*）取得的，1973 年，他们发表了一篇名为《期权和公司负债的定价》（*The Pricing of Options and Corporate Liabilities*）的开拓性论文，第一个推导出了欧式看涨期权和看跌期权的计算模型。

2. 首次提出时间

实物期权这个概念是由美国麻省理工学院的迈尔斯（Myers，1977）首次提出的，他认为资本投资中存在灵活性，这可以被当作看涨期权，因此公司的价值就由两部分组成：一是有形资产的现值；二是期权的价值，它等价于增长机会的现值。

3. 发展历程

在实物期权被首次提出之后，理论界对实物期权的研究进入一个高潮时代。凯斯特（Kester，1984）将期权应用于现实资产（real assets）；特里戈尔吉斯和马斯诺（Trigeorgis & Masno，1987）进一步推导出一个用来评估项目价值的实物期权模型，并以石油开采项目为例做出了讲解；迈尔斯和马吉德（Myers & Majd，1990）研究了具有放弃权投资项目的投资价值；特里戈尔吉斯（Trigeorgis，1993）深入全面地分析了实物期权及其应用，说明了不同类型的实物期权的原理及各种实物期权之间的相互影响；潘宁斯和林特（Pennings & Lint，1997）提出了一个用于研发项目预算决策的新的期权定价模型，并将该模型应用于飞利浦厂商刻录机的研发项目评价；帕纳西和特里戈尔吉斯（Panasi & Trigeorgis，1998）研究了电信当局的信息技术基础设施建设决策和银行的国际化扩张期权，提出战略 NPV 的概念和多阶段研发期权的概念；库拉蒂拉卡和佩罗蒂（Kulatilaka & Perotti，1999）构造了斯塔克尔伯格增长期权，研究在斯塔克尔伯格产量占优的条件下进入市场能力的期权价值；博耶（Boyer）等人（2002）设立了一个双寡头产量演化模型，这一模型可以涵盖新产品市场模型和厂商已经在市场中并展开博弈的模型；佩罗蒂和罗塞托（Perotti & Rossetto，2000）、沙克尔顿（Shackleton，2003）等分别运用策略实物期权博弈模型研究了互联网和飞机制造业。

四、实物期权在创业投资中的应用研究

创业投资项目的价值等于创业投资企业带来的直接折现现金流之和加上成长性期权的价值。对于折现现金流模型的研究已经趋于完善，所以，对创业投资企业价值的研究主要集中在对成长性实物期权的研究。起初，很多国外学者主要利用布莱克-斯科尔斯（Black-Scholes）期权定价模型（1973）对成长性期权的价值进行评估，但是，由于 Black-Scholes 期权定价模型是针对金融期权定价问题产生的，因此，对于实物期权来说，实物资产不满足 Black-Scholes 期权定价模型的许多假设条件。所以，目前国外学者对实物期权在创业投资中的应用研究主要集中通过放宽 Black-Scholes 期权定价模型中的假设条件，使得实物期权定价模型在创业投资项目评估中发挥更大的作用。

（1）对期权期限的修正。格斯克认为，标准的 Black-Scholes 期权定价模型只考虑了单期投资的情形，而创业投资的一个特点就是具有阶段性，即创业投资者在进行投资时根据创业投资企业的经营表现和资金需求量将承诺的投资金额分批分期投入。投资由一系列不连续投

资机会构成，第二次的投资机会建立在第一次投资机会之上，第三次的投资机会建立在第二次投资机会之上，以此类推。根据这一特点，如果把每一次投资机会都看成实物期权的话，则可以把创业投资项目的实物期权价值看作几个复合式期权的价值。由于每期的投资期限不一定相同，在考虑每期创业资本投入时间长度这一因素以后，复合实物期权定价模型可以被扩展。

（2）对利率敏感度的修正。赫弗特（Hevert）等（1998）虽然没有提出一个新的评估框架，但是分析了利率风险对成长性期权价值的影响后，他们发现，与金融期权或实物资产相比，通货膨胀导致的利率改变对实物成长期权的影响是不同的。随着利率的上升，看涨金融期权的价值会升高，而成长性实物期权的价值通常会降低。结果就像赫弗特（Hevert）等所分析的，利率的变化对于一个成长性期权的价值是很重要的影响因素。

（3）对波动率的修正。由于创业投资项目价值会因为外部市场的竞争状况而改变，但是运用标准 Black-Scholes 期权定价模型时的波动率参数通常是由历史数据计算出来的确定数值，这与现实不符。库拉蒂拉卡和佩罗蒂（Kulatilaka & Perotti，1998）提出了一个与传统 Black-Scholes 期权定价模型框架相比有两个假设前提不同的模型。这两个假设是从投资机会的持有权（即期权的持有者）和投资机会的市场结构两方面做出的。在金融期权市场上，期权的持有者在执行期权时拥有排他性权利，即一个期权持有者的执行不会影响其他人的执行决策。换句话说，持有者完全垄断这个机会，并且市场是完全竞争的，因为期权的执行不会影响标的资产的价格。但是对于一个创业投资项目的实物期权的分析并不总是这样。例如，当一个创业投资基金正在进行一项创业投资，实际上该公司是在购买一份关于创业企业可能快速发展的期权。但是，市场上的竞争者会做出相似的投资，最终一个创业投资公司对期权的执行会影响创业企业所在行业的竞争状况，从而影响其他创业投资基金持有的期权的价值，有可能会使其价值降低到零。Kulatilaka 和 Perotti 的框架清楚地处理了上述问题。传统的 Black-Scholes 期权定价模型在分析期权时，将不确定性看作外生的方差变量，而 Kulatilaka 和 Perotti）认为，在许多情形下，将市场结构内生于价值评估和决策模型中作为影响不确定性的一个因素是一种合理的方法。

五、创业投资中的实物期权

在如今存在诸多不确定性的经济环境下，创业投资决策是一个需要不断动态调整的过程，这就决定了投资决策选择的柔性化，投资者应根据经济发展情况和企业不同发展阶段做出响应，并及时做出抉择。下面根据创业投资的运作过程及投资者的柔性化管理，将其分为创新产品研发阶段、设立创业企业阶段、创业企业成长阶段和创业企业成熟阶段，通过每个阶段的投资需求和投资特点详细分析所对应的期权类型（见图 4-2）。

1. 创新产品研发阶段的期权分析

该阶段也称为种子期，主要是开业前的研究与开发，面临较大的投资风险，所以主要涉及的实物期权是等待（延时）期权。等待期权是一种特殊的期权，其行使权利的时间被推迟至将来的某个特定日期或事件发生后，通常被作为一种激励机制，用于激励员工、管理团队或其他关键人员在未来特定时间内取得股票或股权。

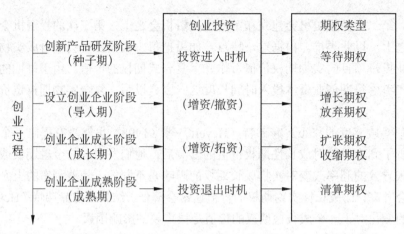

图 4-2 创业期权决策创业投资关系

等待期权的特点包括以下几个。

（1）行使时间推迟：与传统期权不同，等待期权的行使权利并不立即生效，而是在未来特定的日期或事件发生后才能行使。

（2）激励长期绩效：等待期权通常用于激励员工的长期绩效和留任，通过设定行使期限来鼓励员工长期留在企业并为企业增长做出贡献。

（3）风险共担：等待期权使受益人与企业共同承担风险，因为行使权利的时间推迟，受益人需要等待企业取得成功并增值后才能获益。

（4）潜在增值：由于等待期权的行使价格通常是固定的或与未来股价挂钩，当企业股票价格上涨时，受益人可以获得潜在的增值收益。

等待期权通常需要受益人在特定的服务期或绩效期内满足一定条件后才能行使权利，以确保受益人利益与企业利益保持一致，共同促进企业的长期增长和成功。等待期权作为一种长期激励机制，可以帮助企业留住关键人才、激励员工长期绩效，并推动企业的可持续发展。

2. 设立创业企业阶段的期权分析

该阶段又称导入期，对于创业企业，投资者看重的是企业未来的发展潜力，创业投资者会根据创新产品研发阶段初始投资的成败决定后续是增资还是撤资，所以该阶段主要涉及的实物期权是增长期权和放弃期权。

1）增长期权

所谓项目中包含的企业增长期权，是指该项目与其他有价值的项目之间构成了一个价值链，因此该项目的实施可能为企业今后的发展创造更加广阔的空间和更多的机会。企业增长期权是从战略的高度对项目价值的理解。一般来说，企业的许多先行投资项目（如 R&D、战略性兼并等）都包含企业的增长期权，这些项目的特点在于，其价值并不取决于其本身所产生的现金流大小，而是表现在其为企业所提供的未来成长机会上，如提供新一代的产品、充足的资源储备、进入新市场的通道、企业核心能力的战略地位的提高等。对于那些高新技术企业、产品多样化企业及从事国际化经营的跨国企业，增长期权的概念显得尤为重要。而增长期权的价值是指企业未来进行项目投资的权利的价值。如果在项目实施过程中发现市场比原来预期得大，则可以考虑加速或扩大投资计划。企业所拥有的这种根据项目实际进展情况适当扩大投资规模的能力被称为扩张期权，扩张期权是增长期权的一种类型。

2）放弃期权

放弃期权的原因包括以下几个。

（1）不划算：当期权的行使价格高于或低于当前市场价格时，持有者可能认为行使期权不划算，选择放弃期权。

（2）市场预期变化：持有者可能认为标的资产价格不会在期权到期日前发生有利变化，因此选择放弃期权。

（3）风险管理：放弃期权可以帮助投资者降低风险，避免因市场波动带来的损失。

（4）资金需求：如果持有者需要资金用于其他投资或支出，可能会选择放弃期权以获取现金流。

放弃期权通常意味着持有者放弃了可能的收益机会，但也有助于避免遭受潜在的损失。在决定放弃期权之前，持有者应仔细评估市场情况、风险和回报，并权衡放弃期权的利弊。需要注意的是，在金融市场中，放弃期权通常指的是未行使期权，而不是转让或出售期权。如果持有者希望转让或出售期权，通常需要与期权卖方或市场进行交易。

3. 创业企业成长阶段的期权分析

创业企业成长阶段也可称为成长期，该阶段主要涉及的实物期权是扩张期权、收缩期权。

1）扩张期权

扩张期权又称学习期权，本质上是一种信息获取期权，通过投入少量资金来试探市场行情，以此获取决策所需的信息，增大做出正确决策的可能性。其具体指的是投资者根据信息判断出当前投资决策市场的良好发展趋势，从而扩大投资规模的举措。

在创业企业成长期，必然要经历扩大规模这一过程，产品需求迅速增大，企业知名度也不断上升，但随着创业企业逐渐进入稳定阶段，企业利润率逐渐平稳，所以通过扩大投资规模获得更多回报。该期权其实相当于一个看涨期权，通常采用 Black-Scholes 期权定价模型。在现实生活中也可应用于房地产投资项目，因为房地产行业的价格波幅较大，产品结构尚不明确，所以房地产开发商利用扩张期权可以通过较低的成本获取市场信息，待市场环境转好时再对项目规模进行决策，从而规避风险。

扩张期权的特点包括以下几个。

（1）业务拓展：通过扩大产品线、进军新市场、开展新业务等方式，拓展企业的业务范围和市场覆盖面。

（2）风险和回报：扩张期权可能伴随较大的风险，但也具有较高的潜在回报。企业需要在风险管理和投资回报之间做出权衡。

（3）多元化：通过扩张期权，企业可以实现业务多元化，降低风险集中度，扩大盈利机会。

（4）战略选择：扩张期权需要企业制订清晰的战略计划，包括市场调研、竞争分析、资源配置等，以确保扩张的有效性和可持续性。

扩张期权对于企业发展至关重要，可以帮助企业开拓新的增长机会、提高市场份额、增加收入来源，并增强竞争优势。然而，企业需要谨慎评估扩张期权带来的风险和机会，并确保有足够的资源和能力支持扩张战略的实施。

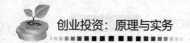

2）收缩期权

收缩期权是指企业在某些情况下具有选择缩减业务范围、减少产品线或业务、退出特定市场或业务领域的权利。收缩期权与扩张期权相对，是企业在面临市场挑战、经济不景气或战略调整时可以采取的一种策略选择。

收缩期权的特点包括以下几个。

（1）业务精简：通过收缩期权，企业可以集中精力和资源于核心业务领域，减少不必要的业务或产品线，提高经营效率和盈利能力。

（2）风险管理：在市场压力增大、成本上升或需求下降等情况下，收缩期权可以帮助企业降低风险、减少损失，保护企业的核心业务。

（3）战略调整：收缩期权通常伴随着企业战略调整或重组，以适应市场变化和实现长期可持续性发展。

（4）资源优化：通过收缩期权，企业可以优化资源配置，减少浪费和低效率的现象，提高资产利用率。

收缩期权在企业管理和战略规划中扮演着重要角色，可以帮助企业应对市场变化、降低风险、提高效率，并实现长期盈利。然而，企业在考虑收缩期权时需要谨慎评估其影响、风险和后果，确保决策符合公司整体利益和长远发展目标。总的来说，收缩期权是企业管理中的一种重要策略工具，可以帮助企业适应变化的市场环境，优化资源配置，提高竞争力和盈利能力。

4. 创业企业成熟阶段的期权分析

该阶段也可称为成熟期，主要涉及的实物期权是清算期权（liquidation options）。清算期权是指持有者在特定情况下可以选择以现金清算的方式行使期权权利，而不是以股票或其他资产来行使。清算期权通常发生在企业被收购、合并、出售或清算的情况下，持有者可以选择以现金收取期权的价值。

清算期权的特点包括以下几个。

（1）现金结算：清算期权允许持有者以现金方式行使期权，无须实际购买或持有公司企业或其他资产。

（2）灵活性：清算期权为持有者提供了更大的灵活性和选择权，使其在企业被收购或清算时能够快速获得期权价值。

（3）风险管理：通过清算期权，持有者可以规避持有企业股票带来的市场风险，同时实现期权价值的变现。

（4）确定性：清算期权提供了确定性现金回报，相对于股票期权可能存在的股价波动和不确定性，持有者可以更准确地估计期权价值。

清算期权通常在企业被收购或清算时生效，持有者可以选择以现金收取期权的内在价值或市场价值。清算期权为员工、管理团队或投资者提供了一种灵活的获利方式，同时可帮助他们规避潜在的风险和不确定性。在企业并购、股权转让或企业清算等情况下，清算期权可以作为一种重要的激励和回报机制，可帮助激励人员和投资者分享企业价值的增长和成功。

案例 4-2 虎牙直播的价值评估	

 思考题

1. 创业投资中的期权特性有哪些？
2. 实物期权和金融期权有何异同？
3. 期权是如何规避风险的？
4. 创业投资中的实物期权和金融期权分别有哪些？请举例说明。

第五章

创业资本的来源与募集

> 就创业投资公司而言，它的实力体现在资本实力和增值服务上。对于融资企业而言，它的魅力体现在自主创新能力上。

> ——中科招商创业投资管理有限公司总裁　单祥双

 核心问题

1. 创业资本的出资人有哪些？
2. 创业资本供给的影响因素有哪些？
3. 创业投资基金的募集程序与策略有哪些？

学习目的

1. 掌握创业资本的出资人。
2. 理解影响创业资本供给的因素。
3. 了解创业投资基金的募集程序。

引例 英诺天使基金募资	

第一节　创业资本的出资人

创业资本的来源可从资本的出资人与影响创业资本供给的因素两个方面来分析。创业资本的出资人是创业投资基金的供给者，而出资人的出资会受到多种因素的影响。不同类型的出资人具有不同的特点，其预期的目标也各不相同。创业企业在寻找投资人时，应结合企业特点"投其所好"，这样才能提高成功率。

一、私人投资者

创业投资的私人投资者可以分为两类：一类是以个人身份参与到创业资本的配置过程中。这类投资者通常具备一定的创业投资经验和专业知识，部分人士甚至曾是专业投资机构的成员，现在选择独立运作，在细分市场中寻求适合自己的投资机会。另一类私人投资者曾是创业者，他们在经历了自身企业的快速成长并获得成功后，出于对创新和技术的热情，愿意将个人财富投入新兴的创业项目，以支持和促进同行业或其他相关领域的发展。这类投资者不仅提供资金，还分享自己的经验、技能和行业联系。

当富有的个人自己没有专业能力时，他们可以以有限合伙人或购买创业投资基金的方式从事创业投资。然而，由于创业投资的特性，如长期性和较低的流动性，这类投资并不适合所有富有的个人，尤其是那些对创业投资缺乏了解或无法承担其风险的私人投资者。

在创业企业处于种子期时，其投资来源通常是创业者个人或其亲朋好友的资金。由于在这一时期的创业企业处于高风险、无利润阶段，预期回报对专业管理的创业投资基金没有吸引力，这时，创业者就需要寻找那些渴望在种子期投资的私人投资者。富有的家庭和个人就属于这个群体中的一员，他们具有以下投资特点。

（1）他们更愿意投资处于种子期的创业企业。他们所要求的回报通常比其他类型投资者所要求的高，而投资种子期企业可以投入较少的资金，获得较大的股权，符合他们的投资特点。

（2）他们对投资的回收期要求不高，不要求在较短的时间内收回投资，反而更愿意进行较长期的投资，以赚取更大的投资回报。

二、政府

政府部门往往会出于产业政策、宏观经济发展规划考虑，给予创业投资一定的扶持，扶持的方式主要包括直接投资、股权投资提供贷款和政府引导基金等。国有资产仍是人民币基金最主要的资金来源。在创业投资发展初期，为了引导创业投资，政府会直接投入资金支持创业企业的发展。当创业投资产业启动之后，政府投资所占比例会有逐步缩小的趋势。

1. 政府投资的方式

政府作为创业企业的投资主体，主要有以下几种投资方式。

（1）直接投资。政府的直接投资是一种无偿资助，一般具有政策扶持导向作用。如根据政府制定的产业政策、发展规划，划拨一定的政府资金到科研机构或民间非营利组织，发布研究课题，再由它们受理项目申请，筛选创业企业，为创业企业提供资金支持。在这方面，美国小企业创新研究（Small Business Innovation Research，SBIR）做得比较成功，其通过将一定比例的政府部门的研发经费专门用于支持小企业，使这些小企业可以在同等水平上与大企业公平竞争。

（2）股权投资。政府的股权投资主要用于支持处于导入期的高新技术企业。它有两种方式：一是政府直接设立国有创业投资公司或创业投资资金；二是通过控股和参股的形式投资私有部门的创业基金或创业投资公司，间接地为中小企业技术创新提供资金支持。在创业投资发展初期，许多国家的政府创业投资资本占总资本额的比例曾高达 70% 以上，但是

政府所扮演的角色并不是以营利为目的的出资方，而是以带动社会资本、促进创业投资产业发展为目的的。

（3）提供贷款。政府贷款又称信贷扶持，是指政府为创业企业或小企业提供债权投资计划，以满足后者对资本的需求。在这方面，政府贷款比商业银行贷款更优惠，如更长的贷款期限、较低的贷款利率、支持高科技小企业的发展。

（4）政府引导基金。政府引导基金是我国特有的母基金形式，其资金来源于中央政府或者地方，同时吸收社会资金，利用相关政府部门的资源和支持，通过金融或者投资机构的市场化运作，以支持创业企业的发展为政策性指导，以股权或债权等方式投资于 VC 或者其他相关的基金。

根据基金的主要投向与功能，政府引导基金大致可分为创业基金、产业基金，以及政府和社会资本合作（Public-Private-Partnership，PPP）基金三种。其中，创业基金一般指创业投资引导基金，主要投资于创业早期企业或需要政府重点扶持和鼓励的高新技术等产业领域的创业企业；产业基金则用于支持地方特色产业和战略性新兴产业的发展，助力地方产业升级与转型；而 PPP 基金则以支持公共服务和基础设施建设为主。

2．政府为投资主体的类型

我国各地方政府出资直接投资或参与投资了不少项目，以政府为投资主体的创业投资公司也纷纷成立。此外，我国还建立了中小企业信用担保体系，以帮助中小企业获取贷款。在政府政策的支持下，各地高新技术开发区的"孵化器"——创业中心促进了中小企业的发展。

政府资金虽然能起到政策导向、扶持小企业发展的作用，但它在参与创业投资的过程中也存在一些阻碍因素。一方面，政府的财政收入占国民经济的比重逐年下降，政府大规模进行创业投资的实力在逐年削弱；另一方面，创业投资高度市场化的特点与政府资金的特性互相矛盾，决定了政府不可能大规模地参与创业投资。因此，随着我国创业投资的发展和资本市场的完善，未来有可能削弱政府作为创业资金最主要提供者的地位。

阅读资料 5-1
他国政府对创业投资基金的支持

三、银行

1．银行的特性

商业银行是大量闲散资金的主要汇集者，拥有大量的资金。如果其资助创业企业，那将给该企业带来很大的帮助。但是多数银行出于对资本安全及自身资本充足率和投资收益率的考虑，偏向于投资风险较小、发展进入成熟阶段的企业或投资领域局限于证券、房地产行业等，对创业企业不够重视。

为了支持科技创新创业企业的发展，同时为加大银行业金融机构的创新力度，2016 年 4 月，中国银监会、科技部、中国人民银行联合发布《关于支持银行业金融机构加大创新力度—开展科创企业投贷联动试点的指导意见》，科创企业投贷联动业务开始试点，国家开始在宏观政策层面加大对投贷联动的大力支持。银行可通过投资子公司以直接投资或与 VC/PE 机构合作的方式进入股权投资市场。长期资金来源一直是制约我国 VC/PE 行业发展的关键问题，大体量的银行资金有望以投贷联动的方式作为 LP 进入创业投资行业。

2. 银行参与创业投资的模式

由于银行分业经营监管，依据《中华人民共和国商业银行法》，目前在国内，商业银行直接投资于私募股权受到一定限制。近些年，金融工具不断创新发展，促使商业银行在参与创业投资和私募基金的过程中有了很多业务上的创新。具体来说，目前国内商业银行大多采取通过子公司或者与外部机构合作的方式参与股权投资，其中又主要分为以下两种模式。

（1）"银行+投资子公司"的内部联动模式。根据《商业银行法》中银行不得直接向企业进行投资的规定，大型国有银行和股份制银行多数通过旗下投资子公司开展股权投资业务，并根据客户不同发展阶段提供相应的贷款和其他金融服务。该模式又分为两种：一是持牌模式，即该银行直接拿到了股权投资的牌照，可以在境内设立直属子公司开展股权投资，并以贷款辅助。在运作结构上，一般采取股贷分离的结构，即股权投资由银行专门设立的子公司承担，而相应的贷款发放则由银行成立专门的部门或特设分行予以配合。二是境外子公司模式。商业银行在境外（中国香港居多）设立境外全资子公司，再由境外子公司在内地设立境内子公司负责股权投资，同时由境内银行的分支机构来贷款。

（2）"银行+VC/PE 投资机构"的外部联动模式。目前，银行通过与股权投资机构合作的方式开展投贷联动是比较普遍的模式，尤其是未设立投资子公司的商业银行。银行与投资机构达成战略合作，适度介入合作机构推荐的企业，对部分投资机构已经投资的企业给予信贷及其他金融产品支持。银行享受收益的方式有两种：一是只参与贷款服务，不分享股权带来的收益，贷款到期后，收回本息，直接退出。二是商业银行选择将贷款转换为被投资企业的相应股权，约定在投资机构出售目标企业股权获得超额收益后，银行按照一定比例获取分成，间接分享被投资企业的股权回报。与投资机构的合作在一定程度上起到了风险缓释的作用，商业银行借助投资机构对创业阶段企业的专业价值评估、筛选和背书，在一定程度上降低了目标企业的授信风险。

阅读资料 5-2
商业银行投贷联动的积极探索

四、机构投资者

机构投资者包括保险资金、信托投资公司、养老基金和捐赠基金等。机构投资者资金实力雄厚，而且具有长期投资的意愿和动机。根据 Nuveen 的调研，从国外机构投资者的构成比例来看，近 6 成（58%）机构为公共及私人养老金，24% 来自保险资金，10% 来自大学捐赠基金/基金会等，均是极受欢迎的"长线"类型。银行和政府很少提供创业资本金。在欧洲国家的创业投资基金提供者中，同样是养老基金排在首位。在我国的创业资本来源中，政府是主要的资金提供者，根据清科研究数据，2023 年政府 LP 占比超过 40%，产业资本、个人及家族基金的占比分别为 26.7%、10.5%。

1. 保险资金

保险资金所具有的长期性、稳定性特点与创业投资基金相匹配，但出于对资金安全性和合规性的考虑，保险资金参与一级市场受到严格的监管。而在国家政策引导和 LP 自身业务发展需求的共同作用下，保险资金作为长期资金 LP 逐步参与到股权投资市场当中。

近年来，我国逐步降低保险资金的市场准入门槛：2010 年的《保险资金投资股权暂行办法》，最早规定保险公司可以直接投资企业股权或者间接投资企业股权；2014 年发文明确保险资金可以投资创业投资基金，进一步优化保险资金运用；2020 年"资管新规"[①]发布，对保险资管产品业务做出了全面规范，并逐渐取消保险资金财务性股权投资的行业限制；2022 年一季度正式执行"偿二代二期"[②]，实施全面的穿透监管，对所有的非标投资都进行穿透计量，要求保险公司加强投资及投后管理，考虑更为合理的资产配置；2023 年 9 月，国家金融监督管理总局下发《关于优化保险公司偿付能力监管标准的通知》（金规〔2023〕5 号），通过调低部分风险因子等措施鼓励保险公司将资金更多地用于长期投资，为保险资金开展权益投资提供政策保障。

保监会对保险资金进入股权投资领域的进一步松绑，有效地拓宽了投资渠道，降低了其对资本市场的依赖，有利于提高保险资产的盈利能力，也拓宽了创业投资基金的募集渠道。

2. 信托投资公司

我国信托投资公司曾以信托方式募集创业投资基金，而这种方式不适于创业投资的特点，深圳曾以这种方式募集了几支基金，而上海的募集没有成功，目前国家也不鼓励采取这种方式。信托投资公司本身还没有全面进入创业投资领域，尚不能成为创业资本的来源。

3. 养老基金

养老基金参与创业投资的过程一直受到政府法规的影响，20 世纪 70 年代末，美国政府修改法规，允许养老基金的 5% 进入创业投资，从而使法人机构成为创业投资的主要资金来源。现阶段，为了加快推动创业投资，我国从国家层面持续加强培育机构投资者，引导长期配置型资金参与股权投资，逐步放开社保基金、保险基金的投资范围及投资比例。

2023 年 12 月 6 日，财政部联合人力资源社会保障部对《全国社会保障基金投资管理暂行办法》（以下简称《暂行办法》）进行修订，起草了《全国社会保障基金境内投资管理办法（征求意见稿）》（以下简称《征求意见稿》），并向社会公开征求意见。

（1）在投资范围方面，与《暂行办法》相比，《征求意见稿》中的可投资资产类别、直接投资资产类别均显著增加。投资范围的核心调整有二：一是大幅度扩充了可投资范围，从原本的六七个大类增加至十余个大类，主要增加了直接股权投资类资产、资产证券化产品、套

---

① 2018 年由中国人民银行、中国银行保险监督管理委员会、中国证券监督管理委员会、国家外汇管理局发布的《关于规范金融机构资产管理业务的指导意见》。

② 2021 年 12 月 30 日，中国银保监会发布《保险公司偿付能力监管规则（Ⅱ）》。

期保值工具、养老金产品等。二是扩大了直接投资范围，从原本的银行存款及国债两大类扩容至近十个大类。

（2）在投资比例方面，《征求意见稿》根据投资范围做出了进一步调整和明确。除《暂行办法》外，2015年国务院常务会议曾对社保基金投资比例进行了扩围，《征求意见稿》整体延续了扩围后的投资比例要求，但针对新的投资范围进行了进一步的明确和优化调整。其中，最值得关注的内容为针对股权实业投资的投资比例上限由原本的20%提高至30%。

此外，社保基金也通过成立地方专项基金的模式与市场化GP合作，共同支持科技创新发展。2023年中关村自主创新专项基金和长三角科技创新专项基金相继成立，第三支专项基金——湾区科技创新专项基金也于近期落地深圳。

4．捐赠基金

捐赠基金的大多数投资都是通过合伙制实行，这些基金通常由个人、企业或其他组织捐赠，旨在为机构提供长期稳定的财务支持。相对于养老基金，典型的捐赠基金规模较小，而且仅为少数私人资本市场提供大额资金。与信托投资公司一样，捐赠基金占我国创业投资资金的比例比较小。

五、大型企业

许多大型企业或集团都有自己的创业投资部门，也有一些大型企业以独立实体、分支机构或部门的形式建立了创业投资机构。大型企业是创业投资的主要参与者，其介入创业投资有许多优点：对大型企业本身来说，通过对内部的创业企业的投资可获得技术窗口和兼并候选人；对内部创业企业来说，除可从作为母体的大型企业获得资金支持之外，还可获得营销、管理和技术等多方面的支持。

大型企业介入创业投资领域主要出于发展战略目标的考虑，即通过对创业企业的投资，为企业寻求新的增长点，甚至实现"第二次创业"。因此，大型企业的创业投资是企业内部创业的重要方式。

大型企业创业投资最早出现在美国，始于20世纪60年代，与独立创业投资相比，大型企业创业投资出现的时间晚了20年左右。数据显示，2021年美国新成立221家CVC（corporate venture capital，企业风险投资），年增长率为55%。如今无论是大公司还是小公司，都开始成立CVC。尤其是像Meta（Facebook）、谷歌、苹果、微软这种大体量的公司，本身资金充足，在投资上也是一马当先，数据显示，自2020年以来，这些公司都进行了超过10次的收购。

国内大型企业创业投资始于20世纪90年代末。1998年开始，创业投资在国内急剧升温。和国外的情况有所不同，由于我国独立创业投资力量较弱，企业创业投资成为创业投资的主力军。而上市公司创业投资活动更是其中的重要力量，是我国创业投资市场上最主要的资金来源和投资主体。2011年以后，我国CVC站在了时代的风口，开始高速发展，腾讯、阿里巴巴、京东等互联网企业的对外投资开始为人们所关注。2020年以来，随着战略性新兴产业的发展，产业资本开始活跃，通过出资与其主业相关的产业基金，在服务主业发展的同时实现前瞻性布局，像华为、宁德时代这样的新兴CVC机构也开始了投资版图的扩张。

阅读资料 5-3
产业资本逆袭，CVC 迎来高光时代

六、国外资本

20 世纪 90 年代，随着我国进一步对外开放和创业投资的发展，国外创业基金开始抢占我国市场。大量外资创业投资机构进入我国，掀起了我国创业投资浪潮，推动了我国创业投资行业的爆发式增长。

而随着国际局势的复杂变化，海外资本格局正在经历重新洗牌。部分主权财富基金如加拿大养老基金、挪威主权基金等宣布退出我国市场。2023 年 8 月，美国政府禁止美国主体在非公开市场投资中国芯片、量子计算及某些 AI 领域的公司，美国投资者投资金额出现大幅下滑。但是相比美国投资者的退潮，中东主权基金正在持续加码，如沙特主权基金积极布局新能源、科技和旅游等新产业，持续看好中国市场。

阅读资料 5-4
博世创投：围绕自动驾驶，承包不少独角兽公司

七、母基金

母基金作为创业资本的重要来源之一，扮演着推动创新和促进经济发展的关键角色。在当今快速变化的经济环境中，母基金通过汇集多个投资者的资金，形成一个大型投资池，然后分散投资于多个创业投资基金，包括创业投资基金、天使投资基金等。这种投资方式不仅为创业投资基金提供了稳定的资金支持，还通过分散投资降低了单一基金的风险，增强了整体投资组合的稳健性。

此外，母基金通常具备专业的投资团队和丰富的市场经验，能够开展精准的市场分析和基金筛选，从而提高投资效率和回报率。因此，母基金对于创业投资基金而言，不仅是资金的供给者，也是风险管理和投资策略优化的关键合作伙伴。

第二节　影响创业资本供给的因素

资本总是要流向收益高的地方。市场化的投资者都有一个共同的目标，那就是追求最大收益。一般来说，创业投资的出资者将资金投向创业活动是为了获取更大的回报，而影响投资回报的主要因素有如下几个。

一、政府基金的出资方式

政府对创业资本有着重大的影响。一方面，它拥有充足的资金，是目前我国创业资本来源的重要组成部分；另一方面，它负责制定创业投资方面的政策，设计未来的经济发展规划，对民间资本有着风向标的作用。此外，它对中小高新技术企业有孵化器的作用，可帮助中小企业在创业初期摆脱资金不足问题，有利于中小企业形成技术创新，发展核心竞争力。

政府出资的作用不限于直接投资于创业投资项目。事实上，政府的运作程序与创业投资需要的冒险和进取精神、灵活性和商业性是不相适应的，表现为针对政府基金的监督环节多，要求的透明度高，决策程序相对复杂；同时，政府独资或控股的企业难以给出有效的约束机制和激励机制、难以防范道德风险等。各国政府与地方政府均对此有所认识，因此，一方面，政府基金与其他投资机构共同对创业企业进行投资，通过合作分散风险，同时利用各自的资源和优势共同推动创业企业的发展；另一方面，引进私人的投资公司进行管理。

经验表明，政府选择的出资方式对创业投资基金有重要影响。政府资金有限，对于直接投资，政府基金尤其是在支持处于种子期、初创期等创业早期的企业时投资，这种方式可以直接发挥政府资金的引导作用，促进创业企业的成长。此外，采取低息优惠贷款、信用担保等方式，可以通过杠杆作用调动更多的民间资本进入创业投资。

二、税收政策

人们是否参与企业投资，取决于他们对创业投资的预期收益和投资风险的权衡。在看不见高收益的情形下，创业投资者很难愿意承担高风险。创业投资者的预期收益和所面临的风险的大小，在很大程度上取决于国家针对创业投资制定的一系列税收优惠政策。建立税收优惠的引导机制，可增加创业资本的实际收益，从而吸引更多的民间资本进入创业投资领域。

为了吸引更多创业投资并且支持中小企业发展，澳大利亚、中国香港等地推出了特殊的有限合伙企业税收优惠。根据澳大利亚的创业投资有限合伙制度，合格有限合伙人所取得的收入和资本收益免税。为了享受税收优惠，创业投资基金的结构必须是有限合伙制（设立在澳大利亚或者设立在与澳大利亚签订避免双重税收协定的国家），至少有 1000 万澳元的承诺资本，以及所有的普通合伙人必须是澳大利亚居民或者是与澳大利亚签订避免双重税收协定的国家的居民。与此同时，中国香港提出豁免所有在岸投资基金有限合伙企业的利得税和印花税，以便创业投资有限合伙企业的税务政策与开放式基金公司（主要由在岸共同基金和对冲基金采用）一致。

2018 年 5 月 14 日，财政部、国家税务总局印发《关于创业投资企业和天使投资个人有关税收政策的通知》（财税〔2018〕55 号）（以下简称"财税 55 号文"），对全国范围内的创业投资基金投资初创科技型企业给予相应税收优惠政策。2019 年 1 月 17 日，两部门又发布《关于实施小微企业普惠性税收减免政策的通知》（财税〔2019〕13 号）（以下简称"财税 13 号文"），对"财税 55 号文"中有关"初创科技型企业"的条件进行了调整，进一步扩大了创业投资企业和天使投资人享受投资抵扣优惠的投资对象范围。

各国和地区发展创业投资的经验都表明，税收优惠是促进创业投资发展最有效的工具。借鉴其他国家和地区发展创业投资的经验，我国实行税收优惠政策对于降低创业投资者的风险、增加其投资的实际收益、激励创业资本的有效供给有着重要意义。

三、资金准入条件

从国外经验来看，很多国家已经逐渐放宽养老基金的投资范围。1978 年美国《雇员退休收入保障法》修改条例，允许退休基金在不影响整个投资组合安全的前提下投资创业投资基金，这一规定极大地刺激了创业投资的发展。美国的这一做法很快被其他国家和地区效仿。1995 年，澳大利亚允许养老基金进行创业投资，接着意大利也允许其养老基金投资于私有中小企业。芬兰则积极鼓励银行和养老基金进行创业投资，在政府的倡导下，银行和养老基金这两大部门在创业投资中所占比重由 1994 年的 20% 上升到 1995 年的 79%。

我国相继推出了社保基金和保险金等资金准入创业投资产业的政策，逐步放宽各项资金参与创业投资资金的比例，促进创业投资产业的发展。政府已豁免金融机构资产管理产品投资创业投资基金和政府出资产业投资基金。国家金融监督管理总局取消保险资金财产性股权投资的行业范围限制，取消保险资金投资创业投资基金"单支基金募集规模不超过 5 亿元"的限制等。

四、多层次资本市场

创业资本的投资是为了获得退出后的收益，因此有效、便捷的退出渠道可吸引更多的民间资本进入创业投资行业。

股票首次发行上市（IPO）一向被认为是创业资本最理想的退出渠道。创业资本培育的创新企业一般有经营历史短、资产规模小等特点，存在着上市难的问题。而创业资本为了尽快退出，获取回报，有过早地把企业推上市场的倾向。各国政府既要鼓励创业投资退出，又要充分保护中小投资人的利益，因此各资本市场相继设立了专门为新兴企业上市筹资服务的创业板市场。在这些市场中，美国的纳斯达克（NASDAQ）最为成功。此外，还有欧洲的EASDAQ（欧洲证券经纪商协会自动报价系统）、新加坡的 SASDAQ（新加坡股票自动报价市场）、中国台湾的场外证券市场和中国香港的创业板等。

自 2009 年 10 月 30 日我国创业板正式上市以来，已经成为创业投资机构退出的重要方式之一， 创业板市场不仅是创业投资的一个重要出口，还是中小高科技企业规范公司治理结构、运行体制和机制的一种重要手段。随着科创板、北交所在 2018 年、2021 年先后成立，为创业资本的退出提供了更加多样化的选择，使得资本能够在不同阶段的投资者之间流动，从而吸引更多的资本注入创业投资领域。总体而言，多层次资本市场为创业投资企业通过提供多样化退出渠道，打通了创业资本的良性循环，有效地推动了企业的快速成长。

五、创业投资机构的组织形式

创业投资机构的组织形式对创业资本的来源具有巨大影响。支持企业制度创新，约束和激励创业投资管理人，可以有效吸引创业资本金额的增加。国外的创业投资基金主要有三种典型组织形式：有限合伙制、公司制和信托基金制。

美国的有限合伙制度有效地吸引了养老基金、捐赠基金等机构投资者成为有限合伙人。由于养老基金是私人资本市场上最大的投资者。尽管养老基金仅仅投入 5%～6% 的基金于创业投资方面，但由于其绝对量非常大，极大地改变了创业投资的资金供给情况和创业投资基金的结构，由此导致了创业投资的机构化，并由此奠定了有限合伙制度在创业投资领域的主导地位。有限合伙制是美国创业投资基金最主要的组织形式，占全部创业投资基金的 2/3。此外，公司或金融机构的附属机构从事创业投资的占 14%，独立的私人创业投资公司占 9%，属于非有限合伙人制的小企业投资公司（SBIC）占 8%。

由于各个国家的法律制度和商业环境不同，相对而言，在我国信托基金制的局限性较大，有限合伙制较好地解决了少数创业投资家组织、积聚社会资本进行大规模创业投资的实际需要，同时极大地降低了有限合伙人的责任负担，使得有限合伙人的投资风险降到了可控、可承受的范围内，充分调动了投资者的积极性。公司制则因其资本结构清晰、法律保护明确和运营的正式性，为创业投资提供了稳定的资金来源和较为正式的管理环境。随着新的公司制创业投资企业税收优惠政策在中关村国家自主创新示范区与浦东特定区域开始试点，加之公司制创业投资基金享有的"5 年内亏损允许抵扣"这一优势，公司制将吸引更多的投资者。

六、法律支持

为吸引更多的民间资本进入创业投资领域，需要构建一个健全、严格的法律环境，使创业投资者的权益得到充分保障。

美国早在 1985 年就通过了《中小企业投资法》，对创业投资进行引导和鼓励。从 1969 年年末开始，美国创业投资行业发展严重受挫，美国国会则通过一系列法律措施促进创业投资企业发展。例如，1978 年发布的《赋税法》《雇员退休收入保障法》等在相当大的程度上为创业投资机构的恢复和再发展创造了良好的环境。经历了萌芽期和探索阶段的美国创业投资行业在 20 世纪 80 年代开始稳定成长，其间美国国会相继通过《小企业投资促进法》《小企业股权投资促进法》《投资收益税降低法案》《新市场创业投资计划》《就业与增长税收减免协调法案》来维持美国创业投资机构健康稳定发展。

我国党中央、国务院高度重视创业投资行业发展。2016 年 9 月 20 日印发的《国务院关于促进创业投资持续健康发展的若干意见》（国发〔2016〕53 号）明确提出"支持中央企业、地方国有企业、保险公司、大学基金等各类机构投资者投资创业投资企业和创业投资母基金""完善创业投资税收政策""充分发挥政府设立的创业投资引导基金作用"等。2023 年 7 月 3 日颁布的《私募投资基金监督管理条例》专设一章，明确创业投资基金的定义，对创业投资基金在行业管理方面实施有别于其他私募投资基金的差异化监管政策，建立适应创业投资行业特点的有效监管体制，进一步完善创业投资监管政策和发展政策。相关顶层设计文件的出台与实施，为推动创业投资法治化、规范化发展提供了政策依据，明确了发展方向。表 5-1 列出了 2005-2023 年我国政府有关创业投资的法律规定与政策。

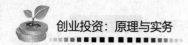

表 5-1　2005—2023 年我国政府有关创业投资的法律规定与政策

时间	法律规定与政策	主要内容
2005 年	国家发展改革委等十部委发布《创业投资企业暂行管理办法》	规定创业投资企业的设立、投资运作、政策扶植及监管
	第十届全国人民代表大会常务委员会第十八次会议通过修订后的《中华人民共和国公司法》和修改后的《中华人民共和国证券法》并于 2006 年 1 月 1 日实施	极大地改善了创业投资的外部环境
2006 年	国务院关于实施《国家中长期科学和技术发展规划纲要（2006—2020 年）》的若干配套政策的通知	鼓励加快发展创业投资事业，建立支持自主创新的多层次资本市场
	财政部、国家税务总局发布《关于促进创业投资企业发展有关税收政策的通知》	界定有限合伙的定义，规定有限合伙人的权利与义务
2007 年	第十届全国人民代表大会常务委员会第二十三次会议修订《中华人民共和国合伙企业法》	对公司制的创业投资机构给予与高新技术企业同等的税收待遇
	第十届全国人民代表大会常务委员会第五次会议通过《中华人民共和国企业所得税法》，自 2008 年 1 月 1 日起实施	创业投资企业从事国家需要重点扶持和鼓励的创业投资，可以按照投资额的一定比例抵扣应纳税所得额
2008 年	国家发展改革委、财政部、商务部发布《关于创业投资引导基金规范设立与运作指导意见的通知》	为地方政府设立引导基金提供了操作指南
	中国证监会发布《首次公开发行股票并在创业板上市管理办法（征求意见稿）》	向社会公开征求意见
2009 年	国家发展改革委发布《关于加强创业投资企业备案管理—严格规范创业投资企业募资行为的通知》	对创业投资企业的募资行为加强监管，并不定期进行抽查
2012 年	第十一届全国人民代表大会常务委员会第三十次会议修订《中华人民共和国证券投资基金法》	将"非公开募集"也就是私募基金制度，加入证监会的监管范围，从此开启了证监会和国家发展改革委双头监管创业投资基金的时代
2014 年	中国证监会颁布《私募投资基金监督管理暂行办法》	以法律条文的形式明确了证监会对包括创业投资基金在内的私募基金实行统一的监管
2016 年	国务院颁布《关于促进创业投资持续健康发展的若干意见》	强调了发展创业投资的指导思想，包括坚持服务实体经济、专业运作、信用为本和社会责任
2020 年	中国证监会颁布《关于加强私募投资基金监管的若干规定》	规范私募基金管理人名称、经营范围和业务范围，优化集团化私募基金管理人监管，重申细化非公开募集和合格投资者要求，明确私募基金财产投资要求，强化私募基金管理人及从业人员等主体规范要求，明确法律责任和过渡期安排等内容

续表

时间	法律规定与政策	主要内容
2023 年	中国证监会颁布《私募投资基金监督管理条例》	明确对创业投资基金实施分类监管，并为创业投资基金设置专章。在投资范围、投资期限、合同策略等方面明确创业投资基金应当符合的条件，并加强创业投资基金监管政策和发展政策的协同配合

资料来源：证监会，中国政府网。

阅读资料 5-5
新加坡如何鼓励创业投资

第三节　创业投资基金的募集程序与策略要点

一、募集程序

创业投资基金的组织方式主要有三种：公司型基金、信托型基金、有限合伙制基金。无论基金是以何种组织方式建立的，是由基金管理机构发起募集的，还是由主要投资者发起的，它都遵循以下程序。

1. 基金发起

在牵头人的引导下，编写呈发起人信，设立基金的募集草案。该牵头人可以是基金管理人，也可以是直接投资者。

2. 基金介绍

基金介绍由基金发起方撰写，向投资者披露基金的管理人与管理团队、投资范围、投资策略、投资架构、基金架构、托管情况、相关费用、收益分配原则、基金退出等重要信息，以及投资风险、运营风险、流动性风险等风险情况，主要突出以下几点内容。

（1）掌握当前国家经济发展方向、政府的行业政策导向，寻找投资机会。

（2）关键人士（如有）或者投资决策委员会成员（如有）：在基金募集、项目获取、投资决策、增值服务、投资退出等重要环节发挥关键性作用的基金管理团队核心成员。

（3）单一拟投项目或者首个拟投项目组合（如有）的主营业务、交易对手方（如有）、基金投资款用途、退出方式等。

（4）制定基金章程，拟定基金募资说明书框架，重点确定基金的投资与退出方式、基金的风险控制和基金的费用及业绩分成等问题。

3. 基金营销

基金营销是指为了创造可同时实现基金管理公司与客户目标的交易机会，而对基金产品

的构思、定价、促销、分销进行策划和实现的过程（在需要获得主管部门核准设立的情况下，必须在获得主管部门的基金批文后方可进行营销）。基金营销的方式有：推介展示会、直接寄送基金推介宣传书和有关基金文件。前者主要用于尚未表达投资意向的投资人，后者可用于已经表达投资意向的投资人。但无论是哪一种方式，都需要对募集对象进行跟踪，及时传递一些有关基金最新动态的信息。对于重要募集对象，还应设法安排与基金拟投资的创业企业管理层座谈，以便对基金投资运作有最直观的了解。

有时还可以考虑委托专门的基金营销机构全部代理或部分代理基金的销售业务。尤其是在美国等创业投资市场已经比较成熟的国家，随着专业分工的细化，出现了一类名为"守门人"的专业机构。它们凭借对创业投资企业、创业投资顾问企业的了解，以及对人寿基金等机构投资人的关系与信誉，既能帮助基金发起人营销基金，又能帮助机构投资人选择基金品种。但委托这些代理机构营销基金时，通常需要支付比较高昂的代理费用（一般为2.5%）。

4．基金签约

基金发起人与投资人达成一致时，需要签订相关协议，明确双方的责任与义务。协议主要包括发起人协议、委托经营管理协议和出资承诺书等。

5．基金设立

当募资金额达到基金预期规模时，基金可按照事先规定好的文件向工商部门登记设立，同时需要向中国证券投资基金业协会备案，并通过资产管理业务综合报送平台（Asset Management Business Electronic Registration System，AMBERS）线上提交。在实行承诺资本制度的情形下，筹资的最低规模通常包括两项指标：一是投资人累积承诺的资本；二是投资者累积实际出资的资本。由于创业投资基金通常按封闭式运行，所以基金一旦登记，便宣告封闭。封闭之后，新的投资人一般很难再加入基金，而主要是由承诺出资的投资人按照事先所做出的承诺分期注资。

二、募集策略要点

创业投资基金募集过程中的策略有以下几个。

1．准确定位基金模式

确定基金规模时，应考虑市场容量、管理团队的运营能力及 LP（有限合伙人）的资金承诺能力。首次募集规模应确保基金能够顺利运作，同时避免过大的规模导致管理效率下降。投资方向应结合国家产业政策、市场需求和团队专业背景来确定，可以专注于特定行业，如高科技、新能源、生物医药等，也可以专注于特定阶段，如初创期、成长期企业。基金发起人要了解 LP 的投资偏好和期望回报，确保基金的投资策略与 LP 的期望相匹配，以增强基金的吸引力和竞争力。

2．组建有特色且能互补的管理团队

鉴于投资基金的核心优势在于提供专业的基金管理团队服务，基金发起人在筹备基金阶

段便需要着手组建一个富有竞争力的管理团队。无论是自我管理型创业投资公司还是有限合伙制创业投资基金，选聘一支高效的管理团队都是至关重要的。在这一过程中，普通合伙人（GP）团队的关键成员成为有限合伙人（LP）选择投资的关键因素。创业投资基金的管理任务涉及研发、企业管理、投资服务及金融技能等多个层面，这些复杂的技能要求往往超出了单一个人的专业范畴。因此，在组建管理团队时，必须重视成员间技能的互补性，以提高团队整体的专业能力和执行力。

3. 形成专业投资领域

创业投资是一项涵盖广泛内容的复杂活动，它不仅包括对潜在投资项目的甄选与评估，还涉及投资结构的设计、增值服务的提供、项目进展的监控，以及适时退出策略的制定。此外，创业投资还可能包括向被投资企业提供的管理咨询服务和金融支持。在整个投资周期中，基金管理团队擅长的领域各有不同，可能在某些特定环节上展现出卓越的能力。同时，有限合伙人（LP）对于基金的投资项目方向高度关注，并往往倾向于投资于自己熟悉和专业的领域。这种基于专业特长和投资者偏好形成的专业特色，使得基金能够更好地适应并满足不同投资者的需求。

4. 准确定位投资人

投资人市场的精准定位对于创业投资基金的成功募集及资金筹集效率至关重要。在吸引潜在投资者的过程中，深入理解并把握其偏好成为关键。例如，针对主要投资于初创阶段企业的基金，可以寻求那些通过创业起家的企业家或从事实业的企业家作为投资者，他们可能因具有相似的创业经历而对此类企业持有特别的偏好。对于专注于成熟阶段创业企业的基金，则适宜选择保险公司这类非专业机构投资者。当基金展现出明确的行业特色时，选择与基金行业有关联的大企业进行投资更为适宜。通过这样的策略，基金不仅能够吸引与自身投资策略相匹配的投资人，还能确保资金筹集过程的高效性。

三、募资说明书

创业投资基金的募资设立一般是由基金的核心管理团队负责完成的。一般情况下，基金的管理团队在募资之前要编写一份募资说明书（private placement memorandum，PPM），主要内容有以下几项。

1. 基金公司的组织概览

（1）主发起人。
（2）组织模式。
（3）基金架构。
（4）基金规模及出资方式。
（5）基金发起人的权利和义务。
（6）基金管理公司的权利和义务。
（7）权利分配机制。

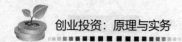
2．基金公司的运作概览

（1）基金的投资策略、投资目标、投资范围及投资期限：①存续期限；②定位和发展战略；③投资理念；④投资领域；⑤投资阶段；⑥投资原则；⑦投资标准；⑧投资方式及规模；⑨项目回报要求；⑩投资程序。

（2）组织架构与管理架构。

（3）基金公司的委托管理。

（4）基金公司的决策机构。

（5）管理公司的决策机构。

（6）基金公司的决策程序。

（7）基金公司的绩效评估。

（8）基金的退出。

（9）PE 基金股份的转让。

3．基金（PE）公司的风险控制

（1）风险揭示。

（2）风险控制。

4．基金公司的盈利模式分析（略）

5．基金公司的税收政策（略）

6．基金公司募集基金的使用和收益预测

（1）募集基金的使用。

（2）拟投资项目介绍。

（3）拟投资项目的收益预测。

阅读资料 5-6 "大零号湾"首支硬科技创业投资基金 成立	

 思考题

1. 创业资本的主要来源有哪些？
2. 政府在创业投资发展中应该发挥什么样的作用？
3. 简述创业资本的影响因素。

第六章

创业资本运作的组织形式

有效率的经济组织是经济增长的关键。

——著名经济史学家 诺思（C. North）

 核心问题

1. 什么是公司制和有限合伙制创业投资基金？
2. 公司制和有限合伙制创业投资基金组织形式的特点和组织效率如何？
3. 美国与我国香港地区选择的创业投资基金的组织形式有哪些？
4. 我国创业投资的税收政策发生了哪些变化？

 学习目的

1. 掌握创业投资基金组织形式的种类、各自的定义及特点。
2. 了解创业投资基金组织形式的演进过程，掌握公司制和有限合伙制各自的组织效率。
3. 了解美国与中国香港地区所选择的创业投资基金组织形式。
4. 掌握现阶段我国创业投资基金的税收政策。
5. 掌握现阶段我国创业投资基金组织形式的选择及其原因。

引例
东方富海：书写中国创业投资新里程

第一节 创业投资组织概述

科技型中小微企业在创新驱动下扮演着重要角色，它们以技术创新为引领，推动着产业升级和经济转型。而这些企业往往面临着资金短缺、市场不确定性等挑战，需要得到创业资本的支持与帮助。创业资本在这一背景下显得尤为重要，它不仅为科技型中小微企业提供了融资支持，还能够提供战略指导、市场拓展等方面的支持，帮助这些企业实现技术转化、产品推广，加速其成长壮大。加快实施创新驱动发展战略与创业资本的运作密切相关，二者相互促进、相互支持。创新驱动战略为科技型中小微企业提供了更广阔的发展空间，而创业资本则为这些企业提供了宝贵的资金支持和专业帮助，使它们能够更好地发挥创新优势，实现可持续发展。只有在良好的政策环境和充足的资金支持下，科技型中小微企业才能在竞争激烈的市场中立于不败之地，为经济发展注入新的活力和动力。

创业资本的运作通过创业投资机构的管理来进行，目前我国创业投资机构主要有以下几种类型：国有独资的创业投资机构、政府参股的创业投资机构、民间的独立创业投资机构、外资设立的创业投资机构、大企业设立的创业投资机构等。本章将着重从法律组织形式和制度设计上讲述创业资本运作的组织形式。

从法律组织形式和制度设计上来看，创业资本组织大体上可分为公司制和有限合伙制两大类，如图 6-1 所示。

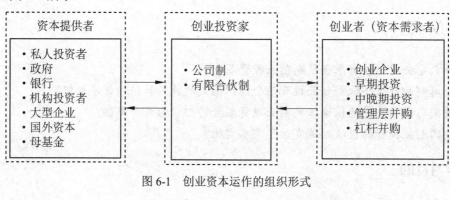

图 6-1　创业资本运作的组织形式

阅读资料 6-1
创业资本组织形式的演变

第二节　创业投资基金组织形式的种类及其特点

一、公司制创业投资基金

创业投资基金最早采用公司制形式，美国最早的创业投资公司——美国研究与发展公司（AR&D）就是采取股份公司形式设立的，美国通过《小企业投资公司法》而设立的小企业投资公司（SBICs）是有限责任公司制的创业投资基金。目前，新加坡、我国台湾等国家和地区主要以公司制作为创业投资基金的组织形式。

创业资本采取公司制的组织形式，即完全按照《中华人民共和国公司法》组建创业投资公司并依法运作，创业资本的投资者是创业投资公司的股东，按其股权份额投票选举董事会进行投资决策。创业投资公司可以采取私募方式或公募方式筹集资本来组建，也可以由大公司或金融机构为实现经营多元化而组建。

1．公司制创业投资基金的结构

1）资本管理

（1）有限责任公司的注册资本为在公司登记机关登记的全体股东认缴的出资额。全体股东认缴的出资额由股东按照公司章程的规定自公司成立之日起五年内缴足。股份有限公司的注册资本为在公司登记机关登记的已发行股份的股本总额。在发起人认购的股份缴足前，不得向他人募集股份。

（2）公司内的任何成员都不对公司的债务承担个人责任，投资者以其出资额为限，对公司债务承担有限责任。

（3）股东在公司成立后不得抽逃出资。

（4）股权可自由转让，股权的转让除有专门规定之外，不需要得到其他股东的同意。

2）组织结构（见图 6-2）

（1）股份有限公司的投资者不得超过 200 人；有限责任公司的投资者不得超过 50 人。

（2）投资者通过出资形成一个公司法人实体，可以自行或委托专业基金管理人进行基金管理。

（3）所有权与经营权分离，管理权不授予全体成员。

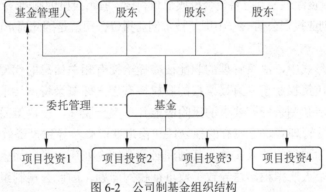

图 6-2　公司制基金组织结构

3）利润分配

（1）所获得的投资收益既可以向股东分配，也可以留在公司中进行积累。

（2）同股同利，按照出资比例在股东之间分配收益。

（3）公司分配当年税后利润时，应当按照税后利润 10% 的比例提取法定公积金，法定公积金不足以弥补以前年度亏损的，在提取法定公积金之前，应当先用当年利润弥补亏损。

（4）公司弥补亏损和提取公积金后所余税后利润，有限责任公司分配利润时按照股东实缴的出资比例分配红利，全体股东约定不按照出资比例分红的除外；股份有限公司按照股东持有的股份比例分配，股份有限公司章程规定不按持股比例分配的除外。

4）税收方面

（1）根据《中华人民共和国企业所得税法》及其实施条例，以该创业投资企业为纳税义务人，就来源于中国境内、境外的所得缴纳企业所得税。

（2）创业投资企业从事国家需要重点扶持和鼓励的创业投资，可以按投资额的一定比例抵扣应纳税所得额。

（3）在基金层面，从符合条件的境内被投资企业取得的股息、红利所得，无须缴纳企业所得税；股权转让所得，按照企业的所得税税率缴纳企业所得税。

（4）机构投资者一般不存在重复纳税情况，如果基金投资者是个人，根据《中华人民共和国个人所得税法》第三条的规定，个人投资者从基金分得的股息、红利所得，退出基金时通过转让股权抵扣投资成本后所得均适用"股息、红利、财产转让"税目，按照20%的税率缴纳个人所得税。

（5）基金退出被投资企业时，通过股权转让抵减投资成本后所得的收益，个人投资者除在基金层面须负担企业所得税外，该收益税后分配给个人投资者时，个人投资者还要再缴纳20%的个人所得税。因此，个人投资者对该部分收益存在双重纳税问题，实际负担的税率为40%。

2．公司制的代理成本、运作成本分析

1）代理成本

在公司制企业中，投资者投入资金后，则产生对拥有决策权的代理人行为的依赖性。由于信息不对称，投资者通过监督和约束代理人确保代理人不会做出损害自身利益的决策，同时代理人需要缴纳保证金，为自己的决策做担保，这个过程中产生的监督成本、担保成本及剩余损失等，都属于代理成本。否则，获取关于代理人行为的信息需要付出高昂代价，这就是道德风险。特别是，代理人（创业投资经理）具有将资金投放于高利贷、股市投机的倾向，这偏离了创业投资的初衷。我国第一个创业投资公司——中国新技术创业投资公司就是因此而走向失败的。

2）运作成本

在公司制组织形式中，决策管理的职能被委托给拥有相关信息的代理人——企业中被雇用的职业经理，把决策权赋予享有投票权的股权持有者，即剩余资产要求人——公司股东，因此，决策管理职能和剩余资产要求的风险职能几乎完全脱离，使决策面临较高的内部交易成本。同时，因经营管理者缺乏应有的独立性和稳定性，必然导致投资效率低下。

此外，公司作为独立的法人实体，其利润必须缴纳企业所得税，而企业利润分配给股东后，股东必须缴纳个人所得税，这导致了双重征税的问题，因此公司制组织形式的运作成本较高。

3．公司制组织结构的特点

1）投资人仅在出资范围内承担责任

《中华人民共和国公司法》规定，公司是企业法人，有独立的法人财产，享有法人财产权。投资者以其认缴的出资额为限对公司承担责任。对于投资者而言，公司制基金是一个防范法律风险与责任的有效组织形式。

2）资产稳定性较强

公司制创业投资基金一般不会设立公司存续年限，除非根据公司章程出现了破产、清算及解散事项或者经过股东会或股东大会较高比例的投票支持公司终止经营，否则该公司将永久存续，不间断地从事股权经营活动。公司股东虽然可以转让股权，但公司整体的投资本金不受影响，有利于基金进行长期投资。

3）赋予股东参与决策的权利，但在基金管理人的激励方面稍逊一筹

《中华人民共和国公司法》规定，重大事项需要股东会或股东大会审议通过，这意味着基金管理人需要向投资者披露投资项目的具体细节，获得投资者的多数同意后方可投资，有利于保护投资者的权益。

然而，这一制度设计无法调动基金管理人的工作积极性，无法避免委托—代理矛盾带来的道德风险。并且由于公司制的法律关系、管理结构复杂，其资产是由公司而不是由股东所拥有，公司以其资产对债务承担有限责任，而不是以股东个人承担无限责任，也不要求创业资本经理投入个人资金，并且创业投资经理和投资者分开后，创业投资经理可能为了自身利益而损害投资者的利益，这样很难将创业投资经理与投资者的利益捆绑在一起，创业投资经理很难以投资者的利益最大化为目标行事。

4）公开募集困难

股份公司制的创业资本公开募集实际上比较困难。一方面在于公司制所吸引的主要是个人投资者，他们承受风险的能力较差；另一方面在于创业资本的投资方向是具有高风险的新兴行业，其投资风险极大，具有较大的不确定性，很可能大部分投资会失败，而导致血本无归，这种投资形式对公众投资者来说无法规避投资风险，因此不会引起中小投资者的兴趣，从而很难在短时间内募集成功。

5）双重征税

公司制组织形式的收入要双征课税。公司的收入首先按公司所得税率征税，当红利被分配后，红利收入又以获得者个人所得税形式被第二征税。此外，由公司造成的损失不能直接传递给公司的所有者用于抵消其他来源的收入，尽管股票出售本身的损失可用来抵消其他来源的收入。

4．适用条件

在一个国家发展创业资本之初，在现有的法律框架（仅具有有限责任公司和股份有限公司法）下，公司制组织模式容易出现。

二、有限合伙制创业投资基金

合伙制创业投资基金的操作平台是以合伙企业形式设立的，所成立的合伙企业既不是公司，也不是独立法人。合伙企业的组织形式主要有普通合伙制、有限合伙制。目前国内创业投资基金主要采取有限合伙制。有限合伙企业由普通合伙人（GP）和有限合伙人（LP）组成，二者共同签署有限合伙协议。普通合伙人作为基金的执行管理人，凭借其市场信誉和管理经验全面负责投资基金的运作与管理，在基金中的出资比例较小，一般仅为1%，对投资基金的债务承担无限责任；而有限合伙人作为基金的主要投资者，出资比例通常为99%，不参与投资基金的运行与管理，以自己的出资额为限对投资基金承担有限责任。

1．有限合伙制创业投资基金的结构

1）资本管理

（1）有限合伙企业实行承诺出资制，无注册资本的规定。《中华人民共和国合伙企业法》规定，合伙人应当按照有限合伙协议约定出资方式、数额和缴付期限，履行出资义务。也就是说，合伙企业的合伙人如何出资取决于有限合伙协议约定，《中华人民共和国合伙企业

法》没有强制规定。

（2）有投资需要时，LP 根据有限合伙协议约定的比例通知所有合伙人分批注资。没有好的投资项目时，认缴的资本可以暂时不到位，可在有了好的投资项目时集中投入资金，从而避免资金积压，提高资金使用效益。

2）组织结构（见图 6-3）

（1）合伙企业的管理方式、决策方式和利益分配方式等由各合伙人通过有限合伙协议约定。除《中华人民共和国合伙企业法》的强制性规定外，有限合伙协议是合伙企业运作的最高准则。

（2）在有限合伙制创业投资基金中，GP 是有限合伙的执行管理人，LP 是主要投资人，为了平衡 GP 和 LP 的权利，本土有限合伙制创业投资基金形成了独特的内部治理结构，包括合伙人会议、投资决策委员会等。合伙人会议是由全体合伙人组成的议事机构，其议事规则和议事范围由有限合伙协议约定。合伙人会议所决策的事项包括合伙人的入伙或退伙、改变合伙企业名称等与合伙企业的投资项目和经营业务基本无关的事项。投资决策委员会就合伙企业的重大事务的决策提供咨询意见或进行最终决策。

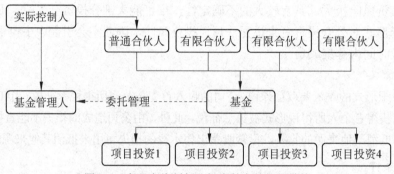

图 6-3　有限合伙制创业投资基金的组织结构

3）利润分配

有限合伙企业按照有限合伙协议约定的方式和比例分配利润。根据法律规定，有限合伙协议不得约定将全部利润分配给部分合伙人。相比公司的利润分配，有限合伙企业的利润分配比较灵活且无提取法定公积金的强制性要求。在有限合伙制创业投资基金中，对创业投资基金的收益及损失的分配如表 6-1 所示。

表 6-1　有限合伙制创业投资基金利润分配

对收益的分配	对损失的分配
（1）净利润的 20% 分配给普通合伙人，其余 80% 按照出资比例在有限合伙人之间分配。 （2）在基金达到规定的收益率，即内部收益率（又称"分割收益率""期望收益率"）之前的部分，有限合伙人按照出资比例分配，超过内部收益率的利润再按照 20% 分配给普通合伙人，80% 根据出资比例在有限合伙人之间分配。 （3）超过规定的内部收益率部分全部分配给普通合伙人，直至达到普通合伙人的投资资本，其后按照 20% 分配给普通合伙人，80% 根据出资比例在有限合伙人之间进行分配	（1）有限合伙制创业投资基金对损失的分配，行业惯例是，损失分配方式与利润分配方式相同，直到此类损失抵消了以前已经分配的所有利润和普通合伙人的投资资本为止。对于超过上述金额的损失——超额损失（excess losses），全部（100%）由有限合伙人承担。 （2）在计算超额损失时，把普通合伙人的资本全部剔除在外，之后的任何损失都按照出资比例分配，但此后产生的利润在分配时都要首先用于弥补以前的相应损失

4）税收方面

（1）根据财政部、国家税务总局《关于合伙企业合伙人所得税问题的通知》，合伙企业采取"先分后税"的原则。在基金层面，有限合伙制创业投资企业无须缴纳企业所得税。

（2）对于股息、红利和股权转让所得，如果有限合伙人为自然人，则创业投资企业可以选择按单一投资基金核算或者按创业投资企业年度所得整体核算两种方式之一，对其个人合伙人来源于创业投资企业的所得计算个人所得税应纳税额；如果有限合伙人为公司，两类收入均作为企业所得税应税收入，计缴企业所得税。

2. 有限合伙制的代理成本、运作成本分析

1）代理成本

正如公司制创业投资基金中提到的，创业资本行业存在高风险及高度的信息不对称，如何吸引投资者，使其愿意投入资本，是创业投资组织必须解决的一个重要问题。有限合伙制以其独特的机制吸引投资者，激励投资者投入资本：基金的有限生命期限及其投资者可承诺分阶段投资使得投资者与创业投资家形成了重复博弈，投资者可采用混合策略，使本处于劣势的投资者可抢占主动地位，以免投资被"套牢"。另外，基金到期后，创业投资家必须归还投资者的本金和收益，给创业投资家增加动力和压力，减少道德风险和逆向选择。相对公司制而言，有限合伙制的风险较小、激励成本较低。

2）运作成本

有限合伙制对外交易的信誉基础是普通合伙人的连带无限责任，财务和重要信息可由当事人内部加以判断与监控，从而降低了管理成本。在税收方面，合伙制组织不是法人，不被视为纳税主体，因而能避免重复纳税，合伙关系投资收益无须缴纳公司税，而属个人纳税范畴，适用较低的个人所得税率。有限和一般合伙人接受证券作为个人收入时，不必立刻缴纳所得税，是否纳税要依该证券最后交易出售时的盈亏而定。同时，有限合伙制所吸引的优秀的创业投资家一般管理多个基金，存在规模经济、范围经济、学习曲线效果，因此经营成本较低。

3. 有限合伙制的特点

1）结构简单，成本较低，但不利于对合伙人的监督

一方面，有限合伙制以普通合伙人的声誉和业绩记录来融资，使投资者能区别创业投资家的优劣，在投入资本时具有可信性，从而能有效地降低签约成本；另一方面，以普通合伙人个人对外承担连带无限责任和对内经营决策承担高风险职责所构成的均衡结构具有明显的合理性与有效性，继而降低相关的运作成本和代理成本。

然而，对于投资者而言，作为LP在合伙型基金里不参与经营，对基金的控制力较弱，不利于对执行事务合伙人的监督。

2）有效的激励机制

有限合伙企业由普通合伙人执行合伙事务。执行事务合伙人可以要求在有限合伙协议中确定执行事务的报酬及报酬的提取方式。对于有限合伙制基金，一般在有限合伙协议中会赋予普通合伙人较多的管理权限及较具吸引力的利润分配方案。其报酬一般可分为两个部分：

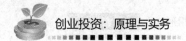
管理费和业绩报酬。

3）避免重复征税

根据我国税法规定，合伙企业不是所得税纳税人，合伙企业取得的所得直接由合伙人缴纳所得税。因此，创业投资基金采用合伙企业形式可有效避免经济性重复征税问题。

4. 适用条件

（1）法律环境：根据创业投资的特点，在法律上设计不同形式的合伙制组织形态。

（2）政府支持：政府在创业投资中起调控、支持和引导作用，即政府负责创业投资的法律规范和制度建设，为创业投资的发展提供良好的外部政策环境，并对创业投资的开展进行管理和监督。

（3）创新的社会环境：敢于承担风险的精神，这种文化背景造就了一大批从事创业投资和风险经营的人才。

（4）产权与合同履行的经济基础：以合同形式约束各方的权利和义务，要求有较高的社会法律基础约束基金管理人。在确保合同可执行的情况下，经济中的新建企业和创新就会迅速繁荣起来。

（5）发达的金融市场：一方面，为创业资本提供了更多的资金来源和退出的可能性；另一方面，相对完善的法规和监管制度使得创业资本的运作更加规范，为创业资本市场的发展奠定了坚实的基础。

第三节　创业投资基金组织形式的比较

创业投资基金组织形式的相互替代与演变表明，某一种组织形式可能比另一种更有优势。本节从不同的方面对公司制和有限合伙制创业投资基金进行简单的比较，如表 6-2 所示。

表6-2　公司制和有限合伙制创业投资基金的比较

项目	公司制		有限合伙制
	有限责任公司	股份有限公司	
发起人	50 人以下	200 人以下	2～50 人
承担风险	以出资额为限承担有限责任	以认购股份为限承担有限责任	LP：有限责任 GP：无限责任
管理约定	同资同权， 可约定委托管理	同股同权， 可约定委托管理	同资不同权， GP 负责执行合伙事务
募集方式	公募（或私募）		私募
存续期限	无限期存续		固定期限
结构	较复杂		较简单
利润分配	按出资比例， 可约定成本计提		约定比例
利润分配灵活性	较低		较高

项目	公司制		有限合伙制
	有限责任公司	股份有限公司	
税收成本	双重征税		无双重征税
对管理人的约束	通过股东大会、董事会约束，约束力较强		通过合同（在关键问题上可通过 2/3 做出决议），约束力较弱
管理人的投资决策	层层审批，操作复杂		充分的决策权
代理成本	较高		较低
运作成本	较高		较低
治理结构	所有权与经营权分离		所有权与经营权合一
对投资者的激励	工资+绩效，可以参与投资利润分成		固定管理费+业绩报酬
投资本金注入与返还	不方便		较方便

创业投资基金采取怎样的组织形式，要以法律的安排为前提。原则上，只要不违反社会公共利益及道德和秩序就都应得到法律的尊重，受到法律的保护。为了深入分析创业投资基金的组织形式，可以从以下五个影响创业投资基金组织形式选择的主要因素入手进行比较探讨。

一、治理结构与管理难度

公司制创业投资基金为独立法人，所有权与经营权分离。公司股东仅以其认缴的出资财产额或认购的股份数额为限对公司债务承担有限责任，股东与公司、人格与财产均独立，有利于隔离不同类别的投资风险。公司制创业投资基金可依据《中华人民共和国公司法》组建股东会、董事会、监事会，内部决策、治理结构相对完善、固定。基金的运营在更大程度上有法可依、有章可循。相对于灵活的有限合伙制而言，公司制创业投资基金的制度设计和结构安排较为规范、统一，内部治理结构的制约机制更有效。

有限合伙制创业投资基金不具有法人资格，所有权与经营权合一。普通合伙人对合伙企业债务承担无限连带责任。有限合伙制创业投资基金可以有更多的差异化设计，合伙人能够在有限合伙协议中自由约定各自的权利与义务、收益分配、退出条件等核心条款，给予合伙人较大的自由度和选择空间，但这种差异化设计在无形中增加了创业投资基金的管理难度。同时，对于投资者而言，作为有限合伙人在合伙制创业投资基金里不参与经营，对基金的控制力较弱，不利于对基金管理人的监督。

二、决策效率

对于公司制创业投资基金来说，投资者可以通过股东大会、董事会行使法定的职权，参与特定事项的投票表决。而基金聘用的管理人则在章程和股东会/董事会/投资决策委员会的授权范围下规范运作基金，所有权与经营权分离，管理人做出的决策需要经过层层审批，操作较复杂。但公司制创业投资基金可以更好地发挥股东的决策机制，投资者可以通过股东大会、董事会约束并监督基金管理人。然而，这种管理模式可能会存在大股东通过股东大会或董事会的决策机制干涉公司经营的现象，从而影响基金的市场化运作，导致基金在投资项目时出现决策效率低下、干预基金正常投资运作的情况。

在有限合伙制中，有限合伙人虽为主要出资人，但对外不代表合伙企业，仅在法律和监管规定的适当范围内参与合伙企业事务。基金管理人即普通合伙人享有充分的支配权和决策权，凭个人素质和能力相机抉择，因而决策程序较公司制创业投资基金更加简单灵活，资本运作更富有效率。

三、收益分配

公司制创业投资基金的分配制度是同股同利，按照出资比例在股东之间分配收益。公司制创业投资基金分配当年税后利润时，必须做到：①应当提取利润的百分之十列入公司法定公积金，法定公积金累计额为公司注册资本的百分之五十以上的，可以不再提取；②公司的法定公积金不足以弥补以前年度亏损的，在依照前款规定提取法定公积金之前，应当先用当年利润弥补亏损。

有限合伙制创业投资基金一般依据合伙协议的约定分配利润，各合伙人之间可以综合考虑资本、劳务、技术、资源等各种因素，根据各合伙人的实际贡献大小确定分配比例。相比公司制创业投资基金的利润分配，有限合伙企业的利润分配比较灵活且无提取法定公积金的强制性要求。

四、激励机制

公司制创业投资基金的投资人可以获得投资利润，管理人可以获得工资和绩效，并且可参与基金利润分成或分得公司股份，但是分成比例一般没有固定模式，而且要由董事会提出并经股东大会通过才可实施。

有限合伙制创业投资基金突破了一般的委托代理关系，普通合伙人投入自有资金（1%）并管理基金，实现了所有权与管理权的一定程度的复合，并且其可以取得固定管理费和业绩报酬，一般为实现利润的 2%～20%；有限合伙人可以以约 99%的投入取得近 80%的利润。因此，从激励机制的效率看，公司制与有限合伙制创业投资基金都能将管理人的收益与资金运用效率挂钩，能给予基金管理人较大的激励，效率较高。

五、税收成本

基金对外投资所得主要包括从被投资企业分得的股息、红利等权益性投资收益和基金退出时通过股权转让抵减投资成本后的所得。

1. 基金层面

对于公司制，根据《中华人民共和国企业所得税法》及其实施条例的相关规定，公司制创业投资基金对取得的目标企业之股息、红利享受免缴纳企业所得税的税收优惠；对于接受被投资企业咨询、管理被咨询企业过程中发生的管理咨询收入及选择股权转让方式退出被投资企业时，都应当依照《中华人民共和国企业所得税法》及实施条例的规定缴纳25%的企业所得税。

对于有限合伙制，由于不具有法人资格，其收入适用"先分后税"这一原则，有限合伙制创业投资基金在基金层面不需要缴纳所得税，应当分别由合伙人缴纳企业所得税和个人所得税。因此，就基金层面而言，合伙制创业投资基金比公司制创业投资基金具有税负优势。

2. 投资者层面

对于公司制，如果投资者是企业，依照《中华人民共和国企业所得税法》的规定，权益性投资收益为免税收入，因此不需要就该部分收入再缴纳企业所得税；如果投资者是个人，应该依照《中华人民共和国个人所得税法》的规定，以每次从创业投资基金公司获得的股息、红利等权益性收入为应纳税所得额，按20%税率缴纳个人所得税。

对于有限合伙制，若投资者是企业，企业投资者取得的被投资企业的股息、红利和转让被投资企业股权所得都要按25%税率缴纳企业所得税；若投资者是个人，则创业投资企业可以选择按单一投资基金核算或者按创业投资企业年度所得整体核算两种方式之一，对其个人合伙人来源于创业投资企业的所得计算个人所得税应纳税额。

1）按单一投资基金核算

按单一投资基金核算，是指单一投资基金（包括不以基金名义设立的创业投资企业）在一个纳税年度内从不同创业投资项目取得的股权转让所得和股息、红利所得按下述方法分别核算纳税。

（1）股权转让所得。单个投资项目的股权转让所得，按年度股权转让收入扣除对应股权原值和转让环节合理费用后的余额计算。余额小于零的，该基金年度股权转让所得按零计算且不能跨年结转。

（2）股息、红利所得。单一投资基金的股息、红利所得，以其来源于所投资项目分配的股息、红利收入及其他固定收益类证券等收入的全额计算。

（3）除前述可以扣除的成本、费用之外，单一投资基金发生的包括投资基金管理人的管理费和业绩报酬在内的其他支出，不得在核算时扣除。

2）按年度所得整体核算

创业投资企业按年度所得整体核算，是指将创业投资企业以每一纳税年度的收入总额减除成本、费用及损失后，计算应分配给个人合伙人的所得。

按照"经营所得"项目计税的个人合伙人，没有综合所得的，可依法减除基本减除费用、专项扣除、专项附加扣除及国务院确定的其他扣除。从多处取得经营所得的，应汇总计算个人所得税，只减除一次上述费用和扣除。

通过各方面的比较可知，有限合伙制创业投资基金和公司制创业投资基金都有各自独特的优点。因此，在选择基金组织形式时，不能简单地通过一两处优势就轻易做决定，还应从基金的政策目标、发展战略及设立情况等方面综合分析选择。因为"双重征税"的致命弱点，目前公司制创业投资基金在我国占比较少，大部分创业投资基金都采取有限合伙制。

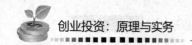
第四节　创业投资基金组织形式的演变历程

一、公司制

美国是最早探索发展创业投资基金的国家，其创业投资体系中的资金主要来源于富有的个人资本、投资机构资金、大公司资本、私募证券基金、共同基金等。而这些资金基本上是以有限合伙制的形式组织起来的。经历半个世纪的发展、演进，美国逐渐形成了目前比较成熟的机制，其创业投资的发展是迄今为止世界范围内最成功的，其中最值得借鉴的便是美国创业投资机构的组织形式，其主要经历了以下三个发展阶段。

1. 公司制起步并快速发展时期

从美国等西方发达国家创业投资基金的发展过程来看，早期大多数创业投资基金都是有限责任公司的形式，1946年6月，美国研究与开发公司（AR&D）宣告成立，它是首家投资于创新企业的公开股份公司，是世界创业投资史上的里程碑。1958年，美国政府开始参与创业投资，《小企业投资法》规定，经小企业管理局（Small Business Administration，SBA）批准成立的小企业投资公司（small business investment company，SBIC），其发起人每投入1美元便可从政府得到4美元的低息贷款，公司可享受特定的税收优惠。

在政府的扶持下，小企业投资公司成为当时创业投资的主要组织形式。从1959年到1963年，有692家创业投资公司成立，资金总规模为4.64亿美元。不申请政府扶持的创业投资基金（如美国著名的创业投资联合公司）在20世纪五六十年代也都选择按公司形式设立。

2. 公司制受挫、有限合伙制快速发展时期

在公司制构架下，无论设计得多么周密的治理结构，最终都难以解决高运作成本、高代理成本和弱激励机制这三个基本问题。20世纪70年代，美国的公司制创业投资基金所承担的税负越来越沉重，仅资本利得税一项就高达49.5%。公司制创业投资基金不仅要缴纳企业所得税，在将收益分配给投资者时，还要再缴纳一次个人所得税，从而构成双重征税。对具有长期投资性质的创业投资基金而言，往往要5~7年后才能体现业绩，无法借助市场回报管理者，而只好更多地借助于业绩激励来尽可能地解决基金经理与投资者的收益一致性问题。由于《投资公司法》和《投资顾问法》规定，如果投资者超过14人，该基金就不得实行业绩报酬，公司制创业投资基金的发展严重受挫，转而向有限合伙制创业投资基金发展。随着《雇员退休收入保障法》等法律的修改，养老基金等机构投资者被获准介入创业投资领域，它们除了获得投资收益，没有参与基金重大决策的愿望和精力，更愿意接受按有限合伙制投资设立创业投资基金。

在1969年至1973年，有限合伙制创业投资基金无论是在数量上还是在资金总量上，都开始蓬勃发展，在整个美国创业投资市场中，有限合伙制基金已占据了50%的市场。

3. 公司制"重新崛起"时期

20世纪70年代末期，美国政府开始进行相关税收政策的调整，尤其是《小企业投资法》

出台和"打钩规则"①的公布实施，公司制创业投资基金能享受到更为优惠的税收扶持政策，以此为契机"重新崛起"。

　　近年来，公司制和有限合伙制相结合（limited liability corporation，LLC）的组织形式成为美国相对较新的商业实体形式。怀俄明州于1977年颁布了第一部正式的LLC法规，该法规融合了有限合伙企业和公司的有利特征。多年来，美国所有州都通过了立法，以维持当前形式的LLC组织形式。LLC组织形式有以下特点：首先，与公司制一样，LLC在法律上作为独立于其所有者的实体而存在，所有者以出资为限对企业债务承担有限责任。其次，LLC有灵活的管理模式。LLC既可以选择合伙制的管理模式，也可以选择公司制的管理模式，其立法高度尊重成员的自主管理权，允许通过经营协议自行约定公司内部管理事项，这种形式打破了传统公司僵硬的管理模式，大大降低了企业的治理成本。最后，LLC是单层征税，成员仅需就其个人所得缴纳个人所得税。

　　阅读资料6-2
　　凯雷集团（Carlyle Group）——有限
　　合伙制转向公司制

二、有限合伙制

　　中国香港是全球领先的金融中心之一，也是众多金融机构和私募基金的集中地。2019年，香港创业基金的资金总额（不包括房地产基金）达到1.61亿美元，位列亚洲第二，仅次于中国内地。在规模最大的专注于亚洲投资的基金中，有36支基金在香港设有管理机构，基金投资者包括养老基金、保险公司、主权财富基金、家族办公室等。

　　作为资产管理的热门选择，中国香港有其优势，如一直有着较为浓厚的离岸金融特色。但其所管理的大半资产往往来自境外且大部分基金注册地不在香港。尤以私募基金为例，以往几乎全非本地注册。此现象不仅会影响运营效率、增加成本，也会提高合规难度。这与香港的公司制度等相关体系存在短板有关，事实上，香港在1912年就订立了为企业合伙经营而设的《有限责任合伙条例》，但年深日久，旧制度已无法满足现代投资基金需求。目前在香港本土设立基金可以考虑的架构主要包括：传统的单位信托；起源于2018年，并经过多次改良的开放式基金型公司（open-ended fund company，OFC）和作为"后浪"的香港有限合伙基金（limited partnership fund，LPF）。

　　2020年3月20日，香港特别行政区立法会发布了《有限合伙基金条例草案》，并进入审议程序。2020年7月9日，香港立法会三读通过该草案，《有限合伙基金条例》于2020年8月31日起正式实施，引入有限合伙基金制度。2021年11月，《2021年有限合伙基金及商业登记法例（修订）条例》正式实施，在中国香港特别行政区以外地区以有限责任合伙形

---

① "打钩规则"允许商业实体在申报税收时，根据自身情况在相关税收申报表格上打钩确认其将选择作为公司、合伙企业或其他税收透明体（如S类公司、信托等）进行申报。

式设立的基金可根据该修订条例注册成为中国香港特别行政区的有限合伙基金。香港引入新的 LPF 制度为创业投资基金在香港成立并以有限合伙形式组建提供了一种选择。LPF 目的是吸引投资基金在香港设立和运营，这是将香港发展为成熟的基金服务中心的关键一环（图 6-4）。截至 2021 年 6 月 30 日，共有 284 支有限合伙基金是根据《有限合伙基金条例》设立的。

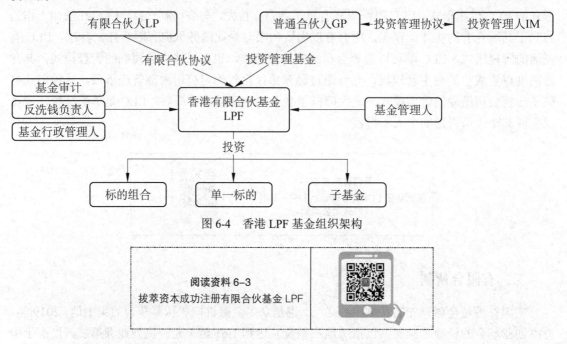

图 6-4　香港 LPF 基金组织架构

> **阅读资料 6-3**
> 拔萃资本成功注册有限合伙基金 LPF

三、我国创业投资基金税收政策与组织形式的演变

我国创业投资基金组织形式的选择和国家对于创业投资的税收政策息息相关。总体来说，我国创业投资基金税收政策与组织形式的演变可以分为以下四个阶段。

1. 公司制初步发展阶段（1986—2006 年）

20 世纪 80 年代后期，我国第一个风险投资机构——中国新技术创业投资公司成立，标志着我国私募股权投资基金的诞生。在这个阶段，我国创业投资基金的主要组织形式是公司制。直到 2009 年，全国备案的创业投资基金中，公司制创业投资基金占比高达 98%。但当时我国金融市场初步建立，投资基金并没有得到监管机构的认可，相关制度、法规仍不完善，创业投资基金发展较为缓慢。在此背景下，并没有专门的政策性文件对创业投资基金税收做出具体的规范，针对创业投资的税收优惠也较为有限。

在这一阶段，我国的创业投资基金税收治理主要存在三个方面的问题。

（1）由于创业投资基金普遍采用公司制，重复征税导致创业投资基金行业税负较重。

（2）内外资企业所得税尚未统一，造成了内外资创业投资非公平竞争的局面。为引进外资，中央给予了外商投资企业一系列优惠政策，1991 年公布的《中华人民共和国外商投资企业和外国企业所得税法》对外商投资在亏损弥补、税收退还等方面的优惠力度明显大于国内投资企业，使得内资创业投资基金在与外资的竞争中处于劣势地位。

（3）支持创业投资行业发展的税收优惠举措较少且力度有限。直至 2002 年，《中华人民共和国中小企业促进法》才首次提出"国家通过税收政策鼓励各类依法设立的风险投资机构增加对中小企业的投资"，税收优惠政策往往更加倾向于创业投资基金的投资目标——中小企业和高新技术企业，而忽视了对作为桥梁的投资基金的税收激励，使得投资者对创业投资基金的投资积极性大大降低。

2. 有限合伙制初步发展阶段（2007—2014 年）

随着我国创业投资市场的发展壮大，公司制组织架构已难以满足投资者的投资需求。

2007 年，《中华人民共和国合伙企业法》正式实施，有限合伙企业的组织形式在法律层面有了独立的地位。

2008 年，财政部、国家税务总局发布了《关于合伙企业合伙人所得税问题的通知》，该通知规定，合伙企业生产经营所得和其他所得采取"先分后税"的原则。合伙企业的生产经营所得和其他所得在合伙层面不缴纳所得税，由各合伙人就分配后的应纳税额缴纳所得税。这个通知的发布使有限合伙制创业投资基金避免了双重征税问题。

对于有限合伙制创业投资基金的法人合伙人，2008 年出台的《中华人民共和国企业所得税法》规定，居民企业应当就其全部所得按照 25% 的税率缴纳企业所得税。据此，有限合伙制创业投资基金的法人合伙人也应就其自基金分回的管理费用、利息、股息及股权转让所得等缴纳企业所得税。对于自然人合伙人，如股权转让所得等部分收入，实际上需要比照"个体工商户的生产经营所得"，依照 5%～35% 的五级超额累进税率缴纳个人所得税。《中华人民共和国企业所得税法》还规定居民企业之间的股息、红利免征企业所得税，但公司制下的其他类型收益和自然人投资者仍存在重复征税的现象。

结合有限合伙制能有效避免"双重征税"这一特点，这种税收上的优势使得不少投资者纷纷选择有限合伙制创业投资基金。在这一阶段，有限合伙制创业投资基金也如雨后春笋般在国内相继设立。

3. 有限合伙制不断完善阶段（2015—2019 年）

党的十八大以来，国家高度重视创新、创业和创业投资的协同发展，在多个文件中明确要求给予创业投资企业更多的税收政策支持。中央政府也出台了不少针对有限合伙制创业投资基金的税收政策，以往国税发〔2009〕87 号《国家税务总局关于实施创业投资企业所得税优惠问题的通知》中，公司制创业投资企业投资未上市的中小高新技术企业满两年能够享受到的"按投资额的 70% 抵扣所得"的税收优惠政策，随着财税〔2015〕116 号文件[①]的出台也普及到全国范围的有限合伙制创业投资企业。

2018 年 5 月 14 日，财政部、国家税务总局发布了《关于创业投资企业和天使投资个人有关税收政策的通知》（财税〔2018〕55 号），规定公司制、有限合伙制企业和天使投资个人取股权投资方式直接投资于初创科技型企业满 2 年的，可以按照投资额的 70% 在股权持有满 2 年的当年抵扣应纳税所得额。

2019 年 1 月 10 日，财政部、税务总局、发展改革委、证监会发布了《关于创业投资企

---

① 　《财政部　国家税务总局关于将国家自主创新示范区有关税收试点政策推广到全国范围实施的通知》。

业个人合伙人所得税政策问题的通知》（财税〔2019〕8号），指出为进一步支持创业投资企业的发展，创业投资企业可以选择按单一投资基金核算或者按创业投资企业年度所得整体核算两种方式之一，对其个人合伙人来源于创业投资企业的所得计算个人所得税应纳税额。单一投资基金核算，是指单一投资基金（包括不以基金名义设立的创业投资企业）在一个纳税年度内从不同创业投资项目取得的股权转让所得和股息、红利所得按规定的方法分别核算纳税。创业投资企业选择按单一投资基金核算的，其个人合伙人从该基金应分得的股权转让所得和股息、红利所得，按照20%税率计算缴纳个人所得税。创业投资企业选择按年度所得整体核算的，其个人合伙人应从创业投资企业取得的所得，按照"经营所得"项目、5%～35%的超额累进税率计算缴纳个人所得税。该通知也规定了创业投资企业选择按单一投资基金核算或按创业投资企业年度所得整体核算后，3年内不能变更。

以上针对有限合伙制创业投资企业的税收政策促使广大创业投资机构纷纷选择有限合伙制基金。

4．公司制升级转型阶段（2020年至今）

我国近几年对于有限合伙制创业投资企业的税收政策使有限合伙制逐渐成为我国的主流创业投资基金组织形式。近两年，中央政府也意识到这一问题，开始陆续在北京市中关村国家自主创新示范区、上海市浦东新区特定区域开展公司制创业投资基金税收优惠的试点工作。

财政部、税务总局、发展改革委、证监会发布的《关于中关村国家自主创新示范区公司型创业投资企业有关企业所得税试点政策的通知》（财税〔2020〕63号）指出，对示范区内公司型创业投资企业，转让持有3年以上股权的所得占年度股权转让所得总额的比例超过50%的，按照年末个人股东持股比例减半征收当年企业所得税；转让持有5年以上股权的所得占年度股权转让所得总额的比例超过50%的，按照年末个人股东持股比例免征当年企业所得税。

紧接着，财政部、税务总局、发展改革委、证监会发布了《关于上海市浦东新区特定区域公司型创业投资企业有关企业所得税试点政策的通知》（财税〔2021〕53号），表明上述政策也将在上海市浦东新区特定区域施行。此外，两地的试点政策均明确了个人股东从公司型创业投资企业取得的股息、红利，只需要缴纳个人所得税，在基金层面上不用再缴纳所得税。这一做法解决了公司制创业投资基金"双重征税"这一问题。

从过往经验来看，随着试点工作的逐步开展，未来这一税收优惠政策有望普及至全国范围内的公司制创业投资基金，加之公司制创业投资基金享有的"5年内亏损允许抵扣"这一优势，未来公司制创业投资基金和有限合伙制创业投资基金的税负水平有望回到同一起跑线。

随着新的公司制创业投资企业税收优惠政策在中关村国家自主创新示范区与浦东新区特定区域开始试点，未来越来越多创业投资机构或许将考虑重拾公司制创业投资基金模式，以降低实际税负。对于基金管理人及广大投资人而言，需要留意国家税收政策变动，根据实际需求，选择可最大化自身利益的创业投资基金组织形式。

阅读资料 6-4 R 基金创业投资组织形式的选择	
阅读资料 6-5 达晨财智创业投资管理有限公司 基金组织形式的选择	

 思考题

1. 概述公司制和有限合伙制创业投资基金的优、缺点，并就组织效率进行分析。
2. 阐述我国目前对公司制和有限合伙制创业投资基金的税收优惠政策。
3. 探讨如何选择适合我国现阶段创业投资的组织形式。
4. 试指出我国创业投资业实行理想的组织形式面临的瓶颈及应该注意的问题。

第七章

创业投资管理人的激励与约束

> 创业投资业的发展一刻也离不开创业投资家，高素质的创业投资家是创业投资的灵魂。
>
> ——美国著名技术创新理论家　考茨麦斯基

核心问题

1. 创业投资管理人的角色是什么？
2. 创业投资管理人应该具备的素质有哪些？
3. 创业投资管理人的主要激励约束形式是什么？

学习目的

1. 了解创业投资管理人的角色。
2. 熟悉创业投资管理人应该具备的各种素质。
3. 熟悉创业投资管理人主要的激励约束形式。

引例 创业投资人的六项修炼	

第一节　创业投资管理人的品质

党的二十大报告旗帜鲜明地提出，要"加快实施创新驱动发展战略，加快实现高水平科技自立自强"。目前，新一轮科技革命和产业变革正在重塑全球经济结构，关键领域"卡脖子"难题事关国家安全，作为创业投资管理人，必须紧紧抓住高水平科技自立自强这个牛鼻子，进一步提升自主创新能力，为加快实现中国式现代化提供强大的科技支撑。

创业投资管理人是创业投资的核心。创业资金要靠他们来募集，创业投资项目要靠他们来选择并管理。创业投资其实也是创业投资管理人的人力资本投资。

从委托人—代理人关系来说，对于创业者，创业投资管理人是委托人；对于投资者，创业投资管理人是代理人，即创业投资管理人是创业者与投资者之间高度专业的金融中介。对创业者来说，创业投资管理人不仅提供创业资本，还提供必需的技术和专长，投入大量的时间管理投资，并通过监控和对创业者施以强有力的激励，激发创业者的热情与积极性，使得创业项目获得预期利润。从投资者角度来说，创业投资管理人要接受监督，而更重要的是，投资者要给予其充分的激励，调动创业投资管理人的积极性，使其努力工作，高度负责地筛选项目和管理项目，并与创业者一起争取创业成功。

创业投资管理人要深入贯彻党的二十大精神对行业发展的新要求，坚定服务于中国式现代化大局，坚持服务投资者、服务实体经济的根本要求，坚定信心，坚持专业性，守住合规风控底线，为资金端和资产端提供高质量专业服务，既要以"侦察兵"的眼光鉴别发掘有潜力的公司，又要为其提供增值服务，扮演"导师"角色，这对创业投资管理人的素质提出了较高的要求。

一、角色定位

创新是引领发展的第一动力。创业投资管理人作为创新创业的重要力量，应该深入贯彻党的二十大精神，坚持创新驱动发展战略，不断推动科技创新和产业升级；关注前沿科技动态，积极投资具有创新潜力的项目和企业，为实体经济提供有力支持；在追求经济效益的同时，应该积极践行社会主义核心价值观，关注社会责任和公共利益；倡导诚信、公正、法治等价值观念，推动形成良好的社会风尚和投资文化。

对于创业家来说，创业投资管理人往往身兼"侦察兵"和"导师"的角色。被称为"侦察兵"，是因为创业投资管理人往往比其他投资者具有更强的监察及监测的能力。这是因为：首先，创业投资管理人一般集中于特定产业，对于企业项目的隐含质量和企业家往往具有更敏锐的洞察力。其次，创业投资管理人不是沉默的合作伙伴，一方面，他们积极参与被投资企业的运营管理，有时甚至是董事会成员，因此，可以积极监测企业家行为；另一方面，他可利用金融工具和合同条款尽量避免企业家的机会主义行为，并使其有较强的动力。所以，创业投资管理人在投资企业前往往会先考察创业企业的技术专利、领导团队及其与外部的联系等，以鉴别那些真正具有前景的企业或项目；投资企业后，创业投资管理人会紧密地观察、监督，以确保创业企业朝着既定方向前进。

一旦确定了投资企业，创业投资管理人就和创业企业家站到了一条战线上，如果说投资前创业投资管理人掌握着决策的主动权，那么，投资后主动权就落到了企业手中。创业投资管理人的决策在一定程度上"受制"于企业，更多时候要考虑的是如何帮助企业成长，通过"导师"作用使投资增值。此时，创业投资管理人为企业提供丰富的服务，事实上，对于新技术企业，创业投资管理人往往能够提供额外的资源和能力。创业投资管理人的"导师"作用主要体现在如下两个方面。

第一，帮助企业实现专业化管理，创业投资管理人为企业提供金融、会计、营销、财务、

战略规划及人力资源管理等领域的咨询服务，而这些往往是企业创始人技不如人的领域。同时，由于创业投资管理人的商业联系网络广泛，企业将更容易获得外部资源和支持。总而言之，通过创业投资管理人的引导和服务，企业管理将逐步走向专业化。

第二，创业投资管理人还能帮企业提高信誉，这有利于吸引新的资金。因为经过创业投资管理人的筛选、观察和增值，可减少信息不对称和金融风险，提高企业的信誉，从而有利于进一步融资。

创业投资管理人的"侦察兵"角色使其有可能鉴别出有潜力的创业企业，"导师"角色使其帮助企业发挥潜力，二者相辅相成，使得创业投资管理人和创业企业实现双赢。

二、技能素养

功败垂成，创业投资管理人是关键。美国著名的技术创新理论家考茨麦斯基（Kozmetsky）说："创业投资业的发展一刻也离不开创业投资家，高素质的创业投资家是创业投资的灵魂。"对于任何一个创业投资机构而言，其创业投资事业要生存、发展，就必须保证投资者有一定的利润，而这离不开眼光敏锐、有远见卓识的创业投资管理人。

《私募投资基金监督管理条例》于 2023 年 6 月 16 日国务院第 8 次常务会议通过，其中第三条规定："国家鼓励私募基金行业规范健康发展，发挥服务实体经济、促进科技创新等功能作用。从事私募基金业务活动，应当遵循自愿、公平、诚信原则，保护投资者合法权益，不得违反法律、行政法规和国家政策，不得违背公序良俗，不得损害国家利益、社会公共利益和他人合法权益。私募基金管理人管理、运用私募基金财产，私募基金托管人托管私募基金财产，私募基金服务机构从事私募基金服务业务，应当遵守法律、行政法规规定，恪尽职守，履行诚实守信、谨慎勤勉的义务。"

具体来讲，可以把创业投资管理人须具备的素质大致归纳为五点：会投资、会管理、会退出、会融资、会维权。对于一个成功的创业投资管理人来说，这五点缺一不可。

1. 会投资

《私募投资基金监督管理条例》第十九条规定："私募基金管理人应当向投资者充分揭示投资风险，根据投资者的风险识别能力和风险承担能力匹配不同风险等级的私募基金产品。"一个成功的创业投资管理人，首先要善于投资，要能够对某个行业展开深入研究，并尽可能发现真正值得投资的对象，这要求投资管理人具备一定的工程技术专业基础知识，敏锐的判断力，客观、冷静分析的能力。创新企业的一个显著特点是它是由技术创新而形成的企业，而不是由技术引进而形成的企业。这就要求创业投资管理人具备相当深厚的技术背景知识及敏锐的洞察力、丰富的经验，甚至是感觉，对创新技术的可行性、项目的市场潜力、企业领导人或技术创业家的素质，以及新技术的未来发展趋势做出科学、客观的评价。一般而言，所有的项目持有方都认为自己的创意是天才的创意、自己的项目是千金难觅的项目，而创业投资管理人做决策时不能像项目持有方一样冲动，必须对所有的项目做出客观而冷静的分析，只有这样，才能在众多新技术中筛选出最具有发展前景、可作为创业投资对象的新技术项目。此外，在投资之前，创业投资管理人要先对相关行业的生存背景及发展方向有整体上的把握，做到心中有数，方能有备无患。

2. 会管理

《私募投资基金监督管理条例》第二十六条规定："私募基金管理人应当遵循专业化管理原则，聘用具有相应从业经历的高级管理人员负责投资管理、风险控制、合规等工作。"

首先，管理企业是创业投资管理人日常工作的重要组成部分，因此，掌握现代管理知识，具有较强的管理能力是其必不可少的。创业投资管理人的意义不仅仅在于发现好项目和寻找资金，更重要的是在创业投资项目运作期间给予创业企业经营方面的综合指导，这也是创业投资管理人对于项目增值贡献最大的一项内容。由于创业者一般是技术人才，缺乏管理经验，如果说在创业初期，企业规模不大，创业者一人身兼数职还游刃有余的话，那么，随着企业规模的不断扩大，他必须面临角色转变的问题。这时，创业投资管理人应该为所投资企业带来全新的管理理念，不仅要参与企业的长短期发展规划，如企业生产目标的测定、营销方案的制定，还要参与企业的资本运营过程，甚至要参与企业重要人员的雇用、解聘，协助企业建立一个强有力的管理核心，必要时要接管创业企业经营权，以保证其利益的实现。

其次，创业投资管理人要掌握现代财务会计知识，具备财务管理能力。现代财务管理的核心是资金管理。创业投资管理人对于财务监督与控制、规范财务管理、追加资本筹集、股票上市、利润分配政策、及时退出投资等重大财务问题必须及时做出决策。创新企业与一般的传统企业在资产结构上有很大的不同，前者的资产构成中占优势的不是有形资产，而是无形资产，即以知识为基础的专利权、商标权、计算机软件、人力资源等所占的比例大大增加，并占据统治地位。因此，从传统财务会计报表上所体现出来的企业经营状况已经不能完全反映创新企业的真实情况，创业投资管理人必须公允、合理、客观地评价企业的价值及其财务状况。

最后，创业投资管理人必须具备卓越的人际交往和沟通能力。创业投资管理人在整个投资过程中主要起到桥梁作用，需要沟通资金方和项目方，架设起使双方相互理解、精诚合作的桥梁，这也是创业投资管理人作为高级中介的重要作用。

3. 会退出

创业投资的目的就是在企业发展成熟后退出，以获取利润。成功退出需要创业投资管理人进行周密安排，对退出时间、退出方式、退出渠道做出选择，使资金安全地撤出。在机会不成熟时，创业投资管理人要耐心等待，善于捕捉新机会；在机会来临时，创业投资管理人要果断出击，及时通过企业公开上市，将其手中持有的不可流通的股份转变为上市公司股票，以实现盈利性和流动性或者通过其他公司收购、兼并，以及被投资企业自身向创业投资基金回购股权以实现退出。在这个过程中，创业投资管理人要有果断决策的能力，否则就会贻误战机。据统计，美国由创业资本所支持的企业中，只有5%～10%可以获得成功，有60%受到挫折，20%～30%则完全失败。因此，创业投资管理人在希望渺茫时要果断放弃，以免遭受更大的损失。市场瞬息万变，创业投资管理人不可能每次都全身而退，但是优秀的创业投资管理人通过成功退出所实现的利润一定能够补偿失败所造成的损失，从而仍然为投资者带来收益。

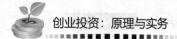

4. 会融资

高素质的创业投资管理人离不开金融投资实践经验，其中融资能力是重要的一方面。筹集资金是一切投资活动的基础，其难度比投资还要大，因此也是创业投资管理人最具挑战性的工作。在创业投资中，投资者承担着很大的风险，要获得投资者的信任，从投资者那里融到资金，创业投资管理人不仅要掌握高超的融资技巧，更需要具有强烈的个人魅力。由于投资者往往对投资活动缺乏了解，因此其投入资金更多时候是基于对创业投资管理人个人的信任。从这个角度来说，创业投资管理人的融资能力还受到其个人声誉的影响。通常，创业投资管理人的声誉越高，越容易募集到资金，而高声誉则来源于创业投资管理人前期资本运作的表现。

5. 会维权

创业投资管理人需要熟知法律法规。创业企业的特点之一是拥有独立知识产权的产品且在某种意义上依靠国家税收优惠政策的支持，创业投资管理人应熟知相应的法律法规，在最大限度上为所投资企业争取法律上的扶持，保证所投资企业依法纳税、守法经营，维护其合法的权益。

创业投资活动需要高素质的人才，更需要高素质人才的敬业精神，这就需要有一套良好的激励机制。如何调动创业投资管理人的积极性，是创业投资中极其重要的问题。

阅读资料7-1
赛富阎焱：投资是一个聪明人的行业，快速学习的能力至关重要

第二节　报酬激励

在创业投资机构中，投资者与创业投资管理人之间是一种委托—代理关系，往往创业投资管理人（代理人）是处于信息优势的一方，而投资者（委托者）是处于信息弱势的一方。由于委托人和代理人之间信息不对称，委托人无法区别代理人的主观因素和客观因素，无法有效监督代理人的行为，因此在双方交易过程中不可避免地产生了委托代理风险，即逆向选择和道德风险。逆向选择是指在市场中，如果能够利用多于另一方的信息使自己受益而使另一方受损，那么就倾向于与对方签订协议进行交易。道德风险是指交易双方在签订交易协议后，其中一方利用多于另一方的信息，有目的地损害另一方的利益而增加自己的利益的行为。无论是逆向选择还是道德风险，都会降低投资效率、增大投资风险。逆向选择的发生导致了创业资本流向低能力的创业投资管理人，使创业资本配置发生了错位，低水平创业投资管理人一旦掌握了创业资本的控制权，更有可能产生内部人为控制引发道德风险，使风险分担机制不合理，降低创业投资市场的运作效率，影响代理关系链条的顺利进行，扩大风险。

委托—代理关系本质上是研究不对称信息下的市场参与者之间的经济关系的理论，它是

掌握较多信息的代理人与掌握较少信息的委托人之间展开的一场博弈。从规范方面看，主要是在不确定性和不完全监督的条件下，如何构造委托人与代理人之间的契约关系，包括补偿性激励，代理人提供适当的激励，促使其选择使委托人收益最大化的行动。

一、报酬激励的概念

为督促创业投资管理人主动为其创业投资业务付出最大努力，使资本最终收益最大化，最基本的方法就是将创业投资管理人的个人努力程度与其报酬联系在一起，利用报酬激励机制来督促他们付出最大努力。在报酬激励机制中，创业投资管理人所获得的创业投资收益分为两个组成部分：一部分是稳定的固定收益，另一部分则是与业绩相关的可变收益。当引入了报酬激励机制后，创业投资管理人如果投资失败，仍然可以获得固定的部分收益，然而对于可变收益部分，他们需要承担业绩不理想的代价。因此，在创业投资管理人的报酬激励机制中，如何设置固定收益和可变收益的比例至关重要。为了给予创业投资管理人足够的激励，通常要求可变部分大于固定部分，即创业投资管理人的主要收入来源于创业资本的利润分配，而不是固定收入。中国证券投资基金业协会第三届理事会审议通过并于 2022 年 6 月 10 日发布了《基金管理公司绩效考核与薪酬管理指引》，对于新成立的私募基金机构或新发产品、新履职的基金经理，其第十四条第二款规定，当基金经理管理基金年限较短、不足 3 年时，可以通过适当降低业绩权重、提升其他考核指标（如投研体系指标、合规风控指标、社会责任指标等）权重等方式来适当弱化该基金投资业绩在考核中的影响。

1. 固定收益——管理费用

固定收益是基于净资产额或创业企业净资产值一定比例给予的固定收入，一般按年提取。管理费用主要用于支付一般合伙人、投资经理及辅助人员的工资和基金的其他日常开支（房屋租金、信息沟通、财务和律师费用）。如果基金的日常开支费用超出了固定的管理费，有限合伙人不负有另行支付的义务。管理费率一般是固定的，因此一般合伙人管理的基金规模越大，其得到的管理费用越高，而其所管理的基金规模又与其声誉有关，因此一般合伙人会尽力工作取得好业绩以提高声誉。

2. 可变收益——期权化的报酬

可变收益是与业绩相关联的，基于投资所获得的当期利润的一定比例给予的可变收入。这种将创业投资管理人的管理费用与资本利得分离，使其收入与经营业绩高度相关的报酬形式是解决投资者与创业投资管理人之间代理冲突最有效的激励机制。假设 Y 是创业投资管理人的收入，则

$$Y = A + bX = \alpha C + bX$$

式中，Y 代表创业投资管理人的收入，A 代表固定收益，是基金的管理费用；α 代表基金的管理费率，一般是固定的；C 代表基金本金；bX 代表可变收益——与业绩相关联的报酬，b 代表利润分享比例，X 代表业绩，因为业绩是变动的，所以创业投资管理人的业绩好，则收益高；业绩差，则收益低。

管理费用的费率根据基金的规模和基金投资的战略而有所不同，在实践中，管理费用从

1%到2.5%不等。大多数基金的基金管理费率为固定费率，费率水平主要与基金的类型有关，通常股票型基金的管理费用最高，货币市场基金或短期理财债券基金的管理费用最低，主动管理型基金的管理费用高于被动管理型基金的管理费用。从2013年开始，我国市场上也出现了与基金业绩挂钩的浮动管理费用基金。在创业投资实践中，创业投资基金通常要求创业投资管理人只有在实现了一个事前设定的收益基准后才能参与利润分配，如创业投资管理人只有在归还了投资者全部投资基金及一个事先假定的利润比例后，才能按一定的提成比例参与项目的利润分配，并且这个提成比例随着创业投资管理人业绩的提高而增大。

参与利润分配和从其他方面鼓励创业投资管理人分配管理费是有利于增加所投资企业总价值的活动。以利润分配形式对创业投资管理人进行补偿，是有限合伙制激励创业投资管理人的中心环节。报酬激励体系在链接创业投资管理人和有限合伙人的利益方面起到了关键作用：创业投资管理人受到激励从事带来利润的增值活动，这恰恰有益于有限合伙人。

创业投资管理人感兴趣的不是其所投资企业的价值，而是其所得到的报酬或管理费用，以及从所投资企业的剩余价值中索取的补偿，即已知的能获得的利润。这种补偿安排是潜在的被投资价值的一种期权。

投资者与创业投资管理人之间的潜在冲突之一是有关风险。创业投资管理人的权益分享是所管理企业基础基金增值的20%左右的期权。期权的行权价格是基金标准成本，期权的期限相当于基金的期限。

二、股权激励设计

报酬激励在协调创业投资管理人和投资者之间的利益关系中起着非常关键的作用。创业投资管理人的报酬包括固定收益和可变收益两部分，即由管理费用和一定比例的基金期末利润两部分组成。

假设Y是创业投资管理人的收入，A是管理费，α是管理费率，bX是业绩报酬，β是收益分成比例，C是创业资本金初始金额，r是资金运作的回报率（可正，也可为负），则将$Y=A+bX$扩展为

$$Y = A + bX = \alpha\left(C + C \times \gamma\right) + \max\left(\beta \times C \times r, 0\right)$$

式中，$r>0$时，$\dfrac{\partial Y}{\partial r} = \alpha C + \beta C = \left(\alpha + \beta\right) \times C$。

在设置各参数时，投资者都希望创业投资管理人的收入与其业绩高度相关，业绩收入应大于管理费，否则激励效应不强。近年来，创业投资业竞争加剧，在报酬体系方面更多地出现了保护投资者的趋势，创业投资管理人的收入出现了以下几点变化。

（1）管理费率随着时间而降低，以鼓励创业投资管理人尽早归还投资者的投资成本。管理费率可变，这是因为投资者认为管理费应更能反映创业投资管理人的工作，而在基金运作的初期和中期，创业投资管理人投入劳动较多，因为他们要选择投资机会，组织交易和管理被投资企业；在基金运作末期，创业投资管理人则将注意力放在筹集新基金上，投入的劳动自然较少。为了反映不同的参与程度，许多合同规定在基金运作初期采取比较高的费率，随后逐渐降低费率，这种安排也鼓励创业投资管理人尽早归还投资者的投资资本。

（2）管理费用下降不仅体现在费率上，也体现在收费基数上，即不再以承约基金而代之

以所投资的资金为基数，这导致了较低廉的费用并鼓励创业投资管理人尽可能把签约基金投资出去。这种安排可削弱创业投资管理人不进行投资而坐享管理费的行为倾向。

（3）计算已投出资金时并不是基于投资的初始资本，而是以资产的市场价值为基础，以鼓励创业投资管理人尽可能地把签约基金投资出去，同时减弱创业投资管理人募集超过投资能力的资金的倾向。

（4）基金收益分配模式主要有两种：一是优先返还投资者全部出资和优先收益的分配模式。在这种模式下，投资退出的资金需优先返还给投资者，至其收回全部出资及约定的优先报酬率（通常是 8%年化复利）后，私募基金管理人再参与分配。超额收益是指扣除了门槛收益后的剩余收益，俗称"carry"。一般而言，超额收益中的 20%将分配给私募基金管理人，剩下的 80%将按照投资人各自实缴出资所占实缴出资总额的比例进行分配。这一机制意在鼓励私募基金管理人获取更高的收益。二是逐笔分配模式。基金管理人参与每笔投资退出时的收益分配，以单笔投资成本为参照提取超额收益的一部分作为业绩奖励。逐笔分配模式下投资人收回投资的速度要慢于优先返还投资者全部出资和优先收益的模式。

（5）投资管理行业的收入前景自 2021 年以来不断恶化。对投资管理行业而言，2022 年是艰难的一年。除了利润率承压、通胀高企、利率攀升、地缘政治环境不稳定及供应链问题，2022 年还是自 20 世纪 90 年代末以来债市和股市同时疲软的为数不多的年份之一。相较于其他资产类别，私募资本的表现相对较优，展现了更好的韧性，但总体而言，大部分资产类别的业绩均弱于 2021 年同期。鉴于当前的收入模式与资产管理规模（AUM）紧密相关，在市场低迷期，许多投资管理人的收入预计将下降。根据 2023 年及前两年的德勤专项调研数据，受访者对公司未来一年收入前景的判断越来越不乐观。2023 年，仅 10%的受访者表示公司未来一年的收入前景会有显著改善；相较而言，2022 年和 2021 年持相同态度的受访者比例分别为 20%和 30%。此外，预计未来一年的收入前景将显著恶化的受访者比例有所上升。尽管调研结果表明，2023 年和 2024 年投资管理行业收入或将承压，但由于市场表现、经济前景和地缘政治环境不断变化，投资管理人对收入前景的预期也可能随之变化。

阅读资料 7-2
"东海创业投资"案例说明

第三节　声誉激励

对于创业投资基金和创业投资管理人来说，声誉是一笔宝贵的资产。声誉机制起源于信息不对称，是拥有私人信息的交易一方向不拥有私人信息的交易另一方所做的承诺。创业投资基金和创业投资管理人的声誉既是其长期累计经营的结果，也是其资本运作能力最好的证明。声誉激励与报酬激励相互作用、相互影响，可鞭策创业投资管理人持续努力，同时，创业投资管理人的声誉也对其投资的企业具有深远的影响。

一、声誉激励与报酬激励的相互作用

声誉对于创业投资管理人是一种隐性激励，与显性的报酬激励相互作用。在建立声誉阶段，创业投资管理人的努力程度受到收益分成的影响，而在获得声誉后，高声誉会反过来影响其报酬结构。

在基金成立初期，创业投资管理人往往致力于建立声誉，这是因为良好的声誉对于其后续募集资金至关重要。创业投资管理人要想使声誉有所提高，就必须在前期获得更高的收益，而高收益离不开创业投资管理人自身的能力和努力。事实证明，在考虑声誉效应的情况下，创业投资管理人在前期付出的努力要大于不考虑声誉的情况下付出的努力。而创业投资管理人的努力程度又在很大程度上受到分红比例的影响，分红比例越高，创业投资管理人付出的努力越大。因此，在建立声誉初期，创业投资管理人往往接受较低的管理费用而要求较高的分红比例。

在获得较高的声誉后，创业投资管理人对于可变收益的要求降低，这是因为高声誉本身便意味着努力工作，已经不需要以高额的可变收益去激励创业投资管理人加倍努力。相反地，此时其薪酬的固定部分变高。高声誉的创业投资管理人的收益在很大程度上来自于募集更多的资本并收取较高的管理费用。

当声誉本身成为一项资产时，创业投资管理人会更加努力地工作以维护其声誉。高声誉不仅可以帮助创业投资管理人管理更多的基金，更重要的是可以激励其提高工作效率，并使创业企业从中受益。

二、创业投资机构的声誉对于创业企业的影响

建设现代化产业体系，是党中央从全面建设社会主义现代化国家的高度作出的重大战略部署。"现代化产业体系"为基金发展指明了方向，作为一名创业投资管理人，应将"现代化"作为投资的具体落脚点和先行试验田，通过持续优化的金融服务、丰富多样的投资策略品种及专业务实的风控能力，为客户提供符合其风险偏好的优质产品，形成客户财富管理与优质金融资产的闭环共振，提高声誉。

拥有高声誉的创业投资基金可以为创业企业，尤其是在企业首次公开募股（IPO）后为其带来诸多收益，主要包括以下两个方面。

（1）高声誉的创业投资基金支持的企业在 IPO 后可以获得更高的原始收益。创业企业能得到投资基金的支持，说明其本身已经具备一定潜力，投资管理团队在与创业企业签订协议后，对其实施监督并提供丰富的服务，以帮助创业企业快速成长、实现增值。高声誉的创业投资机构在筛选和引导方面的能力往往胜过中等声誉的创业投资机构，投资者基于对其能力的认可和信任，自然更容易被其所支持的创业企业吸引。

（2）高声誉的投资基金支持的创业企业往往有更好的 IPO 后期表现，包括更高的资产收益率和市场估值等。提高企业的效率是创业投资管理团队的基本目标之一，高声誉的创业投资机构在提高产品质量和降低投入成本两方面都要优于一般的创业投资机构，而这些离不开创业企业对研发的投入。因此，高声誉的创业投资管理团队在监管创业企业时，通常更注重投资研发，在这方面的资本支出比例往往更大，以此来培养并保持创业企业的增长潜力。

　　可见，创业投资管理人具有良好的声誉可使其自身和创业企业双双获益，并最终为投资者实现收益最大化。只要存在有效的创业投资管理人市场，创业投资管理人基于报酬、声誉等的考虑，总是会倾向于选择有利于投资者收益最大化的行为。如此，便可实现投资者、创业企业和创业投资管理人的共赢。同时，作为创业投资管理人，要贯彻落实党的二十大精神，深刻学习领会以人民为中心的发展思想，坚守行业的人民性；继续推动行业在为投资者奉献回报的同时，不断融入国家发展战略，深入贯彻社会责任理念、助力乡村振兴、生态环保与绿色金融，助力实体经济产业升级；不断加大公益和慈善事业投入，助力推动经济社会高质量发展。

阅读资料 7-3
建立基金经理人声誉激励机制的途径

第四节　约束机制

一、个人资金投入且承担无限责任的激励约束

　　要对创业投资管理人进行有效激励，必须要求创业投资管理人投入一定的个人资金，并且承担无限责任，这样才可以将创业投资管理人的责任与创业投资机构的投资失误紧密联系起来。在有限合伙制中，创业投资管理人作为普通合伙人获取期权化报酬是以承担风险为前提的，需要以融资总额 1% 的比例注入个人资金，就创业投资机构的债务向第三人承担无限责任，创业投资管理人的责任与创业投资机构的投资失误紧密联系在一起，导致其必然兢兢业业地运作创业投资机构的资产，因为其对失败所承担的责任最重。投资者作为有限合伙人，只以他们投入的资金为限承担责任。创业投资管理人除以个人资金投入外，还承担无限责任以保证与企业共进退，以示破釜沉舟的决心，无限责任对创业投资管理人形成了激励与约束。创业投资管理人注入个人资金并承担无限责任的机制有效地遏制了创业投资管理人借助内部人控制转嫁投资风险、损害投资者利益的问题，使投资者的利益在制度安排上得到了保障。创业投资管理人以融资总额 1% 的比例注入个人资金，使得他们的利益与其责任紧密相连。虽然 1% 的比例看起来很小，但其绝对额对于管理着上百万甚至上千万基金的创业投资管理人来说并不是小数目。当管理者自己也拥有企业部分所有权的时候，其报酬就天然地与企业业绩挂钩，创业投资管理人在做出投资决策时就会有所顾忌。创业投资是一项风险极高的投资，没有 1% 的资本注入的要求，就不可能牵制创业投资管理人，防止其做出轻率的冒险行为。

　　如图 7-1 所示，通过这样的内部制度设计，让创业投资管理人出资拥有创业投资企业的部分股份，可以使道德风险下降（道德风险成本曲线 2），由此引起代理成本曲线下移（代理成本曲线 2），从而降低代理成本。此时，最低代理成本移至 R 点，显然 R 点的代理成本远远低于 O 点（如图 7-1 所示）。因此，为防止创业投资管理人损害投资者的利益，减少代理成本，对创业投资管理人要求个人资金的投入具有明显的约束作用。

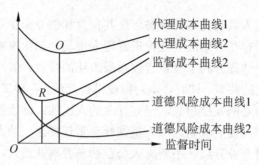

图 7-1　创业投资管理人的代理成本

二、声誉约束

创业投资基金的生命周期是有限的，通常根据投资周期而定，为 7～10 年，创业投资管理人不能永远持有资金。这与其他公共基金或公司无限寿命基金的组织模式不同，固定期限的机制使投资者有权利在未来不再投资于由同一创业投资管理人管理的基金。创业投资管理人要想不断地募集新的资金，就要努力保持和提高自己的声誉，成功的业绩是显示其能力的标志。因此，在有期限的基金中，声誉构成了一种约束机制。

声誉在创业投资行业中特别重要，基金的声誉更是如此。凭借良好的声誉，基金不仅能稳固与既有投资者的关系，还能吸引未来资金的注入。在参与所投资企业的运营中，基金需要与其他创业投资管理人合作，此时，其声誉成为促成联合投资的重要桥梁。同时，在接触并谈判新的投资项目时，基金的声誉更是企业家考量合作的关键因素，可在一定程度上确保双方的信任与合作的顺利展开。在融资过程中，投资者在很大程度上是对创业投资管理人个人的投资，创业投资管理人的声誉是对投资者资金安全性的保障，也是对投资者信任的回报。基金合同的构造体现了创业投资管理人的声誉，投资者可凭创业投资管理人的声誉决定是否投资于他的基金。创业投资基金能否成立和顺利运作取决于创业投资管理人的声誉、过去的经验和业绩，如果创业投资管理人的声誉好、资历深、经验丰富、具有专长等，就能够吸引机构投资者出资组建基金，其他创业投资管理人也会愿意与其联合投资，而且普遍看好其推荐的企业，并能吸引优秀的创业者来寻求投资，在与新的初创企业的管理者进行谈判时，这类创业投资管理人往往表现出极强的谈判能力。创业投资管理人应该提高自身的声誉，因为声誉是一笔无形资产。由于创业资本市场的参与者数量有限，如果创业投资管理人经营业绩不良，失去声誉，就很难再从机构投资者那里筹集到资金，也很难加入其他有限合伙公司，更加难以获得金融行业内专业机构的支持与合作。基于上述压力，普通合伙人会极力维护自身声誉，努力提高创业投资的质量和业绩。

研究表明，成立时间较短的创业投资管理人比成立时间较长的创业投资管理人更重视建立声誉，因为这对组建新基金至关重要。事实上，由于创业投资基金的期限是固定的，创业投资管理人需要不断地募集资金，投资者在基金到期时可以选择是否继续投资于该创业投资管理人管理的基金且投资者可承诺分阶段注入资金，并设计了"无过离婚"条款，即使创业投资管理人没有重大过错，只要有限合伙人对其丧失信心，就会停止追加投资。这增加了投资者与创业投资管理人之间的博弈次数，使得投资者可以区分高能力与低能力的创业投资管理人，并且在基金到期后，创业投资管理人必须归还投资者的本金和收益，这对创业投资管理人来说，增加了动力和压力，减少了道德风险和逆向选择。也就是说，投资者与创业投资管理人之间的博弈不是一次性的，而是重复博弈，投资者可以根据与创业投资管理人的上一次博弈选择声誉高、业绩好的创业投资管理人，创业投资管理人通过比较眼前利益与长远利益，即使没有报酬激励合同，也有履行合同、努力工作的积极性，从而提高创业投资管理人在市场上的声誉，使其不断募集资金，保持与投资者的长期关系，从而获得高额报酬。

第五节　合同限制条款

《私募投资基金监督管理条例》第十一条规定，私募基金管理人应当按照基金合同约定管理私募基金并进行投资，建立有效的风险控制制度；按照基金合同约定向投资者提供与私募基金管理业务活动相关的信息。

投资者和创业投资管理人之间的合同是解决合伙人之间利益冲突的有效文件。创业投资管理人的报酬中有相当大的比例是以类似于期权的性质支付的，在创业投资基金风险越大，创业投资管理人的利益越高的情况下，这种报酬形式可能导致风险过度。而以下几个合同中的关键条款可保护投资者，使创业投资管理人不至于做出对投资者不利的决策，合同安排对资金运用、投资经理行为做出限制，并明确禁止自我交易。

1. 投资范围限制

投资范围限制是指对投资对象的限制。创业投资基金与其他种类基金最大的区别在于它限制创业投资管理人向公共证券投资，这主要是防止创业投资管理人为了稳定获取高额管理费用而将资金投向安全性很高的资产。

2. 投资行业限制

一些中小型基金往往将投资领域限制在某一个或少数几个特定行业，如软件行业、生物医药行业等，目的在于获得专业化投资的好处，并防止创业投资管理人利用信息优势采取机会主义行为。此外，协议还限制创业投资管理人投资其不熟悉的领域。一般来说，合同还允许投资者对创业投资管理人实施一定程度的监管。大多数有限合伙公司往往建立由技术专家、财务专家和管理专家等组成的咨询委员会或咨询小组，为项目筛选或设计提供技术指导和专家管理。有些咨询委员会如同董事会，可以指导和关注创业投资基金的运作，有些还有专门的职责，其中最为重要的是决定投资组合的价值。

3. 投资规模限制

投资规模限制主要是限制创业投资管理人在单项投资中的投资额，以确保创业投资管理人不会为了试图挽救一个理应放弃的项目而向其投入过多的资金。由于近几年来大多数合同保障投资者优先得到回报，创业投资管理人的报酬在相当大的程度上类似于一种看涨期权，从根本上增加了创业投资管理人承担过度风险的物质动力，创业投资管理人往往忽视分散化投资的好处而将资金集中于某一个或少数几个项目，尤其是当其发现投资对象的发展令人失望时仍有可能继续投资以期出现奇迹，这就极大地损害了投资者的利益。因此，绝大多数合

同都明确限制了单一项目投资额度。这种限制可以规定基金投资额的比例或资金资产现值的比例。在某些情况下，协议可能对两三个最大的投资项目的投资总额进行限制。

4．对借入资金投资的限制

作为期权持有人，创业投资管理人往往倾向于利用杠杆融资增加收益的变动性，以增加期权价值，但这样做会给投资者带来不必要的经营风险，因此，投资者通常不允许创业投资管理人向外借款或以基金名义向投资对象提供贷款担保（这样做与直接借款并无太大差别），除非创业投资管理人能获得投资者同意。

5．限制后续基金投资于被同一个创业投资管理人管理的前一基金所拥有的证券

创业投资管理人每隔几年筹集一个基金，因此，一个基金管理公司往往要经营若干个基金，如果各个基金之间相互交易资产，可能引发机会主义行为。例如，在其建立的第一个基金中，创业投资管理人投资了一个企业，但业绩令人失望。从创业投资管理人的角度看，可能认为继续投资是最优的，由于合伙协议对投资额的限制，为了挽救该企业，创业投资管理人的最优策略是利用第二个基金继续对这个企业进行投资，这样可以使其在筹集第三个基金时夸大投资业绩，但这样会损害其所筹集的第二个基金投资者的利益。因此，对于这种行为，大多数合伙协议进行了限制，通常要求创业投资管理人在做出这样的投资前必须取得绝大多数有限合伙人的批准。

6．对投资收益再投资的限制

由于创业投资管理人的管理费用是基于其所管理的资产价值计算的，进行利润分配会减少普通合伙人的收入，况且对利润进行再投资也会增加其投资收益。此外，创业投资管理人希望投资那些在基金到期前不会退出的企业，从而延长基金的存续期。为了保障投资者的利益，合伙协议要求利润的再投资必须在事前得到指导委员会或有限合伙人的批准。

7．对创业投资管理人个人资本投资的限制

协议通常限制创业投资管理人向投资对象投入个人资本。这主要是考虑到一旦创业投资管理人向某个特定项目投入个人资本，则会过分关注该项目而忽视对基金所投资其他项目的管理，在企业应当放弃的时候，也不会终止投资。为解决这个问题，有限合伙协议规定，在创业投资管理人向企业投入个人资本以前，必须得到指导委员会或投资者的同意。有的协议则要求，创业投资管理人要对基金的每一个投资项目都投入一定数量或比例的个人资本。此外，合同规定创业投资管理人不能购买与基金投资企业有竞争关系的企业的股票。

第六节　监督机制

《私募投资基金监督管理条例》第六条规定："国务院证券监督管理机构根据私募基金管理人业务类型、管理资产规模、持续合规情况、风险控制情况和服务投资者能力等，对私募基金管理人实施差异化监督管理，并对创业投资等股权投资、证券投资等不同类型的私募基金实施分类监督管理。"

除了国家的外部监督，在机构内部，公司制创业投资组织中行使监督权利的机构主要是监事会，监事会是由股东（大）会选举出来的对股东大会负责，对公司财务及公司董事、总裁、副总裁、财务总监和董事会秘书履行职责进行合法性监督的监督机构，它设立的目的是维护公司及股东的合法权益。

有限合伙制创业投资基金在实际运行中借鉴了公司制的一些做法，使管理团队不再是一群一般合伙人组成的"人的聚合"，而是一个自身便具有高度组织性的机构，同时使有限合伙人可以更好地监督一般合伙人的行为。在有限合伙制创业投资组织中，监督机构主要由四部分组成，分别是有限合伙委员会、专家咨询委员会、投资决策委员会和风险控制委员会，其中专家咨询委员会、投资决策委员会和风险控制委员会属于决策咨询类机构，有限合伙委员会是投资者选出的代表有限合伙人利益的组织，主要职能是提出对合伙合同的修改、创业投资管理人的聘用及解雇、解除合同关系、延长投资基金的存续期等事项，并对合伙企业的日常运作管理及专家咨询委员会、投资决策委员会、风险控制委员会进行监督。

有限合伙委员会的设置可以有效保护投资者的利益不被损害。专家咨询委员会主要是由科技专家组成的机构，其主要工作职能是对投资项目的先进性和前景进行分析和判断，防止创业投资管理人做出过分冒险的行为，有效地监督创业投资管理人的行为。投资决策委员会主要是由投资专家、市场专家、财务专家、工程专家等组成的组织机构，其主要工作是对通过项目初选的投资项目进行尽职调查，为创业投资管理人决定是否进行投资提供有效的建议。风险控制委员会主要是由市场专家、财务专家等组成的机构，对投资项目进行实时跟踪并做出分析，为创业投资管理人投资的项目提供咨询意见，最大限度地减少投资过程中可能遇到的各种风险。有限合伙委员会、专家咨询委员会、投资决策委员会和风险控制委员会相互合作、积极配合，是有限合伙制创业投资机构中主要且非常重要的监督机构。

阅读资料7-4
美国创业投资委托代理问题的解决经验——
重大决策及咨询机构

 思考题

1. 近年来，创业投资管理人的收入合同有哪些变化趋势？

2. 创业投资管理人的融资能力、努力程度、声誉及报酬是如何相互影响的？

3. 个人资金投入且承担无限责任的好处有哪些，对我国公司制的创业企业有何启示？

4. 有人说，创业投资管理人是"航海舵手"，企业方是"船长"，而投资者则是"船主"，你赞同这个观点吗？为什么？

第八章

创业投资项目的定性评估

问题在于判断创意、人以及他们之间可能组合的价值，这是一项非常困难的任务。

——创业投资先驱多里特将军

核心问题

1. 创业投资项目的评估过程是怎样的？
2. 商业计划书的撰写与评价怎样实施？
3. 尽职调查的作用及主要内容是什么？
4. 创业投资项目的评估准则是什么？

学习目的

1. 了解创业投资项目的评估过程与准则。
2. 学习撰写与评价商业计划书。
3. 了解创业投资的尽职调查。
4. 掌握创业投资项目的筛选策略。

引例	
翼菲自动化获常春藤资本 B 轮融资	

第一节　创业投资项目的评估过程

创业投资的一个重要特征是以极具发展潜力且存在相当大市场风险的创新企业为投资对象，虽然这种投资一旦成功，收益是相当高的，但创业投资的失败率高达 60%～80%，风险极大，也就是高风险、高收益，而项目评估过程本质上就是价值发现和风险过滤的过程，它是成功运作一个创业投资项目的重要前提。

由于创新企业没有可抵押的物品，以稳健经营为策略的银行基本不能为其提供大额贷款，而这类企业也没有能力到股票市场上筹集资金，因而难以筹集创业资金。为了筹集到资金，创业企业家往往隐瞒关于项目质量的真实信息，夸大其收益，对导致风险的因素不提或少提，因而产生了逆向选择。对于创业投资机构来说，如何从成百上千的投资申请中筛选出高质量的创业项目，以便减少信息不对称，避免逆向选择，是其运作过程中极为重要的问题之一。由此，关于项目的定性评估在创业投资中显得尤为重要，评估过程目前主要分为以下六大步骤。

一、项目收集

项目的收集主要通过三种渠道将不同行业、不同发展阶段的大量的商业计划书汇集起来：一是由创业者主动向创业投资公司提交商业计划书；二是创业投资者主动扩展项目渠道，接触创业项目，如参加各种形式的洽谈会、展览会等；三是通过第三者介绍，如项目中介和拥有广泛人际关系的个人等。

二、初步筛选

项目的筛选是一个"大浪淘金"的过程，创业投资者通过阅读创业者提交的商业计划书，凭自己的经验和已有的知识做出判断，并根据创业投资机构有关的投资战略（投资行业、投资区域、投资阶段、投资规模）的筛选准则，快速过滤不合适的项目，不过该过程并不具体地对申请项目进行详细分析和深入调研。60%～70%的候选投资项目或企业会在这一早期浏览阶段过滤掉。就股权类项目，项目组需对标的企业进行初步审核，提交标的企业的评价报告，报告需包括以下内容。

（1）对企业的基本介绍及分析，包括企业所处行业的发展状况和前景、企业自身所处阶段及业务概况、企业后续发展规划及成长性。

（2）对核心人员的基本介绍及分析，包括创始团队、管理团队、核心技术人员的概况。

（3）对拟议项目的核心投资要素（包括但不限于交易结构、规模、期限、价格、主要交易对手、退出方式、主要风险）的整理说明及内部评价。

三、立项审查

业务部门对项目组提供的项目材料进行审查，就投资可行性、合规可行性、收益可行性、退出可行性、风险可控性等是否符合公司准入要求进行审查，并根据投资规模、投资期限/资产流动性、投资价值/预期收益率、潜在风险及相应风控措施等情况初步判断是否立项。

立项信息表及材料的内容需包括但不限于以下几个方面的内容。

1. 业务承接情况

业务承接情况包括项目负责人、业务发起部门、项目组及成员、项目跟投情况等。

2．项目来源情况

项目来源情况包括推荐单位、推荐人、联系方式、关联关系（如有）等。

3．标的基本情况

投资标的基本情况包括投资标的主体信息、历史沿革、股权结构、投资标的的财务与经营情况、业务情况（产品情况、技术情况等）、人员情况、可比公司等。

4．业务模式或投资初步方案

业务模式或投资初步方案包括但不限于投资金额、投资标的性质、投资期限、投资标的估值、交易流程和模式、其他核心条件（如董事会席位）、回报预测、退出方式等。

5．项目存在的风险和问题及风险防控措施

项目存在的风险和问题及风险防控措施包括但不限于从市场、技术、财务、法律、人力资源、供应链、政策等方面的考虑。

6．总体评价

总体评价包括业务部门对投资可行性、合规性、收益可行性、退出可行性、风险控制性等的综合评价。

项目立项材料可参照上述内容、并根据项目的具体情况进行相应的调整和简化。

7．立项通过

项目立项通过后，业务部门需在立项会召开后三个工作日内完成立项审批流程并抄送合规风控部。立项通过后，业务部门可牵头开展尽职调查和核心权利、义务的沟通磋商工作。业务部门与合规风控部协商一致可视情况聘请中介机构，协同前述工作开展。

四、尽职调查与风控沟通会

1．尽职调查

业务部门负责人为每项投资指定项目负责人，项目负责人根据情况组建尽职调查团队，执行投资标的的尽职调查工作。项目负责人需在开展尽职调查工作前通知合规风控部，合规风控部可视项目情况参与尽职调查工作。尽职调查工作具体需严格按照《尽职调查管理办法》执行。尽职调查工作完成后，业务部门需在此基础上制定初步投资方案，初步投资方案需经业务部门和分管领导审批。

2．风控沟通会

尽职调查及初步投资方案制定完成后，项目组需形成投决报告初稿，至少提前五个工作日将投决报告初稿、尽职调查报告及尽职调查基础资料等材料发送至公司合规风控部。合规风控部复核后牵头召集风控沟通会，主要由合规风控部和业务部门参会，可视项目情况邀请其他部门及外部中介机构参会。风控沟通会主要围绕项目的合规性、各种风险及其控制措施、尽职调查工作及流程是否符合公司的有关规定进行讨论。召开风控沟通会之前，合规风控部需根据项目材料复核情况出具问题清单，项目组需书面答复问题清单及落实情况并将相应资

料反馈至合规风控部。业务部门与合规风控部无重大分歧且项目无不合规问题，可推进投资决策委员会上会流程。

五、投资决策

1. 投资决策委员会送审

风控沟通会后，项目组可根据项目情况提请召开投资决策委员会，同时应当指定专人准备投资决策送审材料并至少提前五个工作日将材料提交给公司投资决策委员会秘书（即合规风控部）。合规风控部需在收到送审材料后协调会议时间、落实召开会议并在召开会议之前将送审材料发送给公司投资决策委员会委员进行审核。送审材料包括：项目投决报告、尽职调查报告、风控沟通会问题清单、合规风控部或投资决策委员会要求提交的其他文件。

2. 投资决策委员

投资决策委员会内部委员名单由经营委员会决定。

投资决策委员会决议事项：投资决策委员会对上报的项目方案进行投资决策，并对下列事项做出决议。

（1）对是否同意投资给予明确意见。

（2）对项目要素的调整给予明确意见。项目包括但不限于目标企业、投前（或投后）估值、投资比例、对赌条款、出款条件、董事或监事席位及外派人员、项目跟投等。

（3）其他投资决策委员会认为应当决议的事项。如项目存在团队（包括但不限于项目负责人、项目组成员、其他委员或员工）跟投情况，项目组需在投资决策委员会上主动披露跟投主体、金额及合理性，并由投资决策委员会做出决议。

（4）投资决策委员会结论。投资决策委员会会议形成相关决议，由投资决策委员会委员确认。会议期间，合规风控部指定人员记录会议内容并整理形成会议纪要，发送投资决策委员会委员及项目组成员。

（5）投资决策委员会通过。投资决策委员会审议通过规则根据公司管理的基金对应的投决会议事规则操作。

六、投资实施

1. 协议修订磋商

经投资决策委员会审议通过后，项目组结合项目谈判情况、投资决策委员会意见等修订投资相关协议，并与投资项目方进行沟通磋商，必要时可由外聘律师参与。

2. 协议确认

投资相关协议由项目组发起，需经项目组负责人、业务部门负责人、合规风控部确认。如投资相关协议与投决报告和决议内容存在差异，项目组需向投资决策委员会说明情况，再次提交投资决策委员会确认。

3. 签约后跟踪

签署投资相关协议之后，在未向交易对手划拨资金前，项目组应对投资项目进行持续跟

踪，并在划拨资金前就其重大变化和可能影响投资决策的重大事件进行补充说明。

4．出款

涉及划款等事项时，项目组必须提前两周告知财务部用款金额及时间。经办人根据创业投资机构的财务会计制度制定相关出款审核及审批表，经项目负责人、财务部负责人、合规风控部负责人及公司领导审批同意后方可实施出款手续。

5．工商/协会手续

出款后，项目组需跟进并协助项目方办理工商注册/变更登记或基金业协会备案/变更登记手续。

阅读资料 8-1
张少婧（2015）将创业投资过程分为十一个步骤

第二节　项目的筛选与挖掘

项目的筛选与挖掘指的是对投资哪些项目进行挖掘查找，以及对是否投资项目进行筛选。一般来讲，投资项目的筛选与挖掘是投资活动前期最为重要的一步。如果投资项目的筛选与挖掘出现问题，那么整个投资活动就危如累卵。

一、项目筛选的要点

1．投资者关注的要点

投资者在投资项目时所关注的要点对其做出投资决策具有很大的影响，主要包括客户需求、产品的可替代性、市场规模与成长性、团队的经验、CEO、竞争状况、产品和服务优势、未来资金的需求、研发进度及可能的退出计划。

2．不同发展阶段的筛选要点

项目发展阶段一般分为种子期、初创期、成长期、扩张期和成熟期五个不同时期。对于处于不同发展时期的公司，投资者关注的要点也有所不同。

（1）种子期的筛选要点：创意、创始人的商业经验、产品或服务的市场需求。

（2）初创期的筛选要点：确认市场需求、产品研发和制造、制订和执行业务计划、组建创业团队。

（3）成长期的筛选要点：营销渠道、管理体系建立、战略性资源和合作、制定中期战略、提升管理团队。

（4）扩张期的筛选要点：战略的有效性（规模扩张和取得竞争优势）、体系驱动、创始人授权。

（5）成熟期的筛选要点：借用资本手段扩张、战略转移等。

二、商业计划书的撰写

商业计划书的一个重要职能是影响投资者决策，创业投资管理人必须通过商业计划书向投资者证实该商机值得追寻，并提出实现这一商机的手段。

对创业者而言，了解商业计划至关重要，商业计划并非一份合同或一份预算，而是有关新企业的一个故事。

1. 商业计划书的作用

商业计划书是创业企业向外界展示其商业模式、市场策略和发展潜力的重要文档。不仅可以帮助创业企业厘清自身的发展方向，还能作为创业企业的自我推销工具，为创业企业提供向潜在投资者、供应商、商业伙伴和关键职位应聘者展示自身如何通过各部分的有机结合实现其使命和目标的组织能力。

商业计划书需要回答以下 10 个重要问题（见表 8-1），无论是对投资者和合作伙伴判定创业企业可行性来说，还是对商业计划制订者来说，都至关重要。

表 8-1　商业计划必须回答的 10 个重要问题

1. 你是做什么的？你的业务仅是一个创意设想，还是一个有现实潜力的创业机会？
2. 你发现了用户或者行业有什么大的痛点？
3. 你是如何解决这个痛点的？你的方案有什么特别之处？你的产品或服务是否可行？它能给客户带来重大价值吗？是否完成了可行性分析？如果是，结果如何？
4. 企业有明确的目标市场吗？你的目标用户是谁？估计市场容量有多大？
5. 你了解市场上的竞争对手吗？竞争对手会对企业的进入做何反应？你如何打败竞争对手？
6. 你是怎么赚钱的？整个商业闭环是怎么实现的？你是否有一个令人振奋而又切合实际的商业模式？你的商业模式会被其他企业模仿吗？或者，你能否通过专利、版权或者其他手段来捍卫自身产品/服务的地位？
7. 你现在做出了什么成绩？有无财务营收数据，用户数据或者能证明实力的数据？
8. 你的团队有什么过人之处？管理团队是否有足够的经验和技能来创业？
9. 财务预测是否现实？是否预测了企业的光明前途？你期待的融资额是多少？用途是什么？
10. 企业面临的关键风险有哪些？管理团队是否有应急计划以及能否应对风险带来的现实问题？

2. 商业计划书的内容

企业的商业计划书往往决定了投资者对企业的第一印象，如果计划不完善或漏洞百出，很容易让投资者认为企业本身也不完善或漏洞百出。商业计划书的撰写应遵循一定的结构，要便于投资者轻松找到关键信息，不能让投资者产生大海捞针的感觉。一般来说，商业计划书应包含以下内容。

（1）执行概要。

①企业概述：简要介绍企业的核心理念和业务模型。

②市场机遇：描述目标市场的主要机会。

③竞争优势：突出企业相对于竞争对手的优势。

④财务概览：提供财务状况的高层次视图。

⑤发展计划：概述企业的短期和长期目标。

（2）企业概述。

①现状与愿景：说明企业的当前状态和未来发展方向。

②市场机会：详细描述识别到的市场机会或未被满足的需求。

③使命与目标：明确企业的使命宣言和具体目标。

④成长里程碑：列出企业发展的关键事件和成就。

（3）管理团队。

①管理团队：描述管理经验、管理能力和技术专长。

②董事会：列出董事数量和董事会构成。

③顾问委员会：简要介绍顾问数量、顾问委员会构成和运作方式。

④专业服务机构：概述法律公司、会计公司、企业咨询机构。

（4）组织结构与知识产权和所有权。

①组织架构：展示企业的组织结构图和管理团队的关系。

②法律形式与所有权：阐明企业的法律结构和所有权分配。

③知识产权：列出企业的专利、商标和版权等。

（5）行业与市场分析。

①行业趋势：分析目标行业的发展趋势和特征。

②目标市场：描述企业的目标市场和潜在客户。

③竞争分析：使用工具如五力模型来分析市场竞争状况。

（6）营销策略。

①产品与服务：详细介绍产品或服务的特性和优势。

②营销组合：阐述企业的定价、渠道和促销策略。

③市场进入：描述如何将产品或服务推向市场。

（7）财务规划。

①资金需求：明确企业的资金需求和使用计划。

②财务预测：提供财务预测，包括收益表、资产负债表和现金流量表。

③退出策略：描述投资者的潜在退出途径和时机。

（8）风险评估。

①关键风险：识别企业可能面临的主要风险。

②应对措施：提出相应的风险管理和缓解策略。

（9）附录。

补充材料：包括管理团队简历、产品原型、详细财务数据等。

通过上述结构的梳理，商业计划书应当清晰、有序地展示企业的价值主张、市场定位、竞争优势和财务规划，同时为潜在投资者提供全面的信息，以便他们做出明智的投资决策。

三、商业计划书的评价

1. 管理团队

（1）风险投资者（VC）有关"人"的问题。阅读商业计划书或评估企业时，风险投资者（VC）通常都是从履历部分开始，而不是从企业描述部分开始。风险投资者（VC）会提出一系列问题，具体如下。

①创立者是谁？他们过去在哪里任职？有什么样的技能？

②他们是否拥有与他们现在所追求的目标相关的经验？

③他们认识哪些人？又有哪些人认识他们？

④他们能适应环境的变化吗？团队将如何面对逆境？

⑤团队里还需要哪些人？创立者是否需要招募高素质的人才？

⑥他们有勇气面对不可避免的、必须做出的艰难抉择吗？

⑦他们的动机是什么？

⑧他们如何履行对企业的承诺？

⑨怎样才能得到团队中每个成员的客观信息，包括他们如何一起工作？

⑩如果一个或更多的团队成员离开，将产生怎样的后果？

从履历部分开始阅读商业计划是职业创业投资者的常识，成功的创业者有两个特征：他们了解别人，别人也了解他们。

①创业者了解他们所要融资创立企业所处的行业，了解关键的供应商、客户和竞争者。

②他们了解可以为他们的团队做出贡献的有智慧的人。

③他们在该行业也是为人所熟知的：人们可以评价他们的能力，也可以向职业创业投资者这样的资源供给者提供客观的评价。

④尽管新公司面临许多显而易见的风险，但是供应商、客户和职员仍然愿意跟他们分享。

（2）优秀创业者的素质。由于再好的产品与营销模式都是靠"人"，而且是有组织的"人"来完成的，所以考察创业者的综合素质是审查商业计划书的最重要内容。尽管对于不同的行业与企业，对创业者素质的要求会有所不同，但通常而言，一个优秀的创业者必须符合以下十大标准。

①忠诚正直。

②致力于创建伟大的企业，而非仅为赚钱致富。

③敢于抓住稍纵即逝的商机，但只承担有限风险。

④具有敏锐的判断能力和准确的预见能力。

⑤具有丰富的想象力且务实。

⑥信念坚定，但能根据新情况随时调整。

⑦既具有坚定的自主意识，又能与人合作。

⑧既精力充沛，又能紧张而有秩序地工作。

⑨乐观豁达、坚韧不拔。

⑩既敢于承担责任，又能急流勇退。

（3）创业团队评估。一个好的管理团队对于创业企业的成功起着举足轻重的作用，创业企业的发展潜力与企业管理团队的素质有着十分紧密的联系。具有较高发展潜力，建有一支高素质的管理团队，才是一个能够创造重要价值并有收益选择权的企业。对创业团队的评估包括以下内容。

①创业团队成员的教育经历与背景，从事商业活动的资历与经验，在业内的名气与信誉等。

②对生产技术人员来讲，除考虑对已有技术的掌握和将技术转换成产品等能力以外，还要注重考察其持续研发与创新的能力。

③对创业者及其管理团队的考察重点为其内部组织及协调能力，团队的结构合理性及健全性。例如，管理团队是否具有将企业内部的知识和信息等资源作为智力资本与资金资本相结合向外转化为争取市场竞争优势手段的技能。这是对管理团队企业战略、市场营销、人力资源组织与管理、财务运作、研究开发与生产运作等方面素质的全面考察。

④具备经验、技术与管理技能很重要，但是创业资本家在对人的评估过程中，看重的是经过整合的团队对所运行的企业和从事的职业的献身精神。怀有这种献身精神可以使团队成员在企业成长过程中齐心协力，克服一切困难。

⑤成功的创业企业将某些创业理念、创业态度作为实现公司未来愿景的关键。它们指导团队如何精诚合作、荣辱与共，从而获得成功，报酬、补偿和激励机制也都以此为基础。

创业带头人能否精心构筑公司愿景并据以带领、激励、说服和引导关键人员参与实现企业目标是决定整个企业成败盈亏的关键，也是决定企业最终大获全胜还是变卖企业以偿还个人承诺的高额负债的关键。

成功的创业企业的文化各有不同，但也有共同点，如表8-2所示。

表8-2　成功创业企业的文化共同点

共同点	内容
凝聚力	每一个团队成员都必须认识到团队应紧密联系、缺一不可。唯有企业整体的成功才能使所有人获益。任何个人都不能撇开企业的整体利益而单独获利，团队中任何一个成员的失误都可能对整个企业的利益造成负面影响，从而影响每一个成员的利益
合作精神	团队具有整体协同合作的特点，出色的团队注重互相配合以减轻他人的工作负担，从而提高整体效率
完整性	任务的完成必须建立在保证工作质量、员工健康或其他相关利益不被侵犯的基础上。在艰难的选择和利弊权衡中应综合考虑顾客、企业利益及价值创造，而不能以纯粹的功利主义或狭隘地从个人或部门需求的角度来衡量
立足长远目标	创业企业的兴衰存亡取决于其团队的敬业精神，一支敬业的团队，其成员会朝着企业的长远目标努力
立足于价值创造	团队成员都应致力于价值创造，即通过不同的途径把蛋糕做大，从而使所有人都能获利
收获的观念	成功收获是创办企业的目标，这意味着最终获得的资本收益是衡量成功程度的标准，而非每月的薪水
公正性与共同分享收益	对优秀员工奖励及职工股权计划的设计应与各人在一段时期内的贡献、工作业绩和工作成果挂钩。在企业收获期要尽量使创业者与关键员工公平公正地分配所获收益

2．产品或服务

促使一个企业快速成长的关键在于企业所经营的产品或服务是否满足以下几点要求。

（1）能够创造出新市场而又不太超前。如果企业的产品或服务只能满足既有市场的有效需求，而不能创造出新的有效需求即创造出新市场，则这个企业注定不会再有潜力，所以，对其进行创业投资的收获不大。如果其产品或服务必须等到二三十年以后才会产生有效需求，那么创业投资机构也不会对它进行投资，毕竟对于一项创业投资而言，通常是希望在投资 3～5 年后就能退出获利。所以，所投资企业的产品或服务被市场接受的过程一般不应超过 3 年。由此可见，创业投资宜选择那些生产"市场驱动型"企业。

（2）具有足够大的市场规模。如果产品的市场规模太小，无论创业项目运行得多么成功，也无法发展成为能够在市场上居于领先地位的企业。如果有足够大的市场规模，则可以为企业的高成长性奠定基础。

（3）具有独占性。即使所生产和经营的产品能够创造出新市场且所创造出的新市场规模足够大，若该产品特别容易被模仿和替代，则企业也很难保持持续的高成长性。产品的独占性可以维持企业所具有的持续的高成长性。

（4）具有价格优势。产品的定价必须是在考虑各种因素的基础上形成的，包括产品的技术先进性、市场饱和度、客户依赖等。同时，要避免定价过高而导致销量骤减，或与竞争对手进行恶性价格战的局面。

3．商业模式

商业模式是创造价值的核心逻辑与企业成长的根本动力。如今企业的竞争已经不仅仅是产品的竞争、品牌的竞争和营销的竞争，更深层次的是基于商业模式层面的创新竞争。一旦企业创造了独具价值的模式，就有可能独领风骚，成为时代标杆。成功的企业都有赖以成名的商业模式，每一个成功的模式都有其价值创新的核心链条。商业模式具有以下三个要素。

（1）企业客户价值主张，也就是企业卖的到底是什么，企业能否在所有的同行、所有的行业习俗都规定了的卖点之外，找到一个独特的卖点。

（2）企业有没有跟自身产品卖点真正匹配的、独享的资源和独善的能力，也就是凭什么是你卖而不是别人卖。

（3）企业的盈利模式是怎样的。

4．企业的营销模式

无论多么好的产品，都需要经过适当的生产与销售才可能有效实现其价值，所以，审查完企业的产品状况，即应当审查企业所依托的营销模式。在审查创业企业的营销模式时，必须审查以下四项内容。

（1）市场销售的客户取向。

（2）对竞争对手的分析与竞争策略，如谁是主要的竞争对手？它们的市场份额是多少？与竞争对手相比，本企业的优势、劣势分别在哪里？

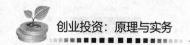

（3）市场营销战略：价格战略、产品定位或者其他战略。

（4）生产流程与售后服务。

5．财务状况

如果说通过商业计划书审查企业的产品、营销模式和企业组织管理体系是了解一个创业企业是否具有持续的高成长性的关键，那么对企业财务状况等定量指标的审查则是对这种定性审查的精确化。没有财务规划的企业，就是没有财务方向的企业。尽管有关财务状况的许多指标都有待于在今后的尽职调查中查实，但一份合格的商业计划书至少应当体现以下有关财务状况的基本分析。

（1）企业目前的资产负债状况与股权比例。

（2）企业近3年的资产负债与股权变动情况。

（3）提供投资后的资产负债与股权比例。

（4）资金运用计划。

（5）有关损益与现金流量的盈亏平衡分析。

（6）其他融资计划。

（7）利润预测与资产收益分析。

（8）投资者回收资金的可能方式、时机与获利情形。

6．风险因素

通常而言，一份好的商业计划书会提示创业过程中的一些风险因素，并估计其发生的概率，提出应对策略。主要包括以下六个方面的内容。

（1）产品风险：包括产品设计风险、产品功能质量风险、产品入市时机选择风险和产品市场定位风险等。主要是指产品在市场上处于不适销对路时的状态。

（2）市场风险：由于基础资产市场价格的不利变动或者急剧波动而导致衍生工具价格或者价值变动的风险。主要是指由于市场波动导致价值变动的状态。

（3）管理风险：管理运作过程中因信息不对称、管理不善、判断失误等影响管理的水平。主要是指由于管理不善而导致的损失的状态。

（4）财务风险：企业在经营过程中，由于种种原因，导致企业经营管理不善，造成资金短缺、周转困难，从而造成一定损失，或者出现破产倒闭情况的风险。主要是指由于财务管理不当而导致损失乃至倒闭的状态。

（5）经营环境风险：包括法律法规环境、市场竞争环境等环境不确定性导致的经营状况波动而产生的风险。主要是指由于企业及产品所处时空等条件变化时导致损失的状态。

（6）法律风险：由于合约在法律范围内无效而无法履行或者合约订立不当等原因引起的风险。主要是指由于缺乏法律效力而导致损失的状态。

7．环境分析

外部环境会对创业产生正面或负面影响，商业计划书应该明确对外部环境因素的充分认识及管理层对可能出现情况的应对策略，如针对可能出现的政策变化、经济增长的减缓或加速、人民币升值或贬值等因素所带来问题的应对措施。

第三节　项目背景评估和市场研究

　　一个项目成功与否不仅仅取决于项目本身，更取决于项目背景及对项目所在行业的研究。如同离开了适合的土壤，鲜花便不能生长一样，一个成功的项目势必离不开适合其发展的背景及市场。因此，对项目背景的评估及对市场的研究是十分具有实际意义的。投资项目概况评估，是指项目评估者根据投资者提供的有关资料，围绕项目提出背景、可行性研究报告的编制情况、项目发展概况和项目投资环境等方面所做的考察与评估工作。

一、项目背景的评估

1. 政策背景分析和评估

　　产业政策是政府为了实现一定的经济和社会目标而制定的有关产业的一切政策总和，是政府对未来产业结构变动方向的干预，是为了弥补市场机制可能造成的失误而由政府采取的一些补救政策。产业政策对投资项目的建设具有指导作用，政策背景分析就是分析项目的建设是否符合这一时期国家的产业政策。这种分析通常涉及政府政策支持、法律法规环境、行业政策倾向、资金支持和融资环境、国际环境和竞争、创新生态系统建设等多个方面。通过全面分析这些因素，投资者可以更好地了解创业投资的环境和机会，从而制定更有效的投资策略。

　　（1）政府政策支持。分析政府对创业投资的政策支持程度，这可能包括税收优惠、创业孵化基金、创业园区建设等措施。了解政府政策的意图和重点有助于判断创业投资的发展方向和机会。

　　（2）法律法规环境。分析相关的法律法规对创业投资的影响，包括公司注册、知识产权保护、劳动法规等方面。了解法律环境是否有利于创业投资的发展，以及是否存在法律风险，对于投资者来说至关重要。

　　（3）行业政策倾向。分析政府对不同行业的政策倾向，有些行业可能会受到更多的政府支持和鼓励，如新能源、生物科技等。了解政府对特定行业的支持程度有助于投资者选择投资方向。

　　（4）资金支持和融资环境。分析政府提供的资金支持措施，如创业基金、创业投资基金等。同时，分析金融市场的融资环境，包括风险投资、私募股权融资等渠道的发展情况。了解资金支持和融资环境对创业企业的影响有助于评估投资机会。

　　（5）国际环境和竞争。分析国际创业投资的发展趋势和竞争态势。了解国际上的创业投资环境和机会有助于投资者更好地把握国内外市场的机遇和挑战。

　　（6）创新生态系统建设。分析政府对创新生态系统建设的政策措施，这可能包括科技园区建设、创业导师计划、科技创新基地等。了解创新生态系统的建设情况有助于投资者评估创业投资的发展前景。

2. 区位背景分析和评估

　　创业投资中的区位背景分析和评估是指对投资项目所处地理位置的情况进行详细研

究和评估。地理位置的选择对于创业企业的成功至关重要，因为它会影响项目的市场准入、人才获取、资源优势等方面。区位背景的分析和评估涉及地理位置优势、人才和人力资源、创业生态系统、产业集聚效应、政策支持和环境、市场发展潜力及风险评估等。通过全面评估这些因素，投资者可以更好地选择合适的地理位置，为创业项目的成功提供有力支持。

（1）地理位置优势。评估项目所处地理位置的优势，包括市场接近度、交通便利性、资源丰富度等。优越的地理位置可以为企业提供更好的市场准入和资源获取条件。

（2）人才和人力资源。分析所选区域的人才储备情况，包括教育水平、专业技能、人才流动性等。一个拥有丰富人才资源的地区有助于企业吸引和留住优秀的人才。

（3）创业生态系统。评估所选区域的创业生态系统建设情况，包括孵化器、加速器、创业投资机构等资源的分布和发展状况。一个成熟的创业生态系统可以为企业提供良好的创业环境和支持服务。

（4）产业集聚效应。分析所选区域的产业集聚情况，了解该地区是否有相关产业的集聚优势。产业集聚可以带来资源共享、技术创新、市场扩展等好处，有助于企业提高竞争力。

（5）政策支持和环境。评估所选区域的政府政策支持和投资环境，包括税收政策、创业补贴、行政审批效率等。一个友好的政策环境可以为企业提供更多的支持和便利。

（6）市场发展潜力。分析所选区域的市场发展潜力，包括市场规模、增长速度、消费能力等。选择一个具有良好市场前景的地区可以为企业的发展提供更大的空间和机会。

（7）风险评估。评估所选区域的风险情况，包括自然灾害风险、政治稳定性、经济发展状况等。选择一个相对稳定和安全的地区可以降低企业的经营风险。

3．项目定位分析

项目定位是确定项目战略方向的核心和重点：有两个基本的层面，即市场定位和目标客户群定位。市场定位是项目策划的核心、本源，是项目全程策划的出发点和回归点，是在项目策划初期就必须首先明确的。在市场定位的前提下，要让目标客户群浮出水面，主要包括消费者构成、产品替代可能性、行业动态活动、供应者构成、市场进入可能性等。

项目定位分析通常运用 SWOT 分析、波特五力模型、三相交定位法、可行性分析等对项目的定位是否合理做出全面的分析与评估。

可行性分析是最为重要的一环，主要是通过可行性报告进行评估，项目的可行性报告是否过关直接影响到项目本身是否有落地可行性及投资收益性。

4．对可行性研究报告的考察和评估

可行性研究报告目前没有一个统一的格式，但是通常包括市场前景可行性、技术方案可行性、财务可行性、融资方案可行性等，也包括对是否满足国家产业准入条件、环保法规要求等方面的论述。

根据委托人的要求，在可行性研究的基础上，按照一定的目标，由另一咨询单位对投资项目的可靠性进行分析判断、权衡各种方案的利弊，向业主提出明确的评估结论。

二、市场分析

1．市场分析的意义

市场分析是对市场供需变化的各种因素及其动态、趋势的分析。分析过程是：收集有关资料和数据，采用适当的方法，分析研究、探索市场变化规律，了解消费者对产品品种、规格、质量、性能、价格的意见和要求，了解市场对某种产品的需求量和销售趋势，了解产品的市场占有率和竞争单位的市场占有情况，了解社会商品购买力和社会商品可供量的变化，并从中判明商品供需平衡的不同情况（平衡或供大于求，或供不应求），为企业生产经营决策（合理安排生产、参与市场竞争）和客观管理决策（正确调节市场，平衡产销，发展经济）提供重要依据。

通过市场分析，可以更好地认识市场的商品供应和需求的比例关系，采取正确的经营战略，满足市场需要，提高企业经营活动的经济效益。同样地，投资者可以通过市场分析明确该项目是否具有投资价值，以及其相较于其他市场、其他行业是否更具有发展性。

2．市场分析的内容

市场分析的内容主要包括市场环境分析、市场现状分析、市场预测、市场细分和市场定位、项目竞争力分析、项目产品分析、市场营销策略分析。

（1）市场环境分析。市场环境分析包括政策环境分析、经济环境分析、自然和资源环境分析。政策环境分析是分析政策、产业环境及区域性（微观）政策。经济环境分析是对项目所在国家或地区的整体宏观经济发展情况，以及项目所处行业（产业）和相关行业（产业）的发展情况的分析。自然和资源环境分析是与项目相关的自然和资源环境包括原材料的供应、交通运输、人力资源及相关产业发展情况等诸多方面的分析。

（2）市场现状分析。市场现状分析包括市场需求现状分析、市场供给现状分析、市场供求现状综合分析。市场需求现状分析就是分析产品现阶段的市场销售总量，销售量的历史水平及变化趋势，有效需求和潜在需求，消费偏好的改变对产品类别、特点更新的影响，分析影响目前销售量变化的主要因素，为需求预测提供依据。市场供给现状分析的具体内容有国内外市场的总体供给能力，供给的地区分布状况，主要生产企业的生产能力、产量、品种、性能及质量水平，影响总供给的主要因素等。

市场供求现状综合分析是在了解了项目产品的市场容量和供求现状后，根据历史数据分析目前供求平衡状况。主要分析如下。

①市场是供不应求还是供大于求，其形成的原因和发展趋势、行业平均利润水平、行业竞争水平等。

②需要获取并分析产品目前的价格水平，包括产品价格的历史走势、影响价格波动的主要因素等。

③分析价格的形成机制，是市场定价还是行政控制价格，有无行业垄断或倾销；价格对行业利润率和行业竞争度的影响；国际、国内市场价格变化有无相关性，关联程度的大小等。

（3）市场预测。市场现状分析的基础数据和结论是市场预测的前提和基础，市场预测是市场现状分析的进一步拓展和深入，是得出项目评估结论的主要依据之一。

①市场预测的原则：以历史数据为基础，以国内外经验数据为参考，以经济预测模型分析为主要手段，定性分析和定量分析相结合。

②市场预测的内容：产品未来的供应量、需求量，产品价格变化趋势，主要原材料供应价格，市场容量和产品饱和度，市场分布情况，主要竞争对手的竞争力和市场份额，项目实施后预计所占的市场份额及项目产品预计的市场价格等。

对市场需求进行预测，不但要参考历史增长率，还要分析影响需求变化的其他因素，能定量分析的就定量分析，不能定量分析的可定性分析。对产品供给量进行预测，既需要对现有竞争对手未来的发展潜力进行预测，也需要考虑原材料供应情况，从而可以初步确定拟建设项目的主要原材料成本支出，为财务分析奠定基础。

产品价格预测需要以市场现状分析的数据和结论为基础，结合供求关系和市场竞争情况等因素的变化，预测项目计算期内项目产品的价格走势，为产品定价和财务效益分析提供依据。

（4）市场细分和市场定位。由于购买者对产品的各种性能、样式、价格等因素存在不同的偏好和敏感度，因此，可以采用特定方法进行市场细分，使项目产品更好地服务于特定消费者。每一个细分的市场应该满足以下条件：有足够的规模和需求；细分市场内消费者偏好相似并具有一定的购买力；细分市场之间具有相斥性。

①市场细分。市场细分是指在充分考虑构成总体市场不同消费者的需求特点、购买习惯的基础上，将消费者划分为若干个群体的过程。市场细分的方式多种多样，既可以把市场作为一个整体进行分析与评估，也可以就每个部分单独进行市场分析。市场细分的标准包括人口统计标准（年龄、性别、收入、民族、职业及教育情况），地理状况标准（地理位置、人口的多寡与密度、气候），消费心理标准（生活方式、消费阶层、利益追求），消费行为标准（购买时机、使用状况、使用率、忠诚度、组合标准）。

②市场定位。市场定位是指企业根据自身实际情况和竞争对手的状况做比较，确定产品在目标市场中应处的最佳位置。企业产品市场定位工作包括：一是确认潜在的竞争优势；二是准确地选择竞争优势；三是有效地传播企业的市场定位观念。市场定位分析要找到有技术优势、资源优势、市场优势（下家是自己的企业）、供需有缺口的产品或同时具备多种优势的产品。

（5）项目竞争力分析。企业或项目的内外部环境分析称为 SWOT 分析。

①外部环境分析：包括机会（opportunity）与威胁（threats）分析，主要分析宏观环境、产业（经济）环境、自然和资源环境等给项目建设带来的机会和威胁，该部分可以结合前述市场环境分析的内容来理解。

②内部环境分析：包括优势（strengths）和劣势（weakness）分析，主要考察项目实施具备的优势和劣势。

根据对项目产品性能、价格的定位，可以选择如下 7 种项目市场竞争策略：领导者策略、声望竞争者策略、性能竞争者策略、价值竞争者策略、跟随者策略、价格竞争者策略、经济竞争者策略。

（6）项目产品分析。

①产品的功能和特性。主要考察的内容：与同类产品相比，在功能上有哪些改进，具有什么独特优势？能否完全或部分地替代现有产品？该部分研究可以使投资者通过对拟建项目产品在性能上与市场原有产品进行比较，做到知己知彼。

②项目产品的生命周期。生命周期可划分为导入期、成长期、成熟期和衰退期。应用生命周期理论时需要注意的是，产品所处的阶段并不是判断是否投资的唯一因素，还应考虑以下因素：首先，产品生命周期中各阶段所经历的时间长短是不同的。其次，生命周期的发展并非一成不变的，不少产品在进入了成熟期以后，由于应用领域的拓展，可以进入新的生命周期。最后，同样的产品在不同地区、不同经济发展水平下，所处生命周期的阶段是不同的。

（7）市场营销策略分析。市场营销阶段是使产品以正确的途径和合理的成本进入消费领域的过程，是实现产品流向现金流转化的关键环节。一般认为，传统的4P营销理论具有较好的代表性和实用性。4P营销理论包括产品分析（product）、价格分析（price）、渠道分析（place）和促销分析（promotion）。

3. 市场分析数据的获得和预测方法

1）市场分析的数据来源

市场分析的数据分为一手数据和二手数据：一手数据需要通过市场调研获取，可以充分反映项目自身面临的市场现状。二手数据应用较广、易于获得，但完全依靠二手数据进行市场决策是非理性的，因为市场在不断变化，而二手数据反映的是特定时间、地点、场合和投资主体的市场情况，难以确切反映目前所面临的市场情况。

2）市场调研与市场预测

（1）市场调研的方法：定性调研和定量调研。

进行市场调研的七个步骤如下：

①问题与机会的识别和界定：确定市场调研需要解决的问题。

②生成调研设计：根据所提出的调研目标或调研假设，制订实施计划。

③选择基本的调研方法：有3种基本调研方法，即调研法、观察法和实验法。

④抽样过程：确定所涉及的总体，并选择是随机抽取还是非随机抽取。

⑤收集数据：通过各种市场调研方法获得所需的数据。

⑥分析数据：分析的目的是揭示所收集的大量原始数据中包含的有价值的市场信息。

⑦形成调研报告：对于项目评估而言，本阶段就是将市场调研的专业分析结果翻译成为市场语言，即得出对项目市场客观、明确的评价和结论。

（2）市场预测方法。市场预测的基本原理是依据过去和现在市场需求情况所表现出来的客观规律性来推断未来市场需求的发展趋势。这是一个根据已知推测未知的推理和判断过程。定性预测通过分析历史资料和研究未来条件，凭借预测人员的经验和判断推理能力进行预测，可采用德尔菲法、组织专家小组进行分析判断等。定量预测根据统计数据，运用数学分析技术，建立表现变量间数量关系的模型进行预测。

第四节 创业投资项目评估的准则

为筛选出有良好发展前景及高增长潜力的项目，创业投资公司往往设置较高的投资评估标准对备选项目进行严格筛选。这些标准在创业投资管理人心中并非占据着排他性的主导地位，创业投资项目评估是一项系统化工作，在这一过程中要考虑众多因素，对每一个要考虑的因素都要精确确定其在项目评估时的重要性是一件很困难的事情。因此，这些标准仅仅以成功的创业者、私人投资者和创业投资家经常使用的良好商业感觉为基础。

阅读资料 8-2
创业投资的评估准则

一、企业的市场评估

选择处于高速增长中的产业与不断扩容的市场中的项目与企业，是评估投资机会的重要准则。一方面，居于其中的企业具有在未来加速发展的潜力和谋取利润的空间；另一方面，这种增长与扩容可以在宏观层面上弥补企业管理等方面的不足。创业企业的市场评估主要包括以下几个方面的内容。

1．市场规模和增长趋势

评估市场规模包括对市场总体价值的测算，可以通过历史数据和预测信息进行估计。同时，也需要考察市场的增长趋势，包括行业的年增长率、季度变化趋势等，以预测未来市场的发展动向。

2．市场分析

市场分析涉及对市场的结构、特征和趋势进行深入分析，这包括市场的细分，即将市场划分为不同的子市场或细分市场，并研究每个细分市场的特点和规模。此外，还需要了解市场的主要参与者，包括供应商、分销商、消费者等，以及竞争格局，如市场份额、主要竞争对手的战略等。

3．目标客户群体

确定目标客户的特征和需求是市场定位和营销策略制定的关键。这涉及对客户的人口统计信息（如年龄、性别、地理位置）、偏好（如购买习惯、消费偏好）及购买行为（如购买频率、购买渠道）进行详细分析和研究。

4．竞争分析

竞争分析需要对竞争对手进行深入研究，包括其定位、产品组合、定价策略、市场份额等。通过比较自身与竞争对手的优势和劣势，可以确定自身在市场中的竞争优势，并制定相应的策略。

5. 产品定位

产品定位是指确定产品或服务在市场中的定位和差异化优势。这包括明确产品的核心竞争优势，如品质、价格、功能等，并与竞争对手进行比较，找出自身差异化优势，以便在市场中获得竞争优势。

6. 市场趋势和机会

市场趋势和机会包括市场中的新趋势和机会，如技术创新、消费习惯的变化、法规政策的调整等。了解这些趋势和机会可以帮助企业及时调整战略，抓住市场发展的机遇。

7. 风险评估

风险评估是评估市场中存在的各种风险因素，包括竞争风险、法律法规风险、市场周期性风险等。通过对这些风险因素的评估和预测，可以制定相应的风险管理策略，降低风险带来的负面影响。

8. 渠道分析

渠道分析涉及对产品销售渠道和分销网络的分析，从而确定最有效的渠道和合作伙伴。这包括评估各种销售渠道的效益和成本，以及与渠道合作伙伴的关系管理。

9. 市场营销策略

市场营销策略是根据市场分析和目标客户群体的特征，制定针对目标市场的营销策略，包括定价策略、促销策略、广告策略、品牌建设策略等，以确保产品或服务能够在市场中取得成功。

10. 市场调研

市场调研是通过定性和定量研究方法获取市场信息和客户反馈，以验证和完善市场评估的结论。这包括定期实施市场调查、客户满意度调查等，以及对市场趋势和竞争对手的监测和分析。若未来产品市场的成长性不强，是很难引起创业投资家的兴趣的。在风险和收益不变的情况下，创业投资家更愿意投资产品市场更大的项目。

二、行业的选择

1. 投资行业的选择原则

专业的创业投资基金对行业的选择有一般的、共同的投资标准：技术门槛高、创新产业、高成长性、核心竞争力。

（1）技术门槛高。技术门槛高可以提高进入壁垒、保护技术的独占性，也是吸引创业投资的重要因素。但并不过分追求高精尖技术，关键在于能够提供一种前景广阔的独特产品或服务。注意，不投资竞争激烈的行业、易于盗版假冒的行业。

（2）创新产业。创新是企业的生命，唯有不断创新的产业才能获得持续发展。分为以下三种。

①整合型：整合不同行业优势形成创新，如机电一体化等。

②连接型：起连接、沟通不同行业的作用，如软件、系统集成等。

③改进型：从传统产业改进、演化而来，如现代物流业等。

注意，不投没有技术亮点、没有知识亮点、没有管理亮点的行业。

（3）高成长性。项目具有高成长性，企业才有投资价值，创业投资才有可能获得高额回报。高成长性的体现：市场份额、增长速度、利润空间。

注意，不投市场份额 1% 以下、利润率 10% 以下、增长速度 20% 以下的企业。

（4）核心竞争力。核心竞争力是广义上的企业综合素质或能力，涉及理念、技术、团队、模式等，是企业能否持续发展的关键。

核心竞争力的主要体现：持续技术创新能力、市场拓展能力、整合区域与全球资源能力。

注意，不投相似者众多、人才平庸、目光短浅的企业。

2. 行业前景分析

对于投资行业前景的评估主要考虑市场和竞争两大方面，具体分析如下。

（1）产业链。产业链是指一种或几种资源通过若干生产流通环节抵达终端消费者的路径。通过确定该企业所处的产业和产业链的具体位置，进而了解该产业的上游生产什么、下游需要什么，以及产品的替代品与互补品。对产业链的分析对于竞争分析有很大的帮助。

（2）行业的平均利润水平。行业的平均利润反映了行业整体的发展阶段。只有当行业长期平均利润率超过资金成本时，投资才是理性的，过低的利润率会严重削弱企业的发展能力。因此，行业的利润率水平为评估目标企业的盈利水平提供了依据。

（3）市场容量。企业未来的成长空间来自两个基本方面：一是企业市场份额不变，市场容量增长；二是市场容量不变，企业市场份额增加。如果某创业企业所处的行业增长迅速，那么现有同类企业不必为争夺市场份额而相互拼杀。相反，如果处在成熟停滞的行业中，现有企业增长市场容量的唯一办法是夺取竞争对手的市场份额。

（4）政策影响。有关产业、行业等政策的制定和变动会对市场产生一定的影响。

3. 竞争分析（五力分析）

创业投资家可深入了解整个行业是否有可能赚取高于资本成本的回报率，以及被投资企业在行业中的地位，并根据其地位维持的时间判断投资的时机选择、投入阶段和退出机会。评价创业企业的盈利潜力时，应当首先分析该企业正参与竞争的行业盈利潜力，因为各行业的盈利能力不同，并且是有规律的、可预测的。评价行业机会是对影响行业盈利能力的各种经济因素的确认。

世界著名战略管理权威波特教授在分析不同行业的盈利能力时，提出行业的平均利润水平受五个因素的影响：现有企业间的竞争程度、潜在进入者的竞争威胁、替代产品的威胁、买方的讨价还价能力和供方的讨价还价能力，并构建了著名的"五力分析模型"，如

图 8-1 所示。

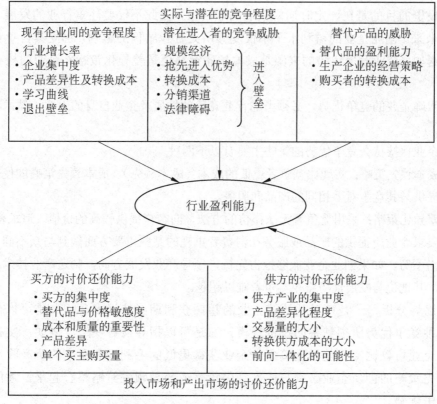

图 8-1 行业竞争结构和盈利能力分析

从战略制定的角度来看，上述五种力量决定着一个产业的竞争强度和潜在的盈利能力。一个产业的盈利能力与上述五种力量的关系如表 8-3 所示。

表 8-3 产业盈利能力与五种力量关系

项目	降低盈利能力	提高盈利能力
进入壁垒	低	高
退出壁垒	高	低
供应商力量	强	弱
买方力量	强	弱
产业内竞争	剧烈	不剧烈
替代品力量	易于替代	难以替代

通过行业结构分析，一则可以确定该行业的竞争激烈程度和估算平均资产的收益率；二则可以预测该行业未来可能出现的变化和估算收益风险系数。

如果创新企业的行业界限难以清楚地划分，特别是一些独一无二的高新技术产品仅仅处于萌芽期，还远没有形成产业化，也没有形成竞争性市场，这时只能找最相近的行业做参考或估计目标市场的大小，预计市场渗透程度。

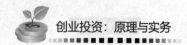

三、同业间竞争分析

创业投资的目的是在一定时期内获取高额回报，因此不仅要注重行业的发展，更要注重企业的未来。创业企业的盈利水平不仅受其所处行业结构的影响，也受其自身竞争策略的影响。例如，企业竞争优势的来源是成本领先策略还是差异化策略？企业的核心竞争力是什么？

为了明确企业的竞争优势，必须考虑行业竞争的性质及企业自身的人才、技术、财务运作等能力。

能使企业保持持久竞争优势的策略主要有以下两种。

（1）成本领先策略：实现比竞争者更低的成本（成本领先）。成本领先策略能使企业以较低的成本提供与其竞争对手相同的产品和服务。

（2）差异化策略：采用竞争者无法模仿的方法，向客户提供较高的价值（追求差异）。差异化策略要求企业所提供的产品或服务在消费者重视的某些重要方面做到与众不同。当下，新产业层出不穷，如果创业企业能够抢占先机，领导产业发展方向，制定产业技术或生产的某些标准，其地位与发展优势将令竞争者难以超越。

竞争优势分析，一是可以估计该企业的超额获利期能持续多久；二是可以估算企业为保持这种竞争优势所须具备的投资规模；三是可以指导财务决策。例如，实行成本领先策略的企业可以比实行差异化策略的企业获得更低的毛利润和更高的资产收益率；实行技术领先策略的创新企业必须与成本领先策略或差异领先策略整合起来，才能把技术转化成竞争优势。

四、企业分析

1. 企业战略分析

企业战略分析主要涉及产品线的深度与广度、市场区隔的选择与区隔市场的方法、产业价值活动的布局、规模经济与经济规模、竞争武器、地理涵盖。

2. 企业运行分析

对企业运行的分析可以采用 SWOT 分析法，即根据企业自身的既定内在条件进行分析，找出企业的优势、劣势及核心竞争力。从竞争角度看，对成本措施的抉择分析不仅来自于对企业内部因素的分析与判断，还来自于对竞争态势的分析与判断。通过成本的优势—劣势—机会—威胁（SWOT）分析的核心思想对企业外部环境与内部条件进行分析，S、W 是内部因素，O、T 是外部因素，明确企业可利用的机会和可能面临的风险。

3. 技术评估

创业投资行业的技术评估是指对创业企业或新兴技术的技术可行性、创新性、知识产权、技术趋势进行评估和分析。这个过程通常由专业的投资者、技术专家和行业分析师来执行。以下是一些常见的技术评估要素。

（1）技术可行性：评估所涉及技术是否能够实现所承诺的功能、是否有足够的技术基础和资源支持。这包括对技术方案的原理、实施方法、可扩展性和稳定性等的分析。

（2）创新性：评估所涉及技术或产品是否具有创新性、是否能够解决现有问题或提供新的解决方案。这包括对市场上类似技术或产品的竞争情况和差异化进行比较。

（3）知识产权：评估技术的知识产权情况，包括专利、商标、版权等方面的保护情况，以及是否存在侵权风险或竞争对手的知识产权威胁。

（4）技术趋势：评估技术发展的趋势和前景，以及与行业发展和趋势的契合程度。这包括对相关技术领域的最新进展、未来发展趋势和潜在影响的研究和分析。

4．团队资历及组织结构图

目标企业的主体资格：主要调查其成立情况、注册登记情况、股东情况、注册资本缴纳情况、年审情况、企业的变更情况、有无被吊销或注销等情况。组织结构图包括企业建立的组织管理结构；企业章程；企业董事会的构成，董事、高级管理人员和监事会成员在外兼职情况；企业股东结构等方面内容。

常见的初创企业组织结构图如图8-2所示。

创业初期的组织结构图

注：各部门经理均由专业技术人员兼任

图8-2 初创企业组织结构图

5．财务模型

（1）损益预估表分析，主要包括产品结构；销售收入及成本、毛利、净利的变化趋势；期间费用；企业投资收益情况，对未来损益影响因素的判断等。

（2）资产负债表分析，主要包括应收账款、货币资金、存货、无形资产等。

（3）现金流量表分析，主要包括应收账款的回收情况、经营活动现金流评估等。

6．风险预测与对策分析

针对产品风险、市场风险、管理风险、财务风险、经营环境风险、法律风险等进行具体的分析。具体对策由于时、空、地的不同而鲜少有通用的对策，因此在预测风险时，要提前想好对策，以备不时之需。

五、法律相关内容查证

法律相关内容查证主要包括法律文件（合同）、市场分析、财务报表、专利技术知识产权、团队人员学历与经历、政府相关人员等。

创业投资管理人评估创业项目时要考虑人、市场（技术、产品）、管理等因素组合，在宏观政策、经济、法律环境中，尤其在退出安排的前提下，确定其投资机会及方向。最理想的投资机会是"天时、人和、地利"三位一体的，即有极佳的市场感觉、把握能力的创始人及高素质的管理团队，掌握有很高进入壁垒和保护的产品与技术，在健全的市场等宏观环境中，运作具有良好约束与激励等机制的初创企业。

六、价值评判标准

对企业的团队、技术、市场、管理、财务等要素进行详细调查应遵循一定的评判标准。

1. 管理团队的诚信和综合素质

（1）高综合素质，懂经营、善管理、会沟通。

①个人诚信记录：以往的诚信记录，是否发生过违约、违规及受处罚的情形。

②经营管理能力：管理层人员个人的经营能力及管理协调能力，主要是管理企业的经验和以往成功经营企业的实例，特别是要详细说明其所具备的改善经营业绩、为股东带来良好回报等方面的经营能力，以及加强内部控制、提高运作效率、开拓创新等方面的管理协调能力。

③其他基本情况：包括教育背景、过往经历和专业素质等方面。

（2）诚信度高，代表广大股东利益。

（3）具有艰苦创业、执着向上、锲而不舍的精神。

（4）团队有共同的理念，相互信任与合作。

2. 技术和竞争力

技术不在于高精尖程度，而在于其创新性、独占性、营利性和持续性，同时不拘泥于技术完美主义，而是在发展中改进完善。

3. 市场前景

（1）防范不能规模化经营的市场风险。

（2）毛利率高。

（3）市场容量大、市场前景广。

（4）市场占有率高，比竞争者有优势。

（5）有合适的营销模式。

4. 股权结构简单、明晰，股东资源具有互补性

（1）股权结构简单、明晰，能看出最终的控制人。

（2）股东之间相互信任。

（3）股东资源互补。

（4）股东能有效控制企业。

（5）关联交易透明、规范。

5．主营业务突出、成长性好

（1）足够大的市场容量。

（2）市场占有率高，比竞争者有优势。

6．产业链协同

（1）上游供货是否具有性价比。

（2）上游是否有断供的可能性。

（3）与下游客户的关系是否良好。

（4）下游客户的发展情况。

7．财务管理规范

（1）财务管理是否规范、财务报告是否清晰。

①过去 3 年的财务报表。

②收入细分，找出主要利润增长点。

③费用细分，找出是否存在成本优势。

④应收账款的金额、比例及回收应收账款的方法。

⑤未来 3 年的财务预测。

（2）遗留问题，包括税收、大股东借款、集资款等是否已得到妥善解决。

（3）是否有明确合理的资金使用计划。

8．退出可能性

（1）上市可能性（主板、中小企业板，中国香港、海外等）。

（2）被其他大公司收购的可能性、潜在收购者及创业者对于被收购的意愿如何，以及管理层有无可能回购等。

第五节　尽职调查

　　尽职调查是指投资者对目标企业的经营状况进行现场调查与资料分析，以帮助投资者进行分析与决策，可以说是投资前的最后一道关口。一般来讲，创业投资公司得到创业企业递交的商业计划书后，经过初步筛选，接下来的工作便是对创业项目进行尽职调查。

一、尽职调查的原则

　　尽职调查的原则是指开展尽职调查工作必须遵循执行的基本准则，主要包括：全面原则、透彻原则、区别对待原则和独立原则。

1．全面原则

调查内容全面、调查材料全面。

2．透彻原则

对文件资料进行审核、调查相关当事人和机构。

3．区别对待原则

不同发展期、不同行业、不同企业背景，区别对待。

4．独立原则

独立进行尽职调查、风险投资（VC）机构和调查人员均保持独立。

二、尽职调查的作用

尽职调查（due diligence，DD）在创业投资中占据着至关重要的地位，具有以下作用。

1．风险评估

尽职调查有助于投资者全面了解目标企业的业务、财务和法律状况，评估投资风险。通过尽职调查，投资者可以识别目标企业可能存在的潜在风险，如知识产权侵权、法律诉讼、财务造假等，从而在投资决策时做出更为明智的判断。

2．估值调整

尽职调查通过对目标企业的深入了解，有助于投资者更为准确地评估企业的价值。在尽职调查过程中，投资者可以对企业的财务数据、现金流模式、盈利预测等进行分析，从而为投资决策提供有力的支持。

3．交易结构优化

尽职调查有助于投资者在投资过程中优化交易结构、降低交易成本。通过对目标企业的法律、财务和业务等的全面了解，投资者可以更好地制定投资方案，如股权转让比例、投资金额等。

4．增强投资信心

尽职调查的深入展开有助于投资者建立信心，提高投资成功的可能性。当投资者对目标企业有了全面了解，对企业的经营状况、未来发展前景等有更为准确的把握，就会更有信心将资金投入这个项目。

5．规范企业行为

尽职调查在一定程度上能促使目标企业规范经营行为，提高公司的管理水平。在尽职调查过程中，企业可能暴露出问题和不足，为了满足投资者的要求，企业会努力改进，提高自身的管理水平。

6．促进合作

尽职调查有助于投资者与目标企业建立良好的合作关系。在尽职调查过程中，投资者和目标企业的沟通与交流不断增加，有助于双方更好地了解彼此，为今后的合作奠定基础。

三、尽职调查的方法

本阶段项目评估工作的执行者是项目经理，为了提高工作效率和防范项目经理的道德风险，投资管理部门需要指派 2 名或 2 名以上项目经理组成尽职调查工作团队。

尽职调查通常采用函证、现场测试、专业检验、查阅原始文件、访谈、实地考察、分析性复核、关联指标推测、复核性测试和实质性测试等方法，对项目的商务模式、市场前景及竞争状况、生产和技术水平、项目企业的治理结构和法律事项、财务状况等内容进行调查、核实和分析。

1．与创业企业家会谈

在审查完创业投资企业提供的投资项目计划书后，如果创业投资家对企业提出的项目感兴趣，就会与企业接触，了解企业的背景，特别是企业的创业者和管理队伍，这是该过程中最重要的一次会面。因此，会谈创业企业家是对企业管理人员的一种初步考察。通过与创业企业家的会谈，可以及时了解以下信息：①创业企业家是否是自己正在寻找的企业家；②创业企业家是否精通业务；③双方利益；④投资方式和投资数量。

2．对企业的实地考察

创业投资管理人对创业企业进行实地考察的目的是审查创业企业的管理队伍，研究创业企业产品所处行业的特点，并审核项目计划书的真实性。直接的参观考察能了解到经营创业企业的管理者的特点，并使创业投资家对创业企业有全面的了解。具体而言，实地考察能解决以下问题：①关于投资项目计划书的其他问题；②关于企业的其他问题；③关于管理的其他问题；④可以了解企业中的其他人员；⑤可以调查了解相关商业、产品和行业。

3．间接调查

间接调查是通过对相关方、合作伙伴或第三方的调查来获取信息，而不是直接与目标企业或个人接触。这种方法可能包括与供应商、客户、前员工、行业专家、竞争对手及其他相关方谈话或收集信息。通过间接调查，投资者、企业或个人可以获取关于目标对象的更多信息，了解其业务状况、声誉、市场地位、财务状况和潜在风险等方面的情况。这种方法有助于发现目标对象的隐藏问题或潜在风险，从而更全面地评估投资或合作的机会。

四、尽职调查的功能

尽职调查主要有风险发现和价值发现的功能，如图 8-3 所示。

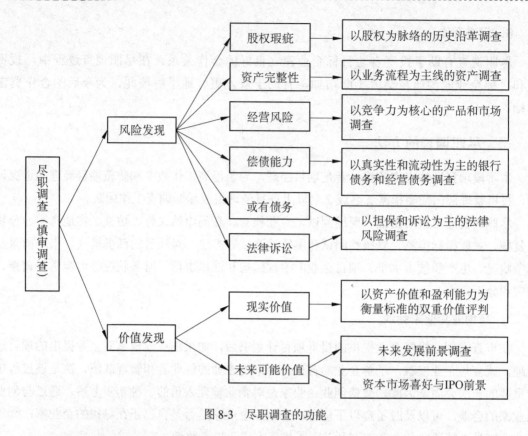

图 8-3　尽职调查的功能

五、尽职调查的主要内容

尽职调查是指企业尽调小组成员遵循勤勉尽责、诚实信用的原则，采取一定的调查手段和方法，对拟投资标的的基本情况及相关各方进行调查，尽可能地获得投资标的的所有重要信息和足以影响企业投资决策的所有重大事项（包括但不限于业务、财务、法律等方面），对其真实性、准确性和完整性进行审慎调查和独立判断。

1. 基本要求

（1）尽调组织。尽调组织实行项目负责人制，对每个拟投资标的均需成立项目组，明确项目负责人和项目组成员，由项目负责人对项目投前、投中和投后进行生命周期全程管控，对项目风险管理承担首要责任。项目负责人根据情况组建尽职小组执行项目尽职调查工作，项目负责人任尽调小组组长。

（2）尽调准备。尽调准备包括制订尽职调查计划（具体流程、人员、分工、时间进度安排等）和制作尽职调查资料清单等；现场尽调前，需开展书面尽调，收集并审阅拟投资标的提供的资料，并拟定现场访谈提纲。

（3）第三方尽调。经企业聘请中介机构管理办法规定的流程完成后，尽调小组可以聘请律师事务所、会计师事务所、评估公司等中介机构参与尽职调查。尽调小组需与中介机构紧密配合，共同开展尽调工作，就重要事项和问题进行充分、及时的沟通。

（4）工作底稿。尽调小组保存和保管各种工作记录（包括但不限于尽职调查计划、尽职调查清单、文字的访谈记录、会议纪要）全部原始文件资料及佐证的文件资料等，并需全部转化为电子档案按项目统一保管。尽职调查应当实质重于形式，采取如下形式留档：

①对复印件，可对原件核查，可要求在复印件加盖公章。

②采用会议、面谈方式的，可制作纪要或访谈报告。

③采用电话方式的，可采取电话录音或记录的方式留档，会议内容需形成纸质文件。

④采用实地调查的，可拍摄照片或其他方式留档。

⑤采用查询方式的，可保留查询结果截屏。

项目负责人承担最终的归档和管理责任，并确保其真实性、客观性及完整性。

（5）尽调协调。尽调小组与拟投资标的、中介机构保持积极、有效的长期沟通和联络，并协调各方配合开展尽职调查工作，包括但不限于获取尽职调查材料、安排现场访谈、现场调查，以及尽职调查过程中有关问题的沟通和协调，并及时通报有关信息和意见。

（6）尽调重点。项目负责人需根据每一拟投资标的的特点和实际情况，会同公司尽调小组成员，主持确定尽职调查的重点关注内容，并对该重点内容进行详尽的核查和充分的论证。

（7）报告义务。尽调小组成员如发现拟投资标的不配合调查故意隐瞒重大事实、违法违规或其他重大问题的情况，需及时向项目负责人报告。项目负责人负责组织公司内部会同中介机构积极研究该等情况对投资决策的影响。项目负责人需积极与拟投资标的进行沟通，并在尽职调查报告和投资决策文件中主动予以揭示。

（8）复核监督。合规风控部负责尽职调查工作的复核和监督工作。合规风控部可根据项目具体情况和尽职调查结果，走访拟投资标的，查看尽职调查报告、尽调记录和尽职调查工作底稿等相关资料，对尽职调查进行复核，聘请外部中介机构进行专项复核等，并出具风控合规意见。合规风控部亦可根据项目具体情况作为尽调小组成员参与尽调。

（9）保密要求。尽调小组及有权接触相关信息的人员均需遵守公司与拟投资标的签订的有关保密协议的有关规定，对在尽职调查中知悉的拟投资标的的有关文件、资料、信息等内容严格履行保密义务，除工作规定要求外，不得向无关的第三方泄漏拟投资标的的情况。

2．工作内容和方法

（1）尽调方法。尽调小组开展尽职调查工作时，需根据交易结构安排及投资标的实际情况，遵循实地核查与非现场调查相结合、前台与后台支持相呼应、收集与验证并举的原则进行。

（2）非现场调查。非现场调查主要指通过企查查等功能 App、国家企业信用信息公示系统、Wind 资讯、证券交易所等公开网站进行非现场查询，还可通过联络或走访政府有关主管机关、社会中介服务机构、同行业等渠道，获取相关信息。

（3）现场调查。对于非标投资项目，尽调小组的现场调查需通过深入作为拟投资标的的目标企业或融资主体经营场所对其主体资质、生产经营情况、财务状况、资产与负债状况、对外担保等或有负债情况、融入资金用途、企业运营管理模式、风险承受能力、投前估值等情况进行全面的调查与分析验证。

（4）特殊情况。如股权投资项目涉及领投、跟投且投资主体为跟投方，尽调小组可采用领投方提供的相关资料，以及领投方选择的第三方出具的财务尽职调查报告、法律尽职调查

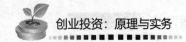

报告等参考文件但须复核相关材料。

涉及标的公司为上市公司等信息公开的企业无须按尽调清单进行现场资料收集，可通过上市公司公告等公开信息查询方式收集相关材料。

（5）尽调重点。

①目标企业基本情况：包括企业营业执照、企业章程、政府批准文件、特定行业的经营许可与资质、工商登记等文件，企业的历史沿革、重大股权变动及重大重组情况、股权结构、控股股东的背景与实力、股份重大权属纠纷情况；主要股东之间的关联关系或者关联企业情况等；必要时走访相关行政部门和中介机构。

②目标企业管理层的调查，主要针对经营者和企业治理的情况，包括：调查了解教育经历、专业资历及违法违规或不诚信行为，收集主要股东的身份证明文件及征信记录；通过谈话的方法了解他方评价；了解管理团队的职责分工和搭配、团队合作状况及稳定性。分别与主要股东、经营决策层、管理人员、技术骨干、采购人员和市场销售人员就企业现状、发展前景等方面进行访谈。

③目标企业关联状况的调查：关联企业的组织体系对企业治理和内控机制的影响，重点关注财产产权是否清晰；企业财务、经营管理方式，包括但不限于是否设立资金结算中心进行资金归集、对下属公司融资安排的控制情况；企业在集团中的职能定位、集团各公司之间商品买卖关系、资金互相拆借、拖欠关系等。

④调研目标企业所处行业状况：市场竞争状况及发展前景，包括国内外宏观经济形势变化、行业政策、行业状况、行业周期、未来发展等，具体如下。

● 行业归属及行业政策情况。确定目标企业所处行业，通过收集行业主管部门制订的发展规划、行业管理方面的法律法规及规范性文件，了解行业监管体制和政策趋势。

● 行业总体状况。通过收集行业杂志、行业分析报告、主要竞争对手意见和行业专家意见、行业协会意见等方法，了解企业所属行业的市场环境、市场容量市场细分、市场化程度和未来变动情况，判断行业的发展前景及行业发展的有利和不利因素。

● 行业上下游状况。查阅相关研究报告，分析该行业在产品价值链中的作用，通过对该行业与其上下游行业的关联度、上下游行业的发展前景、产品用途的广度、产品替代趋势等进行分析论证，分析上下游行业变动及变动趋势对公司所处行业的有利和不利影响。

● 竞争状况。了解行业内主要企业及其市场份额情况，调查竞争对手情况分析各竞争对手的优劣势，预判竞争格局的变化；分析企业在行业中所处的竞争地位及变动情况；分析潜在竞争者的影响。

⑤目标企业的经营管理状况，主要包括：核心主业、经营规模、提供产品和服务的情况、行业地位、所处的发展阶段；购销渠道、购销客户结构、购销的结算方式和周期（采购与销售的总量与占比、合作起始年限、结算周期与结算方式，代理级别与优惠等），采购和销售合同、客户采购与销售的季节性评价对供货商管理与风险控制评价。上下游客户的需求、产品的市场波动情况、产品的品牌质量和竞争力、设备先进性和开工率情况等。

⑥核查目标企业的信用情况，包括：融资条件与价格；或有负债及重大事项分析（包括对外担保、未决债权、诉讼等）；预警分析（包含政府机构、监管机构及来自其他渠道的预警信息）。

⑦核实目标企业的财务状况：收集近三年经审计的年度财务报告、近期财务报表、近期报表主要科目明细说明，进行财务分析，关注资产的质量，尤其关注应收账款、存货、其他应收款和长短期投资等。财务数据、指标的大幅变动和异常情况；查阅企业纳税资料，调查目标企业是否依法纳税，关注税收优惠期或补贴期及其对企业未来的影响等。

⑧担保（风险缓释）方式的考察，主要指在项目投资中因对赌、业绩承诺、回购等交易结构设计需要涉及抵质押物和保证担保人，具体包括以下内容。

- 担保企业情况：参考对目标企业的考察；具体标准可根据实际情况掌握在调查过程中加强对担保能力与担保意愿的调查。
- 抵质押物情况：通过调查了解抵质押物的权属、来源、性质、已抵押质押比例状况、是否有限定性条款等，结合评估报告（如有）分析抵质押物的变现价值与变现能力。
- 回购方案、业绩承诺等措施的可行性分析。

⑨目标企业的资金用途合理性分析：需着重分析了解资金用途情况并对合理性进行判断，要求标的公司不得出现法律法规，以及相关部门规章和规范性文件禁止的其他用途。

阅读资料8-3
尽职调查内容清单

 思考题

1. 项目评估的过程有哪些？
2. 商业计划书的要素有哪些？如何评价商业计划书？
3. 筛选项目的核心关注点是什么？
4. 如何选择投资行业？
5. 项目评估的准则有哪些？
6. 简述尽职调查的主要作用和方法。

第九章

创业项目的定量评估与权益分配

好的投资人会帮你一起种树、施肥、浇水、灭虫，所以理所当然，他也有资格分享果实。

——硅谷著名的创业家　陈五福

 核心问题

1. 创业企业所拥有的投资价值如何衡量？
2. 如何使用实物期权模型对创业企业的价值进行评估？
3. 创业投资时期各阶段的投资收益如何分配？

学习目的

1. 了解创业企业投资权益要求的计算。
2. 掌握创业企业的期权价值。
3. 掌握创业投资各阶段权益的分配方法。

| 引例 |
| 创业公司的估值不等于价值 |

第一节　创业投资的权益要求

在一个创业投资项目中，创业投资企业应当如何要求权益是创业投资过程中的核心问题，所有的投资都可看作一个资产升值的过程。在这个过程中，资产升值的快慢，即贴现率的大小就是投资者最为关心的问题。那么在创业投资过程中，贴现率的大小该如何确定？在确定的贴现率的基础之上又如何确定创业投资企业在公司中的权益份额？接下来我们将对这些问题进行分析解答。

一、创业投资项目权益份额的确定

如果一个创业投资项目的现值为 800 万元，该项目需要创业投资企业投资 400 万元，那么，创业投资企业应该要求多少权益呢？不难看出，创业投资企业应该要求 50% 的权益。因为创业投资企业的 400 万元资金已经换成了项目收益的分享权，项目的现金流价值仅为 800 万元，公司必须拥有项目现金流量的 $\frac{1}{2}$ 才能平衡自己的投资。因此，创业投资的权益要求本质上是对创业项目的价值评估，创业投资应有的权益份额是投资金额在项目价值中的比重，即

$$创业投资企业要求的权益份额 = \frac{投资额}{项目现值}$$

对创业投资项目的价值评估，投资双方首先必须树立正确的评估思想，必须保持清醒的头脑，要清楚地认识到世界上并不存在完善的价值评估方法，没有人能对未来给出肯定的估计，价值评估是科学与艺术的结合。价值评估的目的是缩小可行的或理想的投资选择范围，更好地认识项目的风险、收益，因此评估不是为了给出答案，而是为了合理地提出问题，是要明确市场价格的决定因素与确定机制。在实际运用中，企业评估的结果也可以作为投资方与融资方讨价还价的依据。

投资双方不仅要清醒地认识价值评估的作用，还应充分考虑实施价值评估的高昂成本，只有投资意向基本形成之后，才能着手实施价值评估。

对投资项目进行价值评估，一般需经历以下三个步骤。

（1）估计项目未来产生的现金流。

（2）根据项目未来现金流的风险，估计项目的合理贴现率。

（3）将项目的现金流用其合理的贴现率进行贴现，求取项目的现值。

由于创业项目的发展轨迹往往是由一段没有现金流入的蓄势期开始，再逐渐步入产生丰厚利润的回报期，而创业投资也往往在此阶段退出，因此，创业投资企业关心的是创业项目在此阶段的价值表现。但是，创业项目在蓄势期的表现极不稳定，很难对此阶段的现金流进行估计，于是创业投资企业广泛采用的一种方法是指标乘数法，其操作步骤如下。

（1）估计创业投资的退出时间。

（2）估计项目退出时的某种参照指标。

（3）估计项目退出时的价值，项目价值=参照指标×单位指标值对应的市值。

（4）选取项目的合理贴现率。

（5）项目退出时的价值用其合理的贴现率进行贴现，求取项目的现值。

举例来说，某创业投资公司对一个处于启动期的创业项目进行投资，要求 60% 的收益率。公司的投资额为 600 万元，预计 6 年后退出时项目的净利润为 500 万元，项目市值相应的市盈率为 20，那么公司应该要求多少股份份额呢？

根据项目评估的标准步骤，我们需要的指标有：

项目退出时间为 6 年，项目价值参照指标=净利润= 500 万元，因此项目退出时的项目价

值=净利润×市盈率= 500 × 20 = 10 000 万元，而项目的合理贴现率为 60%，于是项目的现值= 10000 /(1 + 60%)6 = 878 万元，650 万元应该享有 600/878 = 68% 的股份份额。

利用指标乘数法评估项目价值，重要的是要有合理的贴现率和恰当选择的参照指标。在上面给出的简单示例中，我们利用的参照指标是净利润，这是一个经常被选用的指标，除此以外，零售业采用销售收入，书店、有线电视公司采用订购数，IT 业、生物制药业采用市场份额，高科技行业采用年 R&D 费用等。这些指标依据的数据的主要来源是资产负债表、损益表、现金流量表、盈利预测和业务模式比照等。

对项目的贴现率，示例中我们用的是 60%，这是一个很高的收益要求。创业投资公司对创业项目的收益要求会因项目所处发展阶段的不同而不同，一般来说，对种子期的项目要求的收益率为 80%，启动期要求 50%~70% 的收益，有收入但未必有利润用于经营支出的首期融资要求 40%~60% 的收益，提供营运资本和固定资产投资、支持企业成长的二期融资30%~50%，对即将上市的项目过桥融资则需要 35% 左右的收益。可以看出，创业投资的收益与风险是符合成正比原则的，企业所处的发展阶段越早，其风险越大，对其投资要求的收益率越高。

二、贴现率对创业项目价值的影响

贴现率是指投资者将未来现金流折算到现在的利率。在创业过程中，贴现率的高低直接影响投资者对项目未来收益的预期。一般来说，贴现率越高，投资者对未来收益的要求越高，创业项目的价值越低；如果贴现率越低，投资者对未来收益的要求越低，创业项目的价值越高。

为了说明贴现率对创业项目现值的影响，我们来看两种债券在不同贴现率下的价值变化情况。债券 A 和债券 B 的面值均为 5 年期 1000 元的债券，债券 A 为每年年末发息 100 元，期末归还本金的付息债券，而债券 B 则是仅在期末偿付面值的贴现债券。两种债券的现金流及在不同贴现率下的价值及相对价值如表 9-1 所示。

表 9-1 不同贴现率下债券 A、B 的价值比较

贴现率	1	2	3	4	5	现值	相对值
债券 A							
15.0%	100	100	100	100	1100	832.4	100.0%
25.0%	100	100	100	100	1100	596.6	71.7%
35.0%	100	100	100	100	1100	445.0	53.5%
债券 B							
15.0%	0	0	0	0	1000	497.4	100.0%
25.0%	0	0	0	0	1000	327.7	65.9%
35.0%	0	0	0	0	1000	223.0	44.9%

债券 A 的现金流量与成熟的企业相似，而债券 B 则类似于创业企业，上面的价值分析充

分反映了贴现率对创业项目价值的影响。如果创业投资企业投入一定的资金，投资项目的贴现率越高，那么项目价值就越低，投资企业对未来收益的要求就越高，投资企业投入的资金所占的份额就越高。为此，创业投资企业与创业企业都会对项目贴现率极其关注，创业投资企业要求高昂的贴现率必须有其合理的依据。

三、创业投资收益的来源

投资是为了获取收益，或者说是为了获取最大化收益，这就伴随着一个不容忽视的事实：要获取较大的收益，就要冒较大的风险；而冒较小的风险，获取的只能是较小的收益。在现实经济生活中，随着资本市场的不断发展和完善，为投资者提供了越来越多的获利机会，创业投资成为主要的投资方式之一。那么，创业投资的收益来源有哪些呢？

1．基础回报率

创业投资作为资本投资的一种，必须至少获得无风险利率的收益，这是任何投资都应有的基础回报率。

无风险利率是投资一类没有任何风险的资产最终所获得的收益，在投资当中，无风险利率作为投资中的基准利率，也是投资者用来衡量资本成本，计算投资收益的参考指标。例如，在一项投资活动当中，投资的预期回报率低于无风险利率，那就表示收益率太低、投资成本过高，该项目是不值得投资的。

2．系统风险补偿

风险是指未来经济活动结果的不确定性。组合投资理论指出，任何项目的风险都可以分解为系统风险和非系统风险。系统风险亦称市场风险，它对整个市场的所有企业都产生影响，如经济周期的波动、利率的调整、通货膨胀的发生等，非系统风险只对某些行业或个别企业产生影响。对于那些无法规避、不得不承担的风险，投资公司可以采取在交易价格上附加风险溢价，即通过提高风险回报的方式，获得承担风险的价格补偿。那么，承担什么样的风险能够得到收益补偿，承担什么样的风险得不到收益补偿呢？

投资必须得到系统风险补偿，系统风险补偿等于项目的贝塔系数与市场风险补偿的乘积。如果无风险收益为6%，市场风险补偿为10%，则由资本资产定价模型可知，55%的收益要求意味着4.9的贝塔系数（55% = 6% + 4.9 × 10%）。那么，这样的贝塔系数是否合理呢？创业项目应该采用高贝塔系数，这是因为创业投资与市场环境高度相关，得到创业投资支持的企业的财富受市场的影响往往很大。高科企业常常为相当成熟的企业提供生产工具，市场不景气，企业会减少开支，启动期企业的固定成本在全部成本中所占的比例极高。经济不景气与股市不景气同步，在不景气的市场环境下创业投资往往难以融到资金。但是4.9的贝塔系数的确过高，市场上资产的贝塔系数一般不超过2（意味着20%左右的收益），即使创业项目应该采用高贝塔系数，也不应高到如此程度。

那么，创业投资项目承担非系统风险是不是也应得到补偿呢？前面介绍的组合投资理论已明确，创业投资有其自身的组合投资方式，创业投资项目的非系统风险同样得不到收

益补偿。

3．流动性补偿

创业投资的高收益的一种解释是创业投资往往流动性很差，创业投资的权益一般难以出售脱手，因此创业投资应该要求很高的流动性补偿。

流动性补偿的确有一定的合理性，因为创业项目往往难以得到可靠的信息，创业项目的价值一般难以评估，创业项目的潜在买家也很有限，这些都意味着创业投资应该得到流动性补偿。但是，随着市场机制的完善、中介机构的信用加强、社会法制规章的建立、养老金等长期投资者的加入，流动性补偿的要求会逐步降低。

4．创业投资企业管理增值服务创造的价值

在美国等市场机制高度发达的国家，流动性补偿完全不足以使贴现率高达 50%～80%。因此，创业投资的高收益本质上源自创业投资的价值创造功能。创业投资过程是价值创造的过程，创业投资企业实施的是资本投资，但它不同于一般的证券投资者，创业投资企业是积极的投资者。创业投资投入的不仅仅是资金，还投入了管理，投入了创业投资企业的个人及公司信誉，这些对新成立的公司、新产品有着极其重要的意义。因此，创业投资不仅需要得到一般资本应得的收益，还应享受经营服务的补偿。

5．以提高贴现率弥补创业者的超预期估计

创业投资公司对创业者过于乐观的项目现金流预测不能认同，因此创业投资公司要求的收益不是 30%，而是 50%。很多创业者缺乏基本的市场意识，对自己的发明创新极其自信，往往有意或无意地夸大了项目可能带来的现金流量，夸大了项目成功的可能性。而创业投资公司看到了太多的失败，只有 25%的投资项目达到或超过预期，25%失败，50%持平，因此，创业投资公司往往通过贴现率的提高挤去项目估计中的水分。对 5 年期项目，应该只有 30%的收益，却要求 50%的收益，意味着创业投资企业认为创业者对项目现金流放大了 1 倍$[2 =(1+50\%)^5/(1+30\%)^5]$。

第二节　创业投资项目价值评估的方法

由于创业投资中存在高度不确定性，投资公司、创业企业的主观能动性也不尽相同，因此，创业投资项目价值的评估不同于传统投资项目评估。那么，如何才能准确评估创业投资项目的价值呢？

早期相关方法理论研究主要集中在财务方面的评估，并且大多是定性分析，缺乏定量分析，评估方法主要是成本法或以未来净现金流和分红作为基础。传统的净现值法虽然考虑到了资金的时间价值，但是忽视了对管理能力、技术等的评估，这就使得以传统企业价值评估理论为基础的研究方法显然不能满足创业投资对项目价值评估的特殊要求。随着财务理论和决策分析技术的不断发展及创业投资实践经验的不断积累和丰富，创业投资项目的价值评估

理论与方法也在不断演变，如图 9-1 所示。

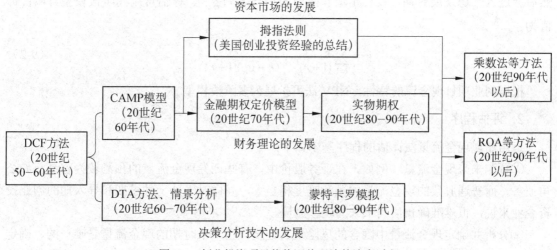

图 9-1　创业投资项目价值评估理论的演变过程

一、贴现现金流量法

贴现现金流量法是投资项目评价的基本理论之一，也是财务管理工作的重要工具之一。使贴现现金流量法在财务管理中备受重视并得以广泛运用的是著名财务学家戈登（Gordon）教授。他在对资本成本的研究中成功运用了这一概念。在传统的项目价值评估方法中，贴现现金流量法应用较广，如净现值（net present value，NPV）法、内部报酬率（internal rate of return，IRR）法、收益费用比率（benefit cost radio，BCR）法等，其中，NPV 法为最有效且常用的方法。20 世纪 60 年代中期，人们用 CAPM 模型确定 NPV 的贴现率，即用风险调整贴现率来贴现，进一步完善了 NPV 法。同时，在 NPV 的基础上，还发展了决策树法，但它仍属于贴现现金流量法，是 NPV 的修正版。

1. 净现值（NPV）法的基本原理

所谓净现值，是将整个生命周期内发生的现金流入量和现金流出量的差额，按照一定的贴现率分别折现而得到的值。这种方法的基础是财务管理理论中的"现值"规律，即任何资产的价值等于其预期未来全部现金流的现值总和。净现值法是基于预期未来现金流和贴现率的估计方法，使用净现值法的前提条件是企业能够持续给投资者带来正的现金流，并且能够比较可靠地估计未来现金流的发生时间和数量，同时，能够根据现金流的风险特性确定恰当的贴现率。

$$V = \sum_{t=1}^{N} \frac{CF_t}{(1+r)^t} \tag{9-1}$$

式中，V 代表项目价值；N 代表项目寿命周期；CF_t 代表项目在 t 时刻产生的现金；r 代表贴现率。

对于创业企业的评估，由于大部分是新成立的企业，而且是以科技作为动力推动企业发展，因此，在评估时往往认为该企业在成立以后会有一个高速发展时期（假设为 n 年），然后会进入平稳发展时期（设稳定增长阶段的增长率为 g_n）。评估可用两阶段模型，项目价值为

$$V = \sum_{t=1}^{N} \frac{CF_t}{(1+r)^t} + \frac{CF_{n+1}}{(r-g_n)(1+r)^n} \qquad (9\text{-}2)$$

根据创业项目现金流的特性，NPV 法可扩展为多阶段模型。

2. 评估程序

运用贴现现金流量法评估的程序基本如下：

①预测未来现金流量。例如，在证券股价中，有些证券现金流量的预测较为容易，如公司债务，而普通股票的现金流量的预测难度相当大，同样对于处于种子期和导入期的创业投资企业来说，很难准确预估其未来的现金流量。

②分析并确定现金流量中隐含的风险及其程度。当未来时期的现金流量是唯一的、确定的值，该现金流量为无风险的现金流量；未来状态变化越多、情况越复杂，现金流量的风险越大。

③将风险因素纳入折现现金流量分析，并计算企业未来现金流量的现值，就是企业价值。

二、拇指法则

美国创业投资家常采用拇指规则评估创业企业价值，它是总结美国创业投资数十年经验而来的。这种评估方法既考虑了创业企业管理者对创业企业前景的乐观估计，又考虑到前期投入资产的稀释；他们规定了拇指规则的具体参数如表 9-2 所示，这是一种使用高折现率以抵消乐观预期，从而修正风险折现率的现金流折现方法。

该方法的操作步骤如下。

（1）预测反映创业企业获得成功时可达到的长期目标，当企业上市或被兼并时，估计企业在时间 t 的未来价值。

（2）使用接近预期价值比率的价格/盈利比率或价格/销售额比率，即相关行业的市盈率。

（3）末期价值以高折现率被折现。

（4）估计未来投资及其稀释。

（5）分割未来的价值。

（6）以投资倍数替换所讨论的折现率，因此可规定对投资于初创企业，其资金的盈利目标在 5 年内是 10 倍，这大概相当于 60%的折现率。

乘数可用算术方法改为折现率：

60%的市盈率与 10.5 倍的乘数相对应（5 年）

53%的市盈率与 5.5 倍的乘数相对应（4 年）

47%的市盈率与 3.2 倍的乘数相对应（3 年）

……

35%的市盈率与 1.35 倍的乘数相对应（1 年）

表 9-2　拇指规则参数表（创业投资家所使用的评估乘数和隐含的折现率）

从初创起的时间	从初创到时间 t 的乘数	隐含的折现率/%
0	10.5	60
1	5.5	53
2	3.2	47
3	2.0	41
3.5	1.62	38
4	1.35	35
5	1.0	—

三、布莱克—斯科尔斯定价模型

1973 年费舍尔·布莱克和迈伦·斯科尔斯发表了《不付红利的欧式期权定价模型》一文，二人的项研究在一定程度上解决了期权定价模型的应用问题，该文中提出的模型成为期权定价模型的经典。该模型假设标的资产的价格运动为一般的维纳过程，通过构造标的资产和无风险借贷资产的等价组合，根据无套利思想，推导出 Black-Scholes 微分方程，然后根据不同的边界条件，得到不付红利的欧式看涨期权的定价公式，即

$$C(S,t) = SN(d_1) - Xe^{-rt}N(d_2) \tag{9-3}$$

式中，$d_1 = \dfrac{\ln\left(\dfrac{S}{X}\right) + \left(r + \dfrac{1}{2}\alpha^2\right)t}{\alpha\sqrt{t}}$，$d_2 = d_1 - \alpha\sqrt{t}$。$C$ 代表期权的价值；S 代表标的资产当前价值 X 代表期权执行价格；r 代表无风险利率；t 代表距离期权到期日的时间；α 代表标的资产价值波动率；$N(d)$ 代表标准正态分布变量的概率分布函数。

实物期权的 Black-Scholes 定价模型是在原有模型的基础上，对对应的期权价值、标的资产价值、期权执行价格等因素做了替换，综合考虑了实物期权的特性。Black-Scholes 定价模型中实物期权与金融期权各个变量的对比如图 9-2 所示。

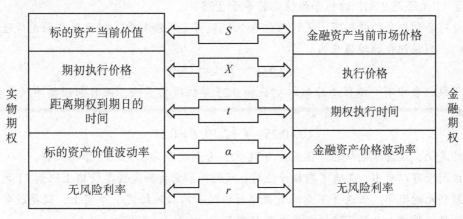

图 9-2　实物期权与金融期权各个变量的对比

从 Black-Scholes 微分方程中可以发现：衍生证券的价值决定公式中出现的变量为标的资产当前价值（S）、时间（t）、资产价格的波动率（α）和无风险利率 r，它们全都是客观变量，独立于主观变量——风险收益偏好。而受制于主观的风险收益偏好的标的资产预期收益率并未包括在衍生证券的价值决定公式中。由此，可以利用 Black-Scholes 公式得到的结论，做出一个可以大大简化工作的风险中性假设：在对衍生证券定价时，所有投资者都是风险中性的。

所谓风险中性，即无论实际风险如何，投资者都只要求无风险利率回报。

风险中性假设的结果：投资者进入了一个风险中性世界。

（1）所有证券的预期收益率都可以等于无风险利率。

（2）所有现金流量都可以通过无风险利率进行贴现求得现值。

尽管风险中性假设仅仅是为了求解 Black-Scholes 微分方程而做出的人为假设，但 Black-Scholes 发现，通过这种假设所获得的结论不仅适用于投资者风险中性情况，也适用于投资者厌恶风险的所有情况。也就是说，在风险中性世界中得到的期权结论，适用于现实世界。

【例9-1】

假设一种不支付红利股票目前的市价为 10 元，我们知道在 3 个月后，该股票价格要么是 11 元，要么是 9 元。现在我们要找出一份 3 个月期协议价格为 10.5 元的该股票欧式看涨期权的价值。

由于欧式期权不会提前执行，其价值取决于 3 个月后股票的市价。若 3 个月后该股票价格等于 11 元，则该期权价值为 0.5 元；若 3 个月后该股票价格等于 9 元，则该期权价值为 0。

为了找出该期权的价值，我们可构建一个由一单位看涨期权空头和 Δ 单位的标的股票多头组成的组合。若 3 个月后该股票价格等于 11 元，该组合价值等于（11-0.5）元；若 3 个月后该股票价格等于 9 元，该组合价值等于 9 元。为了使该组合价值处于无风险状态，我们应选择适当的值，使 3 个月后该组合的价值不变，这意味着

$$11\Delta - 0.5 = 9$$

$$\Delta = 0.25$$

因此，一个无风险组合应包括一份看涨期权空头和 0.25 股标的股票。无论 3 个月后股票价格等于 11 元还是 9 元，该组合价值都将等于 2.25 元。

在没有套利机会的情况下，无风险组合只能获得无风险利率。假设现在的无风险年利率等于 10%，则该组合的现值应为

$$2.25e^{-0.1 \times 0.25} = 2.19$$

由于该组合中有一单位看涨期权空头和 0.25 单位股票多头，而目前股票市场价格为 10 元，因此

$$10 \times 0.25 - f = 2.19; f = 0.31$$

这就是说，该看涨期权的价值应为 0.31 元，否则就会存在无风险套利机会。

从该例子可以看出，在确定期权价值时，我们并不需要知道股票价格上涨到 11 元的概率和下降到 9 元的概率。但这并不意味着概率可以随心所欲地给定。事实上，只要股票的预期收益率给定，股票上升和下降的概率也就确定了。

例如，在风险中性世界中，无风险利率为 10%，则股票上升的概率 P 可以通过下式来计

算，即

$$10 = e^{-0.1 \times 0.25} \times \left[11p + 9(1-p) \right]$$
$$p = 62.66\%$$

又如，如果在现实世界中股票的预期收益率为 15%，则股票的上升概率可以通过下式来计算，即

$$10 = e^{-0.15 \times 0.25} \times \left[11p + 9(1-p) \right]$$
$$p = 69.11\%$$

可见，投资者厌恶风险程度决定了股票的预期收益率，而股票的预期收益率决定了股票升跌的概率。然而，无论投资者厌恶风险程度如何，无论该股票上升或下降的概率如何，该期权的价值都等于 0.31 元。

四、二叉树期权定价模型

Black-Scholes 期权定价模型虽然有很多优点，但其推导过程让人难以接受。因此，在 1979 年，罗斯等人使用一种比较浅显的方法设计出一种期权的定价模型，称为二项式模型或二叉树模型。

二叉树期权定价法的基本思路是将期权有效期划分为 n 个时间间隔的时间段，并且假设在每个时间段，标的资产只能取两个可能的值，即标的资产上升和下降两种状态的值。

设投资项目的投入资本为 X，当前价值为 V，以该项目标的资产的实物期权的价值为 C 经过时间间隔 Δt，投资项目的标的资产价值 V 要么以比率 u 上升到 V_u，要么以比率 d 下降到 V_d，期权价值相应上升为 C_u 或下降到 C_d。以此类推，可以得出多期二叉树模型（见图 9-3）

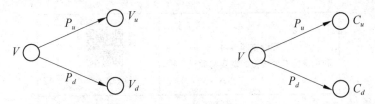

图 9-3　二叉树期权定价模型

二叉树期权定价模型以风险中性估值原理为基础，假设投资的期望收益率应等于无风险利率 r。在风险中性条件下对实物期权定价时，二叉树期权定价模型满足如下等式

$$Ve^{r\Delta t} = pV_u + (1-p)V_d \tag{9-4}$$

公式中 p 表示风险中性概率，通过求解风险中性概率进一步推算出实物期权的价值 C 为

$$C = e^{r\Delta t} \left[pV_u + (1-p)C_d \right] \tag{9-5}$$

五、蒙特卡罗模拟

蒙特卡罗（Monte Carlo）方法或称计算机随机模拟方法，是一种基于随机数的计算方法。这一方法源于美国在第二次世界大战中研制原子弹的"曼哈顿计划"。该计划的主持人之一、数学家冯·诺伊曼用驰名世界的赌城——摩纳哥的"Monte Carlo"来命名这种方法，为它蒙

上了一层神秘色彩。

蒙特卡罗模拟方法是一种以概率统计为理论基础、以随机抽样为主要实现手段的数值技术，适合多因素不确定条件下的求解。期权计算最有效的方法是基于蒙特卡罗模拟的算法。蒙特卡罗模拟方法首先假设资产的价值符合某一路径程序，再依据所设定的路径程序，大量模拟未来各种可能发生的情境。假设资产价值 V 服从几何布朗运动（Geometric Brownian Motion，GBM），将期权到期时间划分为 n 个相等的时间段 Δt，则下一时间点 $t+1$ 时刻的资产价值 V_{t+1} 可表示为

$$V_{t+1} = V_t + V_t(\mu\Delta t + \sigma\varepsilon\sqrt{t}) \tag{9-6}$$

式中，μ 代表资产的瞬间预期增长率；σ 代表瞬间波动率；ε 代表服从标准正态分布的随机数。

具体模拟时，可由 Excel 函数 NORMSINV[RAND()] 生成 n 个正态分布的随机数 ε，将这一系列随机数代入式（9-6），然后由该公式一步步递推至目标时刻，就得到 $t+n$ 时刻的资产价值，然后转换成可能的期权价值，将上述路径模拟 N 次（一般 1000 次以上），得到 N 个期权价值，取 N 个价值的平均数，根据大数定律，即得到到期日期权的期望值，最后以无风险利率贴现即得到期权的现值。

应用蒙特卡罗方法进行实物期权求解有以下优点.

（1）蒙特卡罗方法可以用于没有解析解存在的期权定价。

（2）蒙特卡罗方法不仅可以对欧式期权进行定价，还可以用于美式期权的定价。

（3）蒙特卡罗方法可以解决存在多个不确定性因素的求解问题。

（4）可以通过控制模拟次数来控制精度。随着模拟次数的增加，准确度可以得到不断的提高。

阅读资料 9-1
利用蒙特卡罗模拟战略实物期权分析

六、乘数比较法

乘数比较法估值（multiplier approach 或 comparative valuation）是金融和投资领域中一种常用的相对估值技术，主要用于评估目标公司的价值。这种方法基于市场上类似公司或可比公司的定价信息，通过计算并应用一系列的财务乘数来估计目标公司的价值。

该方法的具体步骤如下。

1. 选择可比公司

要确定一组与目标公司业务相似、规模相当且在公开市场上交易活跃的可比公司。这些公司在行业地位、经营特点、盈利模式等方面应当具有较强的可比性。

2. 确定乘数指标

选取合适的财务乘数进行分析，常见的乘数包括市盈率（P/E Ratio）、市净率（P/B Ratio）、

市销率（P/S Ratio）、企业价值倍数（EV/EBITDA）、自由现金流收益率（FCFF Field）等。这些乘数都是将公司市值与其某个财务指标相除得到的比率。

3．计算可比公司的乘数

查找可比公司的最新财务报表，计算出它们对应的乘数数值。

4．调整和平均

对于选定的乘数，可能需要根据行业的特性和可比公司的具体情况做出适当的调整，然后计算整个可比公司群体相应乘数的平均值或中位数，作为市场的基准水平。

5．将市场基准乘数应用到目标公司

将得到的市场基准乘数应用于目标公司相应的财务指标，从而估算出目标公司的价值。例如，如果使用市盈率乘数，可以用目标公司的每股收益乘以市场平均市盈率来估算其合理的股价。

6．进一步调整

考虑到目标公司与可比公司在成长潜力、风险状况、盈利能力等方面的差异，有时还需要对计算出来的初步估值做进一步调整，以反映目标公司的特性。

总的来说，乘数比较法估值是一种通过参考同行业公司的市场表现来推测目标公司合理价值的方法，它依赖于市场效率假设，即认为市场上相似的企业应该有相近的估值水平。

第三节　创业项目的期权价值

本书在介绍创业投资的基础理论时，已经述及创业项目的价值评估需要利用期权思想。本节将以扩张期权、延迟期权和放弃期权为例，说明实物期权在创业投资项目价值评估中的应用。

在创业项目价值评估时，因为投资项目的市场情况不尽相同，因此需要采用不同的期权进行评估。在具体解释扩张期权、延迟期权和放弃期权这三种实物期权的应用之前，我们要先大致了解一下三者之间的区别：夏普和特里杰奥吉斯指出，因不确定性因素的存在，投资决策者往往具有机会选择权。如果市场情况不明朗，决策者可以推迟对项目的投资，等待市场情况确定后选择适当时机再投资，这是扩张期权；如果投资项目的市场状况良好，消费需求增加，则投资者可以选择扩大投资项目的规模，这是延迟期权；如果市场状况恶化，投资项目的继续实施将给投资者带来重大损失，则选择放弃投资，这就是放弃期权。

一、扩张期权

项目持有者在投资一期项目时需要考虑未来预期选择权，评价未来扩张选择权的价值为二期项目投资提供选择依据。扩张期权的决策原则为：若一期项目本身的净现值+后续扩张选择权的价值＞0，则表明一期项目可行，通常运用 Black-Scholes 模型进行项目评估。

下面，我们用一个案例来具体解释评估过程。

一家计算机硬件制造企业计划引进新的生产技术。考虑到市场的成长需要一定时间，该项目分两期进行：第一期于 2011 年投产，投资额为 1000 万元；第二期项目投资额 2000 万元于 2013 年年末投入，2014 年投产。预计两期的现金流量如表 9-3 所示。

表 9-3　各年年末现金流量表　　　　　　　　单位：万元

项目		时间								
		2010 年	2011 年	2012 年	2013 年	2014 年	2015 年	2016 年	2017 年	2018 年
经营现金流量	第一期		200	300	400	400	400			
	第二期					800	800	800	800	800

公司要求的最低投资报酬率为 20%，无风险利率为 10%。第二期项目的决策必须在 2013 年年末决定，可比公司的股票价格标准差为 35%，作为项目现金流量的标准差，税后经营现金流量的折现率为 20%。第二期投资的现值折现到零时点使用 10% 的折现率，判断是否投资第一期项目。

如果采用 Black-Scholes 模型，则模型参数如下。

① 该期权的标的资产价格 S_0 为第二期现金流量的现值 1384.54 万元。

② 该期权的执行价格现值 P_V（X）为第二期投资额现值 1502.63 万元。

③ 期权到期日前的时间 t 为 3 年；标准差 σ 为 35%；无风险利率 r 为 10%。

采用 Black-Scholes 模型，计算结果如下

$$d_1 = \frac{\ln[S_0 / PV(X)]}{\sigma\sqrt{t}} + \frac{\sigma\sqrt{t}}{2} = \frac{\ln(1384.54 \div 1502.63)}{0.35 \times \sqrt{3}} + \frac{0.35 \times \sqrt{3}}{2} = 0.1682$$

$$d_2 = d_1 - \sigma \times \sqrt{3} = 0.1682 - 0.6062 = -0.438$$

采用内插法求得

$$N(d_1) = N(0.1682) = 0.5667$$

$$N(d_2) = 1 - N(0.438) = 1 - 0.6693 = 0.3307$$

扩张期权 $C = S_0 N(d_1) - P_V(X)N(d_2)$

$$= 1384.54 \times 0.5668 - 1502.63 \times 0.3307 = 287.71 （万元）$$

考虑扩张期权的一期项目净现值 =−39.87+287.71=247.84（万元）>0，所以应该投资一期项目。

二、延迟期权

延迟期权是指赋予创业投资公司推迟一段时间对项目进行投资的权利，通常是受到专利或许可证保护的项目。延迟期权可使投资者在推迟的这段时间里观察市场的变化，当市场情况变得对自己有利时再投资。如果市场情况未好转，则投资者可以放弃该项目。此时的延迟期权相当于看涨期权。

延迟期权通常使用二叉树定价模型进行分析。现有 B 公司投产一个新产品，预计投资需要 1050 万元，每年现金流量为 100 万元（税后、可持续），项目的资本成本为 10%（无风险利率

为5%，风险补偿率为5%）。每年的现金流量100万元是平均的预期，并不确定。假定一年后可以判断出市场对产品的需求，如果新产品受顾客欢迎，预计现金流量为120万元；如果不受欢迎，预计现金流量为80万元。由于未来现金流量具有不确定性，应当考虑期权的影响。如果利用二叉树定价模型，请问含有延迟期权的净现值是多少？延迟期权的价值又如何衡量？

如果采用二叉树定价模型，那么就需要构建C_u、C_d、S_u、S_d。

第一步，上行项目价值S_u=120/0.1=1200；下行项目价值=S_d=80/0.1=800。

第二步，C_u=1200−1050=150；C_d=800−1050=−250。

第三步：根据风险中性原理，报酬率=（本年现金流量+期末项目价值）/期初项目价值−1，则

$$上行报酬率=(120+1200)/1000−1=32\%$$
$$下行报酬率=(80+800)/1000−1=−12\%$$
$$无风险报酬率=上行概率×上行报酬率+下行概率×下行报酬率$$
$$5\%=上行概率×32\%+(1−上行概率)×(−12\%)$$

这样就能算出上行概率= 0.3864。

第四步：计算期权的项目净现值即
$$C_0 =(C_u ×p +C_d ×(1−p))/(1+5\%)$$
$$=(150×0.3864)/(1+5\%)=55.2$$

同时也能得到延迟期权的价值=55.2−(−50)=105.2

三、放弃期权

放弃期权是指在市场状况非常糟糕时，企业的管理层能够永久地退出生产，并将设备等资产在市场上出售。放弃期权相当于看跌期权，可以将项目出售的价值作为执行价格，项目本身的现值为标的物的市场价格。当创业项目本身能创造的价值低于出售的价格时，选择执行放弃期权是有利的。

例如，现有两个创业团队找到同一个创业投资公司，希望能获得创业投资公司的投资。创业团队A是一个手机应用开发团队，该团队正在开发一款手机游戏。游戏研发成功后，若市场反应好，该团队可为创业投资公司带来1850万美元的现值收益；如果市场反应不好，该团队仅能为创业投资公司带来850万美元的现值收益。创业团队B从事手机制造行业，该团队准备面向市场推出一款新型手机，需要建立一条手机生产线。生产线建立起来后，如果该款手机受到市场的青睐，将会给创业投资公司带来1800万美元的现值收益；如果该款手机的销量不好，就只能给创业投资公司带来800万美元的现值收益。

两个创业团队所需的资金是一样的，投资周期都为一年，而且创业团队A开发的游戏与创业团队B生产的手机的市场反应是一样的。创业投资公司由于资金限制只能投资一个创业团队，但是创业投资公司对创业团队A的投资一经投出便无法收回；对创业团队B的投资主要用于建设生产线，一年后卖掉该生产线仍可获得现值1000万美元的收入。

如果无论项目盈利与否，创业投资公司的投资都无法收回，那么投资创业团队A无疑是最佳选择。但若投资创业团队B，即使手机的市场反应不好，创业投资公司也可以1000万美元把生产线卖掉，因为届时手机的销售收益只有800万美元。这样，一旦觉察出这个

允许出售资产的期权的存在，对创业团队 B 的投资收益则变化为如下两种情况：①需求旺盛→继续生产→拥有的业务价值为 1800 万美元；②需求低迷→执行出售资产的期权→获得 1000 万美元。

对创业团队 B 的投资含有放弃期权，这个放弃权期权是一个看跌期权，其执行价格等于生产线的出售价值。对于创业团队 B 投资的总价值等于假定创业投资公司不放弃时的项目贴现现金流价值加上放弃期权的价值。

因此，根据贴现现金流量法，对创业团队 A 投资更好一些，因为在市场反应相同的情况下，它能获得更高的收益。但在创业投资公司不能确定市场反应的情况下，创业团队 B 能让创业投资公司感受到它的灵活性优势。在这种情况下，投资经理可能忽略创业团队 A 具有更好的现金流贴现价值，而因看中创业团队 B 的"无形的"灵活性优势而去选择它。我们把对创业团队 B 的投资建立成一个看跌期权模型，其灵活性的价值将体现得更加明显。

对创业团队 B 的投资的总价值 = 项目不放弃时的贴现现金流价值+ 放弃期权的价值

设整个投资在被放弃前价值 1200 万美元，如果手机的市场需求旺盛，一年后的项目价值就上升 50%，达到 1800 万美元，如果需求低迷，项目的价值就会下跌，仅仅为 800 万美元。

	需求低迷	需求旺盛（单位：百万美元）
一年后项目的价值	8	18
看跌期权的价值	10−8 = 2	0

假定无风险利率为 5%，那么风险中性世界中发生需求旺盛的概率满足

无风险利率=(需求旺盛的概率×50%)+(1−需求旺盛的概率)×(−33.3%)= 5%

需求旺盛的概率= 0.46

需求低迷的概率=1−0.46 = 0.54

我们已经知道了一年后的看跌期权的收益不是 0 就是 200 万美元，于是期权的期望收益为

预期期权收益=需求旺盛的概率×0+(1−需求旺盛的概率)×200
=0.46×0+0.54×200=108（万美元）

以 5%贴现，就得出了看跌期权的当前价值 108/1.05=103 万美元。

不计放弃权期权时的项目价值+出售设备的期权价值=1200+103=1303 万美元。

投资创业团队 B，假设一年后生产线可以以 1000 万美元出售，在接下来的每六个月中，项目的价值要么增加 33.3%，要么减少 25%，其可能的收益如图 9-4 所示。

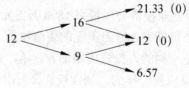

图 9-4　六个月后的期权价值

无风险利率=5%，则六个月的利率=2.5%，于是

期望收益率=(高回报的概率×33.3%)+(1−高回报的概率)×(−25%)= 2.5%

需求旺盛的概率=0.47

需求低迷的概率=1−0.47=0.53

假设创业投资公司已经处在第六个月，此时项目价值变为 900 万美元。如果是这样的话，年末有 47% 的可能性该期权是无价值的，另有 53% 的可能性期权价值为 325 万美元。于是

年末放弃权期权的预期价值= 0.47×0+0.53×325 万美元=172 万美元

在六个月利率等于 2.5% 的条件下，六个月期看跌期权的价值= 172/1.025=168 万美元。

如果六个月后，项目价值变成 1600 万美元，那么放弃权期权在年末肯定一文不值，所以它在第六个月的价值也是 0。

第六个月期权的预期价值=0.47×0+0.53×168 万美元=89 万美元，则期权的现值= 89/1.025=87 万美元。

【例9-2】

某具有经营性质的水电站 GX 位于某河流中段，采用 BOT 模式进行项目融资。电站装机容量 1000 kW，属于小型水电站项目。其初始投资成本为 650 万元，在项目投资初期预计今后的现金流量收益现值为 850 万元，市场波动率为 25%，无风险收益率为 6%，计划投资期为 5 年，特许经营期为 20 年。然而在项目进行到某一期时可能出现政策上的重大改变，导致投资方预测未来运营期带来的现金流量只能达到 583 万元，若投资方拥有放弃期权，则可在适当时间做出行权决定，停止对项目的投资，则放弃期权的定价过程如下。

根据案例给出的数据，对应的参数为：初始价格 S=583 万元，行权价格 K=650 万元，无风险利率 r=0.06，到期日 T=5 年，标的资产价格波动率=0.25。将时间区间 N 取 10，模拟路径 M 取 10。利用 MATLAB 程序，模拟期权定价过程，得到模拟结果，如表 9-4 所示。

表 9-4　期权定价模拟值

路径	时间/半年									
	1	2	3	4	5	6	7	8	9	10
1	547.9	561.68	711.55	465.41	151.75	217.57	644.75	1462.3	1788.5	1341
2	440.59	775.53	299.67	1005.9	786.42	1219.5	435.06	455.62	2365.7	786.41
3	604.69	487.33	889.04	1099.3	246.23	1089	2499.4	383.51	2964.6	218.89
4	622.3	1298.3	1439.9	1021.6	2188.5	3825.6	63.426	430.41	136.89	250.32
5	482.94	571.76	421.76	1537.7	307.49	1189.9	1095.2	81.209	929.74	1474.7
6	730.03	624.67	959.42	990.75	999.65	321.12	1953	469.78	968.77	125.55
7	729.81	874.89	1183.6	1433.3	760.45	951.32	1592.9	773.32	133.52	2678.2
8	587.52	612.71	261.42	263.86	277.33	217.92	1318	1020.9	203.77	1840.4
9	626.67	580.05	283.48	608.92	91.968	622.5	677.7	5037.3	3712.6	157.49
10	609.98	447.04	824.03	552.73	594.52	603.83	1490.2	398.15	538.26	420.9

期权价值的模拟值为 299.21 万元，每条路径的最优行权时间如表 9-5 所示。

表 9-5　最优行权时间表

科目	路径									
	1	2	3	4	5	6	7	8	9	10
最优行权时间	5	3	5	7	5	6	9	3	3	10

通过模拟，不断扩大 N 与 M 的值，经过多次计算得到一个波动较小的值域，因此通过演算可得到放弃期权理论上较合理的期初定价为 91 万～94 万元。在实际情况中结合考虑其他的相关因素得出的结论会产生一定的合理波动。

通过以上分析可以看出，一旦投资者在 BOT 水电项目的建设初期拥有相关的放弃期权，则获得规避风险的保障，若无放弃期权该项目的投资者最终将亏损 267 万元（预期收益减去预计现金流），若使用放弃期权按照 91 万元计算最终亏损 158 万元（初始投资成本-预计现金流＋放弃期权）。由此可见，放弃期权可以有效降低投资者的投资风险。

四、分阶段投资期权

把项目所需投资按时间顺序分成若干个相互联系的部分，创业投资公司由于采用了分期注入资金的方式，就获得了一个放弃投资和扩大投资的权利，这就是实物期权。每一阶段的投资取决于前面已经执行的各阶段投资的实际结果。决策者准备随时根据不断变化的业务和需求来调整他们的行动策略。如中断或放弃项目，以避免更大的损失。

分阶段期权可以看作是一系列期权的组合。每一期的投入都可视为取得下一次的投资机会的期权。故采取分阶段投资一方面可以降低风险，另一方面形成的期权可以增加项目的价值。实际上，这种分段投入的操作方式在创业投资领域是相当流行的。Geske 指出：许多投资机会本质上有序列先后的性质，唯有在前一次机会获得执行，下一次机会才有获得履行的可能，这是复合式期权的性质，故分阶段投资是一种典型的复合期权。

【例 9-3】

某公司是一个产品生产企业，2015 年年末该公司研发出一种新产品，管理层预计该产品有巨大的发展潜力，计划将该产品推向市场。考虑到新产品有很高的风险和不确定性，以及市场需求的多变性和多样性，管理层计划分两个阶段进行投资，即先推出小规模的新产品，然后根据市场对新产品的反应来决定是否增加投资规模。公司计划于 2015 年年末第一期投资 180 万元，第二期计划于 2018 年年末投资 930 万元，2019 年投产，预计之后可产生平均每年 100 万元的永续现金流量。项目的资本成本为 10%（无风险利率为 5%，风险补偿率为 5%）。该产品所在行业有一定风险，可比公司的股票价格标准差为 14%，可以作为项目现金流量的标准差。相关的现金流量预计如表 9-6 所示。

表 9-6　分阶段投资项目的现金流量　　　　单位：万元

时间（年末）	2015	2016	2017	2018	2019	2020
期初投资	-180					
期初投资税后经营现金流量		20	30	50	50	50
后期增资				-930		
后期增资税后经营现金流量					100	100

1. 期初投资分析

1）利用传统净现值法对项目进行评估

分阶段投资项目后期增资的净现值：利用永续年金现值公式可得出税后经营现金流量现值合计= 100/10% =1000 万元（以平均预期进行计算），用项目的资本成本（10%）折算到 2015

年底为 751.31 万元。第二阶段投资额为 930 万元，用无风险利率（5%）折算到 2015 年底为 803.37 万元。

$$期初投资的净现值= 145.74-180=-34.26（万元）$$

具体如表 9-7 所示。

表 9-7　分阶段投资项目期初投资的净现值

时间（年末）	2015	2016	2017	2018	2019	2020
期初投资额	−180					
税后经营现金流量		20	30	50	50	50
折现率（10%）		0.9091	0.8264	0.7513	0.6830	0.6209
各年税后经营现金流量现值		18.18	24.79	37.57	34.15	31.05
税后经营现金流量现值合计	145.74					
期初投资的净现值	−34.26					

2）用实物期权法对项目进行评估

实物期权法和传统净现值法虽然是两种完全不同的方法，但它们之间也存在着一些联系。在应用实物期权法时，需要确定 Black-Scholes 期权定价模型的参数值，这 5 个主要参数值与传统净现值法的相关数值对应如表 9-8 所示。

表 9-8　实物期权法和传统净现值法的对应关系

实物期权法	传统净现值法
实物期权标的资产的当前价格	后期增资税后经营现金流量现值合计的现值（折现到期初投资年度年底）
实物期权标的资产的执行价格的现值	后期增资额的现值（折现到期初投资年度年底）
标的资产收益率的标准差	期望收益率的标准差
期权的到期时间	后期增资推迟时间
无风险利率	项目的资本成本（其中包括无风险利率和风险补偿率）

依照传统净现值法和实物期权方法的对应关系，我们可得出 Black-Scholes 期权定价模型相关参数的数值：

实物期权标的资产的当前价格 S

=后期增资税后经营现金流量现值合计的现值（折现到期初投资年度年底）

=751.31（万元）

实物期权标的资产的执行价格的现值 $PV(X)$

=后期增资额的现值（折现到期初投资年度年底）

=803.37（万元）

期权的到期时间 $t=3$ 年

标的资产收益率的标准差 $\sigma=14\%$

使用 Black-Scholes 期权定价模型进行计算：

$$d_1 = \frac{\ln\dfrac{S}{PV(X)}}{\sigma\sqrt{t}} + \frac{\sigma\sqrt{t}}{2}$$

$$= \frac{\ln\dfrac{751.31}{803.37}}{0.14\sqrt{3}} + \frac{0.14\times\sqrt{3}}{2} = -0.1550$$

$$d_2 = d_1 - \sigma\sqrt{t} = -0.3975$$

因为 $N(0.15)=0.5596$；$N(0.16)=0.5636$（查表），使用插补法可得

$$N(0.1550)=0.5636-[(0.16-0.155)/(0.16-0.15)]\times(0.5636-0.5596)=0.5616$$

即 $N(d_1) = N(-0.1550)=1-N(0.1550)=0.4384$

同理可以得到 $N(d_2)=0.3455$

$$C = S[N(d_1)] - PV(X)[N(d_2)]$$

$$=751.31\times0.4384-803.37\times0.3455=52.811$$

期初投资不考虑期权的现值是 -34.26，可视为获得后期增资选择权的成本。如果不进行期初投资将会失去后期增资扩张的机会（即扩张期权），该扩张期权是有价值的，期限为 3 年，价值为 51.81 万元。在考虑期权情况下，期初项目的净现值应为 17.55（51.81-34.26），因此期初投资是具有可行性的。另外，由于项目的不确定性较大，后期增资税后经营现金流量现值合计 1000 万元使用项目的资本成本（包含风险溢价）进行折现。后期增资额 930 万元使用无风险利率进行折现，这是因为它是确定的现金流量，在这 3 年里并没有投入到风险项目中。

2. 后期增资分析

随着项目的进行，投资者在 2019 年获得了更多与项目有关的信息。原预计今后可产生平均每年 100 万元的永续税后经营现金流量，但现在考虑到市场需求的不确定性，预计如果消费需求量较大，永续税后经营现金流量为 125 万元，如果消费需求量较小，永续税后经营现金流量为 80 万元。如果延期后期增资，一年后则可以判断市场对该产品的需求，并做出弃取决策。

1）用传统净现值法对项目进行评估

利用永续年金现值公式可得出：

后期增资的净现值 $=100/10\%-930=1000-930=70$（万元）

2）用实物期权法对项目进行评估

具体如表 9-9 所示。

表 9-9　用实物期权法对项目进行评价

	延迟期权的计算	
时间（年末）	0	1
现金流量上升百分比		(125-100)/100 =25%
现金流量下降百分比		(80-100)/100 = -20%
税后经营现金流量二叉树	1000	125/10% = 1250
		80/10% = 800
折现率	10%	

续表

	延迟期权的计算		
项目期末价值二叉树	1000	125/10% =25%	
		80/10% = 800	
项目的增值额	930		
净现值二叉树	40	1250−930 = 320	
		800−930 = −130	
上行投资收益率		(125 +1250)/930−1 = 47.8495%	
下行投资收益率		(80+800)/930−1=−5.3763%	
无风险利率		5%	
上行概率		0.1949	
下行概率		0.8051	
期权价值二叉树	59.40	320	
		0	

其中：上行投资收益率=（上行项目税后经营现金流量+上行项目期末价值）/年初投资–1

下行投资收益率=（下行项目税后经营现金流量+下行项目期末价值）/年初投资–1

无风险收益率=上行概率×上行投资报酬率+下行概率×下行投资报酬率 5%

期权的价值=（上行概率×上行时期权的到期日价值+下行概率×下行时期权的到期日价值）×（p/s，r，t）

期权的价值为 59.40 万元，而立即执行的净现值为 70 万元，所以应立即执行该项目，按原项目后期增资计划于 2018 年末投资 930 万元，2019 年投产。等待将使投资者失去 70 万元却仅获得价值为 59.40 万元的选择权，这显然是不明智的。

第四节　分段投资的权益分配

创业投资的分段投资既是激励约束的需要，也是项目价值的实现手段，还有信息揭示的功能。因此，创业投资者应清楚多轮注资后创新企业的股份变动情况，把握自己最后退出时的股份情况，也就有必要考察分段投资的权益分配状况。创业投资方对企业分阶段进行投资有利于提高投资方的自由度，十分符合实物期权的思想。

一、创业投资分阶段投资的权益分配计算方法

创新企业发行新股，或者出于资金的需求，或者为了对雇员的激励，在最初的融资中，投资者就应考虑保留适当股份，作为对企业管理层的激励。新股发行意味着对老股的稀释，即业主权益的丧失，为保证最终权益份额，初始投入所占份额应当充分。

新的一轮注资，所能持有的股份份额是由如下公式计算决定的

要求的权益份额=新股数目/（原始股数目+新股数目）×100%

因此，新的注资换得的持股数量为

新股数目=原始股数目×要求的权益份额/（1−要求的股份份额）

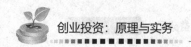

而新股的发行价格则为

$$股票价格=投资额/新股数目$$

举例来说，如果追加投入 1000 万元，要求 70% 的股份份额，而原始股数目为 100 万股，则

$$新股数目= 1\,000\,000 \times 70\%/30\% = 2\,333\,333$$

$$股票价格= 1000 / 2\,333\,333 = 4.29（元）$$

分阶段投资的权益计算方法是用投资者要求的资本回报率对撤资时企业价值折现，得出创业企业的现值，并根据创业投资机构的投资额在企业现值中所占比例计算出股权比例。考虑到创业企业多轮次的融资要求，还需要计算留存比例。主要步骤如下。

（1）用比较法估计创业企业在创业投资机构退出时的最终价值。

（2）根据初期投资确定要求的最终股权比例。

（3）计算最终股权比例，即创业投资额的最终价值/创业企业预期终值。

（4）计算保留比例，即 1-后续融资股份之和/总股份=1-后续融资股份比例。

（5）计算创业投资机构当前股权比例，即最终股权比例/保留股份比例。

二、算例

A 创业投资公司想要投资一家初创的电子商务企业，要求 50% 的收益率。预计投资 3500 万元，预计 5 年后退出时项目的净利润为 2500 万元，项目市值相应的市盈率为 15%。但这 3500 万元不是一次性投入，而是根据项目经营情况，首轮注资 1500 万元，第 2 年年末注资 1000 万元，第 4 年年末再注资 1000 万元，要求的收益率分别为 50%、40% 和 25%，那么公司应该要求多少股份份额呢？

公司在各个阶段要求的权益份额可以通过如下的倒推步骤来计算，即：

（1）估计最终价值规模。

（2）计算各阶段最终股份份额。

（3）将各阶段最终股份份额转换至当前股份份额。

具体的计算过程如下。

（1）创业企业的最终价值：$P/E \times$ 净利润=15×2500 万元= 37\,500 万元。

（2）每轮投资要求的最终股份份额：

首轮融资：当前注资 1500 万元，要求 50% 的收益，最终股份份额为

$$(1 + 50\%)^5 \times 1500/37\,500 = 30.4\%$$

次轮融资：第 2 年年末注资 1000 万元，要求 40% 的收益，最终股份份额为

$$(1 + 40\%)^3 \times 1000/37\,500 = 7.3\%$$

第三轮融资：第 4 年年末注资 1000 万元，要求 25% 的收益，最终股份份额为

$$(1 + 25\%)\times 1000/37\,500 = 3.3\%$$

（3）当前注资时各阶段应享有的股份份额。

明确了每一轮注资的最终股份份额，其有投入时刻能够享有的权益应为

$$注资股份比例=最终股份比例/保留股份比例$$

第一轮注资时，留给后两轮注资的保留股份比例为

$$保留股份比例= 1-(7.3\% + 3.3\%)= 89.3\%$$

因此，首轮注资享有的权益为

$$第一轮注资权益 = 30.4\%/89.3\% = 34.0\%$$

假设首轮融资时原有股本为 100 万股，则

$$新增股份数目 = 老股数 \times 最终股份份额/(1-最终股份份额)$$
$$= 1\,000\,000 \times 34\%/(1-34\%) = 515\,055（股）$$
$$首轮融资后股票价格 = 1\,500\,000/515\,055 = 2.91（元）$$

由此，我们可以计算出

$$次轮保留比例 = 1-3.3\% = 86.7\%$$
$$次轮注资股份比例 = 7.3\%/86.7\% = 7.6\%$$
$$次轮融资新增股份数目 = 老股数 \times 股份份额/(1-股份份额)$$
$$= 1\,515\,055 \times 7.6\%/(1-7.6\%) = 124\,077（股）$$
$$次轮融资后股票价格 = 1\,000\,000/124\,077 = 8.06（元）$$

对第三轮融资，则有

$$第三轮保留股份比例 = 0$$
$$第三轮注资股份比例 = 3.3\%$$
$$第三轮融资新增股份数目 = 老股数 \times 股份份额/(1-股份份额)$$
$$= 1\,639\,133 \times 3.3\%/(1-3.3\%) = 56\,522（股）$$
$$第三轮融资后股票价格 = 1\,000\,000/56\,522 = 17.69（元）$$

至于五年末公司的股票价格，应为

$$最后股票价格 = 37\,500\,000/1\,695\,653 = 22.12（元）$$

第五节　注资证券的收益风险分析

创业投资双方对项目价值有了基本的认识，达成了投资意向，注资证券的选择依然有着极其重要的意义。创业投资的注资证券可以是普通权益，也可以是优先股、可转换优先股、可转换债券等。每种投资工具都有各自的特点，在不同的投资环境中应进行适当的选择。虽然每种投资工具各有不同，但是本质还是为了风险收益的权衡。

考察一个简单的项目，该项目需要的初始投资为 1000 万元，在今后五年里每年产生 600 万元现金收入，到第五年末，项目经营结束，清产还将带来 500 万元的收入，那么该项目的净现值为多少呢？

根据上面给出的项目情况，我们可以得到如表 9-10 所示的现金流量表：

表 9-10　现金流量表　　　　　　单位：万元

年度	0	1	2	3	4	5
投资额	(1000)					
现金流		600	600	600	600	600
清算价值						500
净现金流	(1000)	600	600	600	600	1100

如果项目是一项社会公益事业，那么未来现金流的贴现率应为无风险利率，设为10%。此时，未来现金流的现值为2585万元，项目的净现值为1585万元。如果项目的现金流不确定，项目的经营就面临着风险，假设20%而非10%才是考虑到风险因素的合适贴现率，那么现金流的现值就将降为1995万元，而非2585万元，项目的买卖双方未必能对项目的未来资金流及其贴现率达成一致意见，而且还有可能有其他因素对交易产生影响，如果买方的贴现率为10%，而卖方却用较高的贴现率20%来贴现，那么交易的价格定在995万元到1585万元之间的任何一个，买卖双方都将乐于接受。如果买方的贴现率上升为15%，那么价格的协商余地就将缩小，只能在995万元到1260万元之间。如果买方的贴现率为30%，那么对其来说，项目经营权的价值不过596万元，而卖方的卖价却要高于995万元，交易就难以成交了。

一种解决方法是在投资协议中增加限制条款，例如，卖方肯定项目的现金流不像买方想象的那样高风险，坚持20%贴现率的合理性，其可以在同意买方报价的同时，在协议中要求项目回报率高于20%时得到一部分项目经营的收益，当然，作为交换，卖方也必须承诺如果项目的内部回报率低于20%，卖方将给予买方适当的补偿。

投资双方对项目价值的认识不同，本质上还是因为对项目收益风险认识的不同，协调这种认识差异的一种重要手段就是选择恰当的注资证券。对上面的项目，如果投资双方达成的权益分配比例为创业企业、创业投资公司分别占有70%和30%的股份（相当于认为项目价值1444万元，项目应有35%的收益率），在利用优先股与普通股的情况下，两者的收益与风险（以现值的标准差来量度）会有很大的不同（见表9-11）。

表 9-11　优先股与普通股的比较

普通股			
	创业企业	创业投资公司	总计
持有股份份额	70%	30%	100%
每年现金收入			
悲观	385 70%	165 30%	550 100%
乐观	455 70%	195 30%	650 100%
期望	420 70%	180 30%	600 100%
现金流的现值	1010.8 70%	433.2 30%	1444 100%
（包括清算价值）			
净现值	0	444	444
现值的标准差	109.9 70 %	47.1 30%	157 100%
优先股			
持有股份份额	70%	30%	100%
每年现金收入			
悲观	414 75%	136 25%	550 100%
乐观	414 64%	236 36%	650 100%
期望	420 70%	180 30%	600 100%
现金流的现值	1010.8 70%	433.2 30%	1444 100%
（包括清算价值）			
净现值	0	444	444
现值的标准差	0　　0%	157 100%	157 100%

综上所述，优先股可以相当有效地降低出资人的风险。现实世界中，当然不像示例中那样，可以百分之百地化解风险，因为项目在悲观情形未必能发放优先股红利，但优先股降低风险的功能在创业投资中受到广泛的重视。考虑到项目可能带来的丰厚收益，可转换优先股更是得到了广泛的应用。

需要指出的是，在现在的中国，由于法律机制的限制，优先股是很难在创业投资中运用的。由于优先股的缺失，我国的创业投资者为了寻找适当的投资工具做了很多尝试，其中对赌协议是最为广泛的可以起到部分替代作用的投资工具。

阅读资料 9-2
优秀的创业者转变为天使投资人基本
认知：普通股与优先股

 思考题

1. 对投资项目进行价值评估，一般需要哪些步骤？
2. 有哪些方法可以评估创业企业的价值？
3. 实物期权是怎样计算期权价值的？
4. 分阶段投资如何计算权益分配？

第十章

风险控制、投资工具与投后管理

增值服务是创业投资的安身立命之本。

——深圳市创新投资集团有限公司董事　孟建斌

 核心问题

1. 创业投资的风险来源于哪些方面？
2. 创业投资的投资工具应当怎样选择？
3. 创业投资企业应从哪些方面为创业企业提供增值服务？
4. 创业投资为什么需要投后管理？

 学习目的

1. 了解创业投资风险的来源。
2. 掌握采用可转换优先股作为投资工具的特点。
3. 了解投资工具的选择依据。
4. 掌握分阶段投资的作用。
5. 了解增值服务的意义和具体内容。
6. 了解投后管理的重要性。
7. 掌握投后管理的影响因素。

引例	
欧比特的培育发展之路——永宣创业投资的增值服务	

2023 年的中央经济工作会议首次提出"鼓励发展创业投资、股权投资"，2024 年在政府工作报告中进行了重申和强调，并放到"大力推进现代化产业体系建设，加快发展新质生产力"中重点提出，体现了中央层面对于创业投资和股权投资行业在推进现代产业体系及发展

新质生产力方面重要作用的肯定和重视。过去五十余年，在世界范围内，创业投资与股权投资行业在科技创新、创新驱动发展、高质量发展中发挥了不可替代的先导作用。优质创业投资的背后是对投资工具、增值服务与投后管理的综合运用。

第一节　风险来源与全过程监管

一、风险来源

创业是一项充满风险的活动。有人把创业活动比喻为找金矿：多数人会失败，只有少数人能成功。

创业投资活动是为创业者提供支持与帮助的。创业投资的风险在很大程度上来自创业的风险，但创业投资风险与创业风险不是一回事。创业风险隐藏在创业过程的各个阶段与环节中，是创业过程中所固有的。典型的基于技术创新的创业活动包括中试、试生产、商品生产等阶段，其中主要的风险包括技术风险、市场风险和管理风险。

创业投资为创业提供服务，其目的是促成创业成功，参与成功之后的收益分配。不言而喻，创业的成败影响投资的收益。从这个意义上说，创业风险是创业投资风险的一个来源。

创业投资风险是投资主体所面临的风险，它来源于创业活动的风险；来源于投资主体与创业者的信息不对称，包括事前信息不对称所产生的逆向选择和事后信息不对称所产生的道德风险；来源于创业投资管理的风险和创业资本市场的环境风险，如图10-1所示。

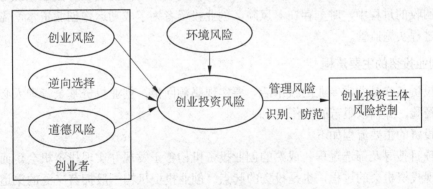

图 10-1　创业投资风险的来源

除了环境风险不可控，创业投资风险主要受投资主体识别与控制风险能力的制约，投资主体可以通过防范、化解、转移等手段将风险控制在能够承受的范围内：一套有效的监控机制有助于创业投资者获得有关企业的正确信息，减少逆向选择和道德风险的产生；同时，丰富、完善的增值服务可使创业企业获得增值，有效地减少创业者的创业风险。监控与增值服务结合起来，可共同增强创业投资者控制风险的能力，最大可能地减少投资方的利益损失。

正是因为这样，人们才愿意将资金投资于创业。例如，美国1992年创业资本的来源是养老金（达到42%），日本和西欧的创业资本主要是银行资本。按习惯认识，养老金和银行资本的安全性要求是非常高的，为什么会有那么高的比例投入创业投资呢？当然最主要的原因是对高收益的预期，但另一个很重要的原因是企业的风险与创业投资的风险不是一个概念。

自 20 世纪 80 年代初期开始对创业投资进行探索以来，我国的创业投资经历了从早期萌芽、起步发展到快速成长等多个阶段。目前，我国创业投资市场已进入一个成熟发展的新阶段，是全球最活跃的创业投资市场之一。

近年来，我国创业投资市场展现出明显的韧性与发展潜力，总体而言保持了快速发展的势头，募资规模和基金数量均有显著增长，显示出市场的活力。特别是在早期投资、创业投资和私募股权市场，募资规模均实现了显著扩张，尽管 2022 年以来，受到国际局势动荡的影响，募资需求总体保持平稳，但创业投资市场新设立的基金数量仍保持增长态势。

在支撑科技能力提升方面，创业投资发挥了积极作用，加快了实施创新驱动发展战略。清科研究中心《2022 年中国股权投资市场研究报告》显示，2022 年，创业投资针对硬科技领域不断聚焦，在信息技术、半导体、生物医疗、智能制造相关领域的投资案例数占比超 7 成，投向高新技术企业、初创科技企业、中小企业项目的数量和投资规模占比持续提高。

行业内部，创业投资主体的分散度较高，市场呈现出募资规模两极化的趋势，小规模基金的占比不断提高。在 LP 出资标准和回报要求变得越来越苛刻的背景下，市场竞争加剧，整个市场的流动性趋紧，导致募资活动更倾向于选择募资形式和投资管理方式较为灵活的中小型创业基金。从股权投资市场的整体情况来看，自 2018 年以来，募资规模不足 1 亿元人民币的小规模基金占比不断提高，截至 2022 年，基金数量接近市场总数的 60%。

二、全过程监管

在创业投资中，从创业项目或创业企业的选择到创业资本的投入、创业企业运作及创业投资收益回收的过程中，时刻存在着风险，创业投资者为了成功运作创业资本，需要针对创业投资全过程实施监管。

1. 创业投资的主要流程

创业投资其实是非常专业的技术活。要实现高额回报，创业投资基金管理人必须具备丰富的投资经验，并辅以艰苦的劳作。

创业投资的主要流程如下。

（1）项目搜寻及筛选过程。成熟的创业投资机构善于发现并实现投资机会。而项目的初选则是发现投资机会的过程，也是投资的起点。创业投资机构一般拥有广泛的渠道以获取项目信息，可以由团队自己寻找，也可以由合作伙伴推荐，或从政府扶持的项目中挑选。接下来便是市场调研工作，创业投资机构通过与创业企业高层管理人员交谈，并对目标公司所在行业的产业链、市场容量、技术趋势及政策影响等进行分析形成项目前期报告。最后，召开项目立项会议，通过会议决定项目是否立项，如图 10-2 所示。

（2）项目投资流程。在项目立项后，首先要对项目公司展开尽职调查，以"发现价值，发现问题"。调查的对象既包括公司的财务、法务及产品市场，也包括其客户、供应商及竞争对手，初步形成的可行性投资报告既要为决策提供依据，也要揭示投资所面临的潜在问题，并提交风险控制委员会审核，该委员会在对客户、供应商和竞争对手做进一步分析后决定是否通过，对于通过的项目，则向投资委员会提交正式投资报告，若项目获批，则签署相关投资协议，这样便完成了项目的投资过程，如图 10-3 所示。

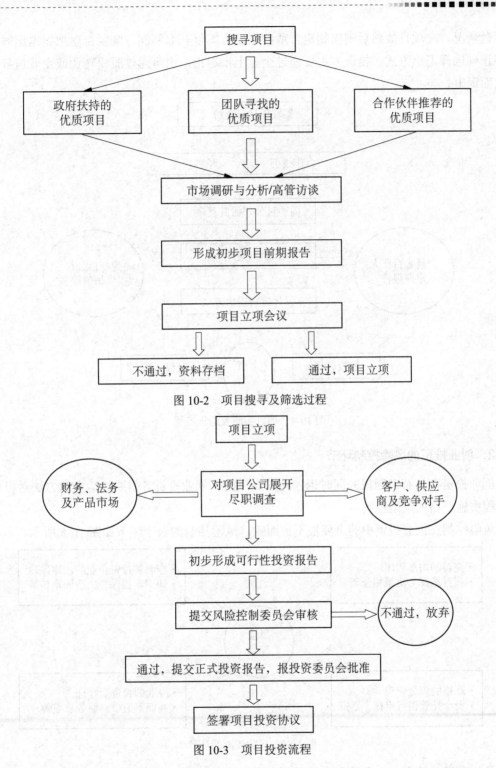

图 10-2 项目搜寻及筛选过程

图 10-3 项目投资流程

（3）项目实施与退出流程。项目实施与退出流程如图 10-4 所示。在实施过程中，投资方首先要决定投资方式，是单独投资还是与其他投资方合作投资。然后，要向项目公司派驻董事并进行项目跟踪，既要对公司实施监控，也要提供增值服务，并定期向基金合伙人报告公司运营情况。在项目成熟后则需制定合适的退出方案以获取利润，既要合理把握退出时机，也要正确选择退出方式。投资方主要通过企业上市退出，也可通过股权转让或企业自身回购股权而退出。

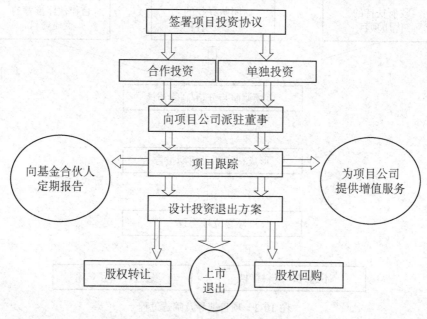

图 10-4　项目实施及退出流程

2. 创业投资的风险控制环节

创业投资在具有高回报的同时也伴随着高风险，创业投资者需通过适当的方法对投资的全过程实施严格的风险控制。

风险控制在创业投资中的重要性不言而喻，风险控制的四个环节如图 10-5 所示。

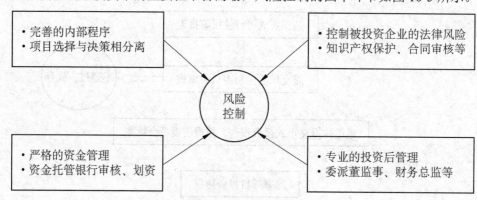

图 10-5　风险控制四环节

具体来说，首先，投资基金内部必须有完善的内部程序，做到关键岗位的分离和制衡，并使项目选择与决策相分离，以最大限度地减少内部风险。其次，对被投资企业可能存在的法律风险也要给予控制，如对公司知识产权的保护及重大合同的审核等，避免公司陷入法律纠纷。再次，严格的资金管理也是风险控制的重要环节，投资基金可以委托银行审核及划拨资金。最后，投资基金需要提供专业的投资后管理，以对被投资企业实行有效的引导和监控，具体来说可以委派董监事、财务总监等。

第二节　投资工具与合同设计

在前文深入剖析了创业投资中的风险来源与全面监管策略后，本节将转向实际操作视角，探讨不同投资工具在风险应对方面的特点及合同设计中的必要环节，从而有效降低投资风险，确保投资目标的实现。

一、创业投资工具的形式

不同创业投资工具在创业公司的不同发展阶段，在安全性、流动性、盈利性、控制权等方面具有各自的优缺点。

1. 债券

债券作为一种较为传统的融资工具，主要适用于创业公司的后期发展阶段。它为投资者提供了稳定的收益来源，同时在公司破产清算时享有优先偿还权。然而，债券的缺点在于其流动性较差、难以转让且不能让投资者充分分享创业公司成长带来的额外收益，也不赋予投资者对公司的足够控制权。

2. 普通股

普通股投资是一种高风险但潜在回报高的投资方式，尤其适合于有望在后期上市的创业公司。它提供了较好的流动性和分享公司成长利益的机会。然而，普通股投资者面临较大的资本保全风险且在获得公司现金收益方面存在局限性，同时面临股权稀释、权益方面的灵活性不够的问题。

3. 优先股

优先股兼具债券和普通股的一些共同特征。它与普通股的主要差别体现在以下三个方面：股东承担风险大小、控制公司能力强弱及从公司受益多少。用特别协议来规定优先股附带投票权，相当于把这种可转换优先股当作普通股，享有投票权。优先股对投资者有降低风险的益处；对公司起到增加资本金、降低负责率、优化资本结构的作用。

4. 可赎回优先股

创业投资者在以债权资本向创业企业注入创业资本时，创业企业同时赋予创业投资者长期认购股票的选择权，其本质是普通债券和股票期权的结合。可认购股票债券兼具风险锁定和成长机会分享的双重特点：一是债券持有人可按期获得固定的年利率，具有安全性高和风险锁定的债权资本特点。二是可认购股票债券允许创业投资者分享创业企业未来增长带来的收益。投资者最终都需要选择一种退出工具。股权投资者一直要寻找除 IPO 以外的其他退出工具。对策之一是在典型的可转换优先股条款中加赎回权——在一段时间之后，以一定的价格把股份卖给发行者的权利。典型的可转换优先股不支付当期股利，但是赎回条款通常建议赎回价格为平价加上某种形式的投资资本的收益。

5．可转换证券

从创业投资机构的角度看，选择投资工具最为关键的问题是要确保投资的变现、对投资的保护和对创业企业的适度控制，而创业者则希望能够负责企业的日常经营并确保后续融资。基于此，可将可转换证券作为最好的融资工具之一。

可转换证券是结合债务和普通股两者优点的复合式工具，其包括可转换优先股、可转换债券等。投资者的可转换优先股将来以事先约定的转换公式转换为普通股。可转换优先权把企业经营业绩不良的成本转移给了创业者，对创业者形成了激励性补偿和甄别的双重机制，可更有效地防止道德风险的发生。

（1）可转换优先股。可转换优先股允许持股者在遵循既定条件和比例的情况下，将其优先股转换成普通股或企业债券。这种转换机制不仅为股份有限公司提供了筹集资金的灵活性，也为投资者带来了投资上的多样性。在创业资本投资场景中，这类股份多数转换为普通股，维持着股权投资的本质。转换成普通股的过程仅改变了股权结构而非总资产且不存在定期本金偿还的需求。

（2）可转换债券。可转换债券让持有者可依照特定条款，将债券转为企业股票。在转换窗口期，债券持有人既可以选择行使转换权，也可以选择保持债权至期满，届时回收本金及利息。这类债券提供的固定利率通常较低，但作为一种债务工具，它要求企业定期偿还本金。支付的利息作为固定成本，有助于实现避税效果。

二、创业投资工具的选择

股权投资是创业投资的主要形式，一般多采用债权与股权相结合的形式投资，特别是使用可转换优先股，而并不采用单纯股权投资。虽然单纯债权投资的风险要小一些，但由于无法分享可能的创业利润，投资企业一般不予采用。债权与股权相结合的形式有：可转换股债券和附权证债券，优先股与可转换优先股。对投资主体而言，股权投资的风险相对大一些，股权与债权相结合风险小，因为即使创业失败，一般也能取回一定比例的本金。

可换股债券先以债权形式注入资本，约定在适当时候以一定比例用债权转换成股权。附权证债券也是以债权注入资本，同时取得认股权证，约定在适当时候，以优惠价格获取股权。优先股与可转换优先股给予创业投资者清算优先，在最后清算阶段并不将实物资产支付给创业者，因为这使得创业者从管理创业企业中获得非金钱利润，并最大化了创业者的权益份额，限制了创业者的无效额外津贴。最后，可赎回权允许创业投资者迫使清算，当清算有效时，可赎回权相比由于阶段投资创造的放弃权是更为明确的工具。由于在管理创业企业中，创业者不能获得金钱利润，只能获得非金钱利润，而在创业失败时，清算为创业投资者优先，创业者的人力资本成为沉淀，为此创业投资者将风险转移给了创业者。

所以，在创业企业的早期发展阶段采用优先股、可转换优先股作为投资工具是一种较好的选择。一方面，它不要求企业定期支付本息，不会诱使创业家采取隐蔽行为；另一方面，若创业企业取得成功，它可以分享创业企业价值增长所带来的好处，若创业企业失败进行清算，又可优先获得清偿。因为创业企业管理人持有的是普通股，故创业企业经营得越好，股价越高，投资者的优先股转换成普通股的比例越小，创业企业管理人可以拥有更多的股份和总股价，达到双赢；而当创业企业业绩不佳时，企业盈利可能仅够支付优先股股息，普通股则价值下降，故对创业企业管理人而言压力和动力并存。

阅读资料 10-1
债权投资和股权投资

三、创业投资的合同设计

创业投资的合同设计是一项复杂且关键的任务，涉及多个方面的细节和条款，其目的是确保创业投资机构和被投资企业双方的利益和权利都得到合理保护。一份完备的合同往往需要具备以下几个要素。

1. 创业企业管理层的陈述与保证

创业企业管理层需要为企业所提供的文件及商业计划书中包含的财务报告提供证据，即确保它们是真实可靠的，不存在虚假和隐瞒问题。

2. 约定事项

约定事项是一种承诺，即创业企业承诺未来做或不做某事。约定事项分为肯定和否定两类、行为性的和非常严格的两个层次。肯定约定事项是指创业企业承诺应该达到或采取的行动、目的或结果；否定约定则是指创业企业承诺应该禁止和避免的行动、状态或结果。为了防止创业企业管理层采取一些不正当的行动而损害创业投资者的利益，投资合同中否定约定事项的规定通常更加具体而严格。

3. 主要管理者的补偿条款

主要管理者的补偿条款是创业投资合同中的重要部分，旨在确保管理层与创业企业及其投资者之间的利益一致性，并激励管理层实现创业企业的长期发展目标。主要方式包括以下几种。

（1）股权激励。股权激励是通过直接将企业的股份授予管理者来实现的，意在使管理者成为企业的股东之一。这种方式可以有效地将管理者的个人利益与企业的长期发展和股东价值最大化紧密联系起来，激励管理者为企业的长期成功而努力。

（2）股票期权激励。股票期权激励是指授予管理者一定数量的股票期权，使其在未来某个时间点按照预设价格购买企业股票。股票期权通过利益趋同效应，将管理层的利益与企业所有者的长期利益结合起来，形成利益共同体，从而提高创业成功的概率。股票期权的实施有助于企业吸引和留住优秀人才，激发核心人员的积极性和创造性，同时避免了高现金成本的负担，并通过资本增值为持有人提供潜在的高收益。

（3）补偿费激励。补偿费激励通常是指为达成特定业绩目标而额外支付的奖金或补偿。这种激励方式可以灵活地针对短期或长期目标进行设置，帮助企业实现具体的运营或财务目标。

（4）雇用协议。雇用协议是管理者补偿机制中的一部分，规定了雇用条款、补偿标准和终止条件等。主要包括：①终止和到期：明确规定了协议的有效期及双方可以终止协议的条件。②损害赔偿金：在违反协议条件时，规定了必须支付的赔偿金。③股权合法收回：在特定条件下，企业可以回收已经授予但未满足条件的股份或期权。

（5）解雇后的行为限制，非泄密和非竞争协议。

4．股东协议

在协议中，股东应就以下关键点达成共识。

（1）确定董事会的具体人数。

（2）选举特定人士加入董事会或确定在董事会上的代表权如何在股东之间进行分配，包括为特定的股东群体（如小股东、大股东或不同类型的股东，如优先股和普通股股东）预留董事会席位或者确定特定的选举机制和标准。

（3）在企业经营或财务状况不佳时，可允许优先股股东在董事会中获得额外的代表席位。

5．关于投资者的条款（股票购买协议）

股票购买协议是投资者与企业之间的一项重要合约，其通常会详细规定投资的条款和条件，以下是股票购买协议中通常包含的几个关键条款。

（1）投资数量与股份：规定投资者将投资的具体金额及因此获得的企业股份数量。

（2）股息政策：规定企业分配利润给股东的政策，包括优先股股息的分配规则和优先级、股息的支付频率、支付条件，以及在特定情况下对股息支付的限制。

（3）转换条款：说明可转换证券的转换的比例、触发转换的条件和过程。

（4）选举权：明确投资者在企业重大决策过程中的投票权和选举权。

（5）赎回方法：允许投资者在某些情况下要求企业按照预先约定的价格和条件回购其股份。

（6）清算：规定各类股东在企业资产分配中的优先顺序。

（7）对投资者的反稀释保护：保护投资者在企业未来发行新股时免受股份稀释的条款。

6．控制权配置

控制权配置是指在企业治理结构中对决策权的分配，特别是在投资协议或股东协议中定义的，涉及投资者和企业创始人或管理层之间的权利平衡。

7．分阶段投资

分阶段注入资金是实际操作中最为常见的控制手段，作为创业投资合同设计中的一环，分阶段投资可以起到减少过度投资、降低道德风险、修正逆向选择、激励与约束创业团队的作用。

第三节　增值服务与投后管理

创业投资机构提供的一系列咨询服务统称为增值服务，它是减少投资风险、确保预期的投资收益率实现的重要手段，也是创业投资区别于其他融资方式的重要标志。增值服务的质量直接决定了创业投资机构对创业企业发展壮大、创业资本退出的促进效果。

一、增值服务

创业投资机构不仅仅是资金提供者，更肩负着提供增值服务的关键任务，助力创业企业跨越成长的难关。提供增值服务，特别是提供非财务性增值活动，已成为创业投资机构区别于其他融资渠道的重要特征。创业投资机构提供的增值服务涉及方方面面，具体来说，包括以下内容。

1. 基于社会网络资源的增值服务

社会网络资源是创业投资机构提供的最为重要的增值服务之一。具体包括以下内容。

（1）后续融资增值服务。创业投资机构不仅应在创业企业初期提供资金支持，还应在创业企业后续发展中继续注入资本。更重要的是，通过利用其广泛的社会网络，创业投资机构可以增强创业企业的后续融资能力，帮助创业企业在资本市场中获得更有利的融资条件。

（2）上市支持增值服务。对于计划上市的创业企业，创业投资机构通过自身的社会网络资源，能够为创业企业提供承销商或推荐上市的专业人士，从而为创业企业的上市之路提供有力支持。

（3）专业管理增值服务。利用丰富的社会网络资源，创业投资机构能够为创业企业提供包括财务、市场营销等在内的专业管理服务，帮助创业企业在专业领域建立竞争优势。

2. 基于管理参与的增值服务

创业投资机构通过直接参与创业企业的管理活动，为其提供增值服务，如创业投资机构利用自身的资源和行业专长为创业企业推荐合适的高级管理人员，帮助创业企业构建高效的管理团队。在某些情况下，创业投资机构甚至会直接派遣专业的高级管理人员到创业企业，参与日常的经营管理，以确保创业企业的战略方向和管理实践更加符合市场和发展需求。这种基于管理参与的增值服务使得创业企业在关键的发展阶段得到专业的指导和支持，从而避免常见的管理失误。

3. 基于投资阶段的增值服务

不同阶段的创业企业面临的挑战和需求各不相同。创业投资机构根据创业企业所处的发展阶段，提供针对性增值服务。在创业企业的初创期，创业投资机构通常会提供行业经验、管理咨询、市场定位等服务，帮助创业企业快速定位并解决早期发展中可能遇到的问题。随着创业企业进入成长期，创业投资机构所提供的服务更加注重于市场扩展、潜在客户和供应商的介绍，以及进一步的融资支持等，以帮助创业企业实现规模的快速扩张。根据创业企业不同的成长阶段因地制宜，能够确保创业投资机构的资源和支持更加精准地匹配创业企业的实际需求。

二、提高增值服务效率

创业投资机构为创业企业提供增值服务是其利益的内在要求，增值服务做得越好，创业企业成长得越快，创业投资机构的收益就越高。而创业企业得到增值服务，也有利于它更好地规范运作，从管理上更加符合现代企业制度的要求，从经营上取得更广阔的发展空间，因此，创业投资机构与创业企业是有机的内在统一，提高增值服务效率，对于双方都至关重要。

1. 建立信任

信任是提高效率的基础，创业投资机构只有和创业企业建立相互信任的合作伙伴关系，保持沟通渠道的畅通，才能保证"蛋糕越做越大"。对于创业投资机构来说，尽管权益和契约书有助于保证获得更大份的"蛋糕"，但也有可能因为相互不信任而阻碍后续的行动，从而限制了这块"蛋糕"变大。可以说，在创业投资界，不信任可能会使每个相关者都付出沉重的代价。

2. 定制化服务

创业投资机构提供增值服务应该与创业企业的发展阶段和不确定性程度结合起来。创业企业在各个发展阶段对增值服务的需求不同，如对处于初创时期的企业，由于其管理机制尚未健全、管理人才缺乏，创业投资机构一般实行积极干预型管理；而对于处于后期的创业企业，由于有良好的管理基础和健全的人才团队，创业投资机构可以实行放任自由型管理，往往只需派一名代表出任创业企业的非执行董事，对企业经营方向、发展趋势进行监测，并定期查阅企业财务报表及其他文件资料，平时则很少参与创业企业事务。

此外，创业企业所面临的市场、技术等的不确定性越大，对增值服务的需求就越多。因此，创业投资机构在提供增值服务时应结合创业企业的具体情况，这样才能使服务和管理更加高效。

三、投后管理的重要性

增值服务为创业企业奠定了坚实的发展基础，投后管理则可确保这些初期的投入能够转化为持续的成长动力和最终的投资回报。实际上，投后管理不仅仅是对创业企业进行监控和指导，它也是增值服务持续性执行的一种延伸。

1. 完善投资生态

通过有效的监控，创业投资机构能够确保其提供的战略指导、市场拓展支持、管理咨询等增值服务被有效实施，同时识别并及时解决创业企业成长过程中遇到的挑战。在这个过程中，服务与监控相辅相成，共同构建了一个支持创业企业发展和保障投资收益的完整生态。此外，适时和适当的退出策略规划则是对前期增值服务和投后管理成果的最终体现，确保创业投资机构能够在最佳时机实现资本的回收和收益的最大化。

2. 控制投资风险

投后管理的核心在于对投资风险的长期有效控制。通过及时识别并应对市场动态、企业状况、行业政策、技术进展及创业企业创始人状态的变化引发的风险，可以充分了解个体风险事件和整体风险并主动管理，通过对潜在风险的最小化处理和对机遇的最大化利用，实现对投资成功率的优化提升。

四、投后管理的模式

目前各类创业投资机构的投后管理模式大体可以分为三种，即投前投后一体化、专业化投后、外部专业化，三种模式各有其适用场景和特点，是目前最为主流的三种模式。

1. 投前投后一体化

投前投后一体化即"投资经理负责制"。投资项目负责人既负责投前尽调、投中交易，也负责投后的持续跟踪和价值提升。这种模式通常被中小型股权投资机构，尤其是创业投资基金所采用。该模式的优势在于投资经理充分了解项目，能够持续实施针对性跟踪和改进，同时由于与项目负责人的绩效直接挂钩，对项目团队的投后工作有一定激励性。但其缺点也显而易见，随着管理项目数量的增长，投后工作只能停留在基础的回访和财报收集上，难以提供更深入的建议和管理提升支持。

2. 专业化投后

专业化投后即"投后负责制"。为了应对投前投后一体化模式带来的投后工作的缺失，创业投资机构开始成立独立的投后管理团队，独立负责投后事务。这些事务不仅包括资源对接、定期回访，还包括深入洞察企业内部管理问题，制订详细计划及参与企业运营。专业化投后管理的优势在于：投后团队能独立并持续地专注于帮助创业企业在运营过程中解决各类管理问题，提升企业价值。但该模式也面临着绩效评估的界定问题：创业企业价值的提升是投前投得好，还是投后持续提升其管理质量的结果？

3. 外部专业化

随着一家基金从垂直领域走向多元化组合，不同行业的受资企业面临不同类型的战略、业务和管理问题，因此内部投后管理团队的专业化程度面临巨大挑战。部分创业投资机构逐渐探索出一种新的外部专业化模式，即将投后管理的部分工作，尤其是管理提升任务交给外部咨询公司，或者将投后团队分离，单独成立管理咨询公司，使其在绩效考核、费用核算与投资组合脱钩，转而向受资企业收费，从而形成新的合作模式。此种模式在一定程度上解决了投前投后一体化模式中人手和专业度的问题，也摒弃了专业化投后模式中投后团队与投资团队绩效考核冲突的问题，可视作相对较为成熟的解决方案。

总体来说，以上三种模式各有优劣，适用的机构类型和发展阶段各不相同，而选择采取哪种模式的核心是平衡投后管理过程中的责、权、利。

五、投后管理的层次演进

在深入分析了创业投资机构投后管理的三种主流模式之后，不难发现，无论是投前投后一体化、专业化投后还是外部专业化的管理模式，都在实践中展现出了独特的优势。进一步将视角扩展到投后管理的具体执行层面时可以发现，其实践可以细分为四个不同的层次，即基础统筹类投后、三 R 型投后、战略与资源整合型投后及退出策略型投后。这四个层次不仅代表了投后管理从基础到高级的不同阶段，也反映了投资机构如何通过不同层次的投后服务为被投资企业提供持续的成长动力和最终实现投资回报的战略思考。

1. 基础统筹型投后

在基础统筹型投后层次，投后团队以统计和协调为主要职责，力求把握各投资项目的最新动态和财务状况。虽然这种模式有其局限性，但对于初步建立项目数据库、为合伙人提供项目概览而言，依然发挥着基础但重要的作用。

2. 三 R 型投后

随着投后管理向更深层次发展，公关（PR）、人力资源（HR）和投资者关系（IR）成为投后团队的重要职能。这不仅要求投后团队能够在传统的品牌宣传和媒体分发上有所作为，更要求其在品牌策略规划、人才机制设计及建立投资人网络等方面提供更深入、更具战略性的服务。

3. 战略与资源整合型投后

战略与资源整合型投后要求投后团队不仅深谙行业动态，还能在战略规划和资源整合上给予被投资企业高效的指导和帮助。这种服务往往涉及对企业发展方向的深刻洞察和对市场资源的有效调动，需要投后团队成员具备高度的专业素养和丰富的行业经验。

4. 退出策略型投后

在所有投后服务中，制定并实施有效的退出策略是对投后团队能力的最高要求。这不仅涉及对市场趋势的精准判断，更需要在合适的时机采取最适宜的退出方式，以确保基金及其投资者的最大利益。这一层次的投后管理是基金实现资本增值和风险控制的关键。

六、投后管理的工作内容

投后管理的主要工作内容如表 10-1 所示。

表 10-1　投后管理的主要工作内容

监控	了解信息	不定时了解企业情况，与高管沟通等
	统计数据	定期统计财务报表、业务数据、人员信息等
	召开"三会"	定期召开股东会、董事会、监事会
	财务监督	财务合规监督、大额支出监督等
服务	战略咨询	提供关键战略建议、策略节奏建议
	竞争情报	了解行业信息，判断行业趋势，了解竞争对手情报

续表

服务	业务支持	提供业务支持，帮助拓展客户资源
	市场营销	品牌定位、市场传播、媒体资源、危机公关
	人力资源	人力资源政策的制定、核心人员的推荐
	资本市场	制定融资策略、后续融资对接
	商学培训	企业家培训、技能培训
	内部合作	促进被投资企业之间的业务合作和经验分享
	员工期权	制定合适的员工期权政策
	法律支持	投资协议把关、对突发的法律问题提供支持
	其他支持	其他方面的帮助
退出	资本市场教育	针对被投资企业进行资本市场教育，灌输理念，传递经验
	项目分级	根据项目发展状况进行分级
	制定退出策略	针对每个项目制定退出策略，确定退出方式、价格和时间
	寻找中介机构	寻找潜在的投行、律师等合作机构，提升退出效率
	寻找潜在买方	针对并购、转让、资产重组项目寻找潜在买家
	避税措施	建立合适的避税措施
	IPO 项目	时间点选择、资本市场选择、券商等中介机构选择、合规运营、税收沟通、监管机构沟通及其他工作
	并购项目	时间点选择、FA 选择、寻找潜在买家、协助谈判、寻找合理避税等方法
	二级市场交易	确定卖股票的策略，寻找大宗买家，寻求基金经理、券商分析师等合作
	转让项目	时间点选择、企业和股东沟通、寻找潜在买家等
	回购项目	时间点选择、企业和实际控制人沟通，诉讼等潜在途径
	资产重组	将企业的部分有价值的资产单独剥离并出售
	清算	选择律师会计师、各方利益协调、清算的资金分配等

阅读资料 10-3
投得好，更要退得好

七、投后管理的影响因素

投后管理的质量对于创业投资机构的收益具有重大影响。即使是表现优异的创业企业，如果投后管理不当，投资机构可能无法实现预期的收益。相反，即便是表现不佳的创业企业，通过有效的投后管理和精心设计的退出计划，投资机构同样有机会获得满意的回报。因此，创业投资机构必须对投后管理给予高度重视。

投后管理的成功不是偶然的，而是多种因素共同作用的结果。为确保投后管理的质量与效果，创业投资机构必须深入理解那些微妙而复杂的因素，这些因素共同塑造了投后管理的质量和成效。投后管理并非一个静态的过程，而是一个动态且多维的活动，它涉及人、流程、文化等多个层面。当前创业投资机构的投后管理主要受以下因素影响。

1. 投后管理的重视程度

投后管理的成败在很大程度上取决于投资机构对其重视程度。在某些情况下，投资机构可能会过分集中于寻找和完成新的投资机会，而忽视了对已有投资的持续管理和支持。这种失衡不仅会导致资源分配不当，还可能使创业企业缺乏必要的指导和帮助，进而影响投资回报。

2. 专业能力与团队构成

专业能力与团队构成是投后管理的另一个决定性因素。在团队缺乏必要的专业知识或经验的情况下，其提供的服务可能无法精准对接创业企业发展的实际需求。一个由多领域专家组成的团队，能够为创业企业提供全方位的支持，包括财务规划、市场扩展、人力资源管理等。

3. 管理流程的规范化

有效的投后管理还需要依赖于明确、规范的流程，这包括定期的业绩评估、问题识别与解决机制，以及与创业企业沟通的标准程序。缺乏明确和规范的流程会导致投后管理工作效率低下，难以实现既定的管理目标。

4. 服务内容的深度与广度

提供给创业企业的服务内容也是影响投后管理效果的关键。服务内容不仅要覆盖创业企业当前的需求，还应预见到未来可能面临的挑战，并提前做好准备。此外，服务的提供应当具有一定的灵活性，以适应创业企业发展过程中的变化。

5. 激励机制的设计

精心设计的激励机制对于投后管理团队至关重要，它能显著提升团队成员的积极性和创新精神。通过实施合理的奖励体系，不仅能激发团队的潜能，还能促进成员之间的良性互动，避免团队内部的负面竞争态势，提高投后管理的整体效能。

 思考题

1. 分析在创业投资过程中的风险来源。

2. 画出创业投资从项目投资阶段到退出阶段的流程图。

3. 分析各种金融投资工具的利弊。

4. 分析可转换证券的优势。

5. 试归纳创业投资者对创业企业的激励措施。

6. 列举创业投资投后管理的主流模式、层次演进及影响因素。

第十一章

创业投资的退出

第一条：保住本金最重要，第二条：永远不要忘记第一条。

——［美］沃伦·巴菲特

核心问题

1. 为什么创业投资者要寻求退出？
2. 创业投资者有哪几种退出方式？区别是什么？
3. 不同退出方式的优劣势有哪些？
4. 创业投资在什么时候退出可以得到最好的回报？

学习目的

1. 了解创业投资退出的意义。
2. 掌握创业投资退出的方式及优劣势。
3. 理解创业投资退出时机选择的重要性。

引例 美团点评背后的 VC 赢家	

第一节　创业投资退出的原理

党的二十大报告指出，我国要构建高水平社会主义市场经济体制。深化要素市场化改革，建设高标准市场体系。健全资本市场功能，提高直接融资比重。深化金融体制改革，加强和完善现代金融监管，强化金融稳定保障体系，依法将各类金融活动全部纳入监管，守住不发生系统性风险底线。加强反垄断和反不正当竞争，破除地方保护和行政性垄断，依法规范和引导资本健康发展。

一、创业投资退出的意义

创业投资者在投资项目若干年后，无论项目成功与否，投资资本都要从中退出，以回收投资收益，实现资本增值，这是创业投资者投资项目的根本驱动力。也就是说，创业投资的退出是创业投资过程中至关重要的一环。

创业投资的退出对于创业投资者和创业者都具有重要的意义。

1. 对于创业投资者的意义

对于创业投资者而言，创业投资属于一种买方金融，投资者通过金融和非金融投资在创业企业中持有一部分股权，但投资的目的并不是长期控股，而是回收投资收益，实现资本增值。创业投资的退出保证了创业投资者投资收益的回收，是创业投资者运作创业投资项目的价值体现，也是创业资本实现循环和增值的关键。创业资本伴随创业企业走过最具风险的阶段后，必须有退出渠道，才可以实现资金回收，完成投放和回收的良性循环，只有这样，创业投资者才有意愿继续投资。创业投资的退出是维持创业投资者继续参与资本市场、实现资本循环运转的根本动力。

2. 对于创业者的意义

创业投资的退出对创业企业未来的独立发展是有必要的。成功的退出使创业者持有的股份获得了价值增值并具有更强的流动性。更重要的是，创业者通过长期发展获得了一定的市场和资本，掌握了独立的管理运营能力并重新获得了最初转让给投资者的控制权，这能够有效激励创业者未来的规划和工作。

二、创业投资的退出机制

要使创业资本顺利退出并实现循环，健全完善的退出机制是保障，是创业投资运作成功的前提。完善的创业投资退出机制有助于项目实现投资收益，并且使失败的项目获得部分补偿，进而使创业投资活动不断循环。没有健全、完善的退出渠道，创业投资就无法顺利退出，无法实现资金增值和良性循环，这不仅降低了投资者获得最大回报的可能，也限制了更多资金进入该领域。

因此，健全、完善的创业投资退出机制是创业投资活动稳定健康发展的有力保障。随着我国多层次资本市场的发展完善，目前我国已逐渐克服创业投资渠道少而难的困境。2023年，我国境内外上市企业共 399 家，其中由 VC/PE 支持上市的企业 267 家，VC/PE 渗透率达到了 66.9%。首次公开上市效率进一步提高，企业估值方式日趋科学，成功的并购案例也时有发生，退出渠道的拓宽和退出效率的提高都为创业企业的循环和健康发展提供了有利条件。

阅读资料 11-1 创业投资的循环周期	

三、创业投资循环模型

在创业投资中，创业投资者以金融资本和非金融资本作为双重投入，通过投后管理的价值增值活动让创业企业实现增值后，就会出让其所持股份，以获得超额报酬，这也是创业投资者承担了项目失败、贬值的风险，陪伴创业企业成长所应获得的报酬，超额报酬使得创业资本在后续能够开展新的创业投资项目，这就是创业投资的循环。

1997 年保罗·冈珀斯（Paul Gompers）和乔希·勒纳（Josh Lerner）提出了创业资本循环模型，如图 11-1 所示，展现了创业资本的流动及增值过程，其中创业投资者是重要的桥梁和枢纽，一方面对资本提供者进行资金筹措，另一方面对创业企业进行投资及投后管理，在整个资金流动过程中，创业投资项目能否顺利退出，不仅关系到创业投资者前期投入的资金能否收回，还关系到资本循环能否顺利运行。

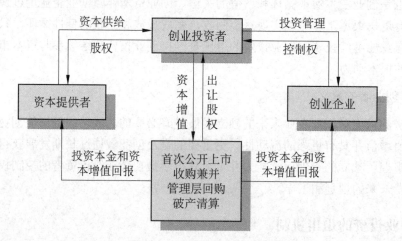

图 11-1 创业资本循环模型

在融资的早期阶段，创业投资者提供的金融资本弥补了创业企业迅速成长所需的资金缺口；非金融资本为创业企业的市场开拓、产品营销、企业管理和资本运营提供帮助，保证了创业企业运作的高效率和高成功率。

随着创业企业的发展，创业者逐渐获得管理经验和能力，创业企业逐渐扩大市场、拓宽业务，向成熟阶段迈进，创业投资者价值增值服务提供的价值边际递减。

当创业企业走向成熟时，融资成本也会水涨船高，但此时创业企业已经积累了一定的有形资产和资信能力，可吸引银行贷款或在公开资本市场上发行证券，获得更多融资，创业企业不再依赖于创业资本，这也使得创业投资的退出成为可能。退出后，创业投资者的资本将投资于新一轮初创期创业企业并获得相应报酬。

第二节　创业投资退出的方式及其优、劣势分析

成熟的创业投资机构通常在创业投资项目开始之前就对其退出方式及时机有所规划，并在创业投资过程中综合考虑内外因素后对其退出做出合理决策。

一、创业投资退出方式

创业投资的退出方式主要包括首次公开发行、股权交易、股权回购、并购、清算等，只有选择合适的退出渠道，才能最大化实现创业投资企业的价值。

1. 首次公开发行

首次公开发行（Initial Public Offering，IPO）又称首次公开上市，是指创业企业发展到一定程度时，通过证券交易所首次向投资者公开发行股票，创业投资企业可以通过向公众投资者出售其所持股份来实现资本的退出。这是创业资本安全退出，取得预期收益的理想方式。

IPO 上市方式主要包括主板市场上市、创业板市场上市、科创板市场上市。相比之下，主板上市的限制条件和约束要求较多，很多创业企业无法达到主板上市的标准；而创业板和科创板市场上市的条件相对宽松许多，因此，大多创业企业会选择创业板或者科创板市场上市，如美国的 NASDAQ、新加坡的 SESDAQ。

我国为了拓宽上市退出渠道，针对各种市场主体不同的、特定的需求，通过设立不同的限制条件，逐渐发展完善了多层次资本市场。具体历程包括 2009 年 10 月开放了创业板，2012 年 7 月设立了新三板，2018 年 11 月设立了科创板，2021 年 11 月开放了北交所。多层次的资本市场为创业企业的上市退出提供了更多渠道，使得国内 IPO 退出方式更加高效便利。此外，也有不少企业选择在海外市场上市，同样能够提高退出效率。

一般来说，创业资本比较倾向以 IPO 方式退出，因为通过 IPO 退出的项目往往是创业投资项目中最成功、回报最高的。IPO 退出固然利润丰厚，但有三个方面的限制：①无论是主板、创业板还是科创板，相对其他方式而言，公开上市的市场准入较严，申报程序复杂，所需时间较长；②企业上市并不意味着创业资本的立即退出，由于监管的原因，创业资本需要等待一段时间（通常为两年）才能实现退出；③IPO 受二级市场影响较大，存在破发的可能性，并不能保证获得高收益。

随着资本市场兼并收购职能的不断增强，创业投资基金的发展逐步走出了主要依赖 IPO 实现投资退出的被动局面，股权交易、回购和项目并购等退出方式日渐兴起。

阅读资料 11-2
2023 年我国首次公开发行退出情况

2. 股权交易

股权交易是指创业投资基金将所持有的标的企业股权转售给另外一家创业投资基金或者其他机构投资者。股权交易方式需要特别关注两点：第一，股权的购买方不是实业公司，而是金融投资中的机构投资者；其次，在股权交易时的标的企业通常没有达到金融投资者完全退出的程度，如资产规模、盈利状况等指标没能达到并购或者 IPO 所需要的水平，对投资基金而言是一种相对简便的退出方式。

在创业投资基金投资一段时间后，如果所投资项目并未达到预设水平或与其投资阶段专业化策略相悖，抑或创业投资基金与创业企业管理团队产生冲突，就可以将所持股权转售给另外一家创业投资机构管理的基金，实现退出目标。

3．股权回购

股权回购是指创业企业或创业企业管理团队以现金的形式向创业投资基金回购本企业股权的交易行为。而回购权是在出现特定情形时投资人有权要求企业/创始人按照特定价格回购投资人持有的企业股权，其中出现的特定情形会体现在回购条款中，而回购的触发事项一般包括合格的 IPO、创始人团队的重大变动、企业严重不合规等。可见，设置回购条款的最初目的并不是获取高额的投资回报，而是投资人希望降低投资风险，能够在特定情形下收回投资成本，给创业企业的投资者提供一条创业企业可以承担且投资者能获得一定投资回报的退出途径。在实务当中，以股权回购的方式退出所占比例较低。

股权回购与股权交易的区别在于股权的购买方不同。具体而言，股权回购有三种基本形式：一是用创业企业的现金、票据进行股权回购；二是在创业企业内设立员工持股基金（ESOT），对创业投资股份进行回购，其中，员工持股基金的资金主要来自企业的税前收益，以及建立在企业预期收益基础上的市场融资；三是运用衍生工具期权（包括买方期权和卖方期权）进行回购。

创业投资股权回购与《中华人民共和国公司法》中的股份回购是两个不同的概念。《中华人民共和国公司法》中的股份回购，是指股份有限公司购回本公司已发行在外的股份的法律行为，是公司取得自己股份的一种方式。两者主要有以下四点不同：第一，《创业投资企业管理暂行办法》规定，创业企业 "不含已经在公开市场上市的企业"，股权回购企业应遵循此规定，但对企业组织形式没有限定；而股份回购企业没有限制企业的上市情况，但一般限于股份有限公司形式。第二，股权回购的主体比股份回购广泛，适用范围更广。第三，股权回购作为创业投资退出的一种方式，其选择与否由企业决策者决定，并无相关法律予以明确规定；而股份回购需严格遵守《中华人民共和国公司法》规定，仅允许在特定情况下进行回购。第四，二者在资金来源、操作程序等方面也存在些许不同。

4．并购

并购包括兼并和收购，是创业投资基金退出投资的重要渠道之一。兼并和收购两者都是通过股权转移达成的，但具体到实际操作，两种方式有各自的特点。

兼并是指通过产权的有偿转让，让两家拥有自主权的企业合并成一家，被兼并的企业失去法人资格或改变法人实体，属于合并中的吸收合并方式。这里的合并是将两个或两个以上的企业合并形成一个主体的行为。

企业合并包括吸收合并和创新合并两种形式：吸收合并是指在两个或两个以上企业的合并过程中，其中一个企业吸收了另外的企业而成为存续企业的行为；创新合并是指两个或两个以上的企业通过合并组成一个全新的企业的行为。股票出售权协议规定，创业投资者可以根据企业业绩决定是否通过出售他们名下一定比例的企业股份来实现退出，获得收益回报。

收购是指企业通过一定的程序和手段取得某一企业的部分或全部所有权的投资行为。创业企业发展较为成熟时，特别是预期投资收益现值超过企业市场价值时，企业常常被包装成一个项目，出售给另外一个企业或创业投资基金，实现投资退出，获取收益，若为部分出售，则被收购企业可仍以法人实体存在。

根据出售的主体不同，收购可分为两种方式：一种是将全部所有权出售给另一家企业，即一般收购，这种出售方式卖出的是整个企业的资产控制权，而不仅仅是所持有的部分股份；另一种是卖给创业投资基金，同时转让其对于企业的后续投资权，但企业管理者不退出初创公司，不会影响企业的所有制结构，这种方式也被称为第二期收购。

相较于IPO，有一些项目较适合以并购的方式退出，如在产业链中拥有重要地位但其行业天花板不高，依靠自身力量上市难度较大的企业，此时寻找合适的时机并购整合或许能带来更大的收益，同时能减少IPO当中的不确定性。在退出实务中，创业投资者更常使用的方式是通过出售创业企业的股权来实现退出、获得收益，通过并购退出的创业企业数量要远远大于通过IPO退出的数量。

5. 清算

创业投资的基本特点是高风险、高回报。高回报就个别项目而言，而高风险意味着多数项目的投资失败。创业资本投资的项目中，有很大一部分是不成功的，并且越处于早期阶段的创业投资，失败的比例越高。因此，一旦确定企业失去了发展的可能或者成长不及预期，就要果断撤出投资资金，对企业进行清算或使其破产。

清算是创业投资失败时的无奈选择，失败后如果不进行清算很可能会有更大的损失，而及时清算还有可能回收部分资金，用以投资下一个项目。创业投资者要理性地面对失败的投资项目，停止增量资本投入，及时回收投资，尽可能减少损失。

清算的意义在于，避免创业投资者对没有前途的项目投入过大，保障投资资本的安全。另外，众多高风险的失败创业投资案例也能让创业投资基金积累更多的宝贵经验，理性评判未来的投资项目，寻求真正的机会。从这种意义上讲，清算退出也是市场淘汰劣质项目的过程，大量的清算为捕捉高回报的市场机会开辟了道路，具有积极的现实意义。

阅读资料 11-3
"衣二三"的倒闭

二、主要退出方式的优、劣势分析

1. 首次公开发行的优、劣势分析

作为20世纪80年代以前最受欢迎的退出方式，首次公开发行，即IPO，具有以下优势。

（1）实现创业投资的高额回报。IPO是所有创业投资退出方式中获利最高的方式，通过公开上市，创业企业的股票市场价值可以实现十倍甚至几十倍的增值。不少知名企业在创业投资的支持下通过IPO取得了高额的收益，如苹果公司IPO获得235倍收益、康柏公司IPO

获得 38 倍收益等。无论是对于创业投资者还是对于创业投资企业来说，IPO 都是一种获取高额收益的退出方式，因此广受青睐。

（2）为创业企业发展提供二次融资。创业企业的发展呈现阶段性特征，所需资金也是阶段性的，不可能一次到位。创业投资者可能只在企业发展的某一阶段（如初创期）投入资金，而在成长期退出。这时，企业的后续发展（特别是成长期和扩张期）对于资金的需求就急剧增加，急需资本市场的支持。通过公开发行上市，企业可以获得大量资本溢价；同时，在业绩表现良好的情况下，企业还可以通过增发股票的形式进行二次融资，弥补资金空缺。

虽然 IPO 有诸多优势，但也不可避免存在一些劣势。

（1）首次公开上市的成本较高。创业企业上市需要做很多准备工作，会耗费企业大量的人力、物力。同时，成本也相对较高，包括保荐费、律师费、会计审计费、资产评估费、出版印刷费、承销费、后期维护费等各种费用。

（2）对企业经营透明度的要求提高，有碍创业企业发展。上市要求定期披露创业企业信息，这在一定程度上阻碍了创业企业的发展。一方面，创业企业初始经营一般具有较大的风险，投资人需要有专业的风险辨识能力，才能从中发现投资机会，如果社会公众过分关注信息披露的结果，会错失一些原本很有发展前景的创业企业；另一方面，部分创业企业拥有高新技术专利，出于对创业企业知识产权的保护，这些创业者不愿意对外界公布创业企业的信息，这也成为创业企业公开上市的矛盾之处。

（3）股价的波动会影响公司的发展。公开上市后，公司的股价可能会受到行业、政策、机构炒作等因素影响而有所波动，甚至某一事件的夸大会造成股价的严重下跌，这对于一些实力较弱的创业企业来说是十分不利的。

2. 股权交易的优、劣势分析

股权交易作为新兴的一种退出方式，主要具有以下优势。

（1）对被投资企业的成长阶段、发展规模等指标没有过高要求。股权交易通常发生在两个创业投资基金之间，只要双方对被投资企业的股权价值达成一致即可转让。由于创业投资基金有各自专业化策略，可能有的创业投资基金擅长运作初创期企业，而有的基金擅长将相对成熟的企业推向资本市场，因此股权交易在创业企业各阶段均可发生。

（2）退出程序简便易行，门槛较低。相对于首次公开发行所需要的规模、营利性、信息透明度等要求，股权交易的操作相对简便，对很多初创期企业比较友好。

相应地，股权交易也有其劣势——股权交易的定价不易确定。早期的创业企业融资时会进行多轮投资，相应的创业投资基金退出时就会涉及前后轮投资问题，这时交易双方各自的期望收益可能存在分歧，因此交易定价不易确定。

3. 股权回购的优、劣势分析

创业企业进入成熟阶段之后，经常选用股权回购的退出方式。股权回购的独特优势体现在以下方面。

（1）股权回购只涉及创业企业与创业投资机构双方的当事人，产权关系明晰、操作简便易行。

（2）股权回购几乎不受管制，创业资本可以迅速退出，并取得合法可观的收益。

（3）股权回购的真正魅力在于它可以将外部股权全部内部化，使创业企业保持充分的独立性，并拥有足够的资本进行保值增值，为创业企业预留了很大的升值空间。

股权回购是创业投资和创业企业"双赢"的策略，因此近年来得到了广泛的应用。然而，股权回购也具有劣势。

（1）回购最终的实现取决于管理层的收购意愿和实力，也就是说，回购的前提是所投企业具有足够的现金或能够从银行获得贷款。如果创业企业不具有足够的资金实力，就只能以短期或中期汇票的方式延期支付创业投资者的现金，这实际上等于创业投资者对创业企业进行贷款。如果创业企业的规模较小，创业投资者就不得不提防这种延期支付的风险。为避免风险，创业企业最好能够以其他固定资产做抵押，但这往往是不太现实的。

（2）由于存在信息不对称和缺乏有效机制，收购者往往会通过隐匿或转移资产、操纵企业利润、隐瞒应披露信息等手段来压低收购价格，这可能会降低创业投资机构的退出收益。

4．并购的优、劣势分析

总体来说，并购具备以下优势。

（1）项目并购适用于多数不能成功上市的创业企业，并能够比 IPO 更快地收回投资。

（2）项目并购通常使用股票交换作为支付手段，与直接支付现金相比，在很大程度上减轻了收购方的财务压力。

（3）在创业企业的发展过程中，创业者有时愿意与创业资本联手，将企业整体出售，换取足够的自有资本，开办其他的企业，在完成原始积累后彻底摆脱创业投资基金的束缚。

（4）对于科技含量较高的项目，创业投资基金常在种子期介入，待项目成熟后，可以以相当于当初投入几倍甚至几十倍的价格整体出售给战略投资者，获得丰厚的利润。

并购虽然有很大的优越性，但也存在着一些劣势。

（1）并购退出需要收购双方协商进行，这就有可能存在暗箱操作，降低创业投资的透明度，并导致企业价值被低估。

（2）与 IPO 相比，并购退出的收益率明显偏低，约为 IPO 收益的 20%～25%，不能实现创业投资资本收益的最大化，也不能像 IPO 那样具有示范效应和优化资源配置的功能。

（3）企业并购导致管理层次增加、管理难度加大，此外，并购双方在并购后的业务整合上往往不协调，需要时间和精力磨合，这在一定程度上造成了资源的浪费，影响并购的整体经济效应，使实际效果大打折扣。

（4）创业企业一旦被其他企业并购，就从根本上失去了经营管理的自主权，无法保持企业的独立性，管理层权力受到很大的影响，因此，与 IPO 相比，创业企业管理层并不欢迎并购的退出方式。

阅读资料 11-4
2022 年上海市创业投资退出的方式
调查

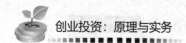

三、主要国家和地区创业投资退出方式的演变历程

1. 美国创业投资退出方式的演变历程

美国是创业投资的发源地，也是世界上创业投资最发达的国家之一。创业投资对美国的经济发展具有巨大的推动作用，而创业资本的顺利退出是创业投资活动的关键环节。美国的创业投资经历了几十年，逐步形成了较为完善的退出机制。根据不同时期美国创业投资退出方式的不同，可将其划分为以下几个阶段。

1）20 世纪 70 年代至 80 年代末（1983 年除外）的退出方式

在这一时期，美国创业投资的退出方式主要以企业并购和回购为主。美国对 1970—1982 年 26 支创业投资基金的 442 笔投资进行的一项调查显示，30%的创业投资通过企业股票发行上市退出，23%通过兼并收购退出，6%通过企业股份回购退出，9%通过第二期收购退出，6% 为亏损清偿，26%因亏损而注销股份。

由于 1987 年的"股灾"，受资企业发行的股票数量大大减少，从 1983 年的 121 家减少到 1988 年的 35 家，募集的资金也由 30 亿美元锐减到 7.56 亿美元，迫使很多创业投资企业选择其他退出方式。在 1987—1989 年以并购或回购方式退出的比例连续超过 IPO 退出。

2）20 世纪 90 年代中期的退出方式

在这一阶段，占主流的创业投资退出方式是首次公开上市（IPO）。这一时期随着美国经济的逐步复苏，加之在 90 年代后期，苹果、微软、英特尔等互联网公司的壮大带来互联网热潮，市场情绪达到顶峰，创业投资亦日渐繁荣，IPO 退出占比达到 80%。

这一时期的创业投资资金呈逐年增长的趋势，加之纳斯达克市场的活跃，为创业企业提供了上市的最佳场所。在 1992—1998 年，有 1059 家创业投资企业通过 IPO 上市，平均每年超过 175 家。到 1996 年，美国由创业投资支持的上市企业数量创历史最高水平，达到 268 家，共融资 198 亿美元。此外，有 466 家创业投资企业通过收购而退出。

3）1997 年至今的退出方式

随着第五次并购浪潮的开始，创业投资者更多地采用并购方式退出。1998 年美国创业投资企业的并购数量达到 202 家，募集到的资金达 79 亿美元，同期的公开发行上市企业却只有 75 家，募集的资金只有 38 亿美元。

一般认为，美国二级市场在 2000 年左右完成了从以散户为主到以机构为主的转变（家庭单位持有股权总市值占比降至 30%左右，同时外资机构投资者开始大比例投资美国股市），机构主导之下，中小市值企业流动性遇到障碍，并购成为小企业退出的有效路径。到 2001 年，创业投资企业并购的数量更是达到 305 家，比 IPO 数量高了近十倍。由于 IPO 深受美国二板市场低迷的影响，自 2001 年开始，美国创业投资以 IPO 退出的数量急剧下降。2000 年，以 IPO 退出的项目有 262 个，2001 年就猛跌到 41 个，到 2003 年只有 29 个项目以 IPO 方式退出。之后，美国创业投资以兼并收购方式（M&A）退出的数量占创业投资退出数量的比例越来越高。

从 2006 年开始，美国创业投资并购退出案例始终占 70%以上，成为美国创业投资最主要的退出渠道。而 2008 年后利率的持续走低，则进一步激发了已成熟的杠杆收购模式，基金 buyout 逐渐成为美国市场主流。尽管之后，美国国会为应对连年的 IPO 低迷状况分别在 2012 年、2017 年颁布了相关法案，拓宽了 IPO 秘密申报制度的适用对象范围，但并购仍是主流退出方式。2017 年美国创业投资以并购方式退出的项目达 565 起，占比 73.5%，而 IPO 占比仅为 7.5%。截至 2018 年前三个季度，共有 637 家公司完成退出，退出总金额为 804 亿美元。在退出方式中，IPO 和收购占退出价值的比例较大，在 60% 左右。

根据 Pitchbook 统计，2018—2020 年美国 PE/VC 退出额合计约为 4 万亿美元，而 2014—2016 年合计投资额为 1.6 万亿美元，总体投资回报倍数超过 2 倍。从退出事件分布来看，美国中后期投资多以并购方式退出，其中，约六成为产业方并购，四成为并购基金 buyout。综上可知，美国股权退出市场经历了多次二级市场震荡，已经逐步意识到 IPO 退出的不确定性以及并购退出的稳定性。在退出渠道方面已经形成了 IPO、并购相互补位的均衡局面。

2. 欧洲创业投资退出方式的演变历程

相较于美国，欧洲的科技型企业创业投资发展相对较晚，在规模和速度上都存在一定差距。其发展历程分为以下两个阶段。

1）20 世纪 80 年代初、中期的退出方式

这一时期，IPO 成为欧洲科技型企业创业投资退出的主要方式。20 世纪 80 年代初期，为改变欧洲缺乏发达的资本市场的困境，依托创业投资公司创造出流动性市场，许多欧洲国家做出了各种努力和尝试，大力创建和发展二板市场，试图把创造科技型企业发展的有利环境和严格监管、保障安全有效结合起来，从而使得早期的欧洲私人权益资本基金能够顺利地通过二板市场的 IPO 退出投资。

通过 IPO 退出的创业投资基金和其他私人权益资本机构在 80 年代中期开始纷纷募集新资金，进入新的风险投资周期性循环，从而推动了欧洲创业投资 20 世纪 80 年代中后期的快速发展。

2）20 世纪 80 年代后期至今的退出方式

出售和并购成为这一阶段欧洲创业投资退出的主要方式。1987 年 10 月，世界股市价格大跳水以后，欧洲资本市场的 IPO 活动几乎完全停止。与美国 1991 年 IPO 市场迅速复苏并形成新的火爆局面不同，欧洲 IPO 市场的复苏进程十分艰难。

1992—1993 年，NASDAQ 市场完成了 432 家企业的 IPO，而欧洲二板市场只有 31 家企业实现 IPO。在一些国家，IPO 企业数的下降更加剧烈：1992—1993 年只有 5 家企业在德国的两个二板市场上市；1989—1993 年，丹麦连 1 家也没有。

IPO 市场的相对萎缩使得欧洲大量科技型企业，无论是英国还是欧洲市场，转而通过把企业出售给第三者的形式退出，出售和并购成为这一时期欧洲创业投资退出的主要方式。1998 年，在欧洲创业投资的总退出量（按原投资成本计算）69.7 亿欧元中，以出售方式退出的创业资本占 53.6%，IPO 占 18.8%，公司清算占 5.5%，其他方式占 22.1%。

为了尽快摆脱 IPO 市场相对萎缩对创业投资出口的制约，促进科技型企业创业投资退出渠道的多元化，特别是 20 世纪 80 年代末、90 年代初私人资本市场和公开市场的关系得到了最为明显的体现以后，欧洲许多国家再一次把健全和完善二板市场制度作为促进欧洲创业投资发展政策的重点。

在 2018 年，欧洲一共有 441 起退出事件，退出方式以并购和 IPO 为主，明显低于 2017 年的 632 起。但是 2018 年欧洲的退出总额达到 863 亿欧元，相比 2017 年的 626 亿欧元增长近 38%。

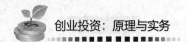

总体来看，欧洲二板市场存在不完整的问题，股票市场的不完整和私人股权的有限资本化和流动性，是英国和欧洲其他国家发展创业投资的重要阻碍。近年来，英国科技型企业创业投资的退出方式仍然是以交易的方式为主，而不是IPO。

| 阅读资料 11-5 |
| 西方国家创业投资退出历程带给我国的启示 |

3. 我国创业投资退出方式的演变历程

1）20世纪90年代至2008年前后的退出方式

我国PE/VC起源于20世纪90年代后期。1995年，《设立境外中国产业投资基金管理办法》发布，各级政府的支持与资金雄厚的国内外公司、民间资金的涌入，使得我国创业投资迎来了多元化发展。在那之后的十余年均以政府直接投资为主，由于不健全的资本市场，投资发展非常缓慢。

2004年，我国中小板开启，2005年股权分置改革实施，国内资本市场随之增长，并随着百度、携程等中概股赴美高潮加速发展。2009年9月，我国创业板市场正式启动，定位于初创期、规模小，但运作良好、具有高成长性的高新科技企业融资，这不仅是对主板市场的有效补给，也为创业风险投资退出拓展了渠道。此外，在2009年，以股权转让方式退出的比例高达62%，转让给其他投资机构也基本在20%以上，不过次贷危机以来其占比大幅度下降。

在此期间，美元基金在我国创业投资市场占据着重要的地位，往往采取"两头在外"模式，即募集在海外、退出在海外，享受了我国移动互联网快速发展的高红利、高回报。这种趋势直到2008年次贷危机才有所减缓。

2）2009—2016年的退出方式

在这一阶段，我国的创业投资退出方式主要以IPO退出为主。

根据私募通统计，在2010年前后，我国创业投资退出以协议转让为主，但退出收益偏低；IPO退出收益显著高于其他方式，后期则是以IPO退出为主。但一般情况下VC更倾向于通过IPO退出，因为在我国市场中，除IPO外，其余退出方式的收益率通常不足30%，考虑到资金成本，总体回报甚至无法保证收回投资成本，这便可以理解国内PE/VC投资对于IPO的追逐。

3）2016年至今的退出方式

随着我国多层次资本市场的逐渐发展完善，加之宏观环境的影响，这一阶段我国的创业投资退出方式日渐多元化。

此前，美股由于估值、流动性、投资人构成等优势，天然成为美元基金投资标的退出胜地。而2021年起，受持续不稳定政治因素影响，美股市场对中概股的友好度急速下降。截至2022年6月底，主要中概股指数均较2020年年初"腰斩"，较2021年高点降幅近70%。受政策影响，2022年上半年中概股赴美上市"遇冷"，仅有一家登陆美股市场，相比2017—2021年同期降幅明显。中概股上市遇阻后波动变大，美股已然不再是新经济企业的理想退出渠道，美元基金"两头在外"模式受到挑战。

不同于早期入局我国市场的美元基金，2021 年左右蓬勃发展的人民币基金往往采取"两头在内"模式，行业上更偏好硬科技、新材料、新能源等赛道。

但是进入 2023 年，近几年经济下行的压力还在持续，创业投资退出通道受阻，大量资金没有回流，导致资金无法实现有效循环，创业投资的退出进入了"寒冬"阶段。

总体而言，2020 年至今，我国的创业投资发展情况如下。

（1）IRR 与 DPI 指标显著背离，市场主体各有痛点。经过 20 年轰轰烈烈的发展，我国股权投资市场积累了数万亿的存量资产。主流机构基本经历了 10 年以上的发展，存量已投项目普遍在百个以上，再加上基金存续到期，已经到了不得不退的状态。但以往被动退出思路及路径依赖导致机构在退出方面长期寄希望于 IPO，缺乏主动管理意识，错失交易机会。

对 LP 来说，当下因一二级市场估值倒挂、中概股上市受阻等原因，导致 IRR 与 DPI 指标发生显著背离，IRR 越来越像空头支票，权重下降，与此同时，DPI 权重上升，成为 LP 衡量基金业绩的重要标准。

（2）GP 投后和退出管理现状。资金端考核 GP 的机制发生变化，倒逼 GP 重视 DPI，并开始寻求多元化退出渠道。但改变并非朝夕之间，现状仍然是 GP 在退出方面的自我驱动力要远远落后于投资建设能力，绝大多数 GP 在退出方面缺乏全盘视角，局限于单个项目的好坏。单一退出思路与退出路径已成为 GP 获得良好 DPI 的重大阻碍。在投后退出管理上，根据汉能团队的走访和观察，大致可以分为以下五种情况。①谁投谁管。这种模式相对比较普遍，机构项目的退出权集中在投资该项目的投资经理手中，这种体系下该投资经理既不关注基金整体回报，又对于除 IPO 以外的退出方式兴趣索然，对其他退出方式缺乏主动性。②设置投后，但投后不关注退出，主要服务创业者。这类机构主要以天使基金、孵化器为代表。③设置专门的退出服务部门，主要为项目 IPO 和清算类的项目服务。投后主要为 IPO 企业提供政策咨询、上市渠道筛选，以及相关的法律、券商对接等服务。这类机构多见于关注成长类 VC 与成熟期 PE 机构。④有退出有意识，也有项目管理部门，负责项目退出，主要负责基金除 IPO 以外项目的退出，但目前退出团队缺乏丰富交易经验的人员，处于探索期。⑤具备主动退出意识，投资纪律严明，有严格的退出与考量标准，不拘泥于 IPO 退出，将退出贯穿到投资的各个环节，基本做到"随时投随时退""会投更会退"。这类常见于有几十年历史、已经历多轮经济周期的大型专业 PE 机构。

（3）创业主体现状。受新冠肺炎疫情及全球政治经济环境的影响，根据清科、精灵数据，与前五年相比，2022 年上半年我国股权投资交易市场在融资数量与交易金额方面明显降温。面对当下市场，客户、订单、收入、现金流、利润等基本面要素增长放缓或者恶化，大面积出现现金流短缺、融资困难、估值缩水的情况，上市更是遥遥无期。

（4）并购现状。2022 年上半年国内并购事件共计发生了 343 起，所披露金额总计达到 631.81 亿元人民币；平均每日约有 1.87 笔交易达成，日均交易金额超 3.45 亿元人民币。相比于 2021 上半年并购交易笔数 392 笔，2022 年上半年披露的并购交易笔数同比降低 12.5%；相比于 2021 上半年并购交易金额 2385 亿元人民币，2022 年上半年披露的并购金额同比降低 73.5%①。

---

① 普华永道. 2022 年中国企业并购市场回顾与前瞻[EB/OL]. (2024-02-10)[2025-01-06]. https://www.pwccn.com/zh/services/deals-m-and-a/publications/ma-2023-mid-year-review-and-outlook.html.

从时间角度看，2022 年上半年 3 月、5 月并购市场比较活跃，均超过了 60 笔，其中 3 月交易金额最大，为 287.19 亿元人民币。

从行业分布看，2022 年上半年，新工业、TMT、医疗健康行业分别发生 94 起、77 起、50 起并购事件，属于交易数量 TOP 3；房产与物业有 22 起，主要与地产下行重组有关。

从并购金额看，第一梯队为新工业，高达 251.91 亿元人民币；第二梯队为消费及本地服务、运输与物流业分别多达 89.87 亿元、93.10 亿元人民币。

第三节　创业投资退出的时机决策

创业投资机构要实现投资收益的回收，就要选择合适的退出时机，创业资本在哪个阶段退出不仅对退出的可行性和收益水平有重要的影响，对创业企业自身的发展也是至关重要的。

一、创业投资者的能力要求

简而言之，创业资本在企业运转时退出比在其关闭时退出更为明智；发展潜力较大的创业企业的退出收益更为可观。但现实中创业资本的运作情况和企业潜力往往难以判断，这也让退出时机决策成为一个复杂问题。因此，正确选择创业投资的退出时机对创业投资者的能力是有很高要求的。

首先，创业投资者要有敏锐眼光和较强的判断力，正确地把握退出时机。是选择在扩张期退出还是在成熟期退出，或是在其中某一时点退出，对于创业资本退出的可行性至关重要，在投资过程中，创业企业的规模、运营、市场、声誉等都在发生变化，投资者需要结合历史经验对上述情况做出判断并采取行动。

其次，创业投资者要有足够的耐心和信心。创业企业由最初的建立、逐步发展到最后的成功是一个十分复杂的过程，成功企业的打造需要几年甚至几十年的时间。创业投资者回收收益的期限为 3～5 年，有些长达 7～10 年，所以，耐心是非常重要的。此外，企业发展的过程中会遇到各种突发事件，投资者要始终保持镇定，静候最佳时机选择退出，以得到满意的收益。

最后，创业投资者要正确认识退出收益，对企业进行客观的估价，切勿贪婪，以免延误退出的最佳时机。

二、退出时机的选择标准

对创业投资者的能力要求是做出退出决策的基本要求，针对具体的创业投资项目，创业资本退出时机的选择还需要根据具体项目情况及具体市场环境特点进行研究。通常，成功的退出决策有以下几个标准。

1. 退出效率

退出效率是指创业投资资本收益与退出成本之间的比较，即低退出成本和高投资收益之间的权衡。创业投资企业可以根据不同退出方式的退出效率来选择退出时机。毫无疑问，无论是创业投资企业还是创业企业都比较青睐以 IPO 的方式退出，然而 IPO 退出周期长、费用高、风险大，如果筹备多年后，企业仍不具备 IPO 的条件，那么继续坚持可能会抬高退出成本、降低退出效率。在不具备 IPO 条件的情况下，应该着重把目光放在股权交易、并购和回购上，以此拿到现金或可流通证券，实现创业投资资本的较快退出。另外，股权交易、并购和回购的复杂性较低，花费的时间也较少。清算方式是创业投资不成功时迅速离场的最佳退出方式，目的在于尽快收回资金、减少损失，退出快捷简便。

阅读资料 11-6
航天投资控股有限公司通过并购成功退出

2. 风险偏好

创业企业一般包含种子期、起步期、成长期、扩张期和成熟期五个显著的成长阶段，当创业企业由小到大顺利地成长时，创业企业依次面临着研发风险、制造风险、市场风险、财务风险和管理风险。个人风险偏好对退出时间的影响主要体现在对创业投资退出风险的承受能力上。风险承受能力低，则一般倾向于较早退出，以实现预期回报；风险承受能力强，则一般倾向于较晚退出，以获得更高的回报。

不同的创业投资者对退出的最佳时机有不同的理解。据调研数据，我国接受调研的创业投资专家中，43%的专家认为创业资本退出最合适的时机是在创业企业处于成熟期时；而发达国家的创业资本通常是在创业企业处于后高速增长期时退出。与发达国家相比，我国创业投资机构在创业资本退出的时机选择上较为保守和谨慎。

阅读资料 11-7
国润创业投资的投资决策

3. 创业资本预期收益

创业企业的快速成长为创业投资的退出创造了前提条件。创业投资之所以愿意投资创业企业，归根到底是对创业企业有信心，最终实现价值最大化。一旦创业企业走上稳健的发展道路，创业投资者的利益就已经实现，失去了继续投资的必要，这时撤出创业投资资金并将其投入新的项目才是创业投资的本质要求，不一定要等到 IPO 时退出。如果创业企业无法创造即时盈利，那么对于未来价值的预期，必须及时做出预测，才能把握退出时机的主动性。

阅读资料 11-8
创新工场的投资收益

三、影响创业投资退出的因素

创业资本退出状况是由创业投资退出的外部条件和内部因素综合决定的，下面将分别从宏观层面和微观层面展开阐述。

1. 影响创业投资退出的宏观环境因素

1）资本市场环境

发达的资本市场环境会为创业投资的退出提供更多关于退出方式和退出时机方面的选择权。与此同时，资本市场的状况也直接反映了宏观环境的状况。

借鉴西方发达国家的经验，以美国为例，美国良好的资本市场为美国创业投资退出提供了良好的环境支持。美国的证券市场体系层层相扣，遍及整个美国，包括全美证交所、纽约证交所等，这些板块具有明显的层次性，各层次之间略有重叠却又相互衔接。不仅如此，这些板块明确规定了哪个板块服务于哪一个发展阶段的创业企业。再借助于发达的产权交易市场，为创业投资退出创造了优越的条件。

结合前文的论述，近年来我国逐渐发展完善了多层次资本市场。创业投资提出的方式也多种多样，具体包括首次公开上市、并购、股权回购等，资本市场的发展完善为我国创业投资的退出提供了多种途径。

以股票市场为例，股票市场的行情主要影响创业投资退出的方式选择，也会直接影响创业投资企业在股份转让时的价格。如果股票市场正处于牛市，股市价格普遍上涨，此时创业投资机构会更倾向选择首次公开上市退出，以溢价的形式发行股票，从而获得巨额的资本溢价。根据相关数据显示，创业投资资本获得大额溢价很大程度上依靠于 IPO 的发行。反之，如果股市处于熊市，那么创业投资会更倾向选择以其他方式退出。

从另一个角度来讲，得益于好的股市行情，同类型企业的股价也具有较强的说服力，因此在这时选择并购的形式退出，其他的创业投资者或者企业同样会乐意以较高的价钱收购被投资的企业。

2）法律政策环境

企业所从事的经济活动都处在宏观的政策背景下，听从着法律法规这根指挥棒的命令。根据前文的介绍，在我国创业投资退出的几种方式中，分别有相关的法律规定。虽然在近几年的国家立法当中有相应的保护创业投资退出的条款，但总体而言还需要进行不断探索与实践。

例如，针对并购这一退出方式，在当前情况下，我国并没有明确的企业并购法规制度体系。国内针对企业并购的立法包括《中华人民共和国公司法》《上市公司收购管理办法》等，但针对企业并购中债权人利益的维护规定少之又少，主要记载于现行《中华人民共和国公司法》。通过并购退出在实践当中也会存在诸如股份回购请求权权利主体冲突等问题。综上所述，特定的法律环境也会对创业投资的退出造成影响。

3）中介组织环境

我国创业投资的中介机构本身运营机制不健全，社会又缺乏诚信，导致在运行中存在利益和创业严重失衡的法律创业。在我国，大多数中介机构独立性较差，地方行政色彩浓厚，市场条块分割严重。一般中介机构都挂靠在行政机关、事业和企业主管部门等社会团体，很难保证人员、资金与管理等方面的独立性，势必影响执业过程中的公正性。

另外，我国目前缺乏专门为创业投资提供服务的信息中介，大多有价值的信息滞留在政府部门，而创业投资机构难以获取。这些因中介服务体系不健全而形成的信息获取与使用方面的困难，不利于我国创业资本市场的发展。而且政府一般是中介机构最终的管理者和所有者，理所当然成为中介机构法律责任的承担者，进一步直接或间接地从附属的中介机构获取利益。所以，中介机构降低职业操守，要么无法可依，要么有法不依，从而不能或无法负责，导致法律创业特别突出。各中介机构缺乏必要的行业自律管理和法规规范，导致严重的社会创业且尚未形成全国统一的执业标准体系，各地中介机构按自行标准开展业务，由此形成法度不一、各自为政的行业局面，从而导致中介机构普遍缺乏信用认知，增加了交易成本。

2．影响创业投资退出的微观环境因素

1）创业投资企业自身因素

（1）创业投资企业经营状况。创业投资企业经营状况的好坏会使其对所投资项目进行取舍。当创业投资企业自身经营状况不佳、急需现金流时，首要考虑的便是尽快退出，收回现金，而对退出方式选择上的顾虑就相对较少。相反，当创业投资企业自身经营状况良好时，其退出的压力相对较小，不急于退出，也因此对退出时机的选择相对更慎重。

（2）创业投资基金的存续期。创业投资退出行为受到创业投资基金存续时间的影响。在2023年12月，证监会发布了《私募投资基金监督管理办法（征求意见稿）》，明确创业投资基金存续期限应当在5年以上。依照实务中的惯例，协议期一般为10年。但在实务当中，我国的基金基本上是5+2或者7+2的存续期，存续期结束后，创业投资机构的所有资本必须在普通合伙人和有限合伙人之间分配。在基金到期日就要到来时，创业投资者面临如何退出投资的压力，这可能导致创业投资者在总边际增值超过总边际成本时就退出投资。它可能影响创业投资退出的方式和时机，往往会出现本来可以通过IPO实现退出的转向收购或其他方式，而通过收购实现退出的转向回购或其他方式。

（3）创业投资协议。创业投资协议中一般包括投资项目的经营范围条款、不确定性资本补充条款、优先购买权条款等。创业投资企业在创业投资协议中居于核心地位，它在创业企业项目中作为创业资本家所获得的回报应大于它作为创业者所获得的回报。创业投资企业应在协议中签订保证条款和偿付协议，从法律上保障所拥有的退出权。

此外，创业投资协议中也可能包含一些特定条款，这些条款同样会影响创业投资退出的时机和方式选择。具体的条款内容如表11-1所示。

表 11-1　创业投资协议条款内容

条　款	内　容
退股权条款	退股权条款是指投资者在创业企业的业绩不达预期时，有权要求创业企业退股，收回初始投资并加上一定利润，实质是创业投资基金所持有的一种卖出期权（put option），是创业投资者管理风险、保障投资本金的措施
购回权条款	购回权条款是指创业企业管理层有权从创业投资者手中购回企业股票，实质是创业企业管理层所持有的一种买入期权（call option），是创业企业家把握企业控制权、进行自我保护的措施
上市登记权条款	要求登记权：创业投资基金可随时要求创业企业申请上市而不用考虑其他股东的意愿
	附属登记权：当创业企业登记上市时，创业投资基金有权按照发行价出售所持有股票

（4）创业投资企业的投资方向。不同的创业投资企业由于主要投资不同的领域，会带有一定的行业特征。比如，专门从事互联网行业投资的创业投资企业，因为与互联网企业的价值评估困难和上市后的巨大增值前景相关，所以一般选择 IPO 方式退出。

2）创业资本家的因素

（1）创业资本家对声誉的关注。良好的声誉有助于吸引有成长潜力的项目和有能力的企业家，有助于募集新的创业基金，有利于以较高的价格推动创业企业上市。类似于在会计核算时，商誉等无形资产也能够增加企业的价值。一般来说，创业资本家偏好通过 IPO 实现退出。

有证据表明，IPO 定价受到心理因素的影响，这些心理因素可能导致市场对 IPO 前景评价过高，此时 IPO 是特别有吸引力的退出方式。

（2）创业资本家的现金偏好。不同的退出方式会产生不同的现金流。如果创业资本家对资金的流动性要求较高，那么现金收购或股份回购就是理想的选择。基于流动性要求，如果创业资本家发现了更好的投资机会，他可能会改变原来制订的退出计划。

（3）创业资本家的风险敏感性。风险敏感性是指随着风险规避程度变化而使投资者的投资策略改变的程度，投资策略变化的一个重要体现就是控制权的变化。根据风险敏感性的大小，创业资本家可以被分成风险回避者、风险中性者和风险偏好者三类，风险敏感性不同的创业投资者，其退出时机和退出方式也明显不同。

3）创业企业的因素

（1）创业企业的管理因素。创业企业管理者是创业企业的关键人物。理想的创业企业管理者自身一般具备一些个人特质，如持续奋斗、进取心、领导能力与战略眼光、了解目标市场的能力等。创业企业管理团队的人员结构必须合理，应该包括技术开发、企业管理、财务运作及市场营销等各种具有专业特长和丰富经验的人士。当创业企业管理队伍的素质不足以支撑创业企业的发展时，创业资本家要么调整管理层，要么考虑退出。

（2）技术与市场因素。从某种层面来讲，技术是企业的核心竞争力。技术在企业中的重要性在于它的不可或缺性。高技术产品潜在的市场规模决定创业企业潜在的获利能力提供创业企业扩张的空间，决定了创业企业的长期发展，面对这种类型的企业，创业资本家不得不打持久战，这样才有可能获得高额回报。日本、韩国和中国台湾的创业资本家比较关注技术和市场因素，当创业企业的潜在市场空间较大时，通常会延迟创业投资的退出时间。

（3）创业企业所处的阶段。创业企业在最初成立之后，一般要经历种子期、创业期、成长期和成熟期。创业企业不同发展时期的风险收益比不同，企业或项目的成熟度不同，所以创业资本的最佳退出方式也不同。

种子期面临的主要是技术风险和资金风险。其中技术风险更具破坏性，这一时期的技术风险主要表现在两个方面：技术成功的不确定和技术完善的不确定。由于以上原因，在这个时期的投资失败率极高。在开发成果初步形成之前，一般不进行投资，所以这一时期的开发资金一般由创业者自己出资。即使在特殊情况下有创业资本进入，创业资本也会为其设定一个达到技术标准的最后期限。如果届时仍不能达标，则创业资本强制撤出，以避免更大的损失，通常采用清算破产的方式退出。在进入创业期之后，这种情况会有所好转，创业企业会陆续吸引创业资本的投资，但创业资本的退出方式与种子期相似。

在成长期的前期，对于未能挺过市场风险而完全失败的项目，创业资本被迫按照破产机制退出，甚至退无可退。在成长期的中期，创业投资项目基本闯过了市场风险关，创业企业的价值不断升高，但由于受到其他因素的制约，在难以达到公开上市发行股票的条件时，创业资本大多采取并购或回购的方式退出。在成长期的后期，对于成功闯过市场风险、经营风险的项目来说，其基本规模已发展成为中型企业，企业的市场价值已明显升高，只要经过较为稳定的运行，就可以达到上市的条件。但由于主板市场的上市门槛较高，一般企业会优先选择在科创板等板块上市。对于成熟期的企业，其经营风险和企业运行机制等面临的不确定性有所减弱，此时倾向于通过并购方式实现退出，一方面实现增值，另一方面与创业企业的发展战略相契合。

 思考题

1. 创业投资退出的目的是什么？
2. 为何说 IPO 是最好的退出方式？而 IPO 退出又有何缺陷？
3. 管理层收购的退出方式有哪些好处？
4. 并购时有哪些支付方式?企业该如何选择并购类型？
5. 创业投资退出时机的选择受到哪些因素的影响？

第十二章

多层次资本市场

多层次资本市场是创投业生态极其重要的组成部分，双方在产业链和价值链方面有很强的互补性。

——创业投资界元老　王守仁

 核心问题

1. 何为多层次资本市场？
2. 多层次资本市场的市场功能有哪些？
3. 多层次资本市场的转板机制是怎么样的？
4. 各板块的定位是怎样的？
5. 各板块的联系与区别是什么？

 学习目的

1. 了解多层次资本市场的概念及意义。
2. 了解各板块的定位、制度设计和上市条件。
3. 了解我国多层次资本市场历史演变及其特点。
4. 比较我国与海外创业板的异同。

引例
"天才公司"到"人工智能第一股"，
格灵深瞳完成蜕变

第一节　我国的多层次资本市场及其特点

一、多层次资本市场的概念

由于资本市场上各投资者与融资者的规模大小和主体特征的多样化，相应的对于资本市场的金融服务有着差异化需求，也决定了资本市场应该是一个多层次的市场经济体系。一般而言，根据服务企业发展阶段的不同，一个国家的资本市场可分为主板市场、二板市场、三板市场等，以此构建一个多层次资本市场。

党的二十大报告指出："健全资本市场功能，提高直接融资比重。"这明确了资本市场的发展方向，未来资本市场将在直接融资体系中发挥重要价值。2023 年 10 月 30 日至 31 日召开的中央金融工作会议也指出："优化融资结构，更好发挥资本市场枢纽功能，推动股票发行注册制走深走实，发展多元化股权融资，大力提高上市公司质量，培育一流投资银行和投资机构。"可以看出，为了提高服务实体经济效能，完善的多层次资本市场将发挥关键作用。

二、我国多层次资本市场体系

随着改革开放的历史进程，以上海及深圳证券交易所成立为标志，我国资本市场应运而生。2021 年 9 月，北京证券交易所注册成立，进一步完善了我国多层次资本市场体系。目前我国资本市场由场内市场和场外市场两部分构成。其中场内市场包括沪深主板（含中小板）、科创板、创业板（二板）、北交所和全国中小企业股份转让系统（俗称新三板，包括基础层、创新层），以及场外市场的区域性转让系统（四板），共同组成了我国多层次资本市场体系（见图 12-1）。

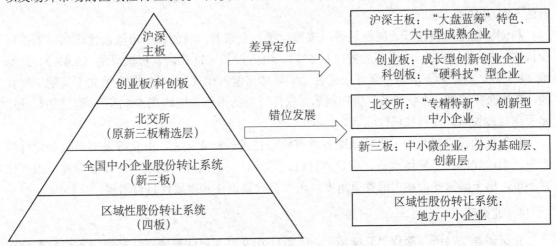

图 12-1　我国多层次资本市场建设体系

资料来源：上交所、深交所、北交所。

1. 沪深主板

主板市场也称为一板市场，是指传统意义上的证券市场（通常指股票市场），是一个国家或地区证券发行、上市及交易的主要场所。主板市场对发行人的营业期限、股本大小、盈利水平、最低市值等方面的要求较高，上市企业多为大中型成熟企业，具有较大的资本规模及稳定的盈利能力。主板市场是资本市场中最重要的组成部分，很大程度上能够反映经济发展状况，有"国民经济晴雨表"之称。

全面实行注册制下，沪深主板定位突出"大盘蓝筹特色"，重点支持业务模式成熟、经营业绩稳定、规模较大、具有行业代表性的优质企业。根据 iFinD 数据，截至 2024 年 2 月底，

A股主板市场共有上市公司3202家，占全部A股市场的6成左右，总市值达到66万亿元，占A股上市公司总市值的8成左右。

2. 创业板

创业板市场（GEM board，growth enterprises market board）又称二板市场，是地位仅次于主板市场的二级证券市场。创业板相比沪深主板放宽了对企业市值、营业收入、净利润、现金流等财务指标的要求，突出"三创""四新"，上市企业大多处于成长期。

2020年注册制改革后，创业板上市条件更加多元、包容，在行业选择、财务标准等方面进一步优化，突出"创新"和"成长"特点，从而吸引了一大批具有良好成长性的创新创业型企业奔赴上市。截至2024年2月末，创业板注册制下新上市公司共527家，总市值约为2.66万亿元，其中高新技术、战略性新兴产业企业占比超过90%。

3. 科创板

科创板（The Science and Technology Innovation Board；STAR Market），是由习近平于2018年11月5日在首届中国国际进口博览会开幕式上宣布设立，独立于现有主板市场的新设板块，并在该板块内进行注册制试点。截至2024年2月底，科创板上市企业数量达569家，市值达5.77万亿元。

科创板企业硬科技行业属性显著。按照一级行业来看，科创板中市值占比排名前五的行业依次是电子（39.0%）、医药生物（19.5%）、电力设备（11.6%）、机械设备（9.4%）、计算机（8.3%）。以更为下沉的二级行业来看，半导体市值占比（32.9%）遥遥领先于其他二级行业，其次医疗器械、光伏设备、生物制品、软件开发的市值占比均在5%上下，而这些行业均属于高科技领域，硬科技属性显著。

科创板的设立就是为了更好地服务具有核心技术、行业领先、有良好发展前景和口碑的企业。当前我国在半导体设备、半导体材料、芯片、工业软件、高端医疗设备等领域国产化率不足，出于国家安全和大国竞争角度，国产替代紧迫性和重要性日益增强。

4. 北交所

北京证券交易所（简称"北交所"）于2021年9月3日注册成立，是经国务院批准设立的我国第一家公司制证券交易所。北交所的成立是深化新三板改革的表现，有助于提升市场融资和定价的功能，同时北交所的成立有利于建设更具包容性和适应性的多层次资本市场体系，通过实施转板制度，强化多层次资本市场之间的互联互通。

北交所自2021年成立以来快速发展，年均上市企业数在80家左右。截至2024年2月，北交所上市企业数达244家，其中2023年上市新股达77支；此外，北交所上市企业类型逐渐丰富，所属行业类别逐步增多，从2021年的18类增长至2024年的25类，从细分行业来看，多家稀缺性较强的标的登陆北交所。新股无论是从涨幅还是流动性角度，均有较好的表现。

北交所聚焦"专精特新"，上市公司中多数为制造业公司。北交所截至2024年2月的244家上市公司中，排名前四的行业分别为计算机、通信和其他电子设备制造业，专用设备制造业，软件和信息技术服务业，电气机械和器材制造业，上市公司数量分别为25家、25家、24家和18家，占比达到37.70%。

5. 全国中小企业股份转让系统

全国中小企业股份转让系统（简称"全国股转系统"，俗称"新三板"）是经国务院批准设立的全国性证券交易场所，是多层次资本市场服务中小企业的重要探索。2016 年新三板进行了分层制度改革，划分为基础层、创新层，符合一定条件的企业可进入创新层。截至 2024 年 2 月，基础层、创新层挂牌企业数量分别为 4595 家、1876 家。

新三板的主要服务对象是中小型、成长型、科技型非上市企业，这些企业通常规模较小，但具备一定的成长潜力和专业化特点。企业可以更早登陆资本市场，进而带动社会资本对创新体系的支持前移。因此，全国中小企业股份转让系统的出现大大提升了资本市场容量，吸引各类金融资源聚集，真正实现围绕产业链部署创新链，围绕创新链完善资金链的创新驱动战略要求。同时，挂牌门槛相对较低，只要符合一定的条件，就可以申请挂牌。与主板市场相比，新三板的交易方式比较灵活，可以根据挂牌公司和投资者的需求选择不同的交易模式。

6. 区域性股份转让系统

区域性股份转让系统也称区域性股权交易市场（下称"区域股权市场"）是为特定区域内的企业提供股权、债券的转让和融资服务的私募市场，一般以省级为单位，由省级人民政府监管，是我国多层次资本市场的重要组成部分，亦是我国多层次资本市场建设中必不可少的一部分。对于促进企业特别是中小微企业股权交易和融资，鼓励科技创新和激活民间资本，加强对实体经济薄弱环节的支持具有积极作用。

目前全国建成并初具规模的区域性股权交易市场包括青海股权交易中心、天津股权交易所、齐鲁股权托管交易中心、上海股权托管交易中心、武汉股权托管交易中心、重庆股份转让系统、广州股权交易中心、浙江股权交易中心、江苏股权交易中心、大连股权托管交易中心、海峡股权托管交易中心等。

三、多层次资本市场的特点

板块各具特色，企业各有归属。在错位发展、功能互补的市场定位下，沪深北三大交易所的"定制化"服务基本涵盖不同行业、不同类型的企业。其中，主板主要服务于成熟期大型企业；科创板突出"硬科技"特色，发挥资本市场改革"试验田"的作用；创业板主要服务于成长型创新创业企业；北交所与全国股转系统共同打造服务创新型中小企业主阵地。从 2023 年新增上市企业情况来看，2023 年共有 308 家企业登陆资本市场。其中，58 家主板企业在 2023 年前三季度营收合计达 2688.74 亿元，占年内新增上市企业整体营收的近"半壁江山"，大型企业"高成长"特点突出；174 家科创板、创业板企业中仅 1 家不属于战略性新兴产业，"优创新"特色鲜明；76 家北交所上市企业中，有 55.26%的企业具有"专精特新"属性。

基础制度安排差异化，更好地适配不同板块定位。针对创业板、科创板和新三板精选层的不同定位和发展成熟度，监管层在发行、上市、信息披露、交易及退市等基础制度方面均做出了差异化安排。例如，在上市条件方面，三个板块都体现出对未盈利企业的包容性，但创业板的包容性不及科创板和精选层。在投资者适当性方面，创业板个人开户门槛为 10 万元，明显低于科创板的 50 万元和精选层的 100 万元。另外，作为我国资本市场改革的先行者，创业板、科创板和精选层均做出了诸多有益的探索。例如，创业板继承了科创板关于红筹企业回境内上市的相关标准，同时增加了盈利要求。科创板明确了非公开转让和配售制度，对多元化退出渠道做出又一重要探索。精选层则创造性地提出了向创业板和科创板转板上市的机制，实现了多层次资本市场的互联互通。

从"新三板挂牌——北交所上市——转板沪深交易所"，资本市场互联互通机制逐步完善。为了实现多层次资本市场的有序流动，我国近年来开始进一步探索升级转板机制。目前我国逐步形成了多层次资本市场体系，并在此基础上建立了以新三板和北交所为核心的转板制度。北交所设立之后，新三板精选层挂牌企业全部平移至北交所。此外，北交所上市标准与新三板精选层保持一致，并且北交所新增上市企业将从新三板创新层企业中产生。此外，北交所上市的企业在符合条件的前提下亦可以向科创板和创业板转板（见图12-2）。

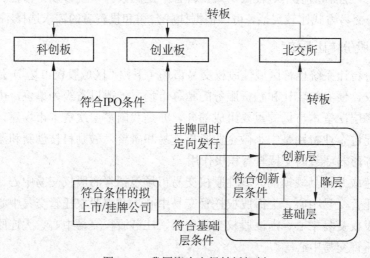

图 12-2　我国资本市场转板机制

资料来源：上交所、深交所、北交所。

阅读资料 12-1
全面注册制

第二节　我国资本市场三大重点新兴板块

一、创业板

创业板又称二板市场，于 2009 年正式上市，是与主板市场不同的一类证券市场，也是专为暂时无法在主板市场上市的创业企业提供融资途径和成长空间的证券交易市场。创业板是我国资本市场的重要构成，是支持高水平科技自立自强的重要力量。

1. 制度设计：三大设计思路贯彻创业板注册制改革

试点注册制是创业板改革的主线，创业板首发、再融资、并购重组将同步推行注册制，并配套完善相关制度规则。根据深交所对公开发布创业板改革并试点注册制业务规则的回应，可以看出创业板注册制在总体制度设计上主要遵循以下三点。

一是深化改革，全面贯彻落实《中华人民共和国证券法》。根据《中华人民共和国证券法》全面推行注册制的基本定位，坚持市场化、法治化改革方向，以信息披露为核心，在首发、再融资、并购重组同步实施注册制，并统筹改革完善发行承销、上市、信息披露、交易、退市等市场基础制度，进一步优化市场功能，提升市场活跃度，增强创业板对创新创业企业的服务能力。

二是协同发展，推进资本要素市场化配置。科创板开板至今总体运行平稳，一系列基础制度改革经受住了市场检验。创业板改革是继科创板之后又一重大改革举措，总结并复制推广科创板行之有效的制度安排，保持深沪交易所注册制整体规则体系和内容基本一致，并结合自身特点优化创新，完善创业板市场建设，更好发挥市场在资源配置中的决定性作用。

三是稳中求进，为全市场推行注册制改革积累经验。创业板改革首次将增量与存量市场改革同步推进，既要着力保持规则的稳定性和连续性，做好新旧规则衔接，稳定存量上市公司和投资者预期，维护存量市场健康发展；又要聚焦现实发展需求，做出适应性安排，进一步补齐制度短板，推动提高上市公司质量，在法治框架下积极探索更适应创新创业企业发展特点的制度实践。

2. 法律法规："4+8"项制度文件规定创业板上市制度安排

证监会发布关于创业板的首次公开发行股票注册管理、上市公司证券发行注册管理、持续监管和保荐业务管理4项文件；深交所发布创业板改革并试点注册制相关业务规则及配套安排，其中主要业务规则包括创业板的发行上市审核、上市公司证券发行、重大资产重组审核、上市委员会管理办法、咨询专家库工作规则、创业板股票交易特别规定、创业板股票上市规则、转融通证券出借和转融券业务特别规定8项（见表12-1）。

表 12-1　创业板上市相关法律法规

项目	创业板上市法律法规	主要内容
证监会部门规章	《创业板首次公开发行股票注册管理办法（试行）》	规定了注册程序与信息披露要求，明确了注册制下发行承销的一般规定与特别要求
	《上市公司证券发行注册管理办法》	规定了上市公司发行股票、可转债等证券品种的具体条件，明确了具体的注册程序，完善了创业板小额快速发行方式
	《创业板上市公司持续监管办法（试行）》	重点围绕公司治理、信息披露、股份减持、重大资产重组、股权激励等方面做出了有针对性的差异化安排
	《证券发行上市保荐业务管理办法》	明确了注册制下证券交易所对保荐业务的自律监管职责，强调了保荐机构对证券服务机构专业意见的核查要求
交易所规则（8大规则）	《深圳证券交易所创业板股票发行上市审核规则》	就创业板上市审核程序和内容进行规定

项目	创业板上市法律法规	主要内容
交易所规则 （8大规则）	《深圳证券交易所创业板上市公司证券发行上市审核规则》	就创业板上市后发行证券的审核程序和内容进行规定
	《深圳证券交易所创业板上市公司重大资产重组审核规则》	就创业板重大资产重组的审核程序和内容进行规定
	《深圳证券交易所创业板上市委员会管理办法》	就上市委员会人员构成、职责、委员会议和监督机制等进行规定
	《深圳证券交易所行业咨询专家库工作规则》	明确咨询专家库定位、构成与选择、工作职责与机制
	《深圳证券交易所创业板股票交易特别规定》	就创业板股票交易进行规定
	《深圳证券交易所创业板股票上市规则（2020年修订）》	创业板股票上市与交易、持续督导、内部治理、信息披露、股权激励等规则
	《创业板转融通证券出借和转融券业务特别规定》	对创业板转融通证券出借和转融券业务做出具体要求

资料来源：证监会、深交所。

3．板块定位：主要服务成长型创新创业企业，同时鼓励传统产业转型升级

根据证监会《创业板首次公开发行股票注册管理办法（试行）》的规定，创业板深入贯彻创新驱动发展战略，适应发展更多依靠创新、创造、创意的大趋势，主要服务成长型创新创业企业，同时鼓励传统产业与互联网、大数据、云计算、自动化、人工智能、新能源等新技术、新产业、新业态、新模式深度融合。此外，创业板禁止产能过剩行业、《产业结构调整指导目录》中的淘汰类行业，以及从事学前教育、学科类培训、类金融业务的企业在创业板发行上市。与科创板相比，创业板对于科技属性的要求相对较低，而更多地关注企业的成长性，具有潜力的成长型、创新型企业更适合在创业板上市（见表12-2）。

表12-2　创业板对上市企业的行业要求

行业要求	支持类	适应发展更多依靠创新、创造、创意的大趋势，主要服务成长型创新创业企业，支持传统产业与新技术、新产业、新业态、新模式深度融合
	限制类	（一）农林牧渔业；（二）采矿业；（三）酒、饮料和精制茶制造业；（四）纺织业；（五）黑色金属冶炼和压延加工业；（六）电力、热力、燃气及水生产和供应业；（七）建筑业；（八）交通运输、仓储和邮政业；（九）住宿和餐饮业；（十）金融业；（十一）房地产业；（十二）居民服务、修理和其他服务业
	禁止类	产能过剩行业、《产业结构调整指导目录》中的淘汰类行业，以及从事学前教育、学科类培训、类金融业务的企业

资料来源：深交所。

4. 上市要求：企业须具备一定盈利能力，高新技术企业上市要求适当放宽

根据证监会、深交所于 2023 年 2 月发布的注册制新规和创业板现行有效的业务规则，目前创业板针对拟上市企业主要实行三套标准，其中前两套标准对企业净利润做出了一定要求；标准三更强调企业的预计市值和营业收入，适用于尚未盈利的高新技术企业，主要包括先进制造、互联网、大数据、云计算、人工智能、生物医药等高新技术产业和战略性新兴产业的创新创业企业（见表 12-3）。

表 12-3　创业板上市财务要求

创业板	上市条件			
	类型	预计市值	净利润	营业收入
市值及财务指标	标准一	—	最近两年净利润均为正且累计净利润≥5000 万元	—
	标准二	≥10 亿元	最近一年为正	最近一年≥1 亿元
	标准三	≥50 亿元	—	最近一年≥3 亿元
股本要求	股本	发行后股本总额不低于 3000 万元		
	发行比例	公开发行的股份达到公司股份总数的 25% 以上；公司股本总额超过 4 亿元的，公开发行的股份达到公司股份总数的 10% 以上		

资料来源：深交所。

5. 上市流程：分为深交所发行上市审核、中国证监会发行注册

创业板上市的一般流程：①交易所核对申请文件，符合申报条件及要求的，在 5 个工作日内受理。②受理后 20 个工作日内，交易所通过问询的方式向保荐机构反馈意见，保荐机构组织发行人和中介机构对审核意见进行回复。③交易所根据回复情况，可进行多轮问询。如无需进一步问询，交易所出具审核报告。④交易所发布上市委员会会议通知，组织上市委员会会议，上市委员会审议发行人是否符合创业板的发行条件、上市条件、信息披露要求。⑤如符合创业板的发行条件、上市条件、信息披露要求，交易所向证监会提交注册申请，证监会接受注册申请后于 20 个工作日内反馈注册结果（见图 12-3）。

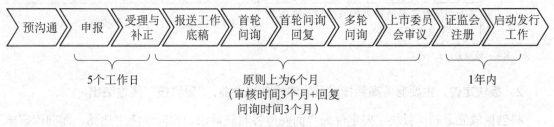

图 12-3　创业板上市的审核与注册流程

资料来源：深交所。

二、科创板

科创板于 2019 年 6 月正式开板，是上海证券交易所推出的创新型上市平台，旨在培育高质量的创新型企业，对于完善多层次资本市场体系、提升资本市场服务实体经济的能力具有

重要意义。同时，科创板是我国首次注册制实践，有效打通了科创企业的融资渠道，为提高资本市场服务科技创新企业的能力积累了成功经验。

1. 法律法规："3+6"项制度文件规定科创板上市制度安排

证监会发布 3 项制度，从科创板的定位、上市条件、上市主体、注册审核制度、信息披露、基础制度建设、配套制度改革等方面清晰勾勒出科创板试点注册制的架构轮廓。同时，上海证券交易所同步发布了 6 项配套业务规则的征求意见稿，从上市审核规则、上市委员会及科技创新咨询委员会工作规则、科创板股票发行与承销、科创板股票上市规则、科创板股票交易特别规定角度进一步丰富了科创板试点注册制的内容（见表 12-4）。

表 12-4　科创板相关法律法规

板块	相关规则	主要内容
证监会	《关于在上海证券交易所设立科创板并试点注册制的实施意见》	确定上交所设立科创板及试点注册制总体意见
	《科创板首次公开发行股票注册管理办法（试行）》	为试点注册制搭建整体制度框架体系
	《科创板上市公司持续监管办法（试行）》	为科创板上市后在公司治理、信息披露、股份减持、重大资产重组、股权激励、退市等方面做出规定
上交所	《上海证券交易所科创板股票发行上市审核规则（征求意见稿）》	对科创板股票发行上市审核从实体与程序上作出规定
	《上海证券交易所科创板股票上市委员会管理办法（征求意见稿）》	明确上市委员会的组成、职责及委员履职要求
	《上海证券交易所科技创新咨询委员会工作规则（征求意见稿）》	明确咨询委员会的构成、工作职责、工作规程
	《上海证券交易所科创板股票发行与承销实施办法（征求意见稿）》	规范科创板股票发行与承销业务
	《上海证券交易所科创板股票上市规则》	规定科创板持续监管规则体系中的主干规则
	《上海证券交易所科创板股票交易特别规定（征求意见稿）》	规定科创板差异化交易机制安排

资料来源：证监会、上交所。

2. 板块定位：主要服务高新技术及战略性新兴企业，"硬科技"属性突出

科创板成立之初，板块主要定位为"面向世界科技前沿、面向经济主战场、面向国家重大需求，主要服务于符合国家战略、突破关键核心技术、市场认可度高的科技创新企业"。截至 2024 年 2 月末，科创板上市企业共计 569 家，中位市值 46.3 亿元，100 亿以下市值个股数量占比 75%，小盘风格突出。行业方面，个股行业主要集中在半导体、医疗、机械、IT、电池等前沿科技领域，其中 17% 的科创板上市企业为半导体企业、占比最高，其次是医疗器械、占比 8%（见表 12-5）。

表 12-5　科创板对上市企业的行业要求

行业要求	支持类	应当属于下列行业领域的高新技术产业和战略性新兴产业：新一代信息技术、高端装备、新材料、新能源、节能环保、生物医药及符合科创板定位的其他领域
	限制类	金融科技、模式创新企业
	禁止类	房地产和主要从事金融、投资类业务的企业

资料来源：上交所。

3. 上市要求：注重考察企业的科技创新能力，上市条件更具多元性、包容性

科创板设置了 5 套上市标准，允许符合科创板定位，但尚未盈利或存在累计未弥补亏损的企业在科创板上市。上市要求层面，以预计市值为中心，综合考虑净利润、营业收入、研发投入、经营性现金流等因素。此外，对于符合规定的创新医药类企业，给予更加宽松的上市条件，财务指标方面仅考察其预计市值，对营业收入、净利润不作要求。同时制定了科创属性评价指标，对企业的科技创新能力进行或定量或定性的考察，坚守"硬科技"定位，严把 IPO 准入关（见表 12-6）。

表 12-6　科创板上市财务及科创要求

科创板 市值及财务指标	上市条件					
	类型	预计市值	净利润	营业收入	研发投入	经营性现金流
	标准一	≥10 亿元	最近两年净利润均为正且累计净利润≥5000 万元	—	—	—
			最近一年为正	≥1 亿元	—	—
	标准二	≥15 亿元	—	最近一年≥2亿元	最近三年研发投入合计占最近三年营业收入的比例≥15%	—
	标准三	≥20 亿元	—	最近一年≥3亿元		最近三年累计≥1 亿元
	标准四	≥30 亿元	—	最近一年≥3亿元		
	标准五	≥40 亿元	主要业务或产品需经国家有关部门批准，市场空间大，目前已取得阶段性成果。医药行业企业需至少有一项核心产品获准开展二期临床试验，其他符合科创板定位的企业须具备明显的技术优势并满足相应条件			
科创属性评价指标要求	同时符合下列四项指标的企业可申报科创板发行上市： （一）最近三年研发投入占营业收入的比例在 5% 以上，或者最近三年研发投入金额累计在 6000 万元以上； （二）研发人员占当年员工总数的比例不低于 10%； （三）应用于企业主营业务的发明专利 5 项以上；					

科创板	上市条件
	（四）最近三年营业收入复合增长率达到 20%，或者最近一年营业收入金额达到 3 亿元。采用第五套上市标准申报科创板的企业除外。 或符合下列五种情形之一：
科创属性评价指标要求	（一）拥有的核心技术经国家主管部门认定具有国际领先、引领作用或者对于国家战略具有重大意义； （二）作为主要参与单位或者核心技术人员作为主要参与人员，获得国家自然科学奖、国家科技进步奖、国家技术发明奖，并将相关技术运用于主营业务； （三）独立或者牵头承担与主营业务和核心技术相关的国家重大科技专项项目； （四）依靠核心技术形成的主要产品（服务），属于国家鼓励、支持和推动的关键设备、关键产品、关键零部件、关键材料等，并实现了进口替代； （五）形成核心技术和应用于主营业务的发明专利（含国防专利）合计 50 项以上

资料来源：上交所。

4．发行与承销：采用市场化询价定价方式，新增 4 种配售机制

根据《上海证券交易所科创板股票发行与承销实施办法》，科创板股票发行与承销机制主要包括：

（1）询价机制。首次公开发行股票应当向证券公司、基金管理公司、信托公司、财务公司、保险公司、合格境外投资者和私募基金管理人等专业机构投资者（以下统称网下投资者）以询价的方式确定股票发行价格。

（2）战略配售。首次公开发行股票可以向战略投资者配售。首次公开发行股票数量在 1 亿股以上的，战略投资者获得配售的股票总量不超过本次公开发行股票数量的 30%，超过的应当在发行方案中充分说明理由。首次公开发行股票数量不足 1 亿股的，战略投资者获得配售的股票总量不得超过本次公开发行股票数量的 20%。

（3）保荐机构参与配售。发行人的保荐机构依法设立的相关子公司或者实际控制该保荐机构的证券公司依法设立的其他相关子公司，可以参与本次发行战略配售，并对获配股份设定限售期。

（4）高管员工参与配售。发行人的高级管理人员与核心员工可以设立专项资产管理计划参与本次发行战略配售。前述专项资产管理计划获配的股票数量不得超过首次公开发行股票数量的 10%，且应当承诺获得本次配售的股票持有期限不少于 12 个月。

（5）绿鞋机制。发行人和主承销商可以在发行方案中采用超额配售选择权。采用超额配售选择权发行股票数量不得超过首次公开发行股票数量的 15%。主承销商采用超额配售选择权，应当与参与本次配售并同意做出延期交付股份安排的投资者达成协议。

5．股票交易特别规定：新增市价交易方式，放宽涨跌幅限制

《上海证券交易所科创板股票交易特别规定》对科创板交易做出特别规定，主要体现在以下方面。

（1）交易方式增加"盘后固定价格交易"。盘后固定价格交易是指在收盘集合竞价结束后，上交所交易系统按照时间优先顺序对收盘定价申报进行撮合，并以当日收盘价成交的交易方式。

（2）竞价交易实行价格涨跌幅限制，涨跌幅比例为20%，首次公开发行上市、增发上市的股票，上市后的前5个交易日不设价格涨跌幅限制。

（3）通过限价申报买卖科创板股票的，单笔申报数量应当不小于200股且不超过10万股；通过市价申报买卖的，单笔申报数量应当不小于200股且不超过5万股。卖出时，余额不足200股的部分，应当一次性申报卖出。

6. 上市后持续监管：强化科创板上市企业监管，实行严格退市制度

1）优化信息披露制度

（1）强化行业信息披露：企业应当主动披露行业信息；在年度报告中，披露行业发展状况及技术趋势、企业经营模式及核心竞争力、研发团队和研发投入等行业信息；强调企业进入新行业或主营业务发生变更的专项披露要求。

（2）突出经营信息披露：未盈利企业、业绩大幅下滑企业应披露经营风险；企业应披露知识产权与重大诉讼仲裁等重大风险；年度报告和临时公告中必须持续披露行业经营性风险及重大事故等其他重大风险。

（3）增加股权质押高风险情形的披露：控股股东质押比例超过50%后，应全面披露质押股份基本情况、质押金额用途、自身财务状况、质押对控制权的影响等内容；如出现资信恶化或平仓风险时必须及时披露进展。

（4）优化重大交易与关联交易披露决策程序：以市值代替了净资产作为重大交易的测算指标；对全资及控股子公司担保的股东大会审议程序进行适度的豁免；扩展关联人的认定范围，并将测算指标调整为成交金额/总资产或市值，披露标准从0.5%下调至0.1%，股东大会审议标准从5%下调至1%。

2）重大交易信息披露/股东大会对比标准（表12-7）

表12-7　科创板重大交易信息披露指标

参照标准	科创板
交易涉及的资产总额	最近一期经审计总资产的10%/50%
交易的成交金额	上市企业市值的10%/50%
交易标的资产净额	上市企业市值的10%/50%
交易标的最近一个会计年度营业收入	最近一个会计年度经审计营业收入的10%/50%且绝对金额超过1000/5000万元
交易产生的利润	最近一个会计年度经审计营业收入的10%/50%且绝对金额超过100/500万元
交易标的最近一个会计年度相关的净利润	最近一个会计年度经审计营业收入的10%/50%且绝对金额超过100/500万元

资料来源：上交所。

3）优化减持方式和路径

（1）要求核心技术人员将限售期延长至股票上市之日起36个月内。

（2）企业上市时尚未盈利的，在企业实现盈利前，特定股东不得减持首发前股份。企业上市满 5 个完整会计年度后，不适用前款规定。

（3）上市企业所有股东在二级市场减持首发前持有股份的，都要提前 15 个交易日预披露。现行 A 股上市企业中，除非另有承诺或约定，5% 以下股东二级市场减持无提前 15 个交易日预披露的义务。

（4）二级市场交易、每人每年可减持 1% 以内的首发前股份；非公开转让、协议转让涉及控制权变更，受让方限售 12 个月；司法强制执行等方式减持，受让方限售 6 个月。

（5）PE、VC 等创业投资基金可通过二级市场、协议转让、非公开转让多种条件灵活减持。

4）严格退市安排

科创板退市制度充分借鉴已有的退市实践，相比沪深主板，更为严格，退市时间更短、退市速度更快。在退市情形上，新增市值低于规定标准、上市企业信息披露或者规范运作存在重大缺陷导致退市的情形。在执行标准上，对于明显丧失持续经营能力，仅依赖于与主业无关的贸易或者不具备商业实质的关联交易收入的上市公司，可能会被退市（见表 12-8）。

表 12-8　科创板退市制度

退市类型	具体内容
重大违法违规强制退市	构成欺诈发行、重大信息披露违法，股票应当终止上市
触及五大安全强制退市	涉及国家安全、公共安全、生态安全、生产安全和公众健康安全等领域的重大违法行为的，股票应当终止上市
交易类强制退市	通过交易系统连续 120 个交易日实现的累计股票成交量低于 200 万股、连续 20 个交易日股票收盘价低于股票面值、连续 20 个交易日股票市值低于 3 亿元、连续 20 个交易日股东数量低于 400 人
财务类强制退市	主营业务大部分停滞或者规模极低、经营资产大幅减少导致无法维持日常经营、营业收入或者利润主要来源于不具备商业实质的关联交易、营业收入或者利润主要来源于与主营业务无关的贸易业务、其他明显丧失持续经营能力的情形
规范类强制退市	①因财务会计报告存在重大会计差错或者虚假记载，被中国证监会责令改正但企业未在规定期限内改正，此后企业在股票停牌 2 个月内仍未改正；②未在法定期限内披露年度报告或者半年度报告，此后企业在股票停牌 2 个月内仍未披露；③企业在信息披露或者规范运作方面存在重大缺陷，被本所责令改正但未在规定期限内改正，此后公司在股票停牌 2 个月内仍未改正；④因企业股本总额或股权分布发生变化，导致连续 20 个交易日不再具备上市条件，此后企业在股票停牌 1 个月内仍未解决；⑤最近一个会计年度的财务会计报告被会计师事务所出具无法表示意见或者否定意见的审计报告；⑥企业可能被依法强制解散；⑦法院依法受理企业重整、和解和破产清算申请

资料来源：上交所。

5）重组制度

（1）科创企业并购重组，涉及发行股票的，由交易所审核，并经中国证监会注册。

（2）强调在重大资产重组中及时进行减值测试，足额计提减值损失并披露公允反映商誉的真实价值。

7. 企业治理：允许设置差异化表决权的企业上市，拓宽股权激励份额限制

1）规范表决权差异安排

（1）更为严格的前提条件：仅允许上市前做出表决权差异安排且须经股东大会特别决议通过；表决权差异安排在上市前至少稳定运行 1 个完整会计年度；预计市值不低于 100 亿元，或市值不低于 50 亿元且最近一年营收不低于 5 亿元。

（2）限制特别表决权主体资格：相关股东应当对企业发展或者业绩增长做出重大贡献，并在企业上市前后持续担任公司董事；特别表决权股份不得在二级市场进行交易；持有人不符合主体资格或者特别表决权一经转让即永久转换为普通股东；不得提高特别表决权的既定比例。

（3）强化内外部监管机制：持续披露表决权差异安排的实施和变化情况；监事会应对表决权差异安排的设置和运行出具专项意见；禁止滥用特别表决权。

（4）保障普通投票权股东合法权利：除表决权差异外其他股东权利完全相同；普通股份表决权应当达到 10% 的最低比例；召开股东大会和提出股东大会议案所需的持股比例分别不超过 10% 和 3%；特定重大事项上特别表决权股份的权利与普通股份相同。

2）股权激励

（1）扩展激励对象范围：单独或合计持有上市企业 5% 以上股份的股东、实际控制人及其配偶、父母、子女及外籍员工，在上市企业担任董事、高级管理人员、核心技术人员或者核心业务人员的，可以成为激励对象。

（2）新增限制性股票类型：符合股权激励计划授予条件的激励对象，在满足相应权益条件后分次获利并登记的本企业股票。

（3）增强定价条款的灵活性：限制性股票授予价格低于市场参考价 50% 的，应当说明定价依据及定价方式，并应当聘请独立财务顾问，发表意见。

（4）增加实施方式的便利性：对于新增限制性股票类型，应当就激励对象分次获益设立条件，并在满足各次获益条件时分批进行股份登记，获益条件包含 12 个月以上的任职期限的，实际授予的权益登记如果，可不再设置限售期。

8. 投资者保护：保护中小投资者利益，企业需及时披露相关信息

上市企业不仅要重视自身规范运作并加强企业治理，也应建立与投资者的有效沟通渠道，以保障投资者的合法权益。牢牢把握保护投资者特别是中小投资者利益这一核心观点，在此次科创板相关系列文件中也得到贯彻体现，在投资者关系管理方面也延续了此前主板的相关要求（见表 12-9）。

表 12-9　科创板上市企业投资者保护制度

上市企业	对应措施
确保公平披露原则	上市企业和相应信息披露义务人通过业绩说明会、分析师会议、路演、接受投资者调研等形式，与任何机构和个人进行沟通时，不得提供企业尚未披露的重大信息
应当与投资者建立有效沟通渠道	上市企业应当积极召开投资者说明会、向投资者说明企业重大事项，澄清媒体传闻
具备条件但未进行现金分红	上交所可以要求董事会、控股股东及实际控制人通过投资者说明会、公告等形式向投资者说明原因
股票交易出现严重异常波动并停牌	上市企业应当及时披露核查结果公告，充分提示企业股价严重异常波动的交易风险；存在未披露重大事项的，应当召开投资者说明会
作为违规的监管措施之一	上交所可以视情节轻重对监管对象采取下列监管措施：……"要求限期召开投资者说明会"

资料来源：上交所。

三、北交所

北京证券交易所（简称"北交所"）于 2021 年 9 月 3 日注册成立，是经国务院批准设立的我国第一家公司制证券交易所。北交所以原有的新三板精选层为基础设立，形成与沪深交易所、区域性股权市场错位发展和互联互通的格局，我国资本市场的多层次市场结构得到进一步完善，资本市场的活力和韧性进一步提升。

1. 设立背景：支持中小型企业发展，建立为中小型企业服务的主阵地

设立北京证券交易所是实施国家创新驱动发展战略、持续培育发展新动能的重要举措，也是深化金融供给侧结构性改革、完善多层次资本市场体系的重要内容，对于更好发挥资本市场功能作用、促进科技与资本融合、支持中小企业创新发展具有重要意义。

（1）一个定位：坚持服务创新型中小企业的市场定位，尊重创新型中小企业发展规律和成长阶段，提升制度包容性和精准性。

（2）两个关系：一是北京证券交易所与沪深交易所、区域性股权市场坚持错位发展与互联互通，发挥好转板上市功能。二是北京证券交易所与新三板现有创新层、基础层坚持统筹协调与制度联动，维护市场结构平衡。

（3）三个目标：一是构建一套契合创新型中小企业特点的涵盖发行上市、交易、退市、持续监管、投资者适当性管理等基础制度安排，补足多层次资本市场发展普惠金融的短板。二是畅通北京证券交易所在多层次资本市场的纽带作用，形成相互补充、相互促进的中小企业直接融资成长路径。三是培育一批"专精特新"中小企业，形成创新创业热情高涨、合格投资者踊跃参与、中介机构归位尽责的良性市场生态。

2. 法律法规：注册制相关制度安排持续完善，相关监管机构职责分明

在全面实行注册制的背景下，北交所对试点阶段的有效制度安排进行定型化、常态化处理，并加强了信息披露的核心理念，强化了市场主体归位尽责的监管要求，并进一步明确了

相关法律责任。北交所相关政策有利于进一步整合优化北交所发行股票、再融资、重大资产重组、转板等事项的审核流程，明确划分中国证监会及北交所的审核职权，有利于中介机构责任和相关主体信息披露义务的严格落实（见表 12-10）。

表 12-10　北交所相关法律法规

	规章制度	主要内容
证监会规章	《北京证券交易所向不特定合格投资者公开发行股票注册管理办法》	规范北交所试点注册制公开发行相关活动
	《北京证券交易所上市公司证券发行注册管理办法》	落实《中华人民共和国证券法》关于证券发行注册制的各项要求，吸收借鉴科创板、创业板再融资制度的成熟做法，明确发行条件、发行程序、信息披露、监督管理等方面的基本要求，构建北交所再融资制度的基本框架
	《北京证券交易所上市公司持续监管办法（试行）》	规定北交所上市公司的公司治理、信息披露、股份减持、股权激励、重大资产重组等事项
	《证券交易所管理办法》	明确公司制证券交易所的内部治理要求
	《非上市公众公司监督管理办法》	删除"向不特定合格投资者公开发行"相关的条文内容；同时根据新《中华人民共和国证券法》要求增加了监事会应当对证券发行文件进行审核并提出书面审核意见的要求，并调整了部分文字表述
	《非上市公众公司信息披露管理办法》	本次修订在保持《信息披露办法》制度框架、规范体例和主要内容的基础上，根据市场结构变化情况进行适应性调整，将与"精选层"相关的条款相应删除，其余制度安排保持不变
交易所规则	《北京证券交易所股票上市规则（试行）》	规定了北交所发行上市、持续监管、退市机制、自律监管和违规处理等制度安排
	《北京证券交易所交易规则（试行）》	按照精选层各项制度基本平移至北交所的总体思路北交所交易制度整体延续精选层相关安排不改变投资者交易习惯，不增加市场负担，体现中小企业股票交易特点确保市场交易的稳定性和连续性
	《北京证券交易所会员管理规则（试行）》	在会员的风险控制、客户管理、信息使用技术规范等方面做了系统、全面的规定，压实会员责任

资料来源：证监会、北交所。

3. 板块定位：主要服务创新型中小企业，"专精特新"为主要标签

根据《北京证券交易所向不特定合格投资者公开发行股票注册管理办法》（以下简称《北交所发行注册管理办法》）第三条，北交所的定位为"深入贯彻创新驱动发展战略，聚焦实体经济，主要服务创新型中小企业，重点支持先进制造业和现代服务业等领域的企业，推动传统产业转型升级，培育经济发展新动能，促进经济高质量发展"。由此，北交所的服务对象主要是先进制造业和现代服务业等领域的创新型中小企业。

4．上市要求：坚持"层层递进"的上市路径，以"市值+财务指标"制定上市标准

北交所的上市企业大多来自全国股份转让系统（新三板）连续挂牌满 12 个月的创新层挂牌企业。从其提供的四条上市路径来看，一方面北交所与新三板形成层次递进、上下联动的格局，为新三板挂牌企业提供梯度化的转板选择。对于在新三板挂牌的企业，可以选择基础层—创新层—北交所/创新层—北交所的路径进行上市。另一方面，对于非新三板挂牌企业，北交所则开通绿色通道鼓励其上市。通过出台的直联机制使相关企业挂牌新三板的同时申请北交所上市；随着 2023 年 9 月的"深改 19 条"推出，符合条件的优质中小企业可直接"免挂牌"申请上市北交所，极大缩短了企业上市周期，提高了中小创新企业的上市热情（见表12-11）。

表 12-11　北交所上市路径

上市路径	具体要求
基础层挂牌—创新层—北交所 IPO	满足条件的非挂牌企业先在基础层挂牌，再由新三板基础层转为创新层，挂牌一年后可申请北交所 IPO 上市
挂牌的同时进入创新层—北交所 IPO	满足创新层要求的企业，在挂牌的同时直接进入创新层，挂牌满一年后向北交所申报 IPO
北交所直联机制	企业可在新三板挂牌的同时进行北交所上市审核，但仍需满足新三板挂牌满一年的规定
"免挂牌"直接申请北交所	符合条件的优质中小企业首次公开发行并在北交所上市

资料来源：北交所。

在财务及市值指标方面，差异化、多元化的财务指标放松了对中小创新企业的财务要求，针对具有一定创新能力或资本认可度的中小企业，不严格设置利润、营业收入、资产等规模指标，而是注重企业未来市值以及当前的研发强度，更加符合发展阶段更早、经营规模更小、盈利机制尚未成熟的高新技术企业的特点。此外，北交所明确规定可以申请二次挂牌，符合相关要求的企业，可以申请重新股票挂牌（见表 12-12）。

表 12-12　北交所上市财务要求

财务标准	具体要求
市值+净利润+ROE	市值不低于 2 亿元；最近两年净利润均不低于 1500 万元且加权平均净资产收益率平均不低于 8%，或者最近一年净利润不低于 2500 万元且加权平均净资产收益率不低于 8%
市值+营业收入+经营活动现金流	市值不低于 4 亿元；最近两年营业收入平均不低于 1 亿元且最近一年增长率不低于 30%；最近一年经营活动产生的现金流量净额为正
市值+营业收入+研发强度	市值不低于 8 亿元；最近一年营业收入不低于 2 亿元；最近两年研发投入合计占最近两年营业收入合计比例不低于 8%
市值+研发投入	市值不低于 15 亿元；最近两年研发投入合计不低于 5000 万元。

资料来源：北交所。

从时间上看，一般的企业从申请新三板挂牌到成为创新层企业，再到登陆北交所上市，大概需要两年半，具体流程和时间如表 12-13 所示。

表 12-13　新三板—北交所上市流程

阶段	流程	时间	主要工作内容
第一阶段	完成股改	3 个月左右	1 个月财务梳理+1 个月审计+1 个月完善公司治理机制和内部控制制度
第二阶段	挂牌新三板	4～6 个月	受理—审核—挂牌委员会审议—必要时请示证监会—签订挂牌协议
第三阶段	挂牌一年且进入创新层	12 个月	每年 6 次进入创新层安排，分别为每年 1 月、2 月、3 月、4 月、5 月和 8 月的最后一个交易日
第四阶段	北交所上市	6 个月左右	受理—审核机构审核—上市委员会审议—报送证监会并完成注册

资料来源：北交所。

通过"直联机制"的绿色通道，需要一年半左右的时间：新三板挂牌 4～6 个月+新三板运行 1 年（同步准备北交所上市申请）≈1.5 年。而"免挂牌"直接申请北交所上市，由于省去了新三板挂牌及新三板挂牌运行满一年等环节，可节省一年半的时间，企业可以在一年左右时间在北交所申请上市，能让企业快速获得发展所需要的资金。对于独角兽企业，实施专人对接、即报即审、审过即发，又能大大缩减上市时长，可能半年内就能上市。

5．交易规则：以连续竞价为核心，契合中小企业股票交易特点

北交所交易规则整体延续精选层以连续竞价为核心的交易制度，涨跌幅限制、申报规则、价格稳定机制等其他主要规定均保持不变，不改变投资者的交易习惯，不增加市场负担，确保市场交易的稳定性和连续性。与精选层交易制度相比，北交所交易规则仅做了发布主体、体例等适应性调整，内容没有变化（见表 12-14）。

表 12-14　北交所交易规则

交易规则	具体内容
交易方式	北交所股票可以采取竞价交易、大宗交易、协议转让等交易方式
涨跌幅限制及申报有效价格范围	交易涨跌幅限制比例为前收盘价的±30%，上市首日不设涨跌幅限制。此外，为促进盘中价格收敛，增强价格连续性，连续竞价阶段设置基准价格±5%（或 10 个最小价格变动单位）的申报有效价格范围
竞价交易的申报规则	北交所竞价交易单笔申报应不低于 100 股，每笔申报可以 1 股为单位递增，卖出股票时余额不足 100 股的部分应当一次性申报卖出。竞价交易申报类型为限价申报和市价申报，市价申报包括本方最优申报、对手方最优申报、最优 5 档即时成交剩余撤销申报及最优 5 档即时成交剩余转限价申报。市价申报仅适用于有价格涨跌幅限制的股票连续竞价期间，同时对市价申报实施限价保护措施
竞价交易的临时停牌机制	当股票盘中成交价格较开盘价首次上涨或下跌达到 30%、60% 时，实施临时停牌，每次停牌 10 分钟，复牌时采取集合竞价，复牌后继续当日交易
大宗交易规则	大宗交易为协议交易，需满足单笔申报数量不低于 10 万股或交易金额不低于 100 万元的要求

资料来源：北交所。

阅读资料 12-2
香港多层次资本市场的结构

第三节　美国多层次资本市场

一、美国多层次资本市场的结构与特点

1. 多层次资本市场的结构

美国主流全国性证券交易场所基本由纳斯达克和洲际交易所集团运行，主要有纽约证券交易所（以下简称"纽交所"）、NYSE American（以下简称"美交所"）、纳斯达克股票交易所（以下简称"纳斯达克"），三个交易场所由洲际交易所集团统一运行。此外，美国企业挂牌也可选择场外交易市场（over the counter markets，OTCM），还有一些区域性小型证券交易所，如芝加哥证券交易所（Chicago Stock Exchange，CHX）等，如图 12-4 所示。

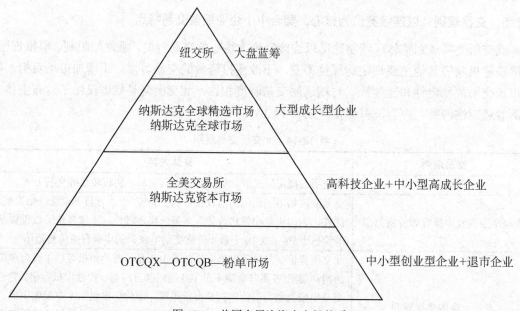

图 12-4　美国多层次资本市场体系

资料来源：纳斯达克官网。

（1）纽交所主板（NYSE）：成立于 1792 年，是美国开板时间最长的证券交易市场，上市企业数量超 3500 家。上市条件较为严格，多数世界 500 强企业会在纽交所挂牌上市。同时，纽交所主板还细分出 NYSE Arca，定位于纽交所的高增长板，为高增长企业提供上市交易机会。

（2）美交所（NYSE American）：成立于 1921 年，是美国第三大证券交易所，前身是全美证券交易所，营业模式与纽交所主板类似。2008 年，美交所被纽交所收购，定位为纽交所的中小企业板块，主要服务于市值规模较小、处于初创阶段的高成长企业。

（3）纳斯达克（NASDAQ）：全球第二大证券交易场所，也是美国上市企业最多、交易量最大的市场。上市企业以高科技和成长型企业为主，如微软、苹果、思科、英特尔等。纳斯达克运营三大板块，分别为：全球精选市场（NASDAQ Global Selected Market），适合大盘股；全球市场（NASDAQ Global Market），适合中盘股；资本市场（NASDAQ Capital Market），适合中小盘股。

（4）美国 OTC 市场：全球最大的场外证券交易市场（挂牌、非上市）。OTC Markets 分为三个层级，分别是：OTCQX® Best Market（OTCQX）、OTCQB® Venture Market（OTCQB）、the Pink® Open Market（OTC Pink，即粉单市场），上市要求依次降低。

2. 美国资本市场体系的特点

多层次板块可供不同规模、不同市值的科技企业选择。目前美国资本市场按照上市企业的上市标准、企业规模等因素可大致分为三层：一是主要面向大型企业的全国性市场，包括纽交所、纳斯达克全球精选市场、纳斯达克全球市场；二是主要面向高科技企业和中小企业的全国性市场，包括美交所和纳斯达克资本市场；三是主要面向小型企业的场外市场 OTC Markets，包括 OTCQX、OTCQB 和 OTC Pink 等。

挂牌公司在 OTC Markets 的三级板之间建有完善的转板机制，可以便捷地进行上下转板。在市场认可时，OTCQX 的挂牌企业也可升级到纳斯达克等主板市场上市，即可以实现"OTC Pink—OTCQB—OTCQX—主板"的上市流程。由此，多数企业会选择在 OTC 市场培育成熟后，转向纳斯达克等主板上市（见图 12-5）。根据市场资料不完全统计，2020—2022 年，从美国 OTC 市场转入 NYSE、NASDAQ 等主板市场的企业分别有 45 家、105 家和 39 家。此外，OTC 市场也是中国 500 强企业美国交易主阵地，以"OTC 上市+转板"已经成为国内不少企业赴美上市的融资新选择。

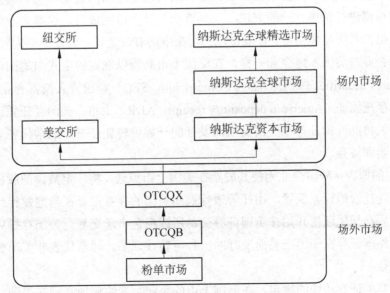

图 12-5　美国多层次资本市场转板机制

资料来源：纽交所。

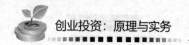

二、纳斯达克及粉单市场上市要求

1. 纳斯达克上市要求

1）上市流程

纳斯达克上市一般流程如下。

（1）组建专业团队：包括投行、会计师、律师和存托银行等，为上市提供全方位的服务和支持。

（2）尽职调查：对企业的各项情况进行全面调查，确保企业符合纳斯达克的上市条件。

（3）编制上市计划书：在顾问团队的协助下，制订详细的上市计划和时间表。

（4）审计与合规：聘请符合美国财务报告要求的会计师进行财务审计，确保企业财务状况符合纳斯达克的规范。

（5）申请证券号码：向美国证监会申请证券交易号码，以便在纳斯达克进行股票交易。

（6）提交注册说明书：向纳斯达克提交详细的注册说明书，包括企业财务状况、业务情况和发展计划等信息。

（7）证监会审查：纳斯达克将对注册说明书进行审查，确保企业符合上市条件。

（8）路演与定价：进行路演，向投资者展示企业的投资价值，并确定股票的发行价格。

（9）上市交易：完成上述步骤后，企业将在纳斯达克上市交易。

2）上市模式

一般而言，中国企业在美国上市主要有6种模式：首次公开募股、美国存托凭证上市、直接上市、私募资金 QIB 上市、反向兼并（借壳上市）、特殊目的收购公司上市。

（1）首次公开募股（IPO）。IPO 是指一家企业或公司（股份有限公司）第一次将它的股份向公众出售。上市公司的股份根据相应证监会出具的招股书或登记声明中约定的条款，通过经纪商或做市商进行销售。一般来说，一旦首次公开上市完成后，这家企业就可以申请到证券交易所或报价系统挂牌交易。有限责任公司在申请 IPO 之前，会先变更为股份有限公司。基本上，境外企业与美国本地企业一样，在美国上市必须以规定的格式向美国证券交易委员会（United States Securities and Exchange Commission，SEC）和投资人披露企业信息。

（2）美国存托凭证（American depository receipt，ADR）上市。美国存托凭证（ADR）是美国商业银行为协助外国证券在美国交易而发行的一种可转让证书，通常代表非美国企业可公开交易的股票和债券。

ADR 产生的原因：外国企业为使其股票在美国上市流通，将一定数额的股票委托某一中间机构（通常为托管银行）保管，由托管银行通知美国的存券银行在当地发行代表该股份的存托凭证，之后存托凭证便开始在美国证券交易所或柜台市场交易。美国存托凭证是美国商业银行为协助外国证券在美国交易而发行的一种可转让证书，通常代表非美国企业可公开交易的股票和债券。

根据美国有关证券法律的规定，在美国上市的企业，其注册地必须在美国，中国企业在美国目前以股票本身直接挂牌上市的还没有，多数是以 ADS（美国存托股票）或 ADR（美国存托凭证）形式挂牌上市的，1 个单位的 ADS 一股折合为多个单位的普通股。中国移动、中石化、新东方、阿里巴巴、百度、携程等公司就采取 ADR 进入美国的资本市场。

（3）直接上市（direct public offering，DPO）。直接上市是指不通过上市流程发行新股或筹集资金，不需要承销商，只要简单地登记现有股票，便可在资本市场上自由交易。DPO 比较适合那些已经多年运营、知名度高、现金流充足，业务模式被机构和散户投资人所熟悉，而老股东需要流动性的企业（如 VC/PE 等机构投资者已经到了退出的时候）。

其优点在于：可以让企业的股票直接面向公众发售，过程简单，节省可能高达上亿美元的承销费用，也能防止出现股票摊薄等问题，减少上市成本。同时，还可以避免传统 IPO 的"锁定期"，对企业现有股东所持股份没有限制，股东可以一次性卖出所有股票。此外，传统 IPO 需要将整个财务情况交给投行处理后再向公众公开，但直接上市只需在正式上市 15 天前对外公布即可。SEC 还规定，在传统 IPO 中，企业必须保持一段时间的静默期，但直接上市不同，企业高管在上市前可以公开讨论公司情况。

其缺点在于：一是缺乏券商作为中间环节会导致股票的波动率较高；二是缺乏流动股份，少量的流通股份在波动率的影响下，会给企业的估值造成偏差。

（4）私募资金 QIB 上市（144A 条例）。美国证券法对证券发行有严格的注册和信息披露要求，让许多企业望而却步。为此美国证交会在 1990 年颁布实施了 Rule144A（144A 条例），规范了一些免上市登记的做法，目的是吸引外国企业在美国资本市场发行证券，提高美国私募证券市场的流动性和有效性。

有意募集资金的外国企业在符合规定的条件下，利用这些豁免来达到不经过严格的公开上市程序而能发行股票的目的。144A 条例允许将某些符合条件的证券出售给合格机构投资人（qualified insititutional buyer，QIB），而无须履行证券法的披露义务，但与 144A 条例关联的交易必须符合以下基本条件：①该证券必须只能出售给合格机构投资人；②证券发行时，该证券不能与美国的任一证券交易所或在如纳斯达克的券商询价系统报价的证券属同一种类；③卖家和未来的买家必须有权利获得发行公司的一些从公众渠道尚未得知的信息；④卖家必须确认，买家知道卖家可以依据 144A 条例来免除证券法的登记要求。

（5）反向兼并（借壳上市）。反向兼并（reversed takeover，RTO）俗称借壳上市，是一种简化快捷的上市方式，指一家中国企业买下一家上市的美国企业，通过重组、合并或交换股份，收购方得到该上市企业的股份，把拟上市企业的资产注入这家企业，实现借壳上市。此外，私人企业并入上市企业后，持有多数股权（通常是 90%）。

与 IPO 相比，反向收购具有上市成本明显降低、所需时间少以及成功率高等优势：一是一旦成为上市企业，企业的前景颇为可观，上市企业的市场价值通常远远高于同等行业、同等结构的私人企业；二是上市企业更易于筹集资金，因为其股票有市场价值而且可以交易；三是可以利用股票收购，因为公开交易的股票通常视为并购的现金工具。

（6）特殊目的收购公司（special purpose acquisition company，SPAC）上市。SPAC 通常是由私募股权公司或特定行业专业人士作为发起人设立，通过借壳公司 IPO 募集资金，并购有实质业务创新目标公司，帮助其完成快速上市。

SPAC 是一种为公司上市服务的金融工具。其创新之处在于，不走传统 IPO 路径，也不是买壳上市，而是先行造壳（设立 SPAC），这个"空壳公司"上市后的唯一任务就是寻找一家有着高成长发展前景的非上市公司，与其合并，使其获得融资并上市。由于 SPAC 在合并前已经是纳斯达克或者纽交所的上市公司，所以新公司无须再进行其他行动，直接自动成为纳斯达克或者纽交所的上市公司。如果 24 个月内没有完成并购，那么这个 SPAC 就将面临清盘，将所有托管账户内的资金附带利息 100%归还给投资者。

SPAC 壳资源干净，没有历史负债及相关法律、没有业务只有现金等好处，所以 SPAC 上市模式具有时间快速、费用较低、流程简单、融资有保证等特点，对投资者和目标企业来说都具有较大优势。

3）上市条件

纳斯达克股票市场有三个不同的层级：纳斯达克全球精选市场、纳斯达克全球市场和纳斯达克资本市场。申请者必须满足某些财务、流动性和公司治理要求，才能获准在任何一个市场层级上市。纳斯达克全球精选市场的初始财务和流动性要求比纳斯达克全球市场更严格，同样，纳斯达克全球市场的初始上市要求也比纳斯达克资本市场更严格。所有纳斯达克市场层级的公司治理要求都是一样的。

（1）纳斯达克全球精选市场。公司必须至少满足以下四项财务标准中的一项（见表 12-15），并满足适用的流动性要求（见表 12-16）。

表 12-15　纳斯达克全球精选市场上市财务要求

财务要求	标准 1	标准 2	标准 3	标准 4
税前收益（所得税前持续经营所得）	前三个会计年度的总额>1100 万美元且每年税前收入为正且最近两个会计年度中的每一年度>220 万美元	—	—	—
现金流	—	前三个会计年度的总额>2750 万美元且每年现金流为正	—	—
市值	—	前 12 个月平均>5.5 亿美元	前 12 个月平均>8.5 亿美元	1.6 亿美元
收入	—	上一会计年度>1.1 亿美元	上一会计年度>9000 万美元	—
总资产	—	—	—	8000 万美元
股东权益	—	—	—	5500 万美元
发行价	4 美元	4 美元	4 美元	4 美元

资料来源：纳斯达克官网。

表 12-16　纳斯达克全球精选市场上市流动性要求

流动性要求	IPO 和分拆上市的公司	通过增资或成熟公司上市的公司	直接上市的公司	附属公司
非限制性整手股票的股东数量 或 股东总数 或 股东总数+过去十二个月的平均月交易量	非限制性股东在 450 位以上 或 股东总数在 2200 位以上	非限制性股东在 450 位以上 或 股东总数在 2200 位以上 或 股东总数在 550 位以上+110 万股月平均交易量	非限制性股东在 450 位以上 或 股东总数在 2200 位以上 或 股东总数在 550 位以上+110 万股月平均交易量	非限制性股东在 450 位以上 或 股东总数在 2200 位以上 或 股东总数在 550 位以上+110 万股月平均交易量
非限制性股票公众持股数	125 万股	125 万股	125 万股	125 万股
非限制性公众持股市值或 非限制性公众持股市值+股东权益	4500 亿美元非限制性公众持股市值	1.1 亿美元非限制性公众持股市值 或 1 亿美元非限制性公众持股市值+1.1 亿美元股东权益	1.1 亿美元非限制性公众持股市值 或 1 亿美元非限制性公众持股市值+1.1 亿美元股东权益	4500 亿美元非限制性公众持股市值
独立第三方估值	—	—	2.5 亿公众持股市值	—

资料来源：纳斯达克官网。

（2）纳斯达克全球市场。公司必须至少满足以下四项标准中的一项标准（见表 12-17）。

表 12-17　纳斯达克全球市场上市财务+流动性要求

要求	标准 1	标准 2	标准 3	标准 4
所得税前持续经营所得（最近一个会计年度或过去三个会计年度中的两个会计年度）	100 万美元	—	—	—
股东权益	1500 万美元	3000 万美元	—	—
上市证券市值	—	—	7500 万美元	—
总资产和总收入（最近一个会计年度或过去三个会计年度中的两个会计年度）	—	—	—	7500 万美元和 7500 万美元

续表

要求	标准 1	标准 2	标准 3	标准 4
非限制性股票公众持股数	110 万	110 万	110 万	110 万
非限制性股票公众持股市值	800 万美元	1800 万美元	2000 万美元	2000 万美元
买入价	4 美元	4 美元	4 美元	4 美元
持有 100 及 100 以上非限制性股票的股东数量	400	400	400	400
做市商数量	3	3	4	4
经营历史	—	2 年	—	—

资料来源：纳斯达克官网。

（3）纳斯达克资本市场。公司必须满足以下三项标准中至少一项标准（见表 12-18）。

表 12-18　纳斯达克资本市场上市财务+流动性要求

要求	标准 1	标准 2	标准 3
股东权益	500 万美元	400 万美元	400 万美元
非限制性股票公众持股市值	1500 万美元	1500 万美元	500 万美元
经营历史	2 年	—	—
上市证券市值	—	5000 万美元	—
持续经营所得（最近一个会计年度或过去三个会计年度中的两个会计年度）	—	—	75 万美元
非限制性股票公众持股数	100 万	100 万	100 万
持有 100 及 100 以上非限制性股票的股东数量	300	300	300
做市商数量	3	3	3
买入价 或 收盘价	4 美元 3 美元	4 美元 2 美元	4 美元 3 美元

资料来源：纳斯达克官网。

（4）公司治理。在纳斯达克股票市场上市的公司，除了需要满足不同板块下的财务和流动性标准，还必须满足相应的公司治理标准，该标准对纳斯达克三个板块均通用。表 12-19 概述了纳斯达克的公司治理要求。

表 12-19　纳斯达克上市公司治理要求

公司治理要求	具体内容
年度报告或中期报告	公司必须通过邮寄或通过公司网站向股东提供年度和中期报告
独立董事	公司董事会必须有过半数的独立董事
审计委员会	公司必须设立一个审计委员会，该委员会仅由独立董事组成，独立董事还应符合美国证券交易委员会规则的要求，并且能够阅读和理解基本财务报表。审计委员会必须至少有三名成员
高管薪酬	公司必须设立一个薪酬委员会，该委员会仅由独立董事组成，至少有两名成员。此外，还包括对薪酬委员会成员的额外独立性测试。薪酬委员会必须决定或建议全体董事会决定首席执行官和所有其他执行官的薪酬
董事提名	独立董事必须选择或推荐董事提名人
行为准则	公司必须采用适用于所有董事、高级职员和雇员的行为准则
年度会议	公司必须于财政年度结束后一年内召开年度股东大会
征集代理人	公司必须为所有股东大会征集代理人
法定人数	公司必须为任何普通股股东会议提供不少于已发行有表决权股票的 33%（1/3）的法定人数
利益冲突	公司必须对所有关联方交易进行适当的审查和监督，以发现潜在的利益冲突情况
股东批准	本公司在发行与以下事项相关的证券之前，一般需要获得股东的批准：（1）另一公司的股票或资产的某些收购；（2）管理人员、董事、雇员或顾问的股权薪酬；（3）控制权变更；（4）以低于最低价格发行 20%的发行
投票权	公司的行为或发行不能极大地减少或限制现有股东的投票权

资料来源：纳斯达克官网。

2. 粉单市场上市要求

粉单市场（pink sheet market）创建于 1913 年，由美国国家报价机构（National Quotation Bureau）设立。绝大多数场外交易的证券都在粉单市场进行报价。该市场为订阅客户定期制作刊物，发布场外交易的各种证券的报价信息，在每天交易结束后向所有客户提供证券报价，使证券经纪商能够方便地获取市场报价信息，并由此将分散在全国的做市商联系起来。粉单市场的创立有效地促进了早期小额股票市场的规范化，提高了市场效率，解决了长期困扰小额股票市场的信息分散问题。

（1）板块定位。粉单市场的核心职能在于为那些选择不通过交易所或 NASDAQ 进行挂牌上市或者未能达到挂牌上市标准的证券提供交易平台和报价服务。该市场主要涉及以下三类"未上市证券"：①那些因不再符合持续上市条件而从 NASDAQ 市场或交易所摘牌的证券；②为了规避成为"报告公司"所需承担的监管义务，而从 OTCQB 市场自愿降级至粉单市场的证券；③其他至少有一家做市商愿意为其提供报价服务的证券。粉单市场为这些证券提供了一个流通性和透明度相对较低但仍具备一定交易活跃度的交易环境，从而满足了特定投资群体的需求。

（2）交易制度。粉单市场作为场外交易市场（OTC）的一个重要组成部分，遵循做市商制度进行交易活动。在这一体系中，仅有那些经过美国证券交易委员会（SEC）注册并成为NASDAQ 会员的做市商，方有资格为粉单市场上的股票提供报价和流动性支持。报价机制在粉单市场中的运作，并不直接依赖于股票发行人。换言之，证券发行人无须在粉单市场进行上市申请或报价登记。相反，他们可通过与做市商的合作，间接实现其股票的市场报价。值得注意的是，做市商在进行报价时，并不要求对发行人做详尽了解，亦无须征得发行人的明确同意。

（3）上市要求。粉单市场在报价方面不设特定的上市标准，其准入机制相对宽松。做市商仅需提交一份真实反映发行人当前状况的表格以供市场审核，而无须提供发行人的财务状况等详细信息。这一市场是美国唯一一个既无财务要求，又免除发行人定期及不定期信息披露义务的证券交易平台。此外，若做市商已在其他市场为某一证券提供报价服务，他们无须满足额外条件，直接联系粉单市场并申请在该市场即可为该证券进行报价。

粉单市场本质上是一个报价服务系统，不同于传统的交易撮合平台，它不执行自动交易匹配或处理交易指令。该市场并非一个正式的发行人上市挂牌系统，因此不受 SEC 注册要求的约束，发行人在此市场被报价时无须提交财务信息或其他常规公司文件，也不存在强制性信息披露要求。值得一提的是，证券发行人在粉单市场被报价并不需要支付费用，而做市商则需支付象征性月度费用以维持报价服务。

（4）监管制度。粉单市场并非传统意义上的股票交易所，其运作不受证券监管机构的直接监管。该市场的基本信息披露要求相对宽松，仅需在每个交易日结束时公布挂牌公司的报价信息。尽管如此，美国全国证券交易商协会（NASD）及其监管机构（NASDR），以及美国证券交易委员会（SEC）对在粉单市场上活动的做市商实施严格的监管。监管机构的监管内容涵盖了多个方面，包括但不限于：制定规范做市商行为的规则以确保其商业活动的合规性；为证券从业人员设定资格标准；定期审查会员的财务状况和经营活动，确保其遵守相关规则和条例；对证券违规行为进行调查；依法对违规者实施约束和处罚；对投资者的咨询和投诉及时给予响应等。

鉴于粉单市场的上市和报价门槛较低，市场上的证券可能存在资料不全和信息披露不及时的问题，从而增加了投资的风险。这一市场吸引了那些偏好高风险投资的激进投资者和创业投资者，他们可能因为对市场信息的敏感性和深入理解而获得投资机会，但同时也面临着较大的投资风险。

 思考题

1. 我国多层次资本市场的构成有哪些？
2. 我国多层次资本市场的特点有哪些？
3. 我国资本市场各板块的联系与区别有哪些？
4. 简述我国多层次资本市场与海外资本市场的异同。

第十三章

母基金与政府引导基金

天下不患无财，患无人以分之。

——《管子·牧民》

 核心问题

1. 什么是母基金?
2. 我国市场中人民币母基金的分类有哪些?
3. 母基金与政府引导基金的运作模式有哪些?
4. 政府引导基金的作用是什么?
5. 政府在母基金中的作用是什么?
6. 母基金与政府引导基金的区别与联系是什么?

 学习目的

1. 理解母基金的含义和分类。
2. 了解我国人民币母基金的发展现状。
3. 认识母基金与政府引导基金的运作模式。
4. 理解政府引导基金的放大作用和示范作用。
5. 掌握政府在母基金中的作用。
6. 了解母基金与政府引导基金的区别与联系。

引例
我国母基金发展概要

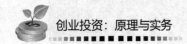

第一节　母基金概述

随着私募股权行业的发展，我国创业投资市场实现了人民币募资金额的不断冲高与退出渠道的多层次、多样化发展，已经初步具备了培育母基金的土壤，人民币母基金在私募股权价值链的不断完善中快速启航。

一、母基金的含义

"母基金"（fund of funds，FOF）也称"基金的基金"，通常是指专门投资于其他基金的基金，这种基金并不直接投资于证券，也不直接投资于企业，投资范围仅限于其他基金，通过持有其他基金股份而间接从事创业投资。

2005年11月，国家发展改革委等十部委发布了《创业投资企业管理暂行办法》，其中第十二条规定了创业投资企业的经营范围，指出创业投资企业可参与设立创业投资企业与创业投资管理顾问机构，首次为以FOF形式运作的基金提供依据。

作为一种间接投资方式，FOF广泛存在于创业投资基金、私募股权投资基金、信托基金等领域，因此，FOF被相应地分为创业投资基金的基金、私募股权投资基金的基金和信托投资基金的基金等。

母基金和子基金最大的不同在于，同时扮演了普通合伙人（GP）和有限合伙人（LP）的双重角色：当面对银行资金、社会资本等投资者时，母基金充当GP角色，为投资者管理资金并选择子基金进行投资；而当面对创业投资基金、并购基金和成长基金等项目基金时，母基金又充当了LP的角色，成为各类基金的投资人。

母基金的发展有助于降低机构投资者寻找创业投资管理人的成本，通过二次组合投资进一步分散风险，能够满足机构投资者的专业和管理需求，是创业投资发展到一定阶段的必然产物。

二、母基金的分类

经过一系列探索与发展，国内市场上逐渐形成了以母基金形式运作的三大基金阵营，分别是政府引导基金、国有企业参与设立的市场化母基金（国企参股母基金）和民营资本运作的市场化母基金（民营资本母基金）。此外，外资母基金也在摩拳擦掌，但由于受到相关政策等因素的制约，还未成气候。

1. 政府引导基金

政府引导基金是人民币母基金的第一部分，是指由政府设立并按市场化方式运作的政策性基金，通过扶持VC发展引导社会资金进入投资领域，其本身不直接从事投资业务。国内市场上最早成立的创业投资引导基金是2001年1月成立的"中关村创业投资引导基金"。

据统计，政府引导基金的规模约占我国母基金规模的2/3，是母基金的主力，因此会在本章第三节单独进行阐述。

2. 国企参股母基金

国有企业参与设立的市场化人民币母基金是国内人民币母基金的第二部分。其中，国家开发银行（简称国开行）和苏州创投集团是国内市场化运作人民币母基金的领军人。

2006 年 3 月，国开行与苏州创投集团共同出资设立了"苏州工业园区创业投资引导基金"，总规模为 10 亿元，期限 13 年，是国内第一支国有企业参与设立的母基金；2010 年 12 月，国开行全资子公司国开金融和苏州创投集团共同发起成立了中国首支国家级大型人民币母基金——"国创母基金"，其总规模达 600 亿元，这是双方多年密切合作的延续和升级，标志着我国在促进人民币母基金规范健康发展方面迈出了重要的一步，同时受到市场众多潜在投资人的热捧，能够有序化、专业化地引导创业投资领域同时获得安全稳定的回报。

3. 民营资本母基金

民营资本运作的市场化母基金是国内人民币母基金的第三部分。比较典型的代表包括诺亚财富旗下的歌斐母基金、天堂硅谷母基金、盛世投资母基金、宜信母基金。其中，成立于 2010 年的盛世投资是国内最早起步以市场化方式运作私募股权母基金的专业金融机构之一，目前管理着多支盛世系母基金，并成功完成对新天域资本、松禾资本、同创伟业、九鼎投资等多支基金的投融资工作。此外，清科集团作为国内领先的创业投资服务及投资机构，在 2011 年 4 月成立了规模为 50 亿元的人民币母基金，是目前国内最大的民营母基金之一，有力地推动了国内创业投资行业的发展。

4. 外资母基金

除了人民币母基金，外资母基金也在国内初露头角。自 2005 年之后，进入我国市场的外资 PE-FOF 频繁出现且不断增加。这类母基金以老牌 PE-FOF 为主，拥有雄厚的资金和丰富的基金管理经验，主要投资于在中国市场上活跃的顶级外资 PE 管理人。外资母基金完全市场化运作，以投资回报最大化为导向，通过设立人民币基金，在中国寻找更多的 LP，从而进入更广泛的领域。然而，外资母基金受制于中国的政策法规，在募集人民币基金方面暂时在门口徘徊，一些尝试募集人民币基金的 PE-FOF 也无重大突破。目前在中国市场的外资母基金有磐石基金、璞玉价值基金、尚高资本、合众集团等。

第二节　母基金的运作模式

我国母基金的运作模式可以从政府引导基金、国有企业参与设立的市场化人民币母基金，以及民营资本运作的市场化母基金这三个方面分别进行讨论。其中，政府引导基金虽然是母基金的一种，但在实务中有着其他创业投资形式所无法比拟的巨大优势，这同样也是政府在创业投资行业的意志体现。关于政府引导基金的运作模式、设立情况等，将在第三节进行详细叙述。这一部分着重介绍国企参股母基金运作模式和民营资本母基金运作模式。

一、国企参股母基金的运作模式

市场上国有企业参与设立的 FOF 沿用了海外成熟市场采用的运作模式，FOF 先从 LP 处获取资金，然后母基金的专业团队负责管理运作资金，投向不同类型的 VC 或 PE 子基金。就资金流动方向来说，图 13-1 显示出两条主要资金链，一条是由 LP 流向 FOF，再通过 FOF 流向 VC 或 PE 基金的"投资资本和管理费"。另一条则是由 VC 或 PE 基金流向 FOF，再通过 FOF 流入 LP 的"资本返还和利润偿付"。

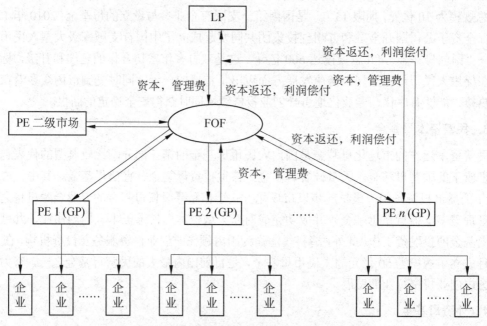

图 13-1 国有企业参与设立的市场化 FOF 运作模式

二、民营资本母基金的运作模式

目前，民营资本市场化运作的 FOF 尚处于起步期。其中比较典型的代表包括天堂硅谷的恒通基金及恒裕基金、诺亚财富旗下的歌斐基金等。事实上，直至目前国内市场还未真正出现成熟的民营资本母基金。

从目前掌握的信息来看，民营资本母基金的运作模式也借鉴了海外成熟的市场化运作模式。在流程上，由 LP 和 GP 同时对 FOF 进行注资，并通过 FOF 投资给不同私募股权基金。FOF 与出资人（LP）及投资对象（私募股权基金）的关系是通过合约的形式来管理的，以合约的形式来确定。一般合约的主要条款包括出资方式及安排、基金费用、募集费用、管理费用、基金期限、收益分配安排等。

阅读资料 12-1
恒裕基金和恒通基金

值得注意的是，由于大多数民营资本更加倾向于短期投资，10～15 年的海外 FOF 运作模式不能满足投资人对于短期利润的需求。对于 LP 与 GP 之间利益的分配，一般采取按照指定的时间或者按所投项目进行分配，具体有以下几种方式。

1. 整体分配本金，再按收益分配

为了确保分配非 GP 的投资收益为净盈利，许多基金约定投资本金必须先收回，确定盈利之后再分配给 GP 管理分红。也就是说，退出资金先按比例分配给全体合伙人，直至覆盖全体合伙人的本金，再扣除基金费用确定出基金的收益，之后按照基金收益的不同水平在全体合伙人之间进行分配。通常，对业绩的分成部分，则会根据基金的收益水平确定。一般来说，基金的收益越高，GP 享受的业绩分成占收益超额部分的比例越高。显然，这种分配方式更倾向于保护 LP 的利益。

2. 按单个项目分配，并预留保证金

按单个项目分配，同时 GP 将其所取得的管理分红的部分预留在股权基金中作为保证金，在其他项目亏损时用于回拨补亏。而预留金通常占管理分红的 40%～50%。也就是说，当某个所投基金退出，GP 会就业绩分成的 50%～60%的部分予以分配，其余的部分则作为风险准备基金留存，并在续存期满时用于业绩奖励清算的差额补偿。

3. 以单个项目核算，成本进行分摊

与前两种分配方式不同，有些基金的利益分成是按单个项目进行核算的。对于基金可分配资金中的项目投资收入，会按出资比例计算由该 LP 承担的份额，并扣除其投资本金和分摊到该项目的管理成本等之后，在 GP 和 LP 之间分配。

通过以上几种 LP 与 GP 之间利益分成的方式，既照顾到资金的安全性及国内出资人对短期回报的青睐，又能"化解"出资人与基金管理人在股权投资基金运作过程中的分歧。

第三节　政府引导基金

一、政府引导基金概述

政府引导基金是母基金的一种，在引导创业投资等方面具有举足轻重的地位。

国外引导基金主要采取三种运作模式：一是以美国为代表的融资担保模式；二是以以色列为代表的基金参股模式；三是以英国为代表的复合支持模式。美国的小企业投资计划主要是通过政府担保小企业投资公司在公开市场以长期债券方式来支持其投资行为；以色列的 YOZMA 则主要采用参股优秀商业化创业投资基金的方式；英国的小企业服务局则采用参股并辅以资金保证和管理服务等措施。

所谓政府引导基金，是指由政府设立并按市场化方式运作的政策性基金，主要通过扶持创业投资企业发展，引导社会资金进入创业投资领域。政府创业投资引导基金既不属于政府通过直接出资创办创业投资公司的政府主导型基金，又区别于民间投资者发起成立的私营创业投资基金。它为涉足创业投资领域的民间资本按照一定比例匹配杠杆资金，发挥投资乘数作用的放大效应，吸引更多民间资本参与创业投资领域。从严格意义上讲，政府创业投资引导基金是一种"政府承担主要风险，社会承担主体资金投入"的基金组织形式。

我国政府引导基金总体上可以分为中央政府引导基金和地方政府引导基金两个层面。从中央政府层面来看，最具代表性的是由财政部、发展改革委联合实施的"国家新兴产业创投计划"专项资金和财政部、科技部联合实施的"科技型中小企业创业投资引导基金"，二者均由中央财政独家出资，但引导模式各有不同，前者的引导模式主要是参股基金，后者的引导模式则包括阶段参股基金、跟进投资、风险补助和投资保障四种。从地方政府层面来看，创业投资引导基金大致可以分为地方财政独资设立和地方财政与外部机构合资设立两种。前者的代表如上海创业投资有限公司、天津创业投资有限公司、江苏高科技投资集团有限公司、中关村创业投资引导基金等。后者的代表如苏州工业园区创业投资引导基金（苏州工业园区与国家开发银行联合出资）、天津滨海新区创业风险投资引导基金（滨海新区管委会与国家开发银行联合出资）、北京市中小企业创业投资引导基金（北京市政府与启迪创投、深创投等机构联合出资）、成都银科创业投资有限公司（成都高新投与中国进出口银行等联合出资）等。

在日益兴起的创业投资市场中，政府引导基金正在成为吸引社会资本进入创业投资领域、推动创业投资市场快速发展的重要手段与方式。政府引导基金的宗旨是，发挥财政资金杠杆放大效应，增加创业投资资本供给，克服单纯通过市场配置创业投资资本的市场失灵问题，特别是通过鼓励创业投资企业投资初创期的企业，弥补一般创业投资企业主要投资于成长期、成熟期和重建企业的不足。

阅读资料 12-2
政府参与出资的产业基金的相关概念

二、设立政府引导基金的必要性

在早期阶段，面对民间投资主体不成熟、创业投资对象不成熟、产权市场不健全等状况，我国政府以直接出资的方式扶持在创业投资初期阶段发挥了巨大的促进作用。

随着创业投资的不断发展，现实中产生了许多亟待解决的新问题，如在具体运作过程中面临双重目标（产业政策目标与经济目标）、缺乏利益驱动、难以形成约束机制、难以吸引人才、容易产生逆向选择和道德风险等，这就导致政府主导型创业投资公司平均运作效率往往低于独立于政府体系之外的民间创业投资机构。不仅如此，创业投资本身的性质决定了必须有极具专业性的团队参与其中。

综合因素决定了政府主导地位应该让位于民间资本，而政府创业投资引导基金作为一种新型政府扶持方式，能够有效解决政府直接出资带来的负面效应。具体而言，设立政府引导基金有其必要性，具体体现在以下方面。

1. 避免政府直接投资带来的"挤出效应"

政府直接出资创办创业投资公司会减少货币供给量，在利率敏感系数较高的情况下，利率会上升，使民间投资减少，产生明显的挤出效应。

政府直接出资创办创业投资公司后，在运作过程中由于运作主体趋利避害的内在倾向性，必然优先选择具有较高收益、较低风险的高质量的创业投资项目，使创业投资项目市场买方竞争加剧，使得民间资本选择项目时面临较大的筛选成本。

政府通过创业投资引导基金而不是直接出资创办创业投资公司，为涉足创业投资领域的民间资本按照一定比例匹配杠杆资金，使得双方成为"风险共担、利益共享"的利益共同体，分散民间资本进入创业投资领域的风险。同时，能够有效解决政府直接出资创办创业投资公司对民间资本的挤出效应，还能对间接资本产生示范作用，吸引更多民间资本进入创业投资领域。

2. 降低政府因直接投资而承担的投资风险

从政府的角度来看，设立政府创业投资引导基金能有效避免政府直接出资创办创业投资公司带来的投资风险。

一方面，政府创业投资引导基金中政府与民间资本形成一个利益共同体，和政府直接出资创办创业投资公司相比，政府资本所占比例明显下降。若创业投资引导基金对风险企业或项目投资失败，政府和民间资本双方会共同分担投资失败风险，而且还不会给国家财政造成很大压力。

另一方面，政府直接出资扶持创业投资活动的条件下面临着逆向选择和道德风险，而且政府的机制使其不可能在创业投资方面专业化，因此投资风险很大。而通过设立创业投资引导基金，不但能够在一定程度上对内部员工产生激励，还会吸引具有丰富管理经验和专业知识的创业投资管理者加入，从而在一定程度上降低在投资过程中可能面临的管理风险、市场风险，提高成功率和回报率。

3. 缓解中小企业面临的融资困境

目前，我国的中小企业面临着融资渠道单一和融资成本高昂的挑战，中小企业很难获得生产经营所需资金。由于在创业企业的早期，在信息不对称的条件下，企业所面临的技术风险、市场风险、管理风险很大，导致一般的投资公司很少把资金投向这些企业。资金的短缺导致大量创新创业企业在种子期无法启动。

在公私合营的混合基金里，政府与民间资本风险共担，还可以借助私营部门的"专家管理"优势提高创业投资管理效率和运作效率。不仅仅是扩大了资金池，更加大了包括人力资本等具有增值效应的资本投入。

三、政府引导基金的发展历程

发展母基金是促进我国私募股权投资产业的重要推动力，也是提升我国产业竞争力、促进产业结构调整、实现经济结构转型的重要途径之一，政府在发展母基金方面具有重要的作用。

在经济市场上，一方面，许多初创企业面临着融资难的困境和破产倒闭的风险。另一方面，大多数投资者偏向于规避风险，鲜少涉足一些新兴领域。市场不能感知到企业家的需求，此时，政府就要承担责任，发挥"催化剂"的作用。于是各个国家展开了关于政府引导基金的探索与发展。

政府引导基金的发展可以分为四个阶段，分别为探索起步阶段、试点发展阶段、规范发展阶段和升级转型阶段。

1. 探索起步阶段

在 2004 年之前，我国政府引导基金主要处于探索起步阶段。在当时，地方政府主要通过土地、劳动力等资源和"两免三减半"等税收补贴来吸引外企、外资、港台资金，东部沿海地区发展出以加工制造业为主的劳动密集型产业。这一时期，我国对外资的利用引人注目，带来的效果也是立竿见影。经过二十多年的改革开放，国内经济已经取得不错的发展，基础设施初步改善，我国完善的教育体系也培养了大量高素质人才，为政府采取措施营造更好的创新创业环境、发展经济提供了基础条件。

1998 年 1 月 16 日，国内第一支中外合资产业基金——中瑞合作基金在北京成立。

1999 年 8 月，上海市人民政府批准成立了国有独资的上海创业投资有限公司下称"上海创投"，负责管理上海市人民政府 6 亿元创业投资资金和数十亿元"科教兴市"专项基金，旨在"引导、推动整个上海风险投资事业的发展和促进上海高新技术产业"的发展。

上海创投可以被视为我国政府出资引导创业投资的最早尝试，该公司按照国际通行的创业投资资金运作模式，实行市场化运作，通过公开招标，选择若干创业投资资金管理人和托管银行，并且与海内外投资者广泛合作，吸收海外资金与民间资金。上海创投的投资对象多为大学、中国科学院、留学人员和民营科技企业，集中在资源类、快速消费品、高科技、教育、医疗、金融、IT 产业等行业。仅仅成立两年，6 亿元的种子基金如同滚雪球一般超过 30 亿元。

中央政府继续在北京、上海、深圳这些较大的城市试点成立专门的创业投资引导基金、科技型中小企业创业投资引导基金。其中，中关村创业投资引导基金成立于 2001 年，是这一时期的代表性引导基金。

2002 年 6 月，第九届全国人民代表大会常务委员会通过了《中华人民共和国中小企业促进法》，在其中规定国家设立中小企业发展基金，遵循政策性导向和市场化运作原则，引导和带动社会资金支持初创中小企业，促进创新发展。

2004 年 11 月 18 日，中国—比利时直接股权投资基金在北京注册成立，作为该基金的基金管理人，也是我国第一家经国家发展改革委、商务部等国家主管部门批准设立的产业基金管理公司；同年，海富产业投资基金管理有限公司在上海注册成立。两年后，国内第一家全中资背景的产业投资基金正式挂牌成立。至此，沉闷多年的产业投资基金开始酝酿破局。

这个阶段主要是对于政府出资基金的探索阶段，并未形成基金的组织架构、运作机制、风险控制等系统性制度安排。

2. 试点发展阶段

在 2005 年至 2007 年，政府引导基金主要处于试点发展阶段。

2005 年 11 月，发展改革委、科技部、财政部等十部委联合发布《创业投资企业管理暂行办法》，对创业投资行业的法律环境、政策、税收优惠做了规定，明确提出国家及地方政府可以设立创业投资引导基金，采取参股基金、融资担保等方式去支持创业投资企业。北京、上海、江苏三地政府首先开始积极设立引导基金，如北京的"海淀区创业投资引导基金"。

2006 年，《国务院关于印发实施〈国家中长期科学和技术发展规划纲要（2006—2020 年）〉若干配套政策的通知》进一步指出："鼓励有关部门和地方政府设立创业风险投资引导基金，引导社会资金流向创业风险投资企业，引导创业风险投资企业投资处于种子期和起步期的创业企业。"

随后，在 2007 年，科技部、财政部发布的《科技型中小企业创业投资引导基金管理暂行办法》规定引导基金通过引导创业投资行为，支持初创期科技型中小企业的创业和技术创新。其中，创业投资引导基金阶段参股方式的启动对科技金融创新具有非常重要的示范意义。也是在此阶段，首个国家级创业投资引导基金——"科技型中小企业创业投资引导基金"得以正式启动，资金来自中央政府的专项基金，投资电子信息、生物与医药、新材料、光机电、资源环境、新能源、高技术与服务业这八大重点科技创新领域。

这个阶段，国家在总结发展经验的同时进行了试点性尝试，出台了初步的规范指导，设立基金管理公司形成了管理主体架构，为下一步规范发展奠定了基础。

3. 规范发展阶段

规范发展阶段主要发生在 2008 年至 2017 年。

2008 年 10 月，国家发展改革委、财政部、商务部发布《关于创业投资引导基金规范设立与运作的指导意见》，明确了引导基金设立的性质和宗旨，设立和资金的来源，运作原则和方式，引导基金的管理，对引导基金的监管与指导等七个方面，对政府引导基金的方方面面提出规范性意见，确立了政府引导基金组织和设立的法律基础。

2013 年，《中央编办关于私募股权基金管理职责分工的通知》将私募基金划归证监会管理。

2014 年 11 月发布的《国务院关于创新重点领域投融资机制鼓励社会投资的指导意见》明确鼓励发展支持重点领域建设的投资基金。

2015 年 11 月，财政部发布《政府投资基金暂行管理办法》。当月，《财政部关于印发〈政府投资基金暂行管理办法〉的通知》规定投资基金各出资方应当按照利益共享、风险共担的原则，明确约定收益处理和亏损负担方式。

2016 年 12 月，国家发展改革委发布《政府出资产业投资基金管理暂行办法》（于 2017 年 4 月 1 日起正式实施），明确并规范了政府出资产业投资基金的募集、管理、投资范围，在诸多方面做出了更具可操作性的规定和产业监管要求。同年，国务院发布的《关于促进创业投资持续健康发展的若干意见》等一系列文件，从资金来源、投资领域、监督与指导、风险控制等方面全方位规范政府引导基金的设立与运作，显示了国家对引导基金的重视程度。

这个阶段随着政府投资实践的逐步增加直至井喷，成为发展历程中相应规范性文件出具的集中期，由此可见中央对于政府投资的态度即将从探索鼓励进入升级转型。

4. 升级转型阶段

2018 年至今主要处于升级转型阶段。

2017 年以后出台的政策偏向规范政府引导基金运营管理、绩效考核等机制，调整并弥补规则的漏洞。

随后，在 2018 年 8 月，发展改革委办公厅发布了《关于做好政府出资产业投资基金绩效评价有关工作的通知》，对在全国政府出资产业投资基金信用信息登记系统中登记并完成材料齐备性审核的基金和基金管理人，运用科学合理的绩效评价指标，评价标准和评价方法，对政府出资产业投资基金的政策目标实现程度、投资管理能力、综合信用水平、经济效益等进行客观、公正的评价，这为政府产业基金的绩效评价给出了规范化指导。

2019 年 7 月 1 日起，国务院《政府投资条例》正式施行，加强对政府资金的预算约束，并规定"不得违法违规举借债务筹措政策投资资金"。《政府投资条例》总结了我国政府投资实践经验，围绕正确处理政府和市场关系、加强补短板和防风险等进行了有针对性的制度设计，明确政府投资要有所为、有所不为，将政府投资管理制度化、规范化、法定化。

在 2022 年 2 月，财政部发布了《关于加强政府投资基金管理 提高财政出资效益的通知》，提出强化政府预算对财政出资的约束；禁止通过政府投资基金变相举债；地方政府债券资金不得用于基金设立或注资，对政府的一系列投资行为做了进一步规范。

这一阶段的政策集中在规范政府投资行为与引导基金使用，可见政府引导基金发展到存量时代，重点转向存量基金的精耕细作，重新激活现有产业基金。

四、政府引导基金的运作模式

政府引导基金是按政府产业政策对符合优先鼓励发展的技术创新和高技术项目给予相应支持的重要渠道。国内的政府引导基金目前主要采用参股支持和融资担保两大运作模式。有的政府引导基金还根据自身的实际情况采取了跟进投资、投资保障、风险补偿、阶段参股等其他形式。其中阶段参股、跟进投资属于股权投资，风险补偿属于无偿资助。

1. 参股支持

参股支持模式就是指由政府引导基金向创业投资机构进行股权投资，其中既可以吸引社会资本共同发起设立子基金，也可以直接参股创业投资机构（见图 13-2）。在管理形式上，政府引导基金不参与子基金的日常管理和具体投资决策，而是确保子基金能够投资于政府规划中的重点投资对象，因此很大程度上发挥了子基金市场化运行的自主性和灵活性，也提高了母基金实现投资和产业导向的效率。

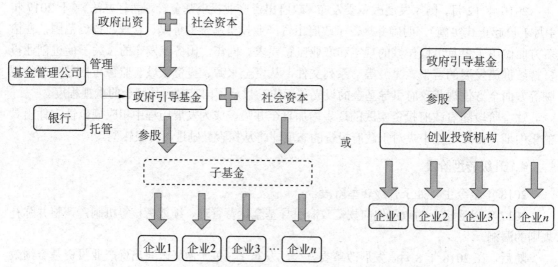

图 13-2　政府引导基金的参股支持模式

资料来源：杨业伟，赵增辉. 政府引导基金知多少？[EB/OL].（2024-02-19）[2024-12-11]. https://mp.weixin.qq.com/s/3_X6tWwzHEJSfs9l9dZHRA.

在现实当中，较为常见的是"母基金+子基金"的模式，母基金可以设立多个子基金，通过多层多次吸收社会资本，实现财政资金的杠杆放大效应。

阅读资料 13-3
徐州市产业发展引导基金运作模式

2. 融资担保

融资担保模式是指引导基金根据信贷征信机构提供的信用报告，对历史信用记录良好的创业投资企业，可采取提供融资担保的方式，支持其通过债权融资增强投资能力。信用体系健全的地区，一般政府引导基金以货币形式向创业投资企业提供信用担保，按照商业准则，创业投资企业应将其股权作为反担保或作为质押提供给政府引导基金，对政府引导基金的货币资本亏损承担责任（见图 13-3）。

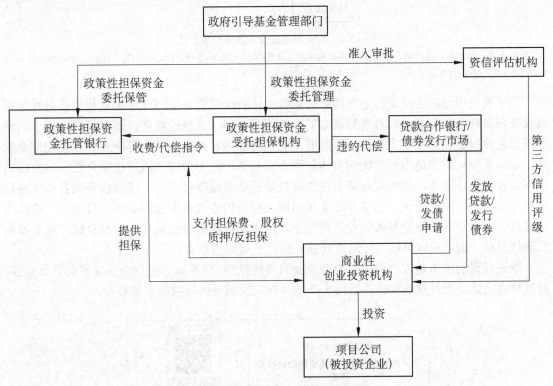

图 13-3　政府引导基金的融资担保模式

资料来源：杨业伟，赵增辉. 政府引导基金知多少？[EB/OL]. （2024-02-19）[2024-12-11]. https://mp.weixin.qq.com/s/3_X6tWwzHEJSfs9l9dZHRA.

与参股基金引导模式和联合投资引导模式相比，融资担保模式可以以更大的杠杆比例放大政府引导基金，从而加大对早期创新型企业的扶持力度。具体来讲，在参股基金或联合投资引导模式下，由于引导基金需要直接向创业投资企业或创业投资企业支持的创业企业提供资金，受引导基金自身的资本规模限制，加上只有一级放大，引导社会资本流入早期创新型企业的规模仍然有限。而融资担保模式不需要直接占用引导基金的资金，按照现行担保行业相关政策规定，担保额最高可以达到政策性担保资金的 10 倍，放大比例显然远高于参股基金模式和联合投资模式。

3. 跟进投资

跟进投资模式是指政府引导基金与创业投资机构共同投资，投资目标是那些创业投资企业选定投资的处于初创期的科技型中小企业。图 13-4 为政府引导基金的跟进投资模式。

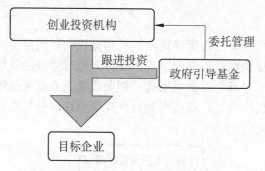

图 13-4　政府引导基金的跟进投资模式

资料来源：杨业伟，赵增辉．政府引导基金知多少？[EB/OL]．（2024-02-19）[2024-12-11]．https://mp.weixin.qq.com/s/3_X6tWwzHEJSfs9l9dZHRA.

为了避免引导基金演变为追求商业利益最大化的经营型基金，《关于创业投资引导基金规范设立与运作的指导意见》对引导基金的跟进投资做出了严格的规定：跟进投资仅限于当创业投资企业投资创业早期企业或需要政府重点扶持和鼓励的高新技术等产业领域的创业企业时，引导基金可以按适当股权比例向该创业企业投资，但不得以"跟进投资"之名，直接从事创业投资运作业务，而应发挥商业性创业投资企业发现投资项目、评估投资项目和实施投资管理的作用。也就是说，当引导基金采用跟进投资的方式对创业企业进行投资时，应体现引导基金、引导社会资金投入创业早期企业，或者是扶持符合政策导向的高科技产业发展的政策性目标，而不应该单纯为了追求商业利益而开展跟进投资。

跟进投资的本质是政府引导基金对企业的直接投资，引导基金的资金直接流向目标企业，对扶持企业给予最直接的支持，适用于产业导向或区域导向较强的引导基金。

> **阅读资料 13-4**
> 中关村创业投资引导基金的跟进投资模式

4. 投资保障

投资保障是指创业投资机构将正在进行高新技术研发、有投资潜力的初创期科技型中小企业确定为"辅导企业"后，政府引导基金对"辅导企业"给予资助（见图 13-5）。投资保障分两个阶段进行。在创业投资机构与"辅导企业"签订《投资意向书》后，引导基金对"辅导企业"给予投资前资助，资助资金主要用于补助"辅导企业"高新技术研发的费用支出。经过创业辅导，创业投资机构实施投资后，创业投资机构与"辅导企业"可以共同申请投资后资助，资助资金主要用于补助"辅导企业"高新技术产品产业化的费用支出。

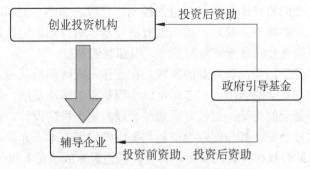

图 13-5　政府引导基金的投资保障模式

资料来源：杨业伟，赵增辉．政府引导基金知多少？[EB/OL]．（2024-02-19）[2024-12-11]．https://mp.weixin.qq.com/s/3_X6tWwzHEJSfs9l9dZHRA.

5. 风险补偿

风险补偿模式是指创业投资引导基金对已投资于符合引导基金支持条件的科技型中小企业的创业投资企业和创业早期企业给予一定的补助。风险补偿模式是政府通过财政资金给予创业投资企业的一种风险补偿（见图 13-6）。

创业投资引导基金对创业投资企业的风险补偿有两种方式：一种方式是按照创业投资企业投资于科技型中小企业或早期创业企业投资的一定比例补偿。这种方式一般规定了最高补偿金额，如科技部引导基金明确规定"引导基金将会提供风险补助，补助比例最高不超过创业投资企业实际投资额的 5%，补助金额最高不超过 500 万元人民币"。另一种方式是按照创业投资实际投资损失给予补偿。例如，嘉兴市引导基金规定"初创期科技型中小企业接受创业投资企业投资，并签订 3 年以上（含 3 年）投资协议，在完成投资 1 年后，如果其实际生产经营效益低于当年银行 1 年期贷款基准利率，则按项目的实际投资额，对其差额部分由引导基金给予补助，补金额最高不超过 100 万元人民币"。

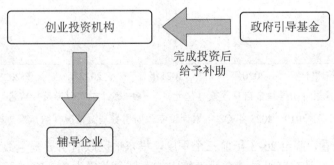

图 13-6　政府引导基金的风险补偿模式

资料来源：杨业伟，赵增辉.政府引导基金知多少？[EB/OL]（2024-02-19）[2024-12-11]．https://mp.weixin.qq.com/s/3_X6tWwzHEJSfs9l9dZHRA.

6. 阶段参股

阶段参股模式又可称为参股子基金模式，指的是创业投资引导基金通过股权投资向创业投资企业进行投资，并约定好退出期限，采用这种方式主要是支持设立新的创业投资企业。

阶段参股模式是目前我国政府创业投资引导基金支持创业投资企业的主要形式。政府引导基金对参股创业投资企业的股权比例都有上限的控制，一般在20%~35%，并且政府引导基金不能成为创业投资企业的第一大股东。按照政府引导基金的市场化运作原则，政府引导基金不参与参股的创业投资企业的日常经营和管理，但拥有监督权。

政府引导基金投资于创业投资企业的股权，在运作一段时间后就应该从参股的创业投资企业中退出。政府引导基金的退出，一方面可以实现资金的滚动发展，使更多的创业投资企业可以得到政府引导基金的支持；另一方面通过合理的退出机制设计，实现政府引导基金对社会资金的让利，对社会资金参与创业投资起到激励的作用。本着非营利性的原则，政府引导基金投资参股形成的股权在持有期间可以转让，其他股东或投资者以优惠的价格购买。

五、政府引导基金的设立情况①

从数量规模来看，截至2023年前三个季度，我国累计设立政府引导基金共计1557支，累计自身规模达2.99万亿元，认缴规模共计6.16万亿元。2014至2023年前三个季度，政府引导基金的数量增加1291支，复合年均增长率21.69%，自身规模增加28 269亿元，复合年均增长率38.21%。目前，政府引导基金的设立正保持平稳节奏，设立数量放缓，自身规模稳步增长，百亿级引导基金的设立数量有所增加。近几年我国累计设立政府引导基金情况如图13-7所示。

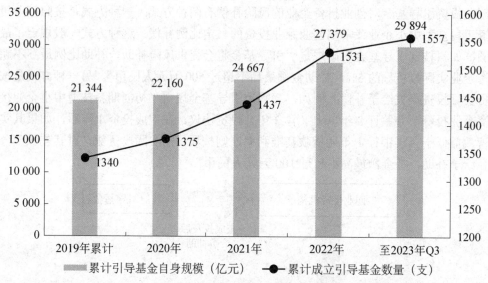

图13-7　2019—2023年Q3年累计设立政府引导基金情况（数量及规模）

从地区分布来看，截至2023年前三个季度，华东地区政府引导基金数量为688支，自身规模达10 360亿元，是政府引导基金最为集中的区域，并成为首个突破百亿的地区。其次是华北地区，有241支政府引导基金，自身规模达5983亿元，居全国第二。而东北地区的政府引导基金数量仅为57支，自身规模为635亿元，是政府引导基金最少的区域。此外，政府引导基金主要集中于北京、上海、广东、江苏、深圳和浙江，这几大地区的引导基金自身规模

---

① 投中研究院. 2023年政府引导基金专题研究报告[EB/OL].（2023-11）[2025-01-06]. https://pic.chinaventure.com.cn/reportFiles/713763725298 8928.pdf.

合计约 11 749 亿元，占总规模的 39.30%。可见，我国政府引导基金的分布并不均匀。

从各级政府引导基金规模及数量来看，截至 2023 年前三个季度，国家级政府引导基金数量占整体数量比重为 1.48%，比重最低；但是自身规模占整体规模比重达 7.47%，单支基金平均规模最大。而省级政府引导基金呈现出了与国家级政府引导基金相似的特点，即以较少的数量占比（24.73%）对应更大的规模占比（38.44%），其自身规模总量单年增加 1685 亿元，达到 12 243 亿元。市级政府引导基金无论是数量还是规模都有着较高占比，数量达到 828 支，占整体数量比重为 53.18%，且自身规模为 11 686 亿元，占整体规模比重为 42.69%。

从组织形式来看，我国政府引导基金管理主体组织形式有两种：一种是创业投资发展中心，如天津市科技创业促进中心、中关村创业投资发展中心等；另一种是公司制，如上海创业投资公司和深圳市创新投资有限公司，这两种组织形式都存在着激励与约束不对称的现象。

六、政府引导基金的作用

设立政府创业投资引导基金的意义重在"引导"二字，政府在创业投资发展过程中的引导作用至关重要。引导作用主要应该体现在推动制度创新、培育市场主体和营造政策环境上。

1. 政府引导基金的放大作用

我国创业投资发展的瓶颈之一就是资本供给，政府引导基金的设立极大地改善了创业资本的供给，解决了创业投资来源问题。2006 年，政府引导基金与新加坡 Bioveda 公司共同投资上海凯赛生物公司，政府引导基金注入资金 200 万美元，仅半年多就吸引了 7600 万美元的社会投资基金。通过设立政府引导基金，在本身为创业投资提供资金来源渠道的同时，也能通过政府信用吸引民间资本、国外资本进入创业投资领域。

我国民间存在大量的闲置资金，从近年我国股票市场、房地产市场的风起云涌不难看出，很多民间资金存在投资渠道狭窄的问题。通过设立政府引导基金，以政府信用吸引社会资金，可以改善和调整社会资金配置，引导资金流向高科技产业，最终培育出一批以市场为导向、以自主研发为动力的创新型企业，提高我国自主创新能力，带动我国以自主创新为主的高新技术产业的发展。

2. 政府引导基金的示范作用

由于多数创业投资机构倾向于投资中后期相对成熟的项目，支持初创期企业的创业投资资本的缺乏导致很多极具创新能力的中小企业过早地退出了历史舞台。

目前，我国创业投资行业正处于发展的关键阶段，通过设立政府引导基金，有助于引导社会资金投资于初创期的企业，培养出一批极具创新能力、市场前景好的企业，为商业化创业投资机构的投资规避一定的风险，引导其后续投资，用接力棒的方式将企业做大做强，最终建立起政府资金和商业资金相互促进、相互依赖的创业投资体系。

阅读资料 13-5 合肥模式："双招双引"，推动"创投城市计划"	

3. 政府引导基金的引导作用

根据《关于政府出资产业投资基金信用信息登记情况的公示》，政府引导基金的投资领域以工业、科技、教育为主。具体而言，政府引导基金所撬动的资金主要引导了生物医药、绿色技术、新材料、信息通讯、文化创意等国家重点支持领域的企业和项目发展。这符合政府近年来对工业制造业、科技教育、农业等行业优化供给侧结构性改革而重点投资的需求。

阅读资料 13-6 厦门市科技创新创业引导基金对社会 资本的引导

第四节　母基金与政府引导基金的区别与联系

一、母基金与政府引导基金的区别

由于政府引导基金是一种政策性基金，与市场化母基金存在着明显区别，主要表现在以下几个方面。

1. 设立主体不同

政府引导基金一般由政府部门主导设立，带有一定的政策目标，而市场化母基金一般由商业机构按市场原则设立。

2. 设立目的不同

市场化母基金作为母基金，是为了获得最大收益并最大限度地分散风险而设立，以营利为目的；而政府引导基金是一种政策性的基金，一般不以营利为目的，主要通过吸引民间资本进行财政资金的放大，引导社会资本投向本区域重点发展的产业，而且在收益分配上政府引导基金还往往带有税收返还、让利等优惠政策。

3. 投资原则不同

政府引导基金为了实现其引导放大的功能，一般规定其所投资子基金的投资领域和投资阶段，以保证其符合政策要求，同时对子基金的投资阶段、投资标的规模、单笔投资规模有一定要求，因此限制较多；而市场化母基金则没有这样的要求，完全是以收益最大化为原则进行投资，在控制风险的前提下，可以投资于政策允许的任何领域，以保证投资者获得最大的收益。

4. 管理方式不同

政府引导基金由于其明显的政策性目标，在管理上与市场化母基金也存在着许多不同。政府引导基金一般由行政性部门或事业性部门负责管理，这些部门一般没有盈利指标的约束，不必过多关注管理收益，对于基金经理较少使用业绩激励措施进行激励，而是使用行政激励措施（如提升职务等）进行激励；而市场化母基金则是由市场化机构管理，必须通过业绩激励和风险约束等措施激励母基金经理尽职尽责地管理好母基金。

5. 存续期限不同

由于政府引导基金是为了一定的政策目标而设立的，因此致力于政策目标的实现，所以政府引导基金都有一定的存续期。而市场化母基金是为商业目标而设立的，即可以规定一定的存续期，也可以不规定存续期，尤其是以公司形式设立的母基金，没有存续期的约束。

6. 寻找标的基金的方式不同

市场化母基金的基金筛选投资标的主要依靠其长年积累的优秀投资管理人资源并与其保持的良好合作关系，获取基金的渠道和研究能力往往是其确立竞争地位的核心能力，其拥有的行业信息知识库和行业标杆数据库资源极少向外界透露。政府引导基金往往采用公开招标的方式，对标的基金进行专家评审。

二、母基金与政府引导基金的联系

母基金与政府引导基金一样，正逐步成为股权投资基金的重要资金来源。母基金与政府引导基金的联系体现在以下两点。

第一，都是以股权投资子基金作为投资对象，即无论是政府引导基金还是市场化母基金，通常都不直接投资于创业项目，而是投资于私募股权投资子基金。

第二，都通过对多个子基金的组合投资来分散风险和实现多样化投资，即无论是政府引导基金还是市场化母基金，通常都投资于一揽子股权投资子基金，以最大限度地分散投资风险，并实现多样化投资，而不是仅仅投资于某一个股权投资子基金。

 思考题

1. 为什么母基金投资可以分散风险？
2. 政府引导基金的运作模式有哪几种？
3. 政府引导基金的作用有哪些？
4. 简述政府引导基金的发展历程。
5. 母基金和政府引导基金的区别有哪些？

第十四章

大企业的战略性创业投资

在一个技术密集的世界中，任何公司想获得长期成功，都必须进行创业投资，公司创业投资是公司变革的一种重要机制和推动力量，也是公司未来成功的唯一保证。

——美国著名创业与创新领域学者　海蒂·梅森

核心问题

1. 大企业为什么十分重视创业？其发展历程与投资动机是什么？
2. 大企业创业投资的特征和投资模式是什么？
3. 我国大企业创业投资的发展情况是怎样的，有哪些发展特点？

学习目的

1. 了解大企业创业投资的背景。
2. 掌握大企业创业投资的主要特征和投资模式。
3. 了解我国大企业创业投资情况。

引例	
硬科技行业的火炬手——张江火炬	

第一节　大企业参与创业投资的历史沿革与动因及其战略效应

党的二十大报告指出：加快构建新发展格局，着力推动高质量发展。构建高水平社会主义市场经济体制。坚持和完善社会主义基本经济制度，毫不动摇巩固和发展公有制经济，毫不动摇鼓励、支持、引导非公有制经济发展，充分发挥市场在资源配置中的决定性作用，更好发挥政府作用。健全资本市场功能，提高直接融资比重。加强反垄断和反不正当竞争，破除地方保护和行政性垄断，依法规范和引导资本健康发展。建设现代化产业体系。坚持把发展经济的着力点放在实体经济上，推进新型工业化，加快建设制造强国、质量强国、航天强国、交通强国、网络强国、数字中国。实施产业基础再造工程和重大技术装备攻关工程，支持专精特新企业发展，推动制造业高端化、智能化、绿色化发展。加快实施创新驱动发展战略。强化企业科技创新主体地位，发挥科技型骨干企业引领支撑作用，营造有利于科技型中小微企业成长的良好环境，推动创新链产业链资金链人才链深度融合。随着党的二十大精神的不断深入，其在 CVC 投资领域也得到了广泛的体现。在此背景下，我国大企业创业投资蓬勃发展，这些精神不仅为 CVC 投资提供了新的思路和方向，也为其未来的发展提供了强大的动力。

一、大企业参与创业投资的历史沿革

大企业投资一般指非金融企业出于财务或战略动机，通过设立战略投资部门或通过控股的全资子公司直接进行外部企业投资，或与其他企业共同出资成立投资基金、投资其他基金，从而间接参与外部企业投资。自 1914 年杜邦公司投资通用汽车公司以来，CVC 经历了以下四个发展阶段。

1. CVC 萌芽阶段（1914—1977 年）

1914 年，杜邦公司总裁皮埃尔·杜邦投资了处于初创期的通用汽车公司，而后又抓住时机追加了 2500 万美元的投资，用于加速通用汽车公司的发展及增加杜邦与通用之间的供应链需求。1920 年杜邦关闭了火药工厂，开始向金融界迈出大步，着力于投资代表最新技术的各个方向。在那时，杜邦代表了未来的出行方向。杜邦对于通用的期望既有财务回报，也有战略回报，这种混合的期望随后演变成了正式的企业创业投资行为。从那以后，杜邦和 3M、镁铝等公司开创了企业创业投资的第一个重要时代。在美国商业巨头的推动下，公司创业投资（CVC）逐渐在全球拉开序幕，之后便越发活跃。

20 世纪中期，大公司更倾向于推动多元化发展，涉足各个不同的领域。美国经济大萧条后施行了严格的反垄断法阻碍了巨头公司的市场控制权，这使得它们需要寻找新机会来增加利润。1976 年，由于原油生产的不确定性，美国最大的上下游一体石油公司埃克森发起创业投资计划。70 年代，埃克森共投资了 37 家公司，有一大半业务与埃克森的核心业务无关，却获得一致好评。但好景不长，到了 80 年代，国际市场原油供应充足，油价也逐步回落，跨国石油公司的经营出现困难。埃克森发现自己手头儿"没钱"了且多元化发展的各项业务并没有取得多少收益，在计算机领域的投资损失高达 20 亿美金。这一波 CVC 浪潮，始于巨头企业的资金充裕，止于经济衰退和滞胀危机。经济危机导致了 IPO 市场面临崩溃，上市公司为 CVC 提供的可用现金流出现短缺，并且出台的新政策促使当下经营倾向短期化，同时此阶段公司所得税大幅上升，也抑制了很多企业对外投资的意向。

2. 见证硅谷的成长（1978—1994 年）

20 世纪 70 年代末计算机的诞生是推动第二波 CVC 浪潮的助力器，一大拨创业投资公司也陆续在 70 年代的硅谷成立。当时人们掀起创业热潮，经济的繁荣加上当时资本利得税的减少，让企业有更多现金可以加在未来的筹码上。但大多数集团内部的斗争使得它无法存活下去。数据也证实了这一点：1988 年至 1996 年 CVC 的平均寿命仅为 2.5 年，是独立 VC 存续时间的三分之一。1987 年，股市崩盘，第二波 CVC 浪潮迎来了尾声。第二波 CVC 比第一波 CVC 更为理性：企业为了获取新的技术，或是为了提高公司创新竞争力，或是为了多样化运营去投资外部创业公司投资行为由更为专业的投资人去完成，显得更加自律。

3. 非理性繁荣——互联网泡沫（1995—2001 年）

1995 年 8 月，网景（Netscape）上市，没有赚到一分钱，却霸气坐拥 70 亿美元的市值，这让很多公司眼红，互联网泡沫也开始了。大公司经过多种尝试后，发现从内部研发转变为投资外部初创公司是获取新技术和新市场的一种方式，药企、科技公司和广告媒体先后涉足。这使得 CVC 大幅增长，并且开始由美国走向全球，前两波 CVC 浪潮只是为了通过投资获得新技术、占领新市场或者扩大产品线，而这一波 CVC 浪潮更希望通过投资建立生态圈来捍卫现有的产品线。2000 年，股市大跌，大环境的波动、互联网泡沫破裂、众多已上市的科技公司破产使得 CVC 又一次处于水深火热之中，人们质疑 CVC 的合理性，并且把投资部门边缘化，尽管 CVC 暂时退出了投资的舞台，但是之前的繁荣已经为后来者提供了广泛的数据和案例，也为 CVC 的下一个繁荣阶段做好了铺垫。

4. 独角兽时代（2002 年至今）

在经历互联网泡沫的低谷之后，市场逐渐回暖，IT 领域的 CVC 投出不少快速崛起的独角兽公司，如谷歌系、微软系在 2014 年之后就相继投出很多独角兽，CVC 兴起的主要动力是社交媒体和智能手机的双重崛起，微软和谷歌也起到了推波助澜的作用。随着金融市场机制愈发成熟，CVC 不再是一味地跟风寻求投机，而是有自己清晰的规划和目的，如主营业务的扩张，寻找新的商业模式或者纯财务投资，这说明当下 CVC 的增长是理性的，是真实的；在"人人皆可投资"的时代，CVC 已成为一些巨头的标配。企业可以通过投资这一武器，用母公司的资源为创新公司提供扶持，也可以在探索企业创新边界的同时，获得一定的回报。

2020 年以来全球前沿科技的更新迭代更为快速迅猛，数字化、信息化、智能化对越来越多的行业产生深远影响，大型企业需要及时掌握创新技术并推进与本企业的融合，将新技术内化为可复制、可量产的"产品"。然而，大型企业依赖于已有成熟和模式化业务导致持续创新动力不足，CVC 投资则能够为大型企业提供外部创新来源，是其扩张业务规模、保持竞争力的有效手段。基于此，CVC 投资持续发展，并催生了"风投即服务"（VCaaS）模式。外部专业投资团队与大型公司进行合作，以更专业的投资模式推动大型企业在投资战略上的进展，为其提供在初创企业生命周期的所有阶段获得顶级的交易机会，兼顾财务和战略需求。

二、大企业参与创业投资的动因

1. 完成战略目标和财务目标

CVC 的动因包括完成战略目标和财务目标，战略目标是大企业开展 CVC 的重要动因，从战略视角来看，企业进行 CVC 投资的主要动因包括：一是获取创新和技术，通过投资创业公司获取最新的技术和创新，从而提升企业的竞争力和创新能力；二是建立战略合作关系，通过 CVC 投资与创业公司建立合作伙伴关系，拓展业务领域和市场份额；三是获取行业洞察和未来趋势，参与 CVC 投资可以让企业了解行业内的趋势和未来发展方向，有助于调整战略规划和业务布局。

从财务视角来看，企业进行 CVC 投资的动因主要包括：一是追求投资回报，企业希望通过 CVC 投资获得可观的投资回报，实现财务增长和多元化投资组合；二是最大化资本市场利益，通过 CVC 投资可以优化资本结构，提高资本回报率，实现股东利益最大化；三是风险分散，企业通过 CVC 投资可以分散风险，降低对单一业务的依赖性，实现风险多元化的目标。

2. 弥补内部 R&D 的不足，提高创新效率

大企业成长到一定阶段，只靠内部 R&D 往往不能支持企业继续快速发展，企业的发展脚步有所放缓。公司创业投资的核心目标是打破大企业与创业企业之间的边界，通过寻找技术创新来发现新的行业增长点。技术创新是企业提升生产率的原动力，新技术的出现为企业带来了新的成长机会。通过投资于创业企业，母公司能够尽早获取新技术知识，从而促进企业内部技术创新。因此，在技术创新更活跃的环境中，公司创业投资能够给母公司带来更高的潜在收益，母公司也往往有更大动力开展公司创业投资。大企业通过 CVC 可以培育和创新价值，建立战略伙伴关系，促进合作取代竞争，以更好地适应激烈的市场竞争。通过支持创业企业的技术创新，大企业不仅可以获得新的需求和市场，也可以推动核心技术的研发，并保持技术领先地位。

3. 进行前瞻性布局

处于高速成长行业中的企业通常会面临更丰富的市场机会和更少的资源束缚。由于创业企业往往比大公司更善于捕捉细分市场的机会，大公司有动力投资于创业企业，以实现对新细分市场中机会的开发。公司利用投资创新企业，提早感知潜在的创新方向和需求，所投标的与自身业务不要求强关联，但会聚焦在自身所处的大赛道内，通过资本链接增加产业触角，未来可能反过来提升公司既有业务的价值。以长期占据全球药企的头部位置的辉瑞制药为例，辉瑞旗下 CVC 辉瑞创投近年不断寻找并投资于正在开发具有变革性药物和技术潜力的、能够增强辉瑞的产品线并塑造医疗行业未来的公司，侧重"前瞻性投资"。在组织架构中，辉瑞把研发工具（R&D Innovate）和辉瑞创投放在一起，由 Michael Baran 等多名博士组成，侧重于神经化学和药理学。2019 年辉瑞创投投资案例约 8 起，主要投资于免疫检测、神经系统和癌症相关医药公司，包括血液病治疗公司伊马拉（Imara）、癌症药物开发公司 SpringWorks、神经系统改善药企阿库达（Arkuda Therapeutics）。

4. 传统行业转型需要

每个行业都存在发展周期，市场规模会伴随增长放缓遇到瓶颈。诸如低端制造、房地产等低技术行业，也会随着劳动力成本增加和监管环境变化而转移业务重心。无论是未雨绸缪探索新的商业模式，还是当下寻找新的转型突破口，投资都是可行路径。这类 CVC 的财务诉求会更强烈，最终目的是通过 CVC 投资实现原有业务的转型。以汽车行业为例，整个汽车产业多年以来利润率都未超过 10%，整个产业呈现持续负增长局面，尤其 2019 年经历新的洗牌，

在激烈竞争之下，汽车制造商的利润率很难再大幅提高，汽车制造商可尝试通过 CVC 战略投资和财务回报打破企业盈利难的困局。面对外部资本的迅速扩张，传统汽车制造商通过 CVC 提前布局产业链上下游，积极防御来自新技术、新商业模式，以及可能对企业的核心业务及潜在业务产生一定的威胁的初创公司所带来的冲击。例如，丰田表示，将从传统汽车公司转型为移动出行公司，而对手也不再是传统汽车厂商，而是 Google、Apple 和 Facebook 等科技巨头。

5. 培育企业文化

一些企业希望借助创业投资模式刺激和保持其创新机制和企业家精神，CVC 投资鼓励初创企业不断创新和实验，这有助于培养敢于尝试、勇于创新的企业文化，激发员工的创造力和潜力。

三、大企业创业投资的战略效应

在投资于创业企业的过程中，大企业能够获取新知识、开发新资源和发掘新机会，从而提升内部创新活动（如技术创新与能力开发）和外部业务扩张活动（如兼并收购与战略联盟）的效率，并最终贡献于公司的整体价值。

1. 技术创新

公司创业投资是大企业获取外部新技术知识的重要手段。在投资于创业企业的过程中，大企业能够通过尽职调查、日常互动和投后管理等环节获取创业企业的新技术知识，从而补充大企业自身的内部创新活动，提高技术创新效率。投资组合的两个特征会影响公司创业投资所带来的技术创新效应。首先，适当的投资"量"是公司创业投资促进大企业技术创新的基础。基于美国 20 世纪 90 年代上市公司的实证经验，公司创业投资的投资金额越大，大企业能够获得越丰富的技术知识，从而有更大机会产出高水平技术创新。然而，随着投资组合中创业企业数量的增加，公司创业投资给大企业带来的管理成本也随之增加，使得公司创业投资对技术创新的边际贡献率下降。因此，大企业根据自身研发基础、管理能力和产业特征来制定适当的投资预算，最有利于提升公司创业投资的创新效率。其次，合理的投资组合"结构"也是公司创业投资促进大企业技术创新的关键。一部分研究关注了投资组合的"宽度"，即投资组合中创业企业的多样性程度。创业企业在技术领域和地理区域上的多样性越高，意味着公司创业投资能够带来越丰富的技术和市场知识。然而，当知识的多样性超出企业自身吸收能力时，过于多元化的投资组合反而不利于企业的技术创新。

2. 能力开发

公司创业投资也能够为大企业带来新的市场知识和开发创业机会的隐性知识，从而促进母公司的知识体系更新和组织能力重构。首先，在业务层面上，公司创业投资能够提升企业对创业机会的开发能力。由于开发新的创业机会与开展传统业务存在差异性，公司需要建立新的知识体系和组织惯例。在开展公司创业投资的过程中，企业管理者重复参与到识别、评估和培育外部创业机会的活动中，逐步积累其中的隐性知识，为企业建立新的组织惯例。大企业在公司创业投资的过程中，能够通过体验式学习和收购式学习培育自身外部创业能力，提高公司新业务开发的成功率。其次，在公司层面上，公司创业投资也能够帮助管理者察觉到新的市场趋势，促使管理者对公司进行组织能力重构。由于新技术领域的知识常常是高度社会构建化的，简单的观察式学习并不能引起管理层的充分重视，互动的方式能够更有效促进管理者对新知识的获取。公司创业投资允许企业管理者进行"嵌入式学习"：在与创业者进行互动的过程中认识到新机会的价值，从而早于竞争者对新市场进行布局。在我国，海尔集团是利用公司创业投资推动组织能力建设的典型案例。通过海尔资本和"海创汇"等孵化平台，海尔培育出一批聚焦于新机会的小微企业，既帮助海尔实现互联网、物联网背景下的新机会布局，又促使海尔从传统制造企业向平台型企业转型。

3. 兼并收购

公司创业投资还能够帮助大企业识别和评估外部有价值的新资源，使大企业更高效地开展兼并收购活动。公司创业投资与并购活动有众多相似之处，都涉及标的评估与选择。通过开展公司创业投资，大企业能够对技术和市场趋势有更深刻的理解，对新资源有更准确的评估，从而提升后续兼并收购的效率。例如，阿里巴巴在早期通过公司创业投资对优视科技、高德地图、饿了么等创业企业进行了小股权投资，而在市场成熟时才进行全资收购。然而，并不是所有开展公司创业投资的企业都能够在并购中受益，母公司和公司创业投资单元的特质都会影响母公司在公司创业投资过程中的学习效率，从而影响母公司对新资源价值评估的准确性，使不同公司投资者在并购绩效上表现出差异。

4. 战略联盟

除了新资源和新知识的获取，公司创业投资也能够帮助大企业将有价值的资源配置到新领域，通过战略联盟的形式开发新机会。在企业主营业务的相关领域内，存在一些有价值的新机会，与企业主营业务有潜在协同效应，但同时存在较强的不确定性，并不适合企业自身投入全部资源进行开发。通过公司创业投资，大企业能够识别出有潜力的创业企业，通过提供互补资源的方式，与创业企业形成战略联盟，共同开发这类新机会。公司通过创业投资和战略联盟不仅能为彼此提供互补资源，还能提升企业在创业企业群体中的知名度，当没有形成资源竞争时，二者是相互促进的。只有当两者同质性较强且面临内部资源限制时，才会出现相互抑制。

5. 企业整体价值

通过作用于公司的内部活动（技术创新与能力开发）与外部活动（战略联盟与兼并收购），公司创业投资最终能对企业的整体价值产生影响。这种影响的具体机制较为复杂，通常需要企业提高对公司创业投资的资源承诺，同时制定更有针对性的投资策略。首先，企业对公司创业投资的资源承诺，能促进企业在公司创业投资中的价值创造和价值获取。例如，当企业更强调公司创业投资的战略导向（而非财务导向）时，业务部门能够更有动力提供互补性资产、建立与创业企业之间的互动惯例，而投资部门也有更强的动机参与创业企业的具体运作（如获得创业企业的董事会席位等），这些机制都能够促进企业在公司创业投资中积极创造价值和获取价值。此外，在不确定性较高或低增长的市场环境下，管理者会面临更大的业绩压力，对于新机会的警惕心更高，对公司创业投资的重视程度也更高，公司创业投资对母公司

整体价值的促进作用更明显。其次，在投资策略方面，选择主营业务密切相关的行业进行投资时，母公司能够有更大可能从中获益。从知识获取角度来看，母公司对相关领域知识的吸收能力更强；而从资源配置角度来看，母公司进入相关行业的门槛也更低。因此，投资于相关产业领域时，母公司能够获得更多的新知识和新机会。

综上所述，公司创业投资对企业内部活动（技术创新与能力开发）、外部活动（战略联盟与兼并收购）和整体价值产生影响。公司创业投资的战略效应不仅取决于投资策略的选择，也与市场环境和企业的特质关系密切。同时，当大企业更积极参与到公司创业投资的运作中时，更有机会获取较多的战略收益。

阅读资料 14–1
新质生产力与 CVC 投资

阅读资料 14–2
英特尔 CVC 投资

第二节　大企业创业投资的内涵、特点与自然缺陷

企业创业投资是指有明确主营业务（existing core business）的非金融企业在其内部和外部所进行的创业投资活动。其目的是获得创新性成果、快速进入新的市场领域并培育企业内部的创新文化。

一、大企业创业投资的内涵

普通的创业投资追求单纯的财务收益，投资收益率就是衡量投资业绩的唯一标准。而企业所进行的创业投资，一般都要求实现财务回报和战略回报双重目标，企业的高层管理者尤其强调创业活动要与企业现有的核心业务和总体发展战略相一致。由于投资目的带有强烈的战略色彩，我们可以把企业参与的追求对企业核心业务产生协同效应的创业投资活动称为企业战略性创业投资。

企业开展的战略性创业投资，既可面向企业内部的创新，也可面向企业外部范围广泛的创业活动，并且可根据自身条件和项目特点，灵活地选择投资方式。企业创业投资的对象主要是能对企业现有核心业务产生潜在影响的新技术与服务模式的小公司或创新项目。企业创业投资的基本原理是：小公司（创业企业）或创新项目借助企业创业投资基金的支持，同时可以得到投资企业（母公司）的资源、市场、销售渠道、信息网络、品牌影响，以及相关行业的知识和商业联系，从而促进自身的快速发展；作为回报，母公司将从小企业的飞速发展中获得技术与财务方面的双重好处。追求创新技术与财务收益的双重投资动机正是企业创业投资与普通创业投资的一个显著区别。

企业创业投资活动的目的定位如图 14-1 所示。

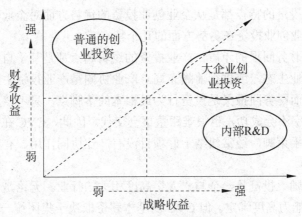

图 14-1　企业创业投资目标定位

从图 14-1 中我们可以看出，按照特定的战略收益和财务收益，大企业创业投资活动一般定位在图中的东北角象限。

二、大企业创业投资活动的特点

1. 战略协同性

大企业创业投资是进行与核心业务有关的投资活动。而初创公司选择 CVC 作为融资渠道，当然不只是需要资金，而是希望能立足于"巨人的肩膀"，借助母公司的技术开发和管理优势、生产制造经验、销售网络及行业关系等快速地发展壮大。这样，大企业创业投资过程中就能形成与初创公司之间的战略协同性。

2. 信息不对称程度相对较低

企业以创业投资方式参与战略相关项目的开发，其投资经理对本行业有充分了解，加之不少创业者本来就是企业的职工，知根知底，所以在投资过程中可有效中和市场信息的不对称，保证创业项目的顺利实施，这是企业创业投资取得较高投资回报的先决条件。

3. 投资时间和规模具有比较优势

借助企业现有的生产条件、市场营销体系和成熟的管理经验，对所选创业项目开展投资活动，一旦产品中试过程结束，企业即可以迅速将产品投入生产并向市场投放，因而创新成果转化为产品的周期较短，并且容易推向市场。而普通创业投资公司投资的项目难以获得这样的有利条件。

4. 其他特点

除上述三个企业创业投资的主要特点外，大企业创业投资还存在以下特点。

（1）由于公司创业投资机构是永续存在的，因此更能培育周期长的项目。

（2）由于从事公司创业投资的非金融企业都具有雄厚的财务实力，承担风险的能力强，无论是在总资本还是在单个项目投资中都可以投入较多的资金。

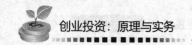

（3）由于公司创业投资的永续存在，以前公司创业投资中获得的创业投资知识更容易保留，降低了创业投资的学习成本。

以上大企业创业投资的特点都是从企业创业投资的优势方面对企业创业投资的特点进行分析的，下面是大企业创业投资在劣势方面的几个特点。

（1）产业协同与财务回报的矛盾。产业投资的逻辑起点都是基于自身业务需求，或补充业务短板，或构建产业生态，或进行前瞻布局。产业协同是产业投资主要逻辑的延伸，但协同的标准很难量化。而财务回报又是投资行为最根本的落脚点，只考核业务协同而不考虑财务回报的投资，大概率不会成功，也很难跟董事会交代。因此，CVC 在定位上很容易漂移和模糊，投资时容易束手束脚，经常纠结于好项目没有产业协同作用、有协同的项目没有高回报预期。

（2）缺乏有效激励。投资是一个与"人"高度相关的行业。无论是认知判断还是资源人脉，都与投资人个人能力高度绑定。但 CVC 的基本薪资取决于集团统一要求，大部分情况下与 VC 同行相比并无竞争力。而能够吸引并实际激励投资人员的 Carry 分配、项目跟投等措施，在 CVC 更难实现。

（3）CVC 的投资团队缺乏独立性。CVC 多为自有资金投资，团队人员也由集团统一管理，很少有团队能够大比例持股。在投资决策中要么老板一锤定音，要么业务部门、财务部门、风控部门等集体参与。投资团队与老板地位天然的不对等往往导致投资团队难以拥有足够话语权。而缺乏身处投资一线感知的集体决策，最大的公约数往往是最平庸的那个项目。

三、大企业创业投资的自然缺陷

很多大企业都有传统的官僚式组织，管理层次较多、指挥系统臃肿，与投资机构的组织规模小、灵活与快速决策和扁平的组织结构要求相比，有不小的出入。在创业公司的日常管理中常常需要管理人员根据有限而不明确的信息做出决策，这样就使得大企业管理人员的工作经验在一定程度上并不适应管理创业公司。

1. 组织缺陷

在一些企业中，即使高层管理者高度重视企业参与的创业投资活动，但新创企业在实际运作过程中也常常遭到中层管理者的抵制。企业内部的 R&D 人员则更倾向于把企业创业基金投向内部创业计划，对企业参与外部的创业投资活动持有异议；企业的顾问和律师也不喜欢这些在企业内部设立新奇而又复杂的混合型创业组织，而且在很多情况下他们的意见会影响到企业的投资决策。在很多案例中，企业创业投资活动失败的原因是新的高级管理层中止了创业计划，并把这些计划看作前任留下的花费昂贵的"宠物计划"。即使管理层肯定了创业计划的意图，但因考虑其对企业财务收益的影响，在企业总体财务状况不好时，为增加财务报告的经营收益，不赚钱的分支机构常被关闭，在这种情况下，处于起步阶段的企业投资项目常常首当其冲地被叫停。

2. 激励缺陷

由于企业担心会在投资项目中支付过多的报酬，因此通常不愿意通过利润分享措施对项目经理实施奖励。最为典型的是风险项目在成功时对经理人的报酬激励不足，而在失败时则处罚过重，结果造成大企业常常不能吸引到顶级的投资人才（即那些既有行业经验又有与其他创业投资家有密切联系的人才）去经营附设的创业基金。在内部激励机制不完善的情况下，企业创业投资经理人时常采用保守的方法去投资，最为明显的就是对待进展迟缓的创业项目所采取的消极投资态度。独立创业投资管理人对待表现不佳的创业项目，常常能果断地中止投资，把有限的资源投资于更有希望的创业项目。而企业创业投资管理人常常不愿意中止不太成功的项目，以防因投资失败而造成声誉损失并承担相应的责任。

3. 管理缺陷

如果创业计划要完成范围广泛而又互不相容的目标，创业投资失败的可能性就比较大。例如，当外部的创业投资者被聘任去经营大企业的投资基金，按契约规定其报酬与财务业绩相联系，而投资任务则包括向企业提供新兴技术的发展机会和追求高额的投资回报。在投资任务定义不明确的情况下，创业投资者容易采取机会主义行为，仅把资金投向能产生短期回报的投资项目，而忽略向企业管理层真正感兴趣的技术项目进行投资，最终，创业投资者的投资活动将得不到企业高层的支持，创业活动就会失去持续发展的动力。

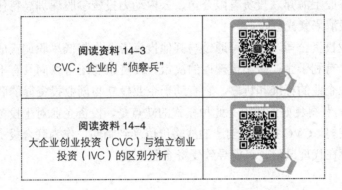

阅读资料 14-3
CVC：企业的"侦察兵"

阅读资料 14-4
大企业创业投资（CVC）与独立创业
投资（IVC）的区别分析

第三节　大企业创业投资的模式及目标

大企业在进行创业投资时，通常会根据企业现实情况选取不同的投资模式。同时，根据企业自身需求的不同，其战略目标的类型也有所不同，如进行纵向或横向的扩张，抑或进行生态圈层的拓展。

一、大企业创业投资的模式

大企业进行创业投资时，通常采取以下三种模式。

1. 直接投资

所谓直接投资，就是上市公司直接通过收购兼并或参股投资于高新技术企业，这是绝大多数公司采用的模式。例如，中华企业等上市公司在公司内部成立了专门的创业投资部门，聘用了创业投资的专业人员，从事创业投资活动。上海巴士股份有限公司出资在上海大学设立了上大巴士科技成果转化基金，以创业投资的形式用于上海大学科研成果的转化。其他如综艺股份投资联邦软件和雅宝网、清华同方投资诚志股份、北京城建投资赛迪网、鲁能集团投资深圳高智通、中牧股份投资成都中润环保等。

直接投资模式的优势是企业可以根据自身特殊需要构建投资组合，有利于实现特定目标，如获得在管制环境下的税收优惠或增加接触收购目标的机会。相对其他两类投资模式而言，由于接触创业企业的程度高，投资企业拥有的各类资源能够更好地支持创业企业的发展，也可面向企业外部范围广泛的创业活动。但是这种模式下也存在着潜在问题，管理者很可能出于自身利益而推行直接外部创业投资项目，从而导致委托代理问题引发的道德风险。此外，投资管理人员可能缺乏有效的薪酬激励。CVC 项目频繁失败的一个重要原因便是：难以复制独立创业投资公司的独立性和强有力的薪酬计划，而薪酬方案影响投资实践，并最终影响投资成果。

2. 参股

这是指上市公司和其他公司联合发起成立创业投资公司，在公司中所占份额不会超过50%。如上海港机参股二十一世纪科技投资公司、深深宝参股深圳创新科技投资公司、上海强生和亚通股份参股上海邦联投资有限公司、云内动力投资参股深圳高特佳创业投资公司，以及路桥建设参股清华紫光创投等。

通过参股创业投资公司，企业可通过与其他投资者合作降低尽职调查成本。投资伙伴之间共享专业经验，有利于企业做出更理性的决策。投资企业还可以向具有丰富经验的创业投资家学习选择创业企业的标准和程序。它有助于企业建立与创业投资界的联系并获得更丰富的"交易流"，从而获得良好的收益。此种模式的缺点是，投资企业对于投资决策和创业企业的控制能力通常较弱，CVC 投资所创造的战略价值受到制约。作为联合投资，各成员决策和投资后管理活动存在代理风险，可能导致受资企业失败。

3. 控股

这是指上市公司本身作为主要发起人发起成立创业投资公司，并在公司占有相对或绝对的控股地位。这种模式在美国一般以产业附属公司的形式存在，创业投资公司通常依附于某家大型企业集团，投资方向与该集团的发展方向一致。以控股方式介入创业投资的上市公司，可直接派出人员，以创业投资家的身份参与管理投资公司。

研究发现与独立创业投资公司一样运作的 CVC 实现了更高的投资收益率，组织独立程度高的 CVC 部门绩效更好、问题也少且更容易吸引优秀的管理人员。通过专业 CVC 机构运作投资活动，既具有控制力，又可降低侵占创业企业利益的风险，有助于得到更多的投资机会。同时，专门机构中的人员能够得到良好的金融培训和有效监管，降低投资失败的风险。但是该模式下管理者对财务资源的支配能力较强，由于拥有大于剩余索取权的控制权和"帝国构建"倾向，潜在的委托代理风险高于其他两种投资模式。此外，通过设立收购方式控股创业投资公司意味着投资企业实施非相关多元化战略，可能给企业绩效带来负面影响。

二、大企业创业投资的目标

根据 CVC 的战略意图，可以将 CVC 的目标分为以下四种类型。

1. 横向扩展型

横向扩展型指 CVC 机构围绕企业主营业务，不断拓宽主营业务领域、拓展区域市场等，与母公司业务形成优势互补。例如，人福医药对博沃生物、湖北生物医药、睿健医药等同行业优质企业进行投资，获得互补性优势，得到被投资公司的新技术、区域市场，从而确保企业在行业内的竞争优势。

2. 纵向深耕型

纵向深耕型是指 CVC 机构以企业主营业务为基础，结合产业链上下游发展趋势，在产业链维度上对其上、下游相关优质企业进行投资。向上游进行投资可以掌控服务商的原料、服务或其他资源等供给，节约企业的生产成本和交易成本；向下游进行投资可以增加企业核心产品的销售渠道、应用场景和落地方式，扩大企业核心业务的应用范围。在向上游投资方面，如华为旗下的哈勃投资向东微半导体、纵慧芯光、灿勤科技等新工业优质公司进行投资，将所投资企业的先进半导体产品、介质滤波器产品纳入自身的价值链，对关键原材料进行掌控，还可以节约交易成本。在向下游投资方面，如商汤科技对物灵科技、文远知行、智源汇等优质企业进行投资，从而进入被投资企业的相关行业，将自己的核心技术与实际场景相结合，拓展应用范围，打造 AI+教育、AI+智能驾驶、AI+智慧交通等新型应用场景。

3. 生态圈层型

生态圈层型是指 CVC 机构从企业主营业务产业链出发，进行生态型扩张，吸收并引进与企业主营业务产业链有一定关联的相关业务，扩大企业的业务范围，对行业、技术等进行多元化投资，抢占先发优势，增强企业的整体风险抵御能力和盈利能力。如滴滴出行，从单一的网约车业务出发，逐步向代驾、共享单车、AI 基础平台延伸，向产业链上下游不断进行投资，渗透整个出行领域。在阶段布局完成之后，滴滴的投资版图逐渐迈出出行领域，在相关的二手车、汽车后市场等领域均有涉足。

4. 财务目标型

财务目标型是指 CVC 机构以投资实现财务收入、对冲风险为目标，多领域投资，分散母公司行业风险。当主营业务亏损时，依靠相关投资实现现金流入，辅助主营业务的发展或者通过投资其他行业对冲主营业务亏损带来的风险，也多发生于行业赛道转向或者技术变革的投资。这种偏多元化的投资战略需要具有更大的行业前瞻性，才能把握未来的发展趋势、重点研发技术等。

阅读资料 14-5
CVC 投资模式的演进

第四节　我国大企业创业投资发展情况

自 1993 年 IDG 资本正式进入我国参与投资，我国股权投资市场逐步从萌芽阶段、起步阶段、蓄能发展阶段进入调整发展阶段，市场参与主体也由外资创业投资机构为主导转变为多元背景机构同场竞技。近年来，股权投资市场逐步扩容，募资进入"两万亿时代"，投资案例数过万起，机构数量快速增长之后迎来"洗牌"，市场竞争逐步加剧，战略性新兴产业相关领域成为投资热点。尽管我国 CVC 投资起步较晚，但发展后劲十足。

一、我国大企业创业投资发展历程

具体来看，我国 CVC 市场不同阶段的发展历程如下。

（1）1998—2008 年为我国 CVC 投资的萌芽阶段。这一阶段，我国 CVC 投资市场体量较小，活跃参与者以境外机构为主，如英特尔、西门子等国外产业背景企业；本土企业的 CVC 投资活跃度一直较低，直到 2007 年左右，奇虎 360、百度、盛大等科技公司才逐步开启对 CVC 投资的探索。就投资目标而言，此时市场中的多数 CVC 投资主要以财务目标为导向，战略协同较少。

（2）2009—2014 年，我国 CVC 投资进入起步阶段。受全球金融危机影响，外资背景企业在我国的 CVC 投资活动减弱，而本土 CVC 投资活跃度则明显升高，以战略协同为目的的投资逐渐增多。新旧世纪之交，互联网浪潮席卷我国，阿里、腾讯等互联网巨头迅速崛起，并逐渐通过投资快速扩展自身业务布局，成为我国 CVC 投资的重要参与者。根据清科研究中心数据，2013 年我国 CVC 投资规模首次突破百亿，223 起投资案例的总金额达到 233.36 亿元人民币，占股权投资市场的份额均已超过 10%。该阶段 CVC 投资的活跃主体包括腾讯、阿里、百度、复星、联想等多个企业，CVC 投资正逐渐成为我国股权投资市场的重要组成部分。

（3）2015—2019 年，我国 CVC 投资进入蓄能发展阶段，不同领域的优质本土企业纷纷试水股权投资，旨在通过投资实现战略协同。多元背景企业活跃出资，推动我国 CVC 投资步入发展期。一方面，移动互联网行业的快速发展推动了美团、快手、字节跳动、拼多多等一批"大厂"快速成长，与资本的天然联系也推动此类企业较早接触并开展股权投资；另一方面，房地产、汽车、石油化工、信息技术等不同行业背景的龙头企业和科技公司也逐步开展 CVC 投资，如华为、宁德时代、比亚迪、OPPO、三一集团等。从数据来看，2015 年，起 CVC 投资占比进一步提升，腾讯、阿里、百度、小米长期活跃于清科年度排名主榜单。

（4）2020 年开始，我国 CVC 投资进入调整发展阶段，CVC 投资在外部环境影响下逐渐开始调整，投资节奏有所放缓。随着我国在 2021 年对产业资本和平台经济的反垄断监管逐渐常态化，互联网企业则放缓出资步伐，从更深层的角度出发思考自身投资逻辑。与此同时，以宁德时代、比亚迪为代表，硬科技 CVC 投资属性愈发明显。2023 年，CVC 投资的地区布局明显表现出对广东（252 起）、上海（232 起）、江苏（213 起）等地区的强烈偏好；在 CVC 的赛道布局中，2023 年国内 CVC 投资事件主要分布在智能制造、医疗健康、企业服务和材料等 28 个行业。其中，智能制造、医疗健康和企业服务领域获得的 CVC 关注度最高。总体来看，近三年的 CVC 投资从参与者角度来说，越来越多实业企业通过各种途径参与股权投资，其中大中型科技企业设立基金参与股权投资受到了政策鼓励；从投向角度来说，CVC 投资愈发关注前沿科技与传统产业的融合，实业企业、互联网企业充分发挥各自优势，通过股权投资的力量推动新兴技术落地更多应用场景，为自身业务创造新增长点，也推动产业发展、经济"脱虚向实"。而在日趋严峻、复杂的国际环境下，产业资本愈发关注自身产业链上下游的投资机会，通过投资与供销渠道建立更紧密的联系，为自身业务的平稳开展提供一定保障，生态构建逐渐成为 CVC 投资的侧重点。

阅读资料 14-6
中国 CVC 发展现状

阅读资料 14-7
当 CVC 开始批量收获 IPO

二、我国企业创业投资的发展趋势

CVC 在我国经历 20 多年的发展逐步形成了多元化、规模化的投资格局。未来，CVC 投资规模和数量将进一步增长，对我国创业投资产生更大的影响，核心发展趋势如下。

1. 实业系 CVC 机构崛起成为 VC 领域的重要力量

党的二十大指出，要坚持把发展经济的着力点放在实体经济上。近年来，以比亚迪、华为、迈瑞医疗、宁德时代等为代表的"实业系"CVC 迅速崛起，借助资金期限更长、风险容忍度更高等优势成为突破"卡脖子"技术、助力实体产业转型升级的一股中坚力量。CVC 投资能够为大型企业尤其是集团型企业的多元战略目标实现、创新发展提供强大的支撑，将会被越来越多的集团型企业用作促进企业发展壮大的有效方式之一。我国 CVC 投资发展时间较短，随着创业投资市场的不断发展，预计未来 CVC 投资所占比重将进一步上升，成为 VC 投资领域的重要力量。

2. 反垄断背景下的互联网 CVC 逐步走向低调

党的二十大指出，要加强反垄断和反不正当竞争，依法规范和引导资本健康发展。在反垄断的大背景下，以腾讯投资、阿里巴巴、字节跳动为代表的互联网 CVC 逐步走向低调，在

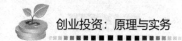

2021 年的投资数量达到顶峰后，互联网 CVC 在 2022 年不约而同地选择以更为低调和谨慎的方式参与投资。虽然有评论声称该转型主要是出于企业战略考量，是互联网 CVC 投资从追求数量到追求质量的转变，但种种迹象表明，反垄断监管的态度标志着未来 CVC 机构的投资更多地要符合政策引导，结合监管环境，逐步转向投资长周期、高质量、硬科技企业，尤其是围绕国家战略性新兴产业进行布局。

3. 独角兽 CVC 机构将更加活跃

独角兽 CVC 机构由于其自身独特的核心竞争力，在目前我国的 CVC 中已经形成了一道独特的风景线。由于多数独角兽 CVC 机构的成立时间都在十年以内，发展时间较短，投资版图较互联网 CVC 机构和传统行业 CVC 机构还略有欠缺。随着国家政策对新兴领域的不断支持，独角兽 CVC 机构将不断扩大其投资版图，通过产业链投资深耕和生态圈层扩张双头并行，提升在 CVC 领域的投资活跃度。

4. CVC 投资领域将更趋多元化

党的二十大指出，要强化企业科技创新主体地位。新技术是推动企业发展的关键因素。通过不断探索新的投资领域，企业能够更好地适应市场变化，提高自身的竞争力和影响力。伴随我国产业发展重点的不断变化，众多战略性新兴产业如雨后春笋般迅猛增长，人工智能、新材料、新能源等热点领域的相关龙头企业组建 CVC 机构进行投资的战略诉求更为多元化，其目的不仅是分散企业经营风险、提升企业的风险承受能力，还要抢占产业未来发展高地，从技术创新中挖掘机会，补足原有业务短板，拥抱行业环境变化，维护供应链安全，降本增效，提高竞争力。未来，随着 CVC 存量投资机构多元扩张外延扩大及不同行业 CVC 增量投资机构的涌现，CVC 投资领域将更趋多元化。

阅读资料 14-8
我国 CVC 的"LP 化"进程

阅读资料 14-9
CVC 变道，终聚硬科技

阅读资料 14-10
腾讯公司战略投资与业务发展的关系

思考题

1. 什么是大企业创业投资？大企业创业投资的对象是谁？有哪些主要特征？

2. 请举例说明大企业创业投资的主要模式。列举你了解的大企业创业投资的其他模式。

3. 我国大企业创业投资的发展情况如何？有哪些发展趋势？

参考文献

[1] Döll Luciano Mathias, Ulloa Micaela Ines Castillo, Zammar Alexandre, Prado Guilherme Francisco do, Piekarski Cassiano Moro. Corporate Venture Capital and Sustainability[J]. Journal of Open Innovation: Technology, Market, and Complexity, 2022, 8(3): 132-132.

[2] 陈玮. 论多层次资本市场的构建及其对我国创业投资发展的意义[J]. 商场现代化, 2009, 572 (11): 183.

[3] 高剑光. "双创"背景下我国创业投资体制的演进研究[J]. 中国外资, 2020 (20): 3-4.

[4] 刘健钧. 论股权与创业投资发展的十大趋势[J]. 证券市场导报, 2023 (4): 62-67+77.

[5] 刘玉斌, 于琳. 我国政府引导基金及创业投资市场发展的现状、问题及对策[J]. 科技与金融, 2023, 62 (05): 28-37.

[6] ARCOTS. Participatingconvertiblepreferredstockinventurecapitalexits[J]. JournalofBusiness Venturing, 2014, 29(1): 72-87.

[7] GLUCKSMANS. Entrepreneurialexperiencesfromventurecapitalfunding:exploringtwo-sidedinformationasymmetry[J]. VentureCapital, 2020, 22(4): 331-54.

[8] GUOX, LIK, YUS, etal. Enterprises'R&DInvestment, Venture Capital Syndication and IPOUnderpricing[J]. Sustainability, 2021, 13(13).

[9] NIUH, GUM. Studyontheoptimalangelinvestmentfinancingcontractswiththemoralhazardproblem[J]. ScienceResearchManagement, 2020, 41(3): 110-8.

[10] 李玲. 基于委托-代理理论的视角解剖创业投资主体关系[J]. 现代商业, 2014, 366 (29): 137-138.

[11] 汪贤. 风险投资中的双重委托代理关系研究[D]. 合肥: 中国科学技术大学, 2009.

[12] 徐志刚. 西部乳业公司股权投资中的信息不对称和风险控制策略研究[D]. 上海: 上海交通大学, 2012.

[13] 叶迎. 论企业经营者隐形激励与显性激励的有机结合[J]. 开发研究, 2009, 143 (4): 112-115.

[14] 张宏霞, 陈泉. 风险投资中的委托代理问题探讨[J]. 黑龙江对外经贸, 2011, 209 (11): 47-49.

[15] 胡晶晶. 实物期权法在科创板生物医药企业估值中的应用——以微芯生物为例[D]. 武汉: 中南财经政法大学, 2020.

[16] 李霞, 盛怡. 实物期权法在创业投资项目价值评估中的应用[J]. 中国青年科技, 2007 (3): 40-42.

[17] 李霞，盛怡，吴文平. 实物期权法在创业投资项目价值评估中的应用[J]. 商场现代化，2007（19）：282-284.

[18] 毕骁琦. 基于实物期权改进模型的网络直播企业价值评估研究以虎牙直播为例[D]. 重庆：重庆理工大学，2023.

[19] 陈宏. 实物期权在投资决策中的应用[J]. 财会通讯，2009（35）：13-14.

[20] 刘利清. 组合实物期权在创业投资价值评估中的应用研究[D]. 北京：北京工商大学，2010.

[21] 詹胜铃. 实物期权模型在无形资产定价中的应用[J]. 合作经济与科技，2024（7）：137-139.

[22] 沈诗韵. 实物期权法在评估中的应用[N]. 财会信报，2023-07-17（005）.

[23] 刘烜宏. 产业资本逆袭，CVC 迎来高光时代[J]. 企业家信息，2023（1）：55-56.

[24] 林琳. 新加坡的创业投资：未来之路[J]. 经贸法律评论，2020（1）：23.

[25] 王坚. 私募股权投资基金有关税收问题研究[J]. 湖南税务高等专科学校学报，2022，35（6）：85-90.

[26] 程威. 我国私募股权基金税收政策优化研究[D]. 武汉：中南财经政法大学，2023.

[27] 刘派. 浅谈私募股权投资基金的特点及其税收筹划[J]. 现代商业，2023（19）：80-83.

[28] 郑坤. 我国私募股权投资基金组织形式的法律研究[D]. 北京：外交学院，2016.

[29] 庞跃华，曾令华. 私募股权基金组织形式的比较及中国选择[J]. 财经理论与实践，2011，32（2）：36-40.

[30] 朱奇峰. 中国私募股权基金发展论[D]. 厦门：厦门大学，2009.

[31] 程露怡. 有限合伙制私募股权投资基金所得税法律制度研究[D]. 重庆：西南政法大学，2023.

[32] 马文刚. 创投人的六项修炼[J]. 沪港经济，2011（8）：67-69.

[33] 吴亦婷. 风险投资双重委托代理关系风险与控制[D]. 北京：北京交通大学，2016.

[34] 李豫湘，景华桥. 论基金经理人声誉激励机制的建立[J]. 财会月刊，2010（18）：19-21.

[35] 谈荣锡. 风险投资委托代理问题探析——兼论美国经验及其启示[D]. 上海:复旦大学，2004.

[36] 张少婧，陈醒. 规范的投资流程有哪些步骤？[J]. 国际融资，2015（6）：44-46.

[37] 郭斌. 基于分阶段投资框架的风险投资项目价值评估研究[D]. 上海：东华大学，2012.

[38] 韩霞. 基于实物期权理论的风险投资项目评价与决策研究[D]. 北京：北京工商大学，2012.

[39] 王莉华，王彦明. 基于布莱克-斯科尔斯模型的扩张期权案例分析[J]. 价值工程，2012，31（18）：141-142.

[40] 张伟，王京芳. 实物期权法在分阶段投资项目中的应用[J]. 机械制造，2009，47（7）：66-69.

[41] 孙洁，简迎辉. BOT 水电项目的放弃期权定价[J]. 土木工程与管理学报，2016，33（3）：118-121.

[42] 周显静. 我国风险投资的风险系统管理研究[D]. 成都：西南交通大学，2003.

[43] 夏喆. 企业风险传导的机理与评价研究[D]. 武汉：武汉理工大学，2007.

[44] 司春林，王善造. 创业投资过程的风险控制[J]. 研究与发展管理，2000（5）：21-25.

[45] 黄冬娅，张辰茜. 以"国手"撬资本——高新产业中的政府引导基金与国家角色[J]. 文化纵横，2023（5）：112-121.

[46] 杨炼. 创业企业的融资与治理的关系研究[D]. 上海：复旦大学，2004.

[47] 杨艳萍. 创业投资的风险分析与风险控制研究[D]. 武汉：武汉理工大学，2004.

[48] 陈玉菲. 风险投资中的分阶段投资的经济后果研究[D]. 北京：对外经济贸易大学，2021.

[49] 王兰. VC-E合作治理机制与技术创新绩效关系研究[D]. 重庆：重庆大学，2012.

[50] 董静，汪江平，翟海燕，等. 服务还是监控：风险投资机构对创业企业的管理——行业专长与不确定性的视角[J]. 管理世界，2017（06）：82-103+187-188.

[51] 王涛，王晓莉. 风险企业制度设计探讨[J]. 哈尔滨商业大学学报：社会科学版，2004（3）：3.

[52] 张凤鸣. 对保险资金另类投资投后管理若干问题的思考[J]. 清华金融评论，2019，(02):41-43.

[53] 胡敏. 国有私募股权投资的运行机理与风险控制研究[D]. 南京：东南大学，2021.

[54] 李玲. 基于委托-代理理论的视角解剖创业投资主体关系[J]. 现代商业，2014（29）：137-138.

[55] 李美涵. 我国创投机构风险投资退出研究[D]. 成都：西南财经大学，2014.

[56] 李文. 我国风险投资退出的法律问题研究[D]. 兰州：兰州财经大学，2019.

[57] 姜英丽. 关于我国创业投资退出机制研究[D]. 哈尔滨：哈尔滨工程大学，2008.

[58] 李鑫. 我国风险投资初始成功退出的持续效应研究[D]. 合肥：合肥工业大学，2022.

[59] 罗红梅，韩沂哲. 美国场外交易市场监管与竞争的互动及对我国的启示[J]. 华北金融，2018（1）：25-29+71.

[60] 梁环忠，吴慧莹. 中国多层次资本市场分层定位与管理体系改革[J]. 金融理论与教学，2022（3）：34-40. DOI:10.13298/j.cnki.ftat.2022.03.005.

[61] 马娜. 我国多层次资本市场发展的现状、问题和对策研究[J]. 会计师，2022（10）：7-9.

[62] 龙小燕，郑阿杰. 中国式母基金的发展现状、问题与对策建议[J]. 财会研究，2021：76-80

[63] 樊莹. 创业投资引导基金现存问题和对策研究——以山西省为例[J]. 当代会计，2021：31-33

[64] 贺江华. 创业投资政府引导基金的法律规制研究[J]. 人民论坛，2020：232-233

[65] 闫全浩. 私募股权投资母基金优劣势分析[J]. 全国流通经济，2019：73-74.

[66] 赵杰，袁天荣. 政府引导基金创新创业投资研究评述[J]. 财会通讯，2020：14-19.

[67] 沈正宁. 母基金二十年_服务实体经济高质量发展[J]. 清华金融评论，2019：48-51.

[68] 闫丰. 母基金退出模式研究[J]. 商讯，2019：169-170.

[69] 王晓旭. 人民币股权投资母基金运作模式研究[J]. 时代经贸，2019：47-48.

[70] 陈晓奕. "十四五"时期完善政府引导基金退出机制的建议[J]. 中国财政，2021：4-8

[71] 张雪春. 政府引导基金的运营机制探究[J]. 金融市场研究，2022：1-12

[72] 加里·杜什尼茨基，余雷，路江涌. 公司创业投资：文献述评与研究展望[J]. 管理世界，2021，37（07）：198-216+14+18-25.

[73] 张辛欣，严赋憬. 习近平总书记首次提到"新质生产力"[J]. 党的生活（黑龙江），2023（09）：38-39.

[74] 薛超凯，任宗强，党兴华. CVC 与 IVC 谁更能促进初创企业创新?[J]. 管理工程学报，2019，33（04）：38-48.

[75] 王雷，王新文. 风险投资对上市公司全要素生产率的影响——基于独立创业投资与公司创业投资的比较分析[J]. 财经论丛，2020（10）：55-63.

[76] 李丹. 建设银行:引金融活水润泽实体经济[J]. 中国金融家，2022（12）：98-100.

[77] 袁天荣，刘为. 基于契约理论的风险投资双边道德风险研究[J]. 财会通讯，2013（21）：76-78.

[78] 汪波，谢萍萍，陈梓彤等. 私募股权投资道德风险防范机制设计[J]. 审计月刊，2013，（7）：50-51.

[79] 葛敏. 可转换证券降低风险投资中双重道德风险的作用[J]. 经营与管理，2010（12）：7-9.

[80] 安迪克雷格做空新西兰元[EB/OL].（2022-09-18）[2024-07-11]. https://xueqiu.com/4426538542/230979316.

[81] 李明明. 英诺天使基金再募资 10 亿元国资 LP 出资占比为 60%[EB/OL].（2024-03-01）[2024-07-11]. https://baijiahao.baidu.com/s?id=17922405125225444 85&wfr=spider&for=pc.

[82] 习超，韩斯睿. 创投基金领域的最新立法与监管实践——美欧经验及对中国的启示[EB/OL].（2020-05-08）[2024-07-11]. https://www. finlaw. pku. edu. cn/jrfy/gk/2019/2019zd100j/522743. htm.

[83] 唐婧. 迈小步、慎创新投贷联动或迎科创金融新机遇[EB/OL].（2023-05-19）[2024-07-11]. https://www. 21jingji. com/article/20230519/herald/f25aa59ebb0f9bd9c1db1c986c69d5fe.html.

[84] 李新新. 盘点海外巨头在中国的投资：小米、商汤、紫光等早早被布局[EB/OL].（2022-05-24）[2024-07-11]. https://m.thepaper.cn/baijiahao_18241067.

[85] 闵行首支"硬科技"创投基金成立[EB/OL].（2023-11-02）[2024-07-11]. https://mp.weixin.qq.com/s/qdUl8w_sWZa5sb6qb7lmGg.

[86] 赵国庆. 创业投资税收优惠政策梳理及享受条件差异比较[EB/OL].（2023-05-23）[2024-07-11]. https://www.shui5.cn/article/0c/10283.html.

[87] 刘子倩. 浅析美国 LLC 制度及其启示[EB/OL].（2019-12-09）[2024-07-11]. https://mp.

weixin.qq.com/s/JH5oV51ikT_20H33dry7gw.

[88] 投资 er 日志. 一文讲透政府产业基金的规范及国资注意事项（万字深度）[EB/OL]. （2024-03-22）[2024-07-11]. https://mp.weixin.qq.com/s/Lvsh4wjEDRKsxQrxKu5lGA.

[89] 巨树金服. 一文搞懂：典型私募基金组织形式（公司制、合伙制、信托制）的核心特点、投资收益、投资成本、投资风险等诸多方面的区别和联系[EB/OL]. （2023-03-25）[2024-07-11]. https://mp.weixin.qq.com/s/TZW9p6qF7xGnBEZP5EEjJw.

[90] 私募股权投资基金不同组织形式及优劣分析（公司制、合伙制、契约制）[EB/OL]. （2023-01-10）[2024-07-11]. https://mp.weixin.qq.com/s/C5faf7EHQ9dJachk_K4oVg.

[91] 侯晓玮. 公司制与合伙制政府投资基金的选择分析[EB/OL]. （2023-03-18）[2024-07-11]. https://mp.weixin.qq.com/s/8MXlr9DWMcgg3VbdUv7_PA.

[92] 赛富阎焱. 投资是一个聪明人的行业，快速学习的能力至关重要![EB/OL]. （2019-12-05）[2024-07-11]. https://zhuanlan.zhihu.com/p/95488214?utm_psn=1753836949641555968.

[93] 并联机器人制造商翼菲自动化获蓝图创投领投 B 轮融资[EB/OL]. （2017-11-10）[2024-07-11]. https://pe.pedaily.cn/201711/422635.shtml.

[94] 周哲明. 创业公司的估值不等于价值[EB/OL]. （2019-03-06）[2024-07-11]. https://36kr.com/p/1723276050433.

[95] 刘雪敬. 优秀的创业者转变为天使投资人基本认知：普通股与优先股[EB/OL]. （2018-09-03）[2024-07-11]. https://zhuanlan.zhihu.com/p/43642371.

[96] 友万软件. 蒙特卡罗模拟、实物期权分析、随机预测和投资组合优化[EB/OL]. （2023-10-23）[2024-07-11]. https://www.bilibili.com/read/cv27275632/.

[97] 涛略投资林涛：用债权和股权结合的方法做投资. 天使成长会[EB/OL]. （2019-04-02）[2024-07-11]. https://mp.weixin.qq.com/s/N24Wr-JSF0IcZ-0T2uIcrA.

[98] 王赢. 风险投资是如何影响企业创新的？[EB/OL]. （2022-08-25）[2024-07-11]. https://mp.weixin.qq.com/s/busypTU_TDo27GAfM4-7Gg.

[99] 证监会. 全面实行股票发行注册制总体情况（三）[EB/OL]. （20233-03-28）[2024-07-11]. www.csrc.gov.cn//jiangxi/c105770/c7398523/content.shtml\.

[100] 冯卉. 他山之石：我国多层次资本市场制度演进与未来发展丨资本市场[OL]. 清华金融评论. [EB/OL]. （2021-11-27）[2024-07-11]. https://baijiahao.baidu.com/s?id=1717583918630744646&wfr=spider&for=pc.

[101] 陈龙吟. 科创板[EB/OL]. （2024-02-05）[2024-07-11]. https://www.66law.cn/special/kcb/.

[102] 新经济观察团. 《基金科普专题》第二期：理解多层次的资本市场[EB/OL]. （2023-09-15）[2024-07-11]. https://baijiahao.baidu.com/s?id=1777065608518915816&wfr=spider&for=pc.

[103] 华谊信资本. 美国上市—纳斯达克证券交易所[EB/OL]. （2024-01-16）[2024-07-11]. https://news.sohu.com/a/752120933_121700266.

[104] 上海市发展和改革委员会. 2022 年上海市创业投资年度发展报告. 2023-12-31

[105] 李明珠，罗曼. 万亿创投基金迎退出洪峰 多措并举寻求疏解之道[N]. 证券时报，2023-07-13（A04）.

[106] 习近平：高举中国特色社会主义伟大旗帜 为全面建设社会主义现代化国家而团结

奋斗——在中国共产党第二十次全国代表大会上的报告[EB/OL].（2022-10-25）[2024-07-11].
https://www.gov.cn/xinwen/2022-10/25/content_5721685.htm?eqid=bf41e8f6002f27ef0000000264
561e73.

[107] 元真价值投资. 2020 年传统行业 CVC 发展报告. 元真创[EB/OL]（2020-06-26）
[2024-07-11]. https://mp.weixin.qq.com/s/AGNogs_pJIXyo9Qmg-cUGw.

[108] FDDI. 金融学术前沿：中国企业风险投资发展之路. 复旦发展研究院[EB/OL].（2023-
12-08）[2024-07-11]. https://fddi.fudan.edu.cn/c9/f0/c18985a641520/page.htm.

[109] 清科研究中心. 2023 年中国股权投资市场 CVC 发展研究报告[EB/OL]. (2023-12-08）
[2024-07-11]. https://max.pedata.cn/client/report/detail/1679634645304162.

[110] 投资界. 今年最猛的 IPO 军团来了[EB/OL].（2023-07-12）[2024-07-11]. https://
baijiahao.baidu.com/s?id=1771201669213178061&wfr=spider&for=pc.

[111] 孔小龙. "LP 化"生存！中国 CVC 战略大棋局[EB/OL].（2023-02-06）[2024-07-11].
https://www.fofweekly.com/index/index/show/catid/295/id/6203.html.

[112] Neeko. CVC 创投工厂，过去互联网，今天硬科技[EB/OL].（2022-11-25）[2024-07-11].
https://caifuhao.eastmoney.com/news/20221125102336977029410.

[113] IT 桔子. 2021 年中国 CVC 投资并购报告[EB/OL].（2022-11-25）[2024-07-11]. http://
www.100ec.cn/detail--6603088.html.

附　录
创业投资相关条款

在股权投资业务中，投资方对拟投资的标的公司进行初审后，会与标的公司的控股股东或实际控制人谈判，确定估值、投资交易结构、业绩要求和退出计划等核心商业条款，并签署"投资意向书"（term sheet）。之后，投资方会聘请律师、会计师等专业人员对标的公司进行全面的尽职调查。获得令人满意的尽职调查结论后，就进入股权投资的实施阶段，投资方将与标的公司及其股东签署正式的投资协议，作为约束投融资双方的核心法律文件。投资协议通常包括以下条款。

一、交易结构条款

投资协议应当对交易结构进行约定。交易结构即投融资双方以何种方式达成交易，主要包括投资方式、投资价格、交割安排等内容。

投资方式包括认购标的公司新增加的注册资本、受让原股东持有的标的公司股权，少数情况下也向标的公司提供借款等，或者以上两种或多种方式相结合。确定投资方式后，投资协议中还需约定认购或受让的股权价格、数量、占比，以及投资价款支付方式，办理股权登记或交割的程序（如工商登记）、期限、责任等内容。

二、先决条件条款

在签署投资协议时，标的公司及原股东可能存在一些未落实的事项，或者可能发生变化的因素。为保护投资方利益，一般会在投资协议中约定相关方落实相关事项或对可变因素进行一定的控制，构成实施投资的先决条件，包括但不限于以下内容。

（1）投资协议及与本次投资有关的法律文件均已经签署并生效。

（2）标的公司已经获得所有必要的内部（如股东会、董事会）、第三方和政府（如需）批准或授权；全体股东知悉其在投资协议中的权利义务并无异议，同意放弃相关优先权利。

（3）投资方已经完成关于标的公司业务、财务及法律的尽职调查且本次交易符合法律政策、交易惯例或投资方的其他合理要求；尽职调查发现的问题得到有效解决或妥善处理。

三、承诺与保证条款

对于尽职调查中难以取得客观证据的事项，或者在投资协议签署之日至投资完成之日（过渡期）可能发生的妨碍交易或有损投资方利益的情形，一般会在投资协议中约定由标的公司及其原股东做出承诺与保证，包括但不限于以下内容。

（1）标的公司及原股东为依法成立和有效存续的公司法人或拥有合法身份的自然人，具有完全的民事权利能力和行为能力，具备开展其业务所需的所有必要批准、执照和许可。

（2）各方签署、履行投资协议，不会违反任何法律法规和行业准则，不会违反公司章程，亦不会违反标的公司已签署的任何法律文件的约束。

（3）过渡期内，原股东不得转让其所持有的标的公司股权或在其上设置质押等权利负担。

（4）过渡期内，标的公司不得进行利润分配或利用资本公积金转增股本；标的公司的任何资产均未设立抵押、质押、留置、司法冻结或其他权利负担；标的公司未以任何方式直接或者间接地处置其主要资产，也没有发生正常经营以外的重大债务；标的公司的经营或财务状况等方面未发生重大不利变化。

（5）标的公司及原股东已向投资方充分、详尽、及时地披露或提供与本次交易有关的必要信息和资料，所提供的资料均是真实、有效的，没有重大遗漏、误导和虚构；原股东承担投资交割前未披露的或有税收、负债或者其他债务。

（6）投资协议中所做的声明、保证及承诺在投资协议签订之日及以后均为真实、准确、完整。

四、公司治理条款

投资方可以与原股东就公司治理的原则和措施进行约定，以规范或约束标的公司及其原股东的行为，如董事、监事、高级管理人员的提名权，股东（大）会、董事会的权限和议事规则，分配红利的方式，保护投资方的知情权，禁止同业竞争，限制关联交易，关键人士的竞业限制等。具体包括以下内容。

（1）一票否决权条款。投资方指派一名或多名人员担任标的公司董事或监事，有些情况下还会指派财务总监，对于大额资金的使用和分配、公司股权或组织架构变动等重大事项享有一票否决权，保证投资资金的合理使用和投资后企业的规范运行。

（2）优先分红权条款。《中华人民共和国公司法》第三十四条规定："股东按照实缴的出资比例分取红利……但是，全体股东约定不按照出资比例分取红利或者不按照出资比例优先认缴出资的除外。"第一百六十六条规定："公司弥补亏损和提取公积金后所余税后利润……股份有限公司按照股东持有的股份比例分配，但股份有限公司章程规定不按持股比例分配的除外。"因此，股东之间可以约定不按持股比例分配红利，为保护投资方的利益，可以约定投资方的分红比例高于其持股比例。

（3）信息披露条款。为保护投资方作为标的公司小股东的知情权，一般会在投资协议中约定信息披露条款，如标的公司定期向投资方提供财务报表或审计报告、重大事项及时通知投资方等。

五、反稀释条款

为防止标的公司后续融资稀释投资方的持股比例或股权价格，一般会在投资协议中约定反稀释条款（anti-dilution term），包括反稀释持股比例的优先认购权条款（first refusal right），以及反稀释股权价格的最低价条款等。具体如下。

（1）优先认购权。投资协议签署后至标的公司上市或挂牌之前，标的公司以增加注册资本方式引进新投资者，应在召开相关股东（大）会会议之前通知本轮投资方，并具体说明新增发股权的数量、价格及拟认购方。本轮投资方有权但无义务，按其在标的公司的持股比例，按同等条件认购相应份额的新增股权。

（2）最低价条款。投资协议签署后至标的公司上市或挂牌之前，标的公司以任何方式引进新投资者，应确保新投资者的投资价格不得低于本轮投资价格。如果标的公司以新低价格进行新的融资，则本轮投资方有权要求控股股东无偿向其转让部分公司股权，或要求控股股东向本轮投资方支付现金，即以股权补偿或现金补偿的方式，以使本轮投资方的投资价格降低至新低价格。

六、估值调整条款

估值调整条款又称为对赌条款（valuation adjustment mechanism，VAM），即标的公司控股股东向投资方承诺，未实现约定的经营指标（如净利润、主营业务收入等），或不能实现上市、挂牌或被并购目标，或出现其他影响估值的情形（如丧失业务资质、重大违约等）时，对约定的投资价格进行调整或者提前退出。估值调整条款包括以下内容。

（1）现金补偿或股权补偿。若标的公司的实际经营指标低于承诺的经营指标，则控股股东应当向投资方进行现金补偿，应补偿现金=(1-年度实际经营指标÷年度保证经营指标)×投资方的实际投资金额-投资方持有股权期间已获得的现金分红和现金补偿；或者以等额的标的公司股权向投资方进行股权补偿。但是，股权补偿机制可能导致标的公司的股权发生变化，影响股权的稳定性，在上市审核中不易被监管机关认可。

（2）回购请求权（redemption option）。如果在约定的期限内，标的公司的业绩达不到约定的要求或不能实现上市、挂牌或被并购目标，投资方有权要求控股股东其他股东购买其持有的标的公司股权，以实现退出；也可以约定溢价购买，溢价部分用于弥补资金成本或基础收益。如果投资方与标的公司签署该条款，则触发回购义务时将涉及减少标的公司的注册资本，操作程序较为复杂，不建议采用。

此外，根据最高人民法院的司法判例，投资方与标的公司股东签署的对赌条款是签署方处分其各自财产的行为，应当认定为有效；但投资方与标的公司签署的对赌条款则涉及处分标的公司的财产，可能损害其他股东、债权人的利益，或导致股权不稳定和潜在争议，因而会被法院认定为无效。所以，无论是现金或股权补偿还是回购，投资方都应当与标的公司股东签署协议并向其主张权利。

七、出售权条款

为了在标的公司减少或丧失投资价值的情况下实现退出，投资协议中也约定出售股权的保护性条款，包括但不限于以下内容。

（1）随售权/共同出售权条款（tag-along right）。如果标的公司控股股东拟将其全部或部分股权直接或间接地出让给任何第三方，则投资方有权但无义务，在同等条件下，优先于控股

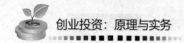

东或者按其与控股股东之间的持股比例，将其持有的相应数量的股权出售给拟购买待售股权的第三方。

（2）拖售权/强制出售权条款（drag-along right）。如果在约定的期限内，标的公司的业绩达不到约定的要求或不能实现上市、挂牌或被并购目标，或者触发其他约定条件，投资方有权强制标的公司的控股股东按照投资方与第三方达成的转让价格和条件，和投资方共同向第三方转让股份。该条款有时也是一种对赌条款。

八、清算优先权条款

如果标的公司经营亏损最终破产清算，投资方未能及时退出，可以通过清算优先权条款（liquidation preference right）减少损失。

条款应指出，我国现行法律不允许股东超出出资比例分取清算剩余财产。《中华人民共和国公司法》第一百八十六条规定："公司财产在分别支付清算费用、职工的工资、社会保险费用和法定补偿金，缴纳所欠税款，清偿公司债务后的剩余财产，有限责任公司按照股东的出资比例分配，股份有限公司按照股东持有的股份比例分配。"

虽然有以上规定，但是股东之间可以约定再分配补偿机制。例如，投资协议中可以约定，发生清算事件时，标的公司按照相关法律及公司章程的规定依法支付相关费用、清偿债务、按出资比例向股东分配剩余财产后，如果投资方分得的财产低于其在标的公司的累计实际投资金额，控股股东应当无条件补足；也可以约定溢价补足，溢价部分用于弥补资金成本或基础收益。